高等职业教育“十二五”系列规划教材
高等职业教育培养培训规划教材（旅游与酒店管理专业）

饭店服务心理学

（第2版）

王赫男　杨　海　主　编
张南南　邹学家　杨治国　副主编

電子工業出版社
Publishing House of Electronics Industry
北京·BEIJING

内 容 简 介

本书系高等教育旅游（酒店）管理专业课程，教材遵循高职高专项目型、任务型的学习特点，以及"一体化课程"的教学要求，将饭店服务心理学的主要内容分为四篇，通过大量饭店服务案例由浅入深地阐述了饭店服务与心理学的互动、饭店服务心理素质的培养、饭店服务心理、饭店管理心理。重点说明了心理学基本知识；感知觉、记忆与注意、需要与动机、情绪与情感、个性与性格；饭店各个部门心理服务特点；管理心理学、对饭店员工激励等内容。

本书通过引导式案例开篇，引发学习的兴趣，对基本心理学概念进行阐述后辨析其内涵和外延，最后通过饭店服务案例进行应用和总结。最大限度地将理论概念融会贯通至实践工作中，让学习者研习基础理论并充分吸收、开阔视野并引发思考，最终有效地应用至实践工作中。

本书可作为高职高专相关专业课程教材，也可以作为应用型本科专业教学及参考用书，还可用做应用心理学研究人员、饭店管理人员的培训和参考用书，以及相关行业从业者和专业人士参考用书。

图书在版编目（CIP）数据

饭店服务心理学 / 王赫男，杨海主编. —2版. —北京：电子工业出版社，2013.8
高等职业教育培养培训规划教材. 旅游与酒店管理专业
ISBN 978-7-121-21018-1

Ⅰ. ①饭… Ⅱ. ①王… ②杨… Ⅲ. ①饭店－商业心理学－高等职业教育－教材 Ⅳ. ①F719.2

中国版本图书馆 CIP 数据核字（2013）第 162015 号

策划编辑：张云怡
责任编辑：郝黎明　　文字编辑：裴杰
印　　刷：三河市华成印务有限公司
装　　订：三河市华成印务有限公司
出版发行：电子工业出版社
　　　　　北京市海淀区万寿路 173 信箱　邮编：100036
开　　本：787×1 092　1/16　印张：17.75　字数：461 千字
版　　次：2009 年 1 月第 1 版
　　　　　2013 年 8 月第 2 版
印　　次：2018 年 12 月第 13 次印刷
定　　价：35.90 元

凡所购买电子工业出版社图书有缺损问题，请向购买书店调换。若书店售缺，请与本社发行部联系，联系及邮购电话：（010）88254888，88258888。
质量投诉请发邮件至 zlts@phei.com.cn，盗版侵权举报请发邮件至 dbqq@phei.com.cn。
本书咨询联系方式：（010）88254573，zyy@phei.com.cn。

第2版前言

我国教育规划纲要提出“到 2020 年，形成适应经济发展方式转变和产业结构调整要求、体现终身教育理念、中等和高等职业教育协调发展的现代职业教育体系”。这里提出了构建现代高等教育体系的时间和特征，教育的发展方向也应该紧跟此目标。现代高等职业教育经过几十年的长足发展，教育界也摸索出了如何实现这一目标的方式和方法。

教材作为教学改革的成果既是一种积累，也是一种探索，是对于学业、行业和职业的结合，相信每位教师和读者都有自己的思考。高等职业教育目前比较关注的“一体化课程”在各院校的教学实践中都有不同的理解。作者认为，对于饭店行业相关专业来说，“一体化课程”可认总结为 12 个字：动力十足、构筑系统、职业预热。“动力十足”指的是从根本上解决学习者学习的动力问题，产生对未来学习和工作的无限憧憬和信心，让他们以加倍的勇气大胆地探索和学习；“构筑系统”指的是教师们在教授的时候，关注点不要放在个别的教育对象身上，应该更多地去研究如何构建一种让人不自觉地进入状态的授课方法；“职业预热”，任何一种工作，当你对它不熟悉、不了解的时候，都很难把它“驾轻就熟”，就业初期发生的问题大多是因为对其存在状态的生疏，如果熟悉了，人们就会在此基础上进行深入的研究，而后才有可能对工作的能力有大幅的提升，职业预热的工作可以在学校中完成，这需要教育者和学习者共同去完成和实现。

现代饭店业的竞争日趋白热化，2000 年后，饭店业数十年前争执的话题正在一一的实践中，发展的脚步是挡不住的……在技术领域中，现代饭店业的智能化正在逐步普及；在投资方向上，中西部地区酒店的发展速度远超东南沿海；在营销方式上，专业网站的网络营销已经以迅雷不及掩耳之势裹挟了所有的国际酒店集团的订房中心。酒店业中的很多传统岗位不复存在，也衍生出了很多新的岗位职能。但是，有一点是肯定的，物质可以增加便利感，但是很难给现代人充分的心理满足，酒店的生命力越来越寄托于人的情感上——最原始的服务也是最高级的服务。

饭店服务心理学是旅游（酒店）管理专业的一门专业课程，大部分高校开设了此课程。

本书最初于 2009 年成稿，当时对于高职教育的一系列讨论方兴未艾，我们实验性地推出了该教材。本教材在充分吸收了国外同类教材的编排形式，结合“一体化课程”的基本思路，将全书分为 15 个专题，每个专题设 2～3 个任务。专题的设置打破了传统观教材“先基础，后应用”的习惯，通过对学习本门课程究竟有什么作用开篇，激发学生的学习“动力”，当遇到实际问题时再逐一地提出知识点的讲解，最后通过应用进行辨析来加深读者印象。

此书出版的五年间，教材获得了良好的反响，使用院校超过 100 所，得到了全国各地教师的很多建设性想法，作者谨代表写作团队对热心的读者深表谢意。鉴于市场的反响和读者的呼吁，出版方电子工业出版社曾多次建议对教材进行改版和内容的修订，遗憾的是一直未能如愿。2013 年年初，通过作者及写作团队的努力《饭店服务心理学》（第 2 版）出版了新的版本，新版本有几点变化，现说明如下。

1．时隔五年，原来图书的作者团队成员部分调离了原岗位，第2版的编写人员有较大的调整。本书由王赫男、杨海主编、由张南南、邹学家、杨治国副主编。

2．由于本书写作的主旨即为阐述基本知识，全文框架并未做大幅的调整和改动，新版图书仅就心理学与行业结合的部分进行了重新打造。

3．原书的案例和知识链接大部分已经老旧过时，新版图书删改了全文 80%的案例和知识链接，并且对大部分的案例都增加了分析和具延伸性的思考题目，以促进教学互动环境的实现。

以上是对本次修订的几点感受和说明，本书在编写的过程中，受到饭店业界同仁和众多高校教师的大力支持，为我们的编写工作提供了丰富的资料和实践案例，电子工业出版社的编辑们为之也付出了辛苦和努力，在此一并表示深深的谢意，希望各位读者能够继续为本书提供意见和建议。

虽然经过了艰苦的写作和几次编辑校验，但由于作者的学术水平有限，书中难免仍存在缺陷和错误，恳请读者在阅读过程中给予批评和指正。您对本书的意见和建议，请发至wanghn@phei.com.cn。

作　者

2013 年 5 月于北京

目　录

第 1 篇　饭店服务与心理学的互动

第 2 篇　饭店服务心理素质的培养

第3篇　饭店服务心理

第 4 篇　饭店管理心理

第1篇　饭店服务与心理学的互动

专题1

饭店服务与心理学的互动

专题提要

任务一　心理学在饭店服务领域的应用

- 心理学概述
- 研究心理学的必要性
- 饭店服务心理学与消费者行为

任务二　认识心理学

- 心理学的诞生、兴起与发展
- 心理学学派分支

任务三　心理学研究和应用的方法

- 饭店服务心理学研究的对象及基本方法
- 研究饭店服务心理学的原则
- 饭店服务心理学的研究方法

引导案例

《HOTELS》杂志 2012 年公布了全球酒店排名，排在前十名的是：洲际酒店集团、万豪国际集团、希尔顿全球、温德姆全球、雅高酒店集团、精品国际饭店公司、喜达屋酒店及度假村、最佳西方国际集团、上海锦江国际酒店集团、如家酒店集团。

2011 RANK	2010 RANK	COMPANY	HEADQUARTERS	2011 ROOMS	2011 HOTELS	2010 ROOMS	2010 HOTELS
1	1	InterContinental Hotels Group	Denham, England	658,348	4,480	647,161	4,437
2	2	Marriott International Inc.	Bethesda, Maryland	643,196	3,718	618,104	3,545
3	4	Hilton Worldwide	McLean, Virginia	633,238	3,843	604,782	3,671
4	3	Wyndham Hotel Group	Parsippany, New Jersey	613,126	7,205	612,735	7,207
5	5	Accor	Paris, France	531,714	4,426	507,306	4,229
6	6	Choice Hotels International Inc.	Silver Spring, Maryland	497,205	6,178	495,145	6,142
7	7	Starwood Hotels & Resorts Worldwide Inc.	Stamford, Connecticut	321,552	1,090	308,736	1,041
8	8	Best Western International	Phoenix, Arizona	311,894	4,086	308,692	4,038
9	12	Shanghai Jin Jiang International Hotels	Shanghai, China	193,334	1,243	107,019	707
10	13	Home Inns & Hotels Management	Shanghai, China	176,824	1,426	93,898	818

洲际酒店集团旗下的优悦会是全球第一个，同时也是规模最大的酒店忠诚客人奖励计划，截至 2012 年底其中国会员数量已经超过 100 万名。

“在中国，平均每个月会有 15000 名新会员加入优悦会，其在中国的发展势头已远远超出我们的预期。这证明洲际酒店集团在中国市场已经获得了广泛认可。”洲际酒店集团大中华区执行总裁叶海华说道，“作为中国规模最大、发展速度最快的酒店忠诚客人奖励计划，我们承诺并致力于帮助我们的客人享受更加便利、舒适的旅行，这正是优悦会有别于其他忠诚客人计划的地方。”

优悦会最近荣膺全球知名杂志《商务旅行者》(Business Traveller) 评选的“最佳酒店忠诚客人计划”称号，击败了 10 年来长期占据这一宝座的“万豪礼赏计划”(Marriott Rewards)。优悦会同时连续第三年夺得《全球旅行者》(Global Traveller) 杂志评选的 “世界最佳酒店忠诚客人奖励计划”。由于旅游业的兴盛以及地区之间经济联系日益密切，在中国，经常旅行的人越来越多。覆盖全球的优悦会项目以其灵活性、便利性以及种类繁多的会员特惠赢得了中国客户的青睐。

任务一 心理学在饭店服务领域的应用

一、心理学概述

心理学一词来源于希腊文，意思是关于灵魂的科学。灵魂在希腊文中也有气体或呼吸的意思，因为古代人们认为生命依赖于呼吸，呼吸停止，生命就完结了。随着科学的发展，心理学研究的对象由灵魂改为心灵。直到 19 世纪初叶，德国哲学家、教育学家赫尔巴特才首次提出心理学是一门科学。

心理学也称“心理科学”，它以人的心理为主要研究对象，是研究心理现象和心理规律的科学。科学的心理学不仅对心理现象进行描述，更重要的是对心理现象进行说明，以揭示其发生发展的规律，同时用以指导人们的实践活动。人有心理，动物也有心理，所以心理学既研究人的心理又研究动物的心理。

二、研究心理学的必要性

在接待服务过程中，不同的客人在需求、兴趣、动机等方面存在着差异，而我们服务人员本身也不例外，在学习、工作以及为客人服务的过程中同样具有心理活动的变化，这些现象都是服务心理的客观体现。

1. 掌握宾客的心理是做好服务的基础

前厅服务员每天都要接待各种各样的客人，他们或国籍不同、民族不同，或职业不同、年龄不同，亦或性别不同、性格不同，而且在生活习惯、风俗人情及宗教信仰等方面也有差异。正是由于这种种差异对人心理的影响，不同的人往往对同一对象会有不同的反映，甚至是同一个宾客在不同的情绪状态或不同的时间、背景下，对同一个服务人员会有不同的评价。服务人员只有掌握了宾客的心理活动及特点才能让客人满意。对一个人的心理的掌握需要一定的技巧，要从长期的工作经验里总结出来。而这要求我们服务人员在工作中必须不断总结经验，勤于观察、研究，做一个有心的人，眼要活，手要快，嘴要勤，主动积极，提高工作效率，真正做到使客人百分之百满意。

2. 具有竞争力的服务队伍是饭店立足的基点

一支高素质的服务队伍是一个饭店企业立足于竞争激烈的市场所需要的筹码，而这个筹码的分量是从饭店对员工的培养而得来的。学习心理学能开启我们的工作思路，丰富我们的视野，拓展我们的文化和知识，引导我们更好地在工作中学习。学习饭店服务心理学可以让我们更好地了解客人的心理，提供满意的服务。对于管理人员而言，学习有关心理学的知识可以更好地了解员工想要什么，想做什么，可以更有效地开展饭店内的各种工作，加强沟通，增进集体的凝聚力，创建一支高效的员工队伍。

3. 有利于饭店管理水平的提高

经济收益是每个企业的重要目标，对于饭店来说也是如此。在饭店经营和管理中运用心理学的知识来探求人与市场的动态，才能使饭店更好地掌握市场的运作，掌握饭店的现状、发展方向和趋势，才能有效地利用饭店的人力和物力资源，掌握饭店员工的需求，激励员工，以此来提高服务行业的管理水平。

4. 饭店服务心理学是研究营销策略的依据

饭店发展的方向取决于决策的选择和把握，对于一个饭店企业的发展决策，管理人员需要从多方面进行分析。客人需要什么样的服务，我们能提供什么样的服务；员工有什么样的要求，我们能为其提供什么样的帮助，这些都要对其心理进行研究分析。真正地掌握其心理动向，据此调整营销策略，才能在竞争激烈的饭店服务行业中立于不败之地。

三、饭店服务心理学与消费者行为

相关资料中对消费者行为的定义是：消费者行为是指消费者的消费行为，简称消费行为，是消费者在获取、评估、使用和处置产品和服务时所做出的决策过程以及由此而采取的各种活动。饭店及饭店服务所提供的产品均可以使用以上的消费者行为进行分析和研究。掌握了饭店服务心理学在某种程度上也就是掌握了消费者的行为方式，这为创造优质服务和实现服务价值的最大化提供了良好的基础。根据产品对消费者行为的影响基本理论，饭店服务与消费者行为学的联系主要包括以下几点。

1. 基于心理学分析的服务产品更具有吸引力

饭店产品消费者是一个特殊的群体，他们对于服务产品的需求具有自身的要求。在消费活动开展的过程中，服务人员需要在短暂的时间里充分了解顾客的消费爱好，在不断激发消费者兴趣的基础上提供满意的服务，如果要提供喜出望外的服务，则需要对顾客本身、消费环境、消费代价以及荣誉感等很多方面打造服务产品的品质。

2. 基于心理学分析的招牌产品可以形成对消费行为的长期吸引

品牌是一个名称、名词、符号或设计，或者是它们的组合，其目的是识别某个销售者或某群销售者的产品或劳务，并使之同竞争对手的产品和劳务区别开来。饭店服务的品牌就是“招牌式服务”。招牌式服务实质上是一种基于成熟心理分析的有效实践，通过几代饭店人的不断总结，将饭店自身的优势与消费者的需求进行结合，总结出或创造出固定的服务模式，假以时日，在消费者心目中形成一系列的画面感，以达到充分忠诚化部分顾客的目的。招牌式服务也非常容易形成充分的品牌效应用以扩大服务产品的影响。例如，泰国酒店的真诚微笑，日式酒店的屈膝礼节或英式酒店的华贵标准等。

3. 基于心理学分析的延伸产品对消费者行为产生巨大影响

一般来说，延伸产品的核心是售后服务。饭店的延伸产品即为以基本住宿为核心的所有服务内容，如比较传统的餐饮、健康、商务、会议、宴请等或者消费、荣誉、奢侈享受等具高附加值的内容。

首先，卓越的延伸产品能够提供给消费者更多的附加利益，降低该顾客购买与使用时的成本。

其次，卓越的延伸产品能够提高消费者的满意度。

知识链接

世界最佳饭店的十条标准

1. 最佳饭店要有一流的服务员，一流的服务。

2. 最佳饭店客房、餐厅、大堂、公共场所、会议厅都要清洁、卫生、舒适、高雅、怡人。

3. 最佳饭店应能提供富有特色的美味佳肴。

4. 最佳饭店应设有多种不同的服务项目，并同时注意微小的服务和陈设。

5. 最佳饭店应该使客人有“宾至如归”之感。

6. 最佳饭店的地理位置要十分恰当。

7. 最佳饭店应是独具特色、独具风格的一流水平的宾馆。

8. 最佳饭店一定要注意那些微小服务和装饰，全面做到服务的细致、周到，做到客人要求的理想服务。

9. 最佳饭店的另一标志是要有名人在那里下榻和就餐过。

10. 最佳饭店是举办历史上最重要的宴会的场所，这也是成为最佳饭店的一个标志。

任务二 认识心理学

一、心理学的诞生、兴起与发展

人类对心理现象的研究，可以追溯到原始社会。当时，由于生产力水平很低，人们只能被动地顺应自然。对自然灾害，如雷雨、闪电、地震、洪水、猛兽的侵袭都无力对付，对人的生老病死以及睡眠与梦境，都感到惊奇和恐惧。对大自然的无可抵御的可怕力量以及种种难以解释的神奇现象，人们也就自然地将之归于神灵而加以崇拜。于是，人类历史上便产生了一种最早的心理学思想，这就是“灵魂说”。“灵魂说”认为，活人与死人的最大区别，是因为活人身体内有灵魂，而死人则没有。灵魂是一种无形的、看不见摸不到的东西，它暂时居住在人的这个有血有肉的躯体内。当人睡眠时，它就暂时离开人体外出活动，结果就形成了“梦”，而当它回来时，人就醒了。当人觉醒时，它支配着人的一切行动，控制着人的生死安危。人死了，它就永远脱离肉体而去，但它是不死的，它可以永存不朽地超自然地存在着。这是人类原始的信仰，是人类最早的心理学思想。亚里士多德的《灵魂论》，可以说是世界上的第一部心理学专著。这一切，标志着人类已经注意并实际地开展了对产生于人的机体中的这种奇妙的精神现象的探索。这是心理学的萌芽，是心理学历史的源头。

心理学源远流长，但是自成体系成为一门独立的学科却仅有上百年的历史。一开始人们对各种心理现象的讨论仅仅局限于哲学的范围，凭主观的设想去分析问题，没有形成系统的理论和科学的方法。然而心理学的真正历史，是在 1879 年冯特在德国莱比锡大学建立的世界第一个心理实验室。它的出现，使当时处于“神学的奴婢、哲学的附庸”位置的思辨的心理学正式纳入了科学实验的轨道，从而使心理学从哲学、神学、医学等其他学科中分离出来，正式诞生为一门真正独立的学科。冯特所开展的对感觉、知觉和注意等基本心理过程进行的实验研究，开创了实验心理学分支，也使他被誉为近代心理学第一人。

心理学的产生标志着人类对自身心理现象认识的深化和发展。由于现代科学技术的进步，心理学的发展也日新月异，出现了许多应用心理学科，如教育心理学、管理心理学、服务心理学、犯罪心理学、劳动心理学、消费心理学等，这些新的应用性心理学在各自的领域里得到了广泛的运用，对人类社会的生活、工作起着越来越重要的作用。尤其在当今社会，人类对心理学的关注和重视超过了以往任何一个历史时期。可以想象，在未来的社会中，心理学将扮演着越来越重要的角色。

知识链接

心理学专有词汇对照表

abase　自卑
abasement　贬抑
ability of cognizance　认知能力
ability of imagination　想象力
ability of managers　管理者的能力
crowd epidemic　群众心理交互影响
ability of memory　记忆力
abreaction　情绪发泄
absence of restrictions　无约束
acceptance　认可
acclimatize　适应
cooperative group　合作群体
decisional roles of manager　管理者的决策角色
counterpoise　平衡
courtesy　礼貌
covert behavior　内隐行为
creative ability　创造能力
crowd behavior　群众行为
crowd mind　群众心理
absence of mind　心不在焉
acceptance　接受
accessibility　易接近
accommodate　调节
decisive factor　决定因素

二、心理学学派分支

心理学是一门具有长远历史但又很年轻的学科。由于心理现象本身的复杂性，心理学在独立后的一百多年中，出现了各种心理学流派。

1. 构造主义

科学的心理学创始于19世纪末。1879年是现代心理学创始的一年，心理学的创始者是德国的一位哲学家、生理学家冯特（1832—1920年），他作为独立学科的心理学的创始人，建立了现代心理学第一个学派——构造主义，该学派从1879年开始，兴盛了二三十年。

该学派主要代表人物是冯特（图1-1）和其学生铁钦纳（1867—1927年）。冯特及其心理学体系的主要观点：心理学是研究直接经验的学科，元素分析与创造性综合，实验内省法。铁钦纳一方面继承了冯特的心理学体系，另一方面在一定程度上也修正和发展了冯特的心理学体系。冯特认为内省法只能用来研究简单的心理过程，而铁钦纳则把内省法用来研究思维、想象等高级的心理过程。

构造主义学派认为，人的心理意识现象是简单的“心理元素”构成的“心理复合体”，它致力于心理意识现象“构造”的研究，分析心理意识现象的“元素”，设想心理元素结合的方式。所以该学派又称为“元素主义心理学”。

图 1-1 弗洛伊德与冯特

2. 行为主义

现代心理学的第二个派别是行为主义。行为主义出现在美国。在 20 世纪初自然科学飞速发展，一些年轻的心理学家对冯特学派不满意，认为心理学和其他自然科学处于同样的地位，心理学不能只研究意识，应该像其他自然科学一样研究看得见、摸得着的客观事物，也就是行为。

该学派的主要代表人物是华生（1878—1958 年）和斯金纳（1904—1990 年）。行为主义学派认为，人的心理意识、精神活动是不可捉摸的，是不可接近的，心理学应该研究人的行为。行为是有机体适应环境变化的身体反应的组合，这些反应是肌肉的收缩和腺体的分泌。心理学研究行为在于查明刺激与反应的关系，以便根据刺激推知反应，根据反应推知刺激，达到预测和控制人的行为的目的。

3. 机能主义

机能主义是与构造主义相对立的一个学派，它与实用主义哲学紧密联系在一起，产生于 19 世纪末的美国。

该学派的主要代表人物是詹姆斯（1842—1910 年）、杜威（1859—1952 年）和安吉尔（1869—1949 年）。机能派认为，意识是机体适应环境达到生存目的的工具。心理学的任务是对意识状态“适应功能”进行描述和解释。它认为，意识状态是一种连续不断的整体，称为“思想流、意识流或主观生活流”，人和动物的心理活动都是“本能”冲动的作用。

4. 格式塔主义

格式塔主义是 20 世纪初在德国出现的反对冯特构造主义的一个学派，诞生于 1912 年。“格式塔”是德文“Gestalt”一词的音译，意思为“形式”、“形状”，在心理学中用这个词表示的是任何一种被分离的整体。格式塔也被译为完形心理学。

该学派的主要代表人物是魏特墨（1880—1934 年）、柯勒（1887—1967 年）和考夫卡（1886—1941 年）。格式塔学派认为，人的心理意识活动都是先验的“完形”，即“具有内在规律的完整的历程”，是先于人的经验而存在的，是人的经验的先决条件。人所知觉的外界事物和运动都是完形的作用。人和动物的智慧行为是一种新完形的突然出现，叫做“顿悟”。

5. 精神分析

精神分析学说又称为弗洛伊德主义，产生于 19 世纪末 20 世纪初，创始人是奥地利的精神病学家弗洛伊德（图 1-1）。在心理学界，这个理论是指精神分析和无意识心理学体系，也称为精神病学和深层心理学，分为古典和新的弗洛伊德主义。

该学派的主要代表人物是弗洛伊德（1856—1939 年）、阿德勒（1870—1937 年）和荣格（1875—1961 年）。弗洛伊德的主要观点是无意识学说。弗洛伊德把自己的心理学称为深层心理学，他构筑的心理过程包括三个组成部分：第一层次是潜意识系统，是人的动力冲动、本能等一切冲突的根源，是人的生物本能、欲望的储藏库，不受客观现实的调节，构成人们心理的深层基础；第二层次是前意识系统（下意识），是意识系统和潜意识系统之间的一个边缘部分，它在人的心理活动中执行着“检查者”的作用，其目的是保证适合本能，又要服从现实的原则；第三层次是意识系统，是人的心理最外层部分，是人的心理因素构成的“家庭”中的“家长”，它统治着整个精神家庭，使之协调。

6. 日内瓦学派

日内瓦学派心理学与瑞士心理学家、日内瓦大学心理学教授兼卢梭学院院长让·皮亚杰（1896—1981 年）的名字是分不开的。日内瓦学派的心理研究侧重于儿童智力发展的认识活动，皮亚杰以其创造性的研究影响了当代心理学界，他以儿童心智发展为基础，进而研究人类认识的发生和变化，创立了发生认识论。

该学派的主要代表人物是皮亚杰。日内瓦学派认为，心理学研究不仅不能离开生物学而且不能离开逻辑学，皮亚杰用符号逻辑研究儿童智力的发展，在其认知心理学中引入了数理逻辑的概念，并把源于布尔代数的符号逻辑作为一种工具。

7. 人本主义

人本主义于 20 世纪 50～60 年代在美国兴起，70～80 年代迅速发展，它既反对行为主义把人等同于动物，只研究人的行为，不理解人的内在本性，又批评弗洛伊德只研究神经症和精神病人，不考察正常人心理，因而被称为心理学的第三种运动。

该学派的主要代表人物是马斯洛（1908—1970 年）和罗杰斯（1902—1987 年）。马斯洛的主要观点：对人类的基本需要进行了研究和分类。人本学派强调人的尊严、价值、创造力和自我实现，把人的本性的自我实现归结为潜能的发挥，而潜能是一种类似本能的性质。人本主义最大的贡献是看到了人的心理与人的本质的一致性，主张心理学必须从人的本性出发研究人的心理。

任务三　心理学研究和应用的方法

饭店服务心理学是在心理学的基础上的一个分支，在学习之前很有必要对普通心理学的研究对象进行一个概念性的了解。

一、饭店服务心理学研究的对象及基本方法

心理学研究人的心理现象和主要规律。它包括心理现象的生理基础——脑的机能、心理现象的基本构成、心理现象之间的基本规律、社会心理现象的各种不同规律和应用等。

心理学的本质应该是研究人的心理现象与内外因素互相融合和升华的内在秘密的学科，人的心理本质是心理学研究的核心。

1. 心理是脑的机能对客观现实的反映

心理是人脑的机能，这是人们在长期的研究过程中得出的正确结论。人们曾经认为，心脏是心理现象的器官，所有心理活动的产生都是由心脏产生的。古代朴素唯物主义者认为，心理现象是与人的身体器官相联系的，但是受当时生产力发展水平的限制，人们不能清楚地认识到心理活动是与人的身体器官中的哪一个部位相联系的。后来随着科学技术的进步，人们逐渐认识到心理活动与人脑有关。在国外，古希腊医学创始人希波拉底（公元前460 年至公元前 370 年）就明确地把人脑看做是心理的器官。他指出："我们因为有脑，所以就思考、看、听，就知道美丑，判断善恶，感到愉快或不愉快……。"因此表明了大脑与人的感官的神经联系及大脑对感官的指挥作用。

心理现象的产生是以客观事物为依据的，没有客观现实作用于大脑，就不会产生各种心理现象。因为心理的活动，人不仅能认识事物的外部现象，还能认识到事物的本质和与其他事物的内在联系。我们也通过这种认识来指导我们的实践活动，并用这种认识来指导人的社会实践活动，去改造、发展这个世界。同时心理也是社会的产物，离开了人类社会，即使有人的大脑，也不能自发地产生人的心理。

2. 心理存在于活动

心理是在人的大脑中产生的客观事物的映像，不是一种大脑的产品，所以这种映像是我们用手摸不到的。但是，人的行为活动是由心理控制，又通过行为活动表现出来的，因此，可以通过观察和分析人的行为活动客观地研究人的心理。

普通心理学把人的心理现象分为心理过程和个性心理。心理过程又包括认知过程、情感过程和意志过程三个方面。认知过程包括感觉、知觉、记忆、想象、注意、思维等过程。情感过程指通常人们所说的七情六欲，包括喜、怒、哀、乐、恨、爱、欲等，以及审美、道德等情绪和情感。意志过程是指人为达到预定目的而排除干扰、克服困难、坚忍不拔的意志努力过程。由于上述心理现象的发生都有一定的时间延续，因此把它们概括为心理过程。个性心理可分为个性倾向性和个性心理特征两个方面。个性倾向性是指一个人在需要、动机、兴趣、态度等方面的倾向性。个性心理特征是指一个人在能力、性格、气质等方面的特征。人的心理现象结构（心理学的研究内容）如图 1-2 所示。

- 普通心理学的研究内容
  - 心理过程
    - 认知过程
    - 情感过程
    - 意志过程
  - 个性心理
    - 个性倾向性
    - 个性心理特征

图 1-2　人的心理现象结构

我们把心理学的体系比做是一棵树，那么普通心理学就是这棵树的主杆，各种心理现象发生发展规律的研究及由此而形成的各种理论就是树的分支，为其他领域研究人的心理提供了明确的思路。饭店服务心理学同样也是这棵树的分支，我们同样也要以普通心理学为基础，开展深入研究。

宾客的心理活动是丰富多彩、千变万化的，但是无论他们的心理活动如何复杂，其心理都是客观实际的反映。宾客的心理是由一定的刺激引起的，并且在各种实践中表现出来的。现代许多的国际饭店业开始提倡为宾客提供更高更有水准的服务，着手研究可以应用于饭店服务的心理学。饭店服务心理学是以饭店为大背景，对饭店宾客、饭店服务人员、饭店管理人员三类对象的心理规律进行研究。本课程也将重点研究饭店宾客、饭店服务人员、饭店管理人员三类对象的心理动向，以及饭店服务人员如何在各种服务过程中，运用心理分析为宾客提供高标准的实际服务，为宾客创造更好的消费体验。

3. 宾客的心理研究方法

（1）望，即观察。就是通过观察客人的外部表现和外部形态去发现了解其心理活动的特点。例如，通过观察客人的长相，了解其年龄、身体状况等；观察客人的仪表着装，了解其性格、职业等；观察客人的面部表情，了解其喜、怒、哀、乐。

（2）闻，此“闻”非彼“闻”，此“闻”就是从宾客间的交谈或直接与客人交谈中，去了解掌握宾客的某些心理特点。例如，听口音可判断客人来自何处，听讲话的方式和语言表达能力，可大体分辨出客人的文化修养、职业与性格特点。如果客人直接或间接用语言表示自己的需要，则更便于准确及时地根据客人需求提供圆满的服务。

（3）问，一是直接或间接地征求客人的意见；二是通过对客人某些情况的询问，从中了解掌握客人的心理特点。

（4）切，就是揣摩，也可称为分析判断。如同中医大夫通过对望、闻、问的情况进行迅速准确的思维加工，诊断出病情，而服务人员则推断出客人的心理特点，掌握其对服务的心理需求。

4. 宾客的心理策略研究

饭店服务活动的主体参与者是宾客，他们在普通人心理的基础上有着特殊的心理活动。通过望、闻、问、切来研究宾客的心理，指导我们全方位地为客人提供服务。例如，在餐饮服务中，所有的客人都希望饭店能提供有针对性的服务，有的客人希望在安静的地方进餐，而有的客人却希望气氛热闹一些，服务员可以通过望、闻、问、切来为客人安排餐桌位置，这样会让客人感到饭店的服务理念和服务技巧的熟练。

根据客人对服务的心理需求，从饭店服务的特性出发，努力为客人创造优质服务，这是学习饭店服务心理学的一个重要内容。客人的心理要求是各不相同的，如果不能针对客人的心理需要采取有效的服务策略和方法，就无法满足客人的消费需求。

5. 重视员工的心理研究

饭店管理层认为，一流的服务源自一流的员工，一流的员工才能为饭店提供更高的效益。现代饭店管理的人性化回归是人本管理的最终诠释，以员工尊严、员工追求、员工发展、员工情感为出发点的管理，其本质特征就是考虑到员工是一个个体的人。员工个体的行为表现由他的个体心理和内在感受支配和决定，饭店企业员工心理管理就是通过科学的测量和分析，准确了解和把握不同员工、不同时期的心理状态，正确地进行人力的配置和优化。同时，更重要的是解决激烈的市场竞争给员工带来的心理问题，帮助员工缓解心理压力，促进员工心理健康。员工只有得到相应的尊重和认同，才会发挥自己的主动性和积极性，在工作中实现个人的人生价值。这种充满人文关怀的员工心理管理，能够减少员工对组织的抱怨，树立良好饭店企业形象；增强员工对饭店企业的认同，促进各部门、各层次员工间的沟通；提高员工士气，改善组织气氛，降低员工的缺勤、离职率；降低饭店企业运营成本，提高饭店企业经营绩效。

饭店企业要为员工创造一个展示自我的平台。可以开展员工座谈会、改善提案等活动。适时适度地与员工面谈。特别是饭店人力资源管理部门，要学会运用与员工面谈的技巧和方法，通过与员工面谈，达成饭店企业组织与全体员工之间的和谐关系和融洽的气氛。光靠严厉审视、批评等负面压力是远远不够的。应该从关心员工的角度出发，多多运用正面激励的方法，在与员工接触和与员工面谈时，尽量降低、减少压力。较好的做法是饭店各级管理人员都能以友善的微笑、亲切的握手、热情的致意及寒暄问候的态度与员工交流，就可以增强管理者与被管理者之间、领导与员工之间的良好关系，并促使上下级之间的沟通，使饭店的人际关系更加和谐。

在饭店企业中，不管是基层工作人员或者是管理人员都是饭店的一个重要部分。卡耐基有一句管理名言——“带走我的员工，把我的工厂留下，不久后工厂就会长满杂草；拿走我的工厂，把我的员工留下，不久后我们还会有个更好的工厂。”所以员工的心理研究是饭店服务中必不可少的一部分。要想正确地把握服务心理学的规律，在实践中科学地运用，就必须遵循一定的原则，使用正确的方法。

知识链接

休假胜过良药

如今美国一些公司的老板明白了休假的重要性，在雇员屁股后头催着：快去休假吧！调查显示，过去许多美国人通常选择放弃度假或部分放弃度假，但现在情况开始发生变化，持“该休假时就休假”态度的人越来越多。

为什么美国人突然爱上休假了呢?从雇主的角度。佛罗里达州的招聘服务公司——人力资本服务公司执行主任彭尼·莫雷表示：“大企业认识到，度假对保持雇员良好的心理和生理状态至关重要，他们现在开始鼓励员工把该休的假都休完。”此外，一些小公司还主动增加员工的度假时间，以此吸引最优秀的员工加入公司团队。越来越多的招聘广告打出了度假牌，这标志着公司有意强调重视员工的度假。

据调查，美国慢性疾病的患病率平稳增长；欧洲慢性疾病的患病率增长缓慢；而亚洲慢性疾病的患病率则高速增长。与之相对应的是，欧洲人是全球的休假大王，美国人和加拿大人的假期天数远落在欧洲人后面。

近日，来自奥地利维也纳大学的一组研究人员指出，定期度假对于健康确有好处，因为人们能够在假期中得到充分的休息和解压。

由心理学家吉哈德·布拉斯奇领导的这一研究小组，是在对一家铝制器件生产厂的53名员工进行测试和调查之后得出上述结论的。研究人员发现，这些工人在经过两周的休假之后，身体素质在后来的5个星期之内都一直保持不错的状态。而且，假期还改善了员工的睡眠质量，心情也因此而变得更畅快。

二、研究饭店服务心理学的原则

1. 客观性原则

所谓客观性原则，是指对任何心理现象必须按它的本来面貌加以研究和考察，不附加任何主观意愿的原则。人的心理虽是在头脑里进行的活动，但它是对客观现实的反映，一切心理活动都是由内外刺激引起的，并通过一系列的生理变化，在人的外部活动中表现出来。因此，在心理学的研究中切忌采取主观臆测和单纯内省的方法，特别是在饭店服务过程中应根据客观事实来探讨宾客的心理活动规律。

2. 关联性原则

人生活在极其复杂的自然环境和社会环境之中，人的每一心理现象的产生都要受自然和社会诸多因素的影响和制约，人们对某种刺激的反应，在不同的时间、环境和主体状况下往往不相同。因此，在对服务心理现象的研究和实验中，要严格控制条件，所以在饭店服务中，我们就要特别注意联系身边诸多的影响和制约因素，为宾客提供适当的服务。

3. 发展性原则

世界上一切事物都是运动、变化和发展的。心理现象也是如此。这就要求心理学的研究也要从心理发展、意识发展、个性心理发展以及环境和教育条件变化等不同方面，揭示人的心理发生和发展的规律。

服务业，特别是饭店服务业是一个发展相当快的行业，所以贴近时代，与时俱进，用发展的角度去看待才能准确把握客人和员工的心理，才能采取行之有效的方法和策略，使饭店服务业有更快的发展。

4. 分析与综合的原则

把复杂事物分解为简单的组成部分和把各部分联合成为统一的整体，是各门科学深入认识其对象的有力手段。综合的观点在心理学中也可以称之为系统论的观点，因此这个原则也被叫做系统性原则。在心理学研究中贯彻分析与综合的原则，至少包括以下两层意思：其一，心理、意识虽然是很复杂的现象，但可以通过剖析将其分解为各种形式进行专门的考察研究，而后通过综合将其看成有机联系的整体加以理解；其二，在研究某一种心理形式与现实条件的依存关系时，也可以分别考察某一条件在其中所起的作用，而后将其揭示的各种规律加以综合运用。此原则如同用望、闻、问、切的手段对宾客的各种特征进行分析，最后将各种分析综合起来得出宾客的最终心理特征。

三、饭店服务心理学的研究方法

“科学技术每一次重大进展，几乎都伴随有研究方法的重要进展；反之，研究方法的每次发展，又总是使人类对自然规律普遍性的认识更深化一步。”心理学及其研究方法的发展也同样如此。因此，心理学的研究方法在这一百多年中也经历了几个不同的发展阶段，从而达到了目前这样的水平。由于研究的方法论指导对于心理科学的实践有着决定性的意义。作为心理学的分支学科的饭店服务心理学的研究方法具有自然科学和社会科学两方面的特点，其研究的基本方法有观察法、实验法、调查法、个案法等。

1. 观察法——分析心理活动规律

观察法是在自然情况下，有计划、有目的、有系统地直接观察被研究者的外部表现，了解其心理活动，进而分析其心理活动规律的一种方法。此方法的原则是全方位、求实，在饭店服务活动过程中，宾客及其服务人员的行为、动作等外部表现，是观察和了解研究对象的直接依据。因此，我们必须注意以下几个问题。

（1）所有的观察始终要有明确的目的和周密的计划，确定范围，不遗漏偶然事件。

（2）观察者不能干涉被观察者的正常活动，应让其处于完全自然的状态下，不知道有人在对其进行观察。

（3）观察者应密切注意各种细节，详细做好观察记录，积累充分的准确的资料。

我们在了解某一社会现象、某一特定事件时都不能以管窥豹，以局部的观察代替对事物的全面调查，否则很难得出正确的判断。所以在运用观察法进行调查时，应尽量以多方面、多角度、多层次进行观察，搜集资料。观察法的实质是追求真实可靠的结论。不辨真伪的观察是毫无意义的，它的结果只能是自欺与欺人。观察法的操作看似简单，但是对操作者的要求较高，只有经过严格训练的人才能有效运用。但值得肯定的是，观察法保持了被观察者的心理活动的自然性和客观性，获得的材料比较真实、可信。

2. 实验法——分析心理现象的产生

心理实验法是指有目的地严格控制，或者创造一定条件来引起个体某种心理活动的产生，以进行测量的一种科学方法。实验法可以分为两种：一种叫做实验室实验法，另外一种叫做自然实验法。

实验法的基本原则是：在其他若干变量被妥善控制的情境下，主试有系统地操纵某一自变量A，使其有所改变，然后观察A的改变对另一变量 B 的影响。实验室实验法是在专门的实验室内借助于各种仪器、设备进行的，其分析的结果比较精确，但是在具体到饭店服务心理学的研究中，由于涉及的范围太广，因此使用起来难度太大，一般很少运用。实验法的优点是比较客观，目的针对性强，想了解什么心理活动就可以有针对性地进行设计，但是设计较困难，费用相对比较高。

自然实验法是研究者有目的地创造一些条件，在比较自然的情况下进行，它既可以用来研究一些简单的心理活动，又可以用来研究一些比较复杂的心理活动。在服务行业中，研究者可以适当控制某些条件，结合经常性的服务工作进行研究。

3. 调查法——分析心理状况和需要

调查法是一类方法的总称，包括谈话法、问卷法、测验法等。由于饭店服务的特殊性，客流量的数量巨大，一般饭店采取的是谈话法和问卷法，这也是大多数企业对自己的产品进行调查时所采用的方式。当宾客在饭店进行消费的时候，通过服务人员与客人的接触谈话以及问卷调查，特别是客房内的问卷调查，饭店就能够非常直接地了解到客人的心理状况和需求。

4. 个案法——分析真实信息资料

个案法是选定各类型的典型代表，建立起比较稳定的关系，进行长期系统的跟踪调查，来研究其心理变化的一种方法。在饭店服务行业中，每个饭店都有自己的忠诚客户档案，这是饭店在长期的对客服务中选定具有代表性的对象目标，长期对其进行有针对性的跟踪调查，了解客人的具体心理需求。这为饭店有针对性的服务和经营管理打下了坚实的基础。

知识链接

饭店客房服务满意度调查表

尊敬的宾客：

×××饭店在此承诺，愿为您提供最高水准的服务及饭店设施。为不断地自我完善，追求完美，特开展此项调查，感谢您能填写此调查问卷。我们衷心感谢您的支持，并祝您在此度过轻松愉快的时光。

1. 您的自然情况：

姓名________ 性别________ 房间________ 号码________

地址___________ 邮编___________ E-mail___________ 电话___________

房间预定

2. 您是如何选择×××饭店的？

推荐□ 旅行社□ 以往经历□ 饭店销售经理□ 饭店的声誉□ 会议/展览□ 广告□ 其他□

3. 您预定饭店的渠道：

直接预定□ 政府机构□ 团体预定□ 企业公司□ 预定中心□ 旅行社□

4. 您对预定服务的评价：

非常出色□ 满意□ 失望□

5. 您来访的目的：

商务□ 度假□ 途经□

6. 您对以下服务提出您的意见：

您的意见：A. 非常出色 B. 满意 C. 失望

机场接送服务________ 大堂副理________ 门童________ 接线员________

行李员________ 客房服务员________ 礼宾服务________ 洗衣服务________

前台________ 宾客服务中心________ 商品部________

意见：____

7. 接待人员是否向您介绍饭店的服务设施？

是□ 否□

客房

8. 您对客房的满意程度：

您的意见：A. 非常出色 B. 满意 C. 失望

干净________ 浴室备品________ 舒适________ 房间设备________

建议：____

9. 您认为房间设施是否需要更换或调整？

是□ 否□

建议：________________

康乐中心

10. 请填写您对康乐中心的意见：

您的意见：A. 非常出色　B. 满意　C. 失望

设施设备________　员工技能________　卓越服务________

建议：________________

商务中心

11. 请对商务中心提出您的意见：

您的意见：A. 非常出色　B. 满意　C. 失望

设施设备________　员工技能________　卓越服务________　设施保养________

建议：________________

餐厅

12. 请对餐厅的食品及服务提出您的意见：

整体评价：非常出色□　满意□　失望□

食物质量：非常出色□　满意□　失望□

您的意见：A. 非常出色　B. 满意　C. 失望

中餐厅________　堂吧________　西餐厅________　房间送餐________

建议：________________

公共区域

13. 请填写您的意见：

您的意见：A. 非常出色　B. 满意　C. 失望

干净________　地面清洁程度________　维护标准________

建议：________________

整体

14. 您如何评价饭店的整体质量？

非常出色□　满意□　失望□

15. 整体员工的礼貌程度？

非常出色□　满意□　失望□

令客人喜出望外计划

16. 请推荐一位为您提供超前服务的员工：

员工姓名：________　工作部门：________

事由：________________

与您的沟通

17. 为下一次能为您提供更好的服务，请提出您宝贵的意见和建议：

____

谢谢您的意见和建议。我们非常感谢您抽出时间来填写此调查问卷，期待您的再次光临。您填好的表格，我们收到后会转交给饭店总经理。

案例分析

生日的祝福

一个深秋的下午，在与宾客洽谈了业务之后，伍先生独自一人走在异乡的街道上。“街上的人们行色匆匆，都赶着回家与家人吃晚饭呢。”伍先生在心里感叹着。秋风萧萧吹起，“今天是自己31岁生日，真是快！哎，想不到今年得独自一人在异乡度过。”一想到今晚还要回饭店，独对那空无一人的房间，他又不禁伤感起来。他继续漫无目的地走着。他第一次深深地感受到了“独在异乡为异客”的心境。

他漫无目的地不知走了多久。突然，一阵带着浓浓秋意的秋风吹乱了他的头发，他不禁瑟缩了一下。这时，他才真正意识到夜幕已经降临，他该回饭店了。

走过已经住了四天的××饭店，他忽然觉得今天的饭店与平时好像有点不一样了。他在经过或碰到每一个饭店员工的时候，总会看到他们脸上露出亲切友好的微笑，但那种微笑当中又好像带着点神秘。

当他怀着满心疑惑走到自己的客房时，惊奇地发现房门口的把手上放着一个粉红色的大信封，封面上写着：伍德华先生亲启。他好奇地把信封打开，发现里面竟然是一张精致的生日贺卡！贺卡上写着：

尊敬的伍德华先生：

今天是您31岁的生日，很荣幸您在本饭店度过，本饭店的全体员工祝您生日快乐，身体健康，事业顺利！

××饭店全体员工敬呈
2013年1月8日

“真想不到身在异乡竟然还能收到生日祝福，而且还是意想不到的祝福。”伍先生感动地看着贺卡。

当他打开房门时，他禁不住要惊呼出声来。不知何时，房间的地上已经用一根根的荧光棒摆成了“生日快乐”四个荧光大字，一大束放置在茶几上的百合花在荧光的映照下更是显得晶莹欲滴！伍先生的心中顿时被阵阵的感动充斥着。他激动得正要冲到饭店大堂去感谢饭店为他所做一切时，他再一次惊讶了！在走廊的尽头，几个穿着饭店制服的女孩正用推车推着一个燃烧着蜡烛的双层大蛋糕朝着他走来，车上还有一桌正散发出阵阵诱人香气的盛餐和一瓶香槟。他想说一句感谢的话，但过于激动的心情却让他久久说不出一个字来。

这时，走在前头的客房部经理说话了：“伍先生，祝您生日快乐！这是我们饭店送予您的一份小小心意，希望您喜欢！另外，我们为私下看了您的入住档案上的生日向您道歉，希望您能谅解。”经理的一番话，说得伍先生热泪盈眶。

“今天是您的生日，让我们开香槟来庆祝一下吧！”说完，她便示意身旁的服务员打开香槟。瓶盖“啵”的一声被打开了，一阵香槟泡沫便随之涌了出来。当经理捧起一杯香槟递给伍先生并再次祝他生日快乐时，伍先生激动得紧紧抓住经理的手，对她说：“谢谢！谢谢你们！”……

五天后，当伍先生要离开饭店时，他再一次紧紧地握住经理的手，对她说：“真的很感谢你们这几天来给予我的热情服务，你们让我度过了一个十分难忘的生日！我一定会再来的，谢谢！”

分析与启迪：

1．关注服务对象的心理变化能够为优质服务提供良好的基础，案例中的饭店是如何做到这一点的？

2．怎样通过表面现象及环境的变化得知服务对象的心理变化从而实现服务品质的超越？

3．对服务对象进行心理关怀后会产生怎样意想不到的效果呢？

复习与思考

1. 什么是心理学？简述心理学的起源、兴起及发展？
2. 心理学的起源与发展大致经历了哪些阶段？
3. 普通心理学、饭店服务心理学的研究对象各是什么？
4. 饭店服务心理学研究的方法及其遵循的原则是什么？
5. 结合国内饭店业的状况，谈谈饭店服务心理学的任务？
6. 简述饭店业未来的发展趋势。
7. 案例题：小王忙得手脚不停，直到闭餐时间，才稍有空闲。这时，小王看到有位先生与小姐正坐在那儿聊天，盘子里的菜已没有多少了，小王以为客人不吃了，便想撤去盘子，为客人提供更好的谈话环境。于是小王说：“如果您不吃了，我可以把盘子拿掉吗？”谁知客人一听非常生气，以为是赶他们走。小王连声道歉，客人才消气，不久离开了餐厅。试问：服务员的“问”出现了什么问题？如果你是服务人员你应该怎么问宾客？

第2篇　饭店服务心理素质的培养

专题 2

饭店服务的感知觉

专题提要

任务一　了解感知觉

- 感觉水平
- 知觉水平
- 观察水平

任务二　感知觉的服务实践意义

- 感知觉对宾客的实践意义
- 感知觉对服务人员的实践意义

引导案例

积极感知世界

世界上每天都会发生很多事情，人们不可能感知到每件事情，因为人们生活的范围、时间和精力毕竟有限。所以有人说，每天能够把自己身边的事搞清楚就不错了，但常开开眼界还是有必要的。开眼界之后能将我们感知到的不同东西联系起来，这样思维就不会那么狭隘，就能从另外一个角度来看问题。在当今不断创新的年代，积极感知世界对企业主和管理人员都非常重要。

有个客户曾经是制鞋业的民营企业家，他的文化程度不高，可是每年都要去意大利、法国等国家。他说，到意大利感受一下皮鞋的时尚和潮流，参观他们古老而精湛的技术；到法国看看他们的建筑名胜，与西方人聊聊天，体会一下西方人的思维方式，都会给他带来意想不到的收获和震撼。每次从国外回来，他都会感慨：要学的东西太多了，要做的事太多了！他的企业在十几年的时间里，从 80 人发展到 10 000 人，工厂从广东办到江西，从纯粹独资的个人企业发展成与世界知名企业合作的合资企业。更有意义的是，他的管理口号从多年前的“绝对服从”变成了今天的“带人要带心”。

任务一　了解感知觉

人类认识客观事物，首先通过感知觉。没有感知觉，心理活动就不能正常进行。感知觉是人脑对当前直接作用于感觉器官的客观事物的反映。在饭店服务过程中，我们必须对宾客的感知觉进行了解，才能以正确的服务方式为宾客服务。

感知觉的作用在于从外部客观世界或从自身获取信息，以便让更高级的心理活动对这些信息进行综合评定，认识和控制自己的行为和活动，以及对自身的反映和自我状态做出评价和获得新的知识。高水平的感知觉是由多种分析器的协同活动产生的，依靠视觉、听觉、嗅觉、肤觉、机体觉、运动觉、平衡觉来接受外界刺激或自身的信息，然后做出相应的反应，有时甚至还会有记忆、思维等心理活动同时参与。例如，宾客在饭店用餐之前，通过看、听、感觉，对饭店的设施环境进行观察和评定，当宾客感觉饭店的环境等条件符合自己的要求时，大脑就控制自己的行为进入此饭店用餐。我们把感知觉由低级到高级分为三个水平，即感觉水平、知觉水平和观察水平。本任务中我们着重要学习的是感觉和知觉水平。

一、感觉水平

1. 感觉的概念

感觉是人脑对当前直接作用于感觉器官的客观事物的个别属性的反映。而这些属性就是我们现实生活中触手可及的，如我们在饭店内进餐的时候，服务员将一盘制作精美的菜肴呈现在我们眼前的时候，饱满的色泽、制作精良的菜式、诱人的味道等都是这盘菜肴的属性。这些属性都刺激我们身体的感觉器官，通过大脑产生作用。感觉是感知觉的低级水平，是人类一切心理活动的开端。

2. 感觉的分类

感觉也可以分为两大类：外部感觉（视觉、听觉、味觉、嗅觉、肤觉）和内部感觉（机体觉、运动觉、平衡觉）。

外部感觉是指接受外部刺激，反映外界事物的个别属性的感觉。一年的四季，我们就能感觉出季节的变化，特别是居住在中国北方的人对季节的感受性是最为敏感的，春天温暖，夏天炎热，秋天凉爽，冬天寒冷，这些都是外部温度刺激人的身体，人的身体对外部温度做出的反映。

内部感觉是指接受机体本身的刺激，反映机体的位置、运动和内部器官不同状态的感觉，包括运动觉、平衡觉和机体觉。未按时进餐我们会感到饥饿，走路多了我们会觉得肌肉酸痛和疲劳，饭店行李员帮助客人搬运行李时，会感到手臂屈伸、肌肉用力等。

3. 感受性和感觉阈限

感受性是指各种感觉器官对适宜刺激的感觉能力。感受性作为一种能力，是以感觉阈限的大小来度量的。感觉阈限是指能引起感觉的、持续一定时间的刺激量。人的每一种感觉的感受性和感觉阈限，都有两种形式，即“绝对”和“差别”，绝对感受性和绝对感觉阈限，差别感受性和差别感觉阈限。

（1）绝对感受性是指能够对一个刺激物感觉出最小刺激量的能力。绝对感觉阈限是指刚刚能引起感觉的最小刺激量。绝对感受性和绝对感觉阈限在数量上成反比关系，即

$$E=\frac{1}{R}$$

式中　E——绝对感受性；

R——绝对感觉阈限。

（2）差别感受性是指刚刚能够感觉出两个同类刺激物间的最小差异量的能力。差别感觉阈限是指能够引起差别感觉的刺激物的最小变化量。差别感受性和差别感觉阈限在数量上也成反比关系。

知识链接

人体的各种感觉

人体主要有五种外部感受器分别感受外部事物不同属性的刺激。例如，通过眼睛的视觉细胞感受外界的光学刺激（如颜色、明暗），产生视觉；通过耳朵的毛细胞感受外界的声音的刺激（如声调、音频），产生听觉；通过舌头的味蕾细胞感受外界的味道刺激（如酸、甜、苦、辣），产生味觉，等等。

除了反应外部刺激的外部感觉外，人体还有反应机体内部状态和变化的内部感觉，以及反应身体各部分运动和位置状态的本体感觉。人体的各种感觉如表 2-1 所示。

表 2-1　人体的各种感觉

感觉		适宜刺激	感受器官
外部感觉	视觉	390～800nm 波长的光波	视网膜上的视锥和视杆细胞
	听觉	16～20000 次/s 频率的声波	耳蜗管内的毛细胞
	味觉	溶于水、唾液或脂类的化学物质	舌面、咽后部、鄂以及会厌上的味蕾
	嗅觉	有气味的挥发性物质	鼻腔黏膜上的嗅细胞
	肤觉	物理机械、温度高低的刺激	皮肤上的触压感受器、温点和冷点
内部感觉		内脏器官活动变化时的物理和化学刺激	内脏器官壁上的神经末梢
本体感觉		肌肉的收缩、身体各部分位置和方向的变化	肌肉、肌腱、韧带、关节中神经末梢；内耳、前庭和半规管内的毛细胞

4. 感受性的变化

人的各种感受性不是恒定不变的。在人与环境的相互作用中，大量刺激物作用于感觉器官并且不断发生着变化，从而使人的感受性也不断发生变化。对于饭店的发展应该迎合消费者的感受性，普通的饭店已经司空见惯了，然而现在推出的各种饭店，如商务饭店、女性饭店、独家饭店等，都在刺激着消费者的消费欲望。由此可见，研究消费者的感受对饭店的经营方针的制订有着重要的作用。常见感受性变化的现象有以下几种。

（1）感觉适应。感觉适应是指同一感受器接受同一刺激的持续作用，使感受性发生变化的现象。适应现象存在于一切感觉中，但是在各种感觉中适应的表现和速度会有所不同。刺激物持续作用于感受器而使其感受性发生变化的现象，如从暗处走到明处，受到阳光刺激，起初几秒钟什么也看不清，但很快就看清了。嗅觉、肤觉、视觉、听觉、味觉都会在适应后感受性降低，痛觉适应较难。适应意味着神经活动和知觉逐渐地不能再反映刺激物的真实性，但这并不是说感受器的整合作用被削弱。例如，皮肤总在衣服的触压之下，但我们并不经常感觉到这些刺激，其中的部分原因是适应的结果。各种感觉都有适应现象，但其生理机制不同，可能发生在感觉器水平（如触觉），也可能产生于高级神经中枢。人们经常说“入芝兰之室，久而不闻其香；入鲍鱼之肆，久而不闻其臭。”这就是嗅觉的适应。

（2）感觉对比。感觉对比是指同一感受器在不同刺激作用下感受性在强度和性质上发生变化的现象。感觉对比有两类，即同时对比和先后对比。同时对比是指几个刺激物同时作用于同一感觉器产生的感受性变化。例如，黑人牙齿总给人以特别洁白的感觉。先后对比是指刺激物先后作用于同一感受器时产生的感受性变化。咬紧嘴唇或握紧拳头，会感到身体某一部分的疼痛似乎减轻了些。当我们吃完甜的食物之后再吃苹果的时候，我们会觉得苹果很酸。有时对比在某种意义上其实是一种错觉。所以我们在餐饮上菜的时候会有先后的顺序，先冷后热、先淡后咸、先甜后酸。

（3）感觉的相互作用。感觉的相互作用是指在一定条件下，各种不同的感觉都可能发生相互作用，从而使感受性发生变化的现象。例如，颜色的感觉就具有冷暖感、远近感：红、橙、黄等色有温暖感，称为暖色，同时又能使空间感觉上变小；蓝、青、紫等色有寒冷感，称为冷色，同时又能使空间在感觉上变大。

（4）感觉补偿。感觉补偿是指由于某种感觉缺失或机能不全，会促进其他感觉的感受性提高，以取得弥补作用。例如，盲人的听觉、肤觉和嗅觉特别灵敏，以此来补偿丧失了的视觉功能，但这种补偿作用是由长期的不懈练习才获得的。

（5）实践的影响。人的感觉性在生活和劳动实践的长期锻炼中，是可以大大提高和发展的，特别是通过实践活动和某些特殊训练，能提高到常人不可能达到的水平。研究表明，磨工的视觉感受性异常发达，他们能看到 0.0005mm 的空隙，而普通人只能看到 0.1mm 的空隙。染色专家可以区分出 40～60 种灰色，而没有受过训练的人一般根本辨别不出这么微小的色差。有经验的飞行员能觉察出发动机每分钟 1 300 转和 1 340 转之间的差别，一般人只能分辨出 1 300 转和 1 400 转之间的差异。同样，饭店内的调味师灵敏的嗅觉、味觉也是后天培养的。

二、知觉水平

1. 知觉的概念

知觉是高于感觉的感知觉水平，是人脑对当前作用于感觉器官的客观事物的整体反映。知觉水平可分为两大类，即一般知觉（简单知觉）和复杂知觉（综合知觉）。知觉是在感觉的基础上产生的，是对感觉信息整合后的反映。现实生活中，客观事物包含着许多诸如形状、大小、颜色、声音、气味等个别属性。知觉的产生要以各种形式的感觉的存在为前提，并且是与感觉一起进行的，如同我们在餐厅通过看人数可以知道餐厅的生意好坏，听声音我们可以知道对餐厅的评价如何，嗅味道可以知道餐厅的菜肴是否美味，皮肤可以感觉到餐厅内的温度是否适中。总之，通过一系列的感觉我们能得到这个餐厅的总体的情况的一个知觉概念。但是知觉也有一般和复杂之分。

（1）一般知觉，也称简单知觉。一般知觉是多种分析器协同活动的结果，依照知觉过程中起主导作用的分析器来划分，则与前述感觉水平种类的外部感觉相接近，可分为视知觉、听知觉、嗅知觉、味知觉和肤知觉五种。

（2）复杂知觉是一种综合的知觉，它须多种分析器同时参与活动，知觉的对象、内容也较复杂。按其所反映对象的性质来划分，复杂知觉可分为时间知觉、空间知觉和运动知觉。

① 时间知觉是客观对象的持续时间、速度和顺序在人脑中的反映。

② 空间知觉是物体的空间特性（形状大小、远近、方位等）在人脑中的反映。空间知觉主要包括以下四种。

形状知觉：靠视觉、肤觉和运动觉来判断物体的形状。

大小知觉：靠视觉、肤觉和运动觉来判断物体的大小。

距离知觉：也称立体知觉，包括判断观察者到物体的距离，两个物体之间的距离，以及一个物体不同部分之间的相对距离；距离知觉也依赖于视觉、肤觉和运动觉来判断。

方位知觉：依靠视觉、听觉、肤觉、运动觉和平衡觉等协同活动来判别物体所处方位（上、下、左、右、前、后、东、南、西、北）。

③ 运动知觉是物体在空间位移、移动速度及人体自身运动状态在人脑中的反映，是由视觉、听觉、肤觉、平衡觉、机体觉、运动觉等系统协同工作的结果。运动知觉主要有以下几种。

真动知觉：指物体发生实际的空间位移所产生的运动知觉。

似动知觉：指对没有空间位移的物体所产生的运动知觉，电影和霓虹灯的运动都属于似动知觉。

诱动知觉：指由于某一物体的运动而引起另一静止物体的“运动”知觉，如浮云遮月时的月动。

人体的各种知觉如表 2-2 所示。

表 2-2　人体的各种知觉

种类		特　征	形 成 条 件
空间知觉	形状知觉	反映物体的形状	依靠视觉、触摸觉和运动觉来实现并且决定于物体的形状
	大小知觉	反映物体的大小	依靠视觉、触摸觉和运动觉来实现并且决定于物体的大小和距离
	距离知觉	反映物体离主体的远近	决定于物体和主体的位置
	立体知觉	反映物体的立体特点或者两个物体前后的相对距离	主要决定于双眼视差的技能（但远距离则要依靠其他条件）
	方位知觉	反映物体所处的方位（如东、南、西、北）	借助于视觉、听觉、触摸觉、运动觉和平衡觉的协同活动来定向
时间知觉		反映客观现象的延续性和顺序性	依靠自然觉的周期现象和人体自身的节律活动
运动知觉		反映那个物体的空间的位置移动以及移动的速度	主体自身的运动状态和物体的运动状态、运动速度和远近距离

2. 知觉特性表现

人对于客观事物能够迅速获得清晰的感知，这与知觉所具有的基本特性是分不开的。知觉具有选择性、理解性、整体性和恒常性等特性。

（1）知觉的选择性。知觉的选择性在于把一些对象（或对象的一些特性、标志、性质）优先地区分出来。在现实生活中客观事物是各式各样的，我们有选择地以少数事物作为知觉的对象，对它们的知觉印象十分清楚，我们特别注意的对象好像从其他事物中突出出来，其他的对象则黯然失色。知觉的选择性依赖于个人的兴趣、态度、需要，以及个体的知识经验和当时的心理状态，还依赖于刺激物本身的特点（强度、活动性、对比）和被感知对象的外界环境条件的特点（照明度、距离）。例如，两个饭店外的霓虹灯，人们会认为灯光闪烁的饭店远远要好于灯光稍微昏暗的饭店。

（2）知觉的理解性。知觉的理解性表现为人在感知事物时，总是根据过去的知识经验来解释、判断它，把它归入一定的事物系统之中，从而能够更深刻地感知它。这就是知觉的理解性。例如，我们从事饭店服务业，长时间地和宾客接触，会让我们能比较准确地辨认出客人的身份、职业等。

从事不同职业和有不同经验的人，在知觉上是有差异的。但是有一点要注意的是言语的指导作用、实践活动的任务和对知觉对象的态度等会对知觉的理解性有影响。

（3）知觉的整体性。知觉的整体性，是指人根据自己的知识经验把直接作用于感官的客观事物的多种属性整合统一的组织加工的过程。人在知觉客观对象时，总是把它作为一个整体来反映，这就是知觉的整体性。知觉对象是由许多部分组成的，各部分具有不同的特征，但是人们并不把对象感知为许多个别的、孤立的部分，而总是把它知觉为一个统一的整体。例如，我们进入一个客房，我们不会去注意客房的细节，如桌椅、装饰品等，而是去注意这个房间的整个布局。这就是知觉的整体性。

（4）知觉的恒常性。当知觉的条件在一定范围内发生改变时，知觉的映像仍然保持相对不变，这就是知觉的恒常性，如形状恒常性、大小恒常性、明度恒常性、颜色恒常性、对比恒常性等。这是由于人们在实际生活中建立了大小、距离、形状与角度的联系。当观察条件变化时，利用已建立的这些联系，就能保持对客观世界较稳定的知觉。例如，知觉物体的大小时，环境中一些因素提供了物体距离的线索，当视网膜成像变小时，又从其他视觉线索中得知距离变远了，两者在变化中得到了补偿，保持了知觉的恒常性。恒常性对于人们的正常生活和工作有重要意义。如果知觉随着客观条件的变化时刻变化，那么要想获得任何确定的知识是不可能的。

感觉和知觉的联系如表 2-3 所示。

表 2-3　感觉与知觉的联系

	相　同	区　别	联　系	分　类
感觉	大脑对客观事物的直接反映	反映事物的个别属性	感觉是知觉的基础，知觉是各种感觉的有机组合	外部感觉 内部感觉 本体感觉
知觉		反映事物的整体属性		空间知觉 时间知觉 运动知觉

3. 特殊的感知觉——错觉与幻觉

（1）错觉是指在特定条件下对事物所产生的某种固有倾向的歪曲知觉。在一定的条件下错觉是很难避免的，而且也是完全正常的。只要产生错觉的条件具备，任何人都可能会产生同样的错觉，但是有些常识性的错觉则是可以避免的。

错觉有不同种类，根据主客观条件的变化可以将错觉分为以下几种。

① 视错觉。在某些视觉因素的干扰下而产生的错觉。包括关于线条的长度和方向的错觉，图形的大小和形状的错觉等。

② 形重错觉。由于视觉而对重量感发生错觉。例如，用手比较一公斤铁与一公斤棉花，总会觉得一公斤铁重些。

③ 时间错觉。在某种情况下，同样长短的时间，会发生不同的估计错觉，觉得有快有慢。

④ 运动错觉。对主体或客体在运动觉方面的错觉。例如，黑夜中，人走路总觉得是月亮跟人走。

⑤ 对比错觉。同一物体在不同背景上，会产生不同的错觉。例如，跳高时同样高度的横杆，会觉得室内比赛比室外比赛的高度要高。

（2）一种虚幻的感知觉——幻觉。在没有外界刺激作用于感觉器官时产生的一种虚幻的知觉，“无中生有”就是一种幻觉。一般来说，这是一种不正常的心理现象，应警惕其产生的原因，特别是精神卫生方面的原因，加以防治。图 2-1 会令我们产生一种中间凸出或凹进的幻觉，其实这只是一个平面的图形。

图 2-1　幻觉图

三、观察水平

观察是最高级的感知觉水平。观察也是人脑对当前直接作用于感觉器官的客观事物的整体反映，但确切地说，观察是一种为感知特定对象而组织的有目的有计划的，必要时需要采用一定方法的高水平的感知觉过程。它是一种主动积极的，往往与随意注意及思维相联系的紧张的感知觉过程，是与日俱增为自觉的感知觉过程。它与第一信号系统、第二信号系统及思维相联系，因此观察也被称为是思维的知觉。观察力一般被认为是智力的重要组成部分之一。本任务中我们只对其进行简单的了解。

任务二　感知觉的服务实践意义

一、感知觉对宾客的实践意义

1. 视觉对客人心理的影响

在古代，许多人相信颜色具有某种魔力。在今天，科学家也认为颜色与人的大脑有着某种联系，不同颜色对人的身体、情绪、思想和行为有着深刻影响。其实色彩本身没有任何含义，只是人们受到色彩的刺激而产生各种联想，才赋予它不同的含义。由于每个人的年龄、性别、民族、文化、职业、风俗习惯等都有很大差异，因此对色彩的感受也不同。但对大多数人来说，联想色彩的含义还有许多共同的认识。表 2-4 对各种颜色的代表情绪和对人产生的情绪影响等方面做出了详细描述。

表 2-4　颜色的描述

色彩	代 表 含 义	对人产生的影响	适合场合	协 调 色
红色	强烈刺激色，代表热情、喜庆、生机、兴旺、豪迈、焦躁和危险	兴奋、热情、激动、欢乐的色觉	比较适合于娱乐场所，隆重和欢乐的场面。但长时间接触，会使人感觉疲劳。因此，餐厅包厢、客房等处不宜大面积使用	红色与白色、黑色、淡黄色配合使用比较协调
橙色	扩张、兴奋色，代表光亮、温暖、力量、困难、危险、警觉	对人的心理有活泼、热烈和欢欣的色觉	常用于餐厅、走廊、厅堂和会议室等场所	橙色与白色、黑色、棕色配合使用比较协调
绿色	代表青春、生命、自然，悠闲、娴雅、新鲜、和平、安全	给人心理一种生机、青春、安全、宁静的色觉	淡绿色易与其他颜色调和，深绿色宜做窗帘和地毯	绿色与金黄、白色搭配更显宁静和优雅
蓝色	代表安静、智慧、冷静、和平、温良、深沉、柔和、冷淡，有收缩和后退感	代表安静、智慧、冷静、和平、温良、深沉、柔和、冷淡，有收缩和后退感	淡蓝色可用于采光较好的客房墙面，以及办公室、按摩室等，深蓝一般仅用于地面等	蓝色与白色很和谐
紫色	有收缩感，代表高贵、威严、神秘	给人心理有高贵、庄重和险恶的色觉，该色彩的稳定性较差，加之容易使人疲劳，所以应谨慎使用	淡紫色可大面积用于卧室和浴室等处，有镇定感	常作为黄色的补色，做点缀用
黑色	代表文雅、庄重、严肃、压抑、悲哀	给人以沉重、庄严和肃穆的感觉	在饭店内仅有少量作家具、门、窗框使用	黑色与其他色彩相搭配，可以使其他色彩更加鲜艳和明快
白色	代表纯真、洁净、神圣、秩序、寒冷和恐怖	能使人产生干净、纯洁、哀怜、冷酷的色觉	纯白色在室内不宜大面积使用，而各种奶白色在室内却可使环境变得轻盈、高雅	白色与其他色彩在一起可以减低其他色彩的彩度，并且由于它的反射转移而获得混闪色效果
黄色	是自然界色彩中最醒目、明度最高的色。代表温暖、光亮、华丽、灿烂、富贵、警告、死亡	给人一种高贵、温暖的色觉	在饭店室内装饰中常采用弱黄色，以营造明朗、轻快、温暖的氛围	黄色与白色、棕色、绿色配合使用比较调和

总的来说，颜色对视觉有直接的影响，所以我们在饭店的装潢中着重要注意色彩的运用和搭配，根据不同场合、功能，给宾客一场视觉盛宴。

2. 听觉对客人心理的影响

“饭店的下一轮竞争主要是文化的竞争”。饭店的背景音乐是体现饭店企业文化的重要组成部分，如何较好地将既能被不同客人所喜欢，又能充分体现饭店特色文化的背景音乐融入到饭店中，是饭店不容忽视的问题。

背景音乐在不同的场合有相应的特性和效应。流淌着美妙音乐的饭店，使那些雄伟、高大、粗犷线条的建筑物变得柔和，格调亲切，并巧妙地缩短客人与冷漠建筑物之间的距离，使建筑物变得富有人情味，“润物细无声”地引导客人产生心理上的自由和谐满足感，消除初到异地的紧张感、陌生感，产生心理上的亲切感，满足客人高品位的愉悦需要，并能提高饭店的入住率和留宿率。同时，愉悦的听觉刺激对人有调节、镇静作用，美妙背景音乐为饭店内部环境创造温馨友好的气氛，无形中在饭店与客人之间架起心灵沟通的桥梁，员工与客人都有平和宽松的心境，良好的心境无形中又提高了服务效率和工作效率。

轻柔的音乐使人精神向上，心旷神怡，过重、刺激的音乐或噪声令人心烦意乱。因此，使用背景音乐必须遵循轻柔性原则。在一家现代欧化的饭店里，应潺潺流淌着钢琴曲、小夜曲；而在具有浓郁民族风格的饭店里，应飘荡着古筝、琵琶、二胡等民族乐器演奏的音乐；外宾较多的饭店应相对选择较多的西洋乐；年纪轻的客人较多的饭店，应选择活泼、诙谐的爵士乐等。不论如何，饭店都应使所选择的背景音乐与各方面形成一个完美的整体。饭店是为客人提供休息、娱乐、餐饮的休闲场所。目的是消除客人身体紧张情绪，创造温馨浪漫气氛。因此我们还必须要遵循融合性和愉悦性。

实用音乐多数被用于舞厅与会议厅，实用音乐虽不是纯粹欣赏性音乐，但也不是一种陪衬、背景，它的存在是为了实实在在地完成某一具体任务。舞会需要伴奏音乐来“指挥”宾客翩翩起舞，根据会议的进度、内容播放不同的仪式音乐，满足会议需要，烘托气氛，为会议增色。而实用音乐的实用原则最主要的是配合性。

3. 味觉对客人心理的影响

味觉是指食物在人的口腔内对味觉器官化学感受系统的刺激并产生的一种感觉。不同地域的人对味觉的分类不一样。中国将其分为酸、甜、苦、辣、咸、鲜、涩。从味觉的生理角度分类，只有四种基本味觉，即酸、甜、苦、咸，它们是食物直接刺激味蕾产生的。人的味觉会随着不同的外部原因而有所不同。一般随温度的升高，味觉加强，最适宜的味觉产生的温度是 10～40℃，30℃最敏感，大于或小于此温度都将变得迟钝。作为饭店服务人员应该特别注意。例如，我们经常接触的啤酒是一种低度的饮料酒，较适宜的饮用温度为 7～10℃，有的甚至在 5℃左右。如果温度超出或低于这个范围会影响啤酒的饮用口感。另外，人们对食物的需求状态和饥饿程度都会影响味觉的感受性。例如，旅行社的客人，由于经过长时间的颠簸，饥肠辘辘，即使是一般的饭菜也会感觉非常可口。

知识链接

人体舒适度简介

人类机体对外界气象环境的主观感觉有别于大气探测仪器获取的各种气象要素结果。人体舒适度指数是为了从气象角度来评价在不同气候条件下人的舒适感，根据人类机体与大气环境之间的热交换而制定的生物气象指标。

人体的热平衡机能，体温调节机能内分泌系统、消化器官等的生理功能受到多种气象要素的综合影响。例如，大气温度、湿度、气压、光照、风等。实验表明，气温适中时，湿度对人体的影响并不显著。由于湿度主要影响人体的热代谢和水盐代谢，当气温较高或较低时，其波动对人体的热平衡和温热感就变得非常重要。例如，气温在15.5℃时，即使相对湿度波动达 50%，对人体的影响也仅为气温变化 1℃的作用。而当温度在 21～27℃时，若相对湿度改变为 50%时，人体的散热量就有明显差异；相对湿度在 30%时，人体的散热量比相对湿度在 80%时为多；而当相对湿度超过 80%时，由于高温高湿影响人体汗液的蒸发，机体的热平衡受到破坏，因此人体会感到闷热不适。随着温度的升高，这种情况将更趋明显。当冬季的天气阴冷潮湿时，由于空气中相对湿度较高，身体的热辐射被空气中的水汽所吸收。加上衣服在潮湿的空气中吸收水分，导热性增大，加速了机体的散热，使人感到寒冷不适。当气温低于皮肤温度时，风能使机体散热加快。风速每增加 1m/s，会使人感到气温下降了 2～3℃，风越大散热越快，人就越感到寒冷不适。

一般而言，气温、气压、相对湿度、风速四个气象要素对人体感觉影响最大，人体舒适度指数就是根据这四项要素而构成的非线性方程。

人体舒适指数：

86～88　4级 人体感觉很热，极不适应，应注意防暑降温，以防中暑

80～85　3级 人体感觉炎热，很不舒适，应注意防暑降温

76～79　2级 人体感觉偏热，不舒适，可适当降温

71～75　1级 人体感觉偏暖，较为舒适

59～70　0级 人体感觉最为舒适，最可接受

51～58　－1级 人体感觉略偏凉，较为舒适

39～50　－2级 人体感觉较冷（清凉），不舒适，请注意保暖

26～38　－3级 人体感觉很冷，很不舒适，应注意保暖防寒

<25　－4级 人体感觉寒冷，极不适应，应注意保暖防寒，防止冻伤

4. 时间知觉对客人心理的影响

时间知觉是对客观现象的延续性和顺序性的反映，即对事物运动过程的先后和长短的知觉。人的时间知觉与活动内容、情绪、动机、态度有关。内容丰富而有趣的情境，使人觉得时间过得很快，而内容贫乏枯燥的事物，使人觉得时间过得很慢；积极的情绪使人觉得时间短，消极的情绪使人觉得时间长；期待的态度会使人觉得时间过得慢。时间知觉有时并非由固定的刺激所引起，而且没有像光和声那样专门的感觉器官。它是人在活动中发展起来的，是人适应环境的重要组成部分，由于年龄、生活经验和职业技能训练的不同，人与人之间的时间知觉存在差异。

饭店的规章制度中规定，“电话铃响三声之内必须接听”，这个规定就是根据宾客的时间知觉特点来设定的。在服务工作中，要求各个部门要在最短的时间内为客人解决一切问题，尽量减少客人长久等待的感觉。这一点对于前厅部和餐饮部尤为重要。客人经过长途跋涉来到目的地或者中转地，希望在最短的时间解决休息和饮食问题。所以我们需要准确快捷地办理手续，平稳迅速地送客人进入客房。客人进入餐厅用餐时，点餐后尽快为客人送上美

味的菜肴。过程迅速、快捷，并能得到准确结果才是客人所需要的。因此，作为饭店服务人员干一切事情都要快、准，要有强烈的时间观念。

5. 人际知觉对客人心理的影响

人际知觉。人际相互作用的一个重要基础，是个体所形成的对他人的印象。人际知觉又称社会知觉，是指人对人的知觉。它是人们在社会交往中通过获得对方的外部信息，从而给对方做出判断和评价。人际知觉在人际关系中具有巨大的作用。正确认识并使用人际知觉是做好饭店服务工作的前提条件。

（1）自我知觉。自我知觉是一个人行为的基本状态和生活状态的决定因素。一个人在社会上，必须要有一个正常的人际知觉关系，才能在社会活动中处理好社会关系。一个好的人际关系能帮助个人在工作上提高工作效率，在与人交往中互相了解和增进友谊，产生爱情。饭店作为一个庞大的交际网，个人的自我认知是相当重要的。无论身处什么样的场合、岗位，无论身为什么社会角色，都能形成一个良好的人际关系。

个人自我知觉的建立往往要经过以下三个发展阶段。

① 生理的自我发展阶段。这一阶段个人关注自己的身体以及穿着、打扮、家庭成员对自己的态度等，往往表现出自豪、自卑、满足、缺憾等自我感情。

② 社会的自我发展阶段。这一阶段个人多关注上级、同事、同学等周围的人对自己的态度和自己在社会上的名誉、地位、财产等，表现出自尊、自卑、得意、失意等自我评价。

③ 心理的自我阶段。这一阶段主要表现出对自己的智慧、才干、道德等心理素质的自我知觉。

这三个阶段的总趋势是按照从低到高逐步提高的，但并不是一成不变的，而是经常交叉出现的。有时跟着感觉走，感情用事，不善于思考；而有时会照章办事，自以为是；有时也会出现头脑清醒、善于独立思考。以上三种阶段心理学家也会称为三个自我：儿童的自我、家长的自我和成人的自我。一个饭店的员工，应该努力达到成人的自我，也就是第三个阶段。随时保持头脑清醒，在遇到任何情况时都会保持良好的状态。

（2）第一印象（First Impression）。大家都会有同样的经验，在你面对某人而有必要了解他的时候，在第一次见面时所获得的印象是最重要的。因此，心理学家们在研究人际知觉时，就不能不研究人与人初次见面时的第一印象。第一印象是指观察者在第一次与对方接触时，根据对方的身体、相貌以及外显行为所得的综合性与评价性的判断。在日常生活中，人们随时随地都会有机会对人产生第一印象。例如，某位宾客第一次来到饭店，凭借他的衣着、谈吐、对服务人员的态度等有限资料，就会构成服务人员对他的第一印象；理同，客人与某服务人员第一次谈话，也将根据该服务人员的谈吐应对而形成客人对饭店的第一印象。所以，服务人员的素质对饭店给客人的第一印象的形成是至关重要的。

（3）晕轮效应（Halo Effect）。晕轮效应也称月晕效应，它是指在人际知觉时，人们常常从对方所具有的某个特征而泛化到其他一系列有关的特征，也就是从所知觉到的特征，泛化推及到未知觉到的特征，从局部的信息而形成一个完整的印象。“爱屋及乌”，从喜欢一个人的某个特征推及到喜爱他整个人，又进而从喜爱他这个人，泛化到喜爱一切与之有关的事情。晕轮效应会在真实现象面前形成一种假象，使人产生美化或丑化对象的印象。首先我们来想象一下，当我们步入一个外部气势宏伟，内部装饰精美的酒店，我们一定会联想到此饭店的设备一定豪华、齐全，服务周到、全面。晕轮效应容易产生“一好百好”、“一俊遮百丑”的以偏概全的认知偏差。因此，在饭店的服务中，一定要注重细节，谨记“饭店服务无小事”，任何事情均从小做起，不能因为个别小的疏忽而造成宾客对饭店整体的不满情绪。第一印象与晕轮效应都带有强烈的主观色彩，而且两者关系非常紧密。由于第一印象深刻，容易形成晕轮效应，晕轮效应产生后，可以强化第一印象。饭店服务工作的每个环节和每个员工都应努力使宾客产生良好的第一印象。

（4）角色知觉（Role Perception）。角色知觉是指人们对社会中各种类型（角色）的人的比较固定的认识和判断。在现实生活中，人都扮演着各种各样的角色。人们对每一种社会角色的行为标准都有比较固定的看法。演戏就是角色知觉、体验、转化的过程。他必须根据台词和舞台说明设计人物的动作和姿势，演戏的过程，就是演员主体实现角色转换的过程，其结果，则是演员对人物性格的真正掌握。任何一种角色行为只有在角色知觉十分清晰的情况下，才能使角色得以实现。

仪态端庄、面带微笑、热情有礼、服务周到耐心等，这些是我们饭店服务人员的角色行为标准。而导游要稳重老练、能言善道才能带起整个团队。知识分子应文质彬彬，商人则精明能干。通常这种定型的角色知觉有利于人们知觉别人，但也容易产生以偏概全的结果。饭店服务工作中，服务员与宾客扮演着不同的社会角色。宾客的角色知觉要求服务员为自己提供服务，而服务员这一角色有义务按照宾客的要求去提供服务。只要宾客的要求是正当的，服务人员就无权拒绝客人的要求。因此，饭店服务工作中，因扮演角色不同，服务员不能与客人“平起平坐”。“宾客至上”、“客人永远是对的”将是服务工作中不变的宗旨。

二、感知觉对服务人员的实践意义

1. 宾客感知觉与饭店服务工作的相互关系

饭店不仅仅是宾客暂时落脚的地方，更是宾客一个暂时的家。在宾客进入饭店时，他们只能通过饭店的设施设备、服务人员的服务态度来初步地认识饭店。因此，根据宾客感知觉做好饭店服务工作，首先要从饭店员工的个人形象、服务态度和饭店服务环境等方面入手。

（1）服务人员的个人形象是饭店的招牌。饭店在招聘员工的时候，招聘启事都会标注“形象气质佳”，众所周知，给宾客留下第一印象的是饭店的服务人员。服务人员形象气质的好坏直接影响着宾客的印象。作为宾客，消费的同时希望自己能享受到与付出成对等或者高出付出的高性价比的服务。所以，饭店员工要在仪表、仪容、仪态、语言方面有一定的要求。

饭店的服务职业特点要求饭店工作人员的服饰必须干净、整洁，没有掉钮脱襻的现象，同性别、同岗位的服务员要着同样的服装。饭店职业装的款式大方严谨，风格相对稳定，设计得舒适得体，工艺处理应精致细腻。在色彩的组合和运用上，尽量以典雅、稳重的色彩倾向为主线，若要避免沉闷、呆板，可以通过色彩对比的局部点缀来完成。通常饭店不同部门的服务人员穿着不同样式的服装。服饰从款式及色彩的设计上，应尽量与空间环境的整体和谐，以使宾客感觉亲切自然、舒适、安逸。前台服务员服装款式设计要以大方、时尚、简约为前提；客房服务员应尽量避免衣服过长，以免在劳作的过程中，难以保持服饰洁净，破坏整洁形象。

良好的仪容，会令人产生美好的第一印象，从而对饭店产生积极的宣传作用，同时还可能弥补某些服务设施方面的不足。即使有热情的服务和一流的设施也不一定能给客人留下好的印象。仪表上要求五官端正，搭配和谐，体格健美匀称，身体各部位比例协调，线条优美和谐，能显示健康和活力。特殊的魅力在一开始就给人留下美好的印象，常常会使人形成一种特别的心理定势和情绪定势，无论在工作还是生活中，都会产生良好的社会效果。

语言是饭店服务中至关重要的元素。客人对服务质量的要求是一致的，但客人的性格是多种多样的。在接待工作中，要针对不同性格类型的人说好话，做好工作，务必使每一位客人都感到满意。饭店服务人员要遵守语言要求，随时要有“五声”，即宾客来时有迎客声，遇到宾客时有称呼声，受人帮助时有致谢声，麻烦宾客有道歉声，宾客离店有送客声。拒绝出现烦躁、嘲讽、傲慢的话语。此外，还有粗声粗气、油腔滑调等现象，在服务交际中也在禁忌之列。

俗话说“站如松、坐如钟”，这是一个普通人的基本仪态。但作为一个饭店服务人员仪态方面就必须符合饭店服务标准，站有站姿，坐有坐相，面部表情尽量保持自然的微笑，表现出自信但不张扬的表情。举手投足间表现出作为一个饭店服务人员该有的精神面貌。

（2）良好的服务态度的标准。服务态度是指饭店从业人员在从事饭店服务工作中对宾客在言语、表情、行为举止等方面所表现出的一种心理倾向。态度受个体已有的对事情的情感和意向的影响，也受个体已有的知识、经验、动机等认识因素的影响。态度是一种复杂的心理现象，不仅拥有浓厚的职业色彩，也具有浓厚的感情色彩，并对宾客的心理和行为产生重要作用和影响。

在与宾客的接触中，服务态度是具有感召和逐客的功能。例如，良好的服务态度能使宾客更愿意和服务人员接触，更加贴近与宾客之间的关系，从而形成宾客的二次消费。而恶劣的服务态度会给宾客造成拒人千里之外的感觉，没有应有的“家”的感觉，从而会对饭店望而却步，往往失去一些宾客。

服务态度同时还有感化和激化功能。在饭店内经常会出现宾客有不满情绪的情况，而良好的服务态度能够适度地化解宾客的不满情绪，甚至能消除宾客对饭店不良的印象，争取更多的客源。当宾客的情绪正处于不良的状态，恶劣的服务态度会让宾客的态度更加不安和烦躁，甚至会使宾客情绪更加激动，甚至会使宾客失去理智，发生冲突和矛盾。

饭店服务人员应该随时注意个人的服务态度，不能让自己的服务态度影响到宾客的情绪及宾客对饭店的评价和印象。饭店服务人员要形成良好的服务态度，需要做到以下几个方面。

① 树立高度的责任感。服务人员必须清楚地认识自己的社会角色，明确服务工作的特点，热爱本职工作，消除自卑感和厌恶感。以饭店大局为重，从整体考虑，不计较个人得失，工作认真负责。

② 加强修养。一名文化修养、职业道德和心理素质良好的服务员，眼界开阔，心胸宽广，理智感强，会主动自觉地形成并保持良好的服务态度。良好的个人修养是饭店服务人员必备的素质之一。

③ 完美服务行为。服务行为是服务态度的具体表现形式，它要求服务员有愉快的表情，有发自内心的自然微笑，站立姿势要挺直、自然、规矩，行走时要平稳、协调、精神；语言要规范、和气、文雅、谦逊；仪表要端庄、举止稳健、自然，符合职业身份。

（3）良好服务环境的创建。宾客的感知觉还会注意到饭店环境，虽然注意的时间会很短，但是在宾客离开饭店之后，对饭店的第一印象却能保留很长的时间，所以一定要注重饭店环境。

据调查，宾客对饭店环境的要求包括十四项，即洁净、舒适、宁静、优质接待、餐饮、景致、周围环境、餐厅、客房、咨询、洗衣、旅游、商务、委托代办等。这些要求涉及饭店位置、自然环境、建筑、停车场、装潢、迎送、设施设备、服务项目、娱乐活动等要素。从这十四项环境要求我们可以看出，饭店要通过内外环境的创建，提供良好周到的、热情的服务，努力使得宾客在饭店的消费过程中，产生美好的感知觉和消费情绪，留下美好的第一印象，形成晕轮效应。

2. 饭店员工感知觉与饭店服务工作

宾客进入饭店，对饭店进行感知的同时，饭店服务人员也在对宾客进行感知，而且只有服务人员对宾客的感知越准确，越全面，给宾客提供的服务才能越细致周全，甚至超前。所以，饭店服务人员必须具备良好的感知觉能力。

从以下几个方面来培养良好的感知觉能力。

① 仔细观察。观察是一种有目的、有计划的知觉，是人对现实的感性认识的一种主动形式，是与思维、言语、注意等心理活动紧密结合的复杂的智力活动过程。

首先，明确观察目的、任务是进行观察的前提。观察目的越明确，任务越具体，收获就越大。饭店服务人员要经常对于自己的观察能力进行提升，选择一些案例或者实际工作中的问题进行研究，如对进店的宾客，从宾客外形、肢体语言、个人素质来推断宾客的国籍、从事行业，甚至推断出宾客的个性性格。同时也可以观察不同的宾客对服务的要求，从而在以后的工作中，能有针对性地提供服务。许多住店的宾客是以旅游和商务为主的，所以我们可以根据其特点，为旅游的宾客提供周到的服务，为商务宾客提供快捷的服务。总之，观察前目的越明确，越容易将注意力集中在该注意的问题上，即便是细小的变化也能及时地捕捉到，并采取相应的措施，把服务做在宾客开口之前，满足宾客的心理需求。

其次，根据目的制订相应的观察计划。在制订计划之前，我们要事先做好准备，要有充分的知识准备，只有这样，计划才能顺利地实施。在饭店服务工作中，服务员制订以观察宾客口味和饮食习惯的计划时，相应需要懂得关于烹饪方面的相关知识，否则就不能很好地感知许多现象，甚至容易产生错觉，观察计划也只能是一纸空文。

最后，观察要细致具体，及时总结。在工作中，我们经常接触宾客，相应地要有自己一套观察的方法。但是宾客的心理活动十分复杂，言谈举止、兴趣爱好、品质性格会根据不同的状态有不同的表现，有的宾客外向，经常会将自己的情绪表现出来，而有的宾客内向，外表平静如水，不显山露水，因此要善于把握细节（眼神、动作、语言等），从而揣测宾客心理变化。我们在学习过程中需要对所学的知识进行总结，所以每次观察之后，需要将观察之后的分析、规律等有价值性的东西整理出来，从而巩固记忆，另外也可以在以后工作中继续完善资料，为宾客提供更加完美的服务。

② 观察能力的培养。观察能力即观察力，是指观察活动的效率。它是衡量饭店工作人员素质高低的重要标志之一。具备良好的观察力是饭店服务人员做好工作的重要条件。观察能力的类型，一般可以分为分析型、综合型和分析综合型三种。

分析型：属于善于观察对象的个别的细节，但是不善于观察对象的整体性。

综合型：善于观察对象的主要部门，但是忽视细节的观察。

分析综合型：集上面两种类型之所长，既善于把观察对象看成一个整体，也能对对象的细节进行观察。

有时观察能力也被分为客观型和主观型。客观型是在没有充分的资料之前，不会随意地做出任何结论，很少受主观偏见、愿望或者心境的影响。而主观型很容易会对事实的真相混淆，通常会受到自己主观的见解或者情绪影响，把自己某方面的偏见加入到观察的事实中，所以很难对观察的结果做出准确的判断。饭店的从业人员应该培养自己的客观型的观察能力，在服务观察中，准确地做出判断，提供宾客所需的服务。观察能力的培养需要不断地练习，可以通过以下几个方面的锻炼提高自己的观察能力。

比较两个人或两类人各方面的异同。例如，将年轻的宾客与年老的宾客对住宿的要求进行比较，找出不同。年轻的宾客，希望客房的布置具有时代感，色彩鲜明，而年老的宾客希望客房的布置具有淡雅温馨的氛围。我们通过对两类人的观察，按其所需安排住房。

在短时间内说出观察对象尽可能多的特点。通过短暂的观察，我们需要从观察中较为迅速地反映出此人的性格、服饰等特点，以及社会地位、学识等表象。

同观察能力较强的人一起观察。与观察能力较高的人一起进行观察，找出自己的不足，有意训练自己的观察能力。

发现观察对象微小的变化。多做对比的练习，如"找茬游戏"，此游戏就能很好地锻炼观察能力，从基础开始练起，如图 2-2 所示。

图 2-2 找出两图中 5 个不同之处

3. 饭店员工对宾客进行准确感知

（1）观察宾客的衣着服饰。人的第一印象往往是通过对外表的观察获得的。而一个社会地位相对高的人对自己的衣着服饰往往是十分重视的，因此我们可以从一个人的外表着装来判断一个人的文化修养、性格特点、年龄、经济收入、社会地位等情况。饭店服务人员通过对衣着的观察，能初步对宾客的身份进行推测。

例如，学者、教授以及政府官员等，一般着装严谨保守，不追求时髦款式，比较喜欢深颜色的衣服，给人以文质彬彬的感觉；大多的公司文职人员，男士多数是西装笔挺、领带整齐，而女士则是着装职业套装，试图给人精明能干的印象。东南亚地区的宾客大多喜欢穿着印花的服饰；阿拉伯地区的人喜欢穿白袍，女性戴面纱。

另外，应该注意配饰。配饰也可反映宾客的民族、国籍、性格等特点。信奉基督教的宾客佩戴十字架，而信仰佛教的宾客则佩戴佛珠等饰物。在接待宾客时我们可通过观察宾客手上佩戴的戒指来辨别称呼，以免错称造成不必要的麻烦。

（2）观察宾客的面部表情和眼神。人的面部表情最为丰富，不同表情代表人不同的心理变动。喜怒哀乐很容易从面部的表情变化中显现出来。性格开朗的人往往会喜形于色，性格内向的人会努力克制自己的情绪。俗话说，“眼睛是心灵的窗户”。当一个人的眼神不敢正视着对方，眼神飘忽不定时，说明此人尴尬或者害怕、害羞；当某人生气时，眼睛则会紧紧地盯着对方。一个细微的表情或者眼神都能显出宾客的情绪，如果服务人员没有注意到这些，无论你的服务多么热情周到，都会大打折扣。

（3）观察宾客的外部体型。国籍、生活地区、工作性质、性格等的不同，导致宾客具有各自较为明显的外形特征。2008 年北京奥运会，云集了世界 203 个国家的运动员参加，当不同地区的运动员汇集到一个赛场上，我们会根据外貌特征初步判断出此人居住的洲。

（4）观察宾客的肢体语言。在日常的生活中避免不了一些肢体上的动作。肢体语言可以增加语言的表达效果，但是过多的肢体语言反而会造成许多不必要的失误。各个地区的肢体语言也有许多禁忌。例如，南亚一些地区两只手有尊卑之分。由于他们习惯右手抓食，左手上厕所，因此在他们眼里右手表示尊重，左手表示不尊重。通常我们说“点头 yes 摇头 no”，但是在东南亚有些国家，则截然相反，“点头 no 摇头 yes”。

走路的姿势和速度同样也能看出一个人的性格特点。步伐轻盈灵活的人性格外向，而内向性格的人走路会步伐稳重轻缓。一个人颓废时步伐迟缓，焦躁时步伐急促等。

（5）观察宾客的语言特点。说话的内容、方式、速度、音量、“行话”、“乡音”等，常反映出一个人的文化修养、性格、职业、身份、籍贯、情绪等信息。谈吐斯文，喜欢引用典故，语言逻辑思维强的人大多数文化修养较高，领导级的人喜欢以命令的口吻说话，并且说话简明。作为饭店服务人员有自己的行业术语，同样其他行业也具有行业术语。通过一些行业术语我们也能很容易地判断出宾客从事的行业。有时不同地区的语言含义也有差异，如中国人与美国人对于星期的概念就不同，我们认为一个星期的开始是星期一，美国人却认为一个星期的开始是星期天。

（6）观察宾客的随身用品及生活习惯。宾客的行李、用具常反映出宾客的外出目的、职业、行踪等情况。探亲访友、旅游的宾客，所带的行李较多。商务旅游的客人行李较少，随身的行李、有公文包或者货品样板等。进行学术交流的宾客会带笔记本电脑、文件、书籍等。

世界各国、各民族人民都有自己长期生活所形成的风俗习惯和生活特点。不同年龄、性别的人，生活习惯也有差别。欧美国家的人忌讳“13”这个数字、经商宾客忌讳“4”而喜欢“8”。性格外向的宾客喜欢热闹，年长的宾客喜欢安静等。服务人员则通过在实践中不断地摸索，认真观察，虚心请教，不断积累经验，掌握各种宾客的特点，做好服务接待工作。

note 知识链接

“锻炼”自己的感知觉

体育锻炼能促进人的感知觉发展，体育运动使人的感知觉敏锐、观察力强，还能促使空间知觉、时间知觉的发展。体育锻炼能够增强神经系统的功能，促进记忆的发展，对人的运动记忆与情绪记忆的发展作用非常明显。体育运动能够促使思维能力的发展，球类运动、体操运动对人的思维敏捷性、灵活性的发展有很大的促进作用。体育运动使人动作敏捷、准确、协调。心理学研究表明，经常做体育锻炼的人的简单反应速度为 161.5 毫秒，不进行体育锻炼的人的简单反应速度为 217.5 毫秒；经常从事体育锻炼的人的复杂反应速度为 248.7 毫秒，不进行体育锻炼的人的复杂反应速度为 372 毫秒。

案例分析

婚车误被重复预订

周日，某城市一家饭店。

值班经理贺经理早上刚接班不久，就接到饭店内部停车场工作人员电话：两位租赁饭店卡迪拉克房车作婚礼花车的客人吵起来了。

贺经理立即赶到事发现场，了解了事情的原委：两位客人都因婚礼活动，先后于日前到该饭店运输部去订租那辆本市为数不多的卡迪拉克房车作婚礼花车使用，由于该部负责办理租车手续的人员在登记手续衔接上失误，致使该车被重复预订。周六，有一个客人带了花工对该车作了装饰；当今天一早，另一客人也带花工来时不禁傻了眼，于是互不相让的客人就吵了起来。

贺经理了解情况后，看了双方订车时的交费发票，明白了是饭店工作上存在失误，是饭店的疏忽造成的服务事故。于是，贺经理毫不犹豫地、诚恳地向两位客人道歉：“两位先生别吵了，此事不怪你们双方，是我们工作中的失误，给你们带来了麻烦。我向二位赔礼道歉。”贺经理又说：“今天二位都是代朋友办婚礼活动，是大喜的日子，待会儿都要用车去接新娘，千万耽误不得，现在最要紧的是如何想法弥补，保证不误婚礼。我建议你俩其中一位退出，我另行给你们找车装饰”。客人一听，都希望对方退出。一人说，昨夜我先布置好车；另一人说，是我先订车交费。双方各执一端，争论不休，时间迅速的流逝，接新娘的时间越来越近了，贺经理也似乎束手无策，着急起来。

经过贺经理的冷静观察，他发现年长客人脾气比较暴躁，出言时有粗秽，并仗着随从人多势众，明显地不好商量，也完全不想商量。但另一年青客人系只身前来，模样文质彬彬，言语规矩，一看就是有教养、懂道理的人，显然存在商量的余地。于是，贺经理决定从这后者着手，打开缺口，解决问题。

他将年青的客人请到一边，同他商量起来。贺经理说：“小伙子，接新娘的时间快到了，再不想办法就来不及了。虽然，责任不在于您，但您为朋友办事没办好，也会遭到埋怨，宴会那边客人还等着，耽误了喜庆大事，就很不好。这样行不行，我给您另外找辆车，马上布置还来得及。”年青客人心里似有松动，但嘴里仍说：“我让了他，好像我怕他似的，这样我好没面子。”贺经理说：“不存在您没面子，我和这里的保安，还有这些花工都看出来了，您素质比较高，有文化、有修养，是一个识礼讲理的人。所以，我就来做您的工作，请您给我们支持。新郎、新娘那边如因换车有啥意见，您一方面将情况向他俩说明，另一方面也可将责任推到我头上。今天，您为我解决了困难，就是我们饭店的朋友，也是我个人的朋友，今后，有什么事找我也会尽力。”说着，贺经理还将自己的私人电话号码提供给客人。客人被贺经理的诚挚所感动，终于答应另换车辆装饰婚车。

一场冲突终于得到了圆满解决。

分析与启迪：

1．饭店服务过程中细节颇多，如何尽善尽美地体现细节决定成败的重大意义成为饭店服务活动中的重要内容，本案例中的纠纷主要来自哪些工作的疏忽，试总结并分析之。

2．案例中的经理在处理此次事件的时候都做了哪些努力，成效如何，还有哪些需要改进的地方？

3．如果你处理此类问题该如何从关怀消费者心理角度妥善地处理此事，提出你自己的想法。

资料来源：改编自职业餐饮网 http://www.canyin168.com/glyy/jcgl/jdglal/200901/13861.html.

复习与思考

1．感觉和知觉的区别是什么，如何辨析这两个不同的概念？

2．感受的变化从哪几个方面表现出来？

3．知觉的概念和特性是什么？

4．作为饭店服务人员，如何做好饭店服务工作？

5．从视觉、听觉、味觉和人际知觉四个方面概括这些感知觉在饭店服务中对宾客有哪些影响？

6．案例题：一天，北京某饭店张灯结彩，充满热闹的气氛。原来今晚有一个盛大宴会，各国在京的大商人将汇聚一堂，听取某大公司总经理关于寻找合作伙伴的讲话。会后，客人被请到大宴会厅。每张桌上都放着一盆黄色的大绣球菊花插花，远远望去甚是可爱。客人按指定的桌位一一坐定，但引座小姐发现，仍有数名客人不知何因站在桌前不入座。她上前了解，原来这几位是法国人，认为黄菊花是不吉利的，不肯入座。引座小姐赶紧取走菊花插花，换上红玫瑰，并向客人表达真切的歉意。客人脸色顿时转愁为喜，乐滋滋地坐下了。试分析宾客在这个过程中都有哪些感知觉的产生？饭店管理人员应吸取哪些经验？

专题3

饭店服务中的记忆与注意

专题提要

任务一　了解记忆、注意

- 记忆的基本概念
- 记忆的分类
- 判断人的记忆品质
- 注意的基本概念
- 注意的种类
- 注意的功能
- 注意的特点

任务二　记忆与注意的服务实践意义

- 培养良好的记忆力
- 培养良好的服务记忆力
- 注意力在饭店服务中的意义

引导案例

灾难的“记忆”

2008 年 5 月 12 日是让我们中国人乃至世界人值得注意的日子，并且也是给我们留下深刻记忆的日子。北京时间 5 月 12 日 14 时 28 分位于北纬 31° 东经 103.4° 的四川省汶川县发生了里氏 8.0 级强烈地震，到 16 日 14 时汶川地震死亡 22 069 人受伤 168 669 人，而与它相邻的北川县、德阳市、都江堰市、眉山市、茂县等，直接死亡人数达到了 21 577 人，与四川相邻的陕西、甘肃、河南等省，死亡人数也达 700 人。在这次灾难中，有很多人都失去了自己的亲人，而汶川等最严重的灾区余震还时有发生，还有很多人在废墟下等待救援，学校和医院是受灾最重的地点……

在灾情发生之后我们的注意力会集中到救援的进程中，也同样会记住那些为救援浴血奋战的救援人员。在世界各地人民的祈祷和帮助下，人们慢慢从汶川地震的悲痛中走出，但是留在人们脑海中的那些记忆是永远擦不去的。

任务一 了解记忆、注意

一、记忆的基本概念

《辞海》中对“记忆”一词的定义是“人脑对经验过的事物的识记、保持、再现或再认。识记即识别和记住事物特点及联系，它的生理基础为大脑皮层形成了相应的暂时神经联系；保持即暂时联系以痕迹的形式留存于脑中；再现或再认则为暂时联系的再活跃”。而我们对于记忆的定义是人脑对过去经验的反映。诸如过去感知过的事物，思考过的问题，体验过的情绪与情感，做过的动作等，都可能保存于头脑中。以后，在一定条件的影响下，它们又能在我们的头脑中重新反映出来，这种人脑对过去经验的保持和重现的过程就是记忆。

人类之所以能够认识世界、改造世界而成为“万物之灵”，关键就在于人类具有卓越的思维能力和记忆能力。正是依靠这些思维、记忆能力，人类才得以学习、积累和应用各种知识和经验，才能不断地推动历史的发展和社会的进步。

知识链接

记忆的起源

自从有了人类之后，记忆便跟随并服务于人们的生活中。远古时代，人们为了生存要记住周围的环境，要分辨出哪些动物、植物对人们有害，哪些有益，如何寻找食物，如何应付各种自然灾害。把这些经验一代一代地传递下去，就需要保存记忆。同时，增强记忆力，也成了人类生存十分重要的学问。倘若发生什么大灾害，人类自身及所有知识记录惨遭毁灭性打击的时候，如果氏族首领侥幸存活，他们就需要尽一切努力去恢复一切已经失去的知识，所以他们平时要训练增强记忆的能力，把一切圣典记在自己的大脑中。据记载，新西兰毛利族的首领卡马塔那能背诵全族长达1 000年的，包括四五十代人的历史，这些内容足够他背上三天三夜，而他却从不看笔记之类的东西。

为了解决记忆问题，古人还用结绳记事的方法，据说印加人能够用结绳记下十分复杂的长篇史诗。但是人类究竟从什么时候开始研究记忆力的，现在人们已很难说清楚了。不过关于记忆力的第一批概念的形成却应该归功于古希腊人。尽管有些理论在现代人看来显得很幼稚，但他们的确是第一批提出记忆力的学术概念的人。

二、记忆的分类

1. 根据记忆内容分类

（1）形象记忆。以事物的形象为内容的记忆，叫做形象记忆。例如，我们参观一个工业新产品展览会，会后对一台台新机器的形状的记忆，就是形象记忆。

（2）逻辑记忆。以概念、公式和规律等的逻辑思维过程为内容的记忆，叫做逻辑记忆。例如，我们对法则、定理或数学公式的记忆，就是逻辑记忆。

（3）情绪记忆。以体验过的某种情绪或情感为内容的记忆，叫做情绪记忆。例如，我们对第一天上大学时的愉快心情的记忆，就是情绪记忆。

（4）运动记忆。以做过的运动或动作为内容的记忆，叫做运动记忆。例如，我们对做蛙泳和自由泳一个接一个动作的记忆，就是运动记忆。

在实际生活中，上述四种记忆是相互联系着的，只是为了研究的需要，才进行这样的分类。

2. 根据记忆特点分类

（1）感觉记忆。感觉记忆又称为瞬时记忆，在感觉记忆中材料保持的时间很短，约为0.25～2秒。

（2）短时记忆。短时记忆是指记忆信息保持时间在一分钟以内的记忆。例如，我们从电话簿上查一个电话号码，然后立刻就能根据记忆去拨号，但事过之后，再问这个号码是什么，就记不起来了。听课时，边听边记笔记，也是依靠短时记忆。

复述是短时记忆的重要保持机制。复述还可以使信息从短时记忆进入长时记忆。

（3）长时记忆。长时记忆是指记忆信息的保持从一分钟以上直到许多年甚至保持终身的记忆。长时记忆是一个真正的信息库，记忆容量极大，保持的时间长。从信息来源来说，长时记忆是对短时记忆重复加工的结果，但也有些长时记忆是由于印象深刻而一次形成的。

3. 根据记忆目的分类

（1）无意记忆是指没有明确的记忆目的，不需要任何有助于记忆的方法，也不需要做出意志努力的记忆。例如，在饭店环境中，服务人员对各种潜移默化的影响的接受。

（2）有意记忆是指有明确的记忆目的，运用一定的有助于记忆的方法，需要做出意志努力的记忆。例如，对科学文化知识的学习、技能技巧的形成，都必须借助于有意记忆。因此，有意记忆在人们的学习和工作中有着重要的意义。

4. 根据记忆方法分类

（1）理解记忆是指通过理解材料的意义，把握材料内容的记忆。例如，对事件的起因、经过和结果的记忆，公式推导的记忆等。理解记忆的基本条件是理解。

（2）机械记忆是指根据材料的外部联系或表现形式，采取简单重复的方式进行的记忆。例如，对历史年代、外语单词、电话号码、人名地名的记忆等。机械记忆的基本条件是重复。

理解记忆与机械记忆相比较，理解记忆的效果较好，但并不是说机械记忆就没有用。在学习过程中，机械记忆和理解记忆都是重要的，它们在记忆过程中可以互相补充。例如，餐厅服务员在记忆操作规程时，首先要理解为什么要这样操作，但这还不够，它只能记住规程的主要内容，而要准确记住操作各环节的具体标准，就需要借助机械记忆。

三、判断人的记忆品质

一般根据什么来判断人的记忆品质及记忆的优劣的标准呢？综合起来一个人的记忆力水平，可以从记忆品质的敏捷性、持久性、正确性和备用性四个方面来衡量和评价。

1. 记忆的敏捷性

记忆的敏捷性体现记忆速度的快慢，是指个人在一定时间内能够记住的事物的数量。人们记忆的速度有相当大的差异。有实验证明，让受试者背诵一首唐诗，有的人重复5次就记住了，而有的人却需要重复 26 次才能记住。有学者让受试者识记一系列图形，有的人只需看33次就能记住，有的人却需要看75次才能记住。这就说明了人的记忆在速度方面即敏捷性方面存在着明显的差别。记忆是否敏捷取决于大脑皮层中条件反射形成的速度。条件反射形成得快，记忆就敏捷；条件反射形成得慢，记忆就迟钝。每个人都希望自己的记忆具有敏捷性，因为这样就可以在单位时间里获得更多的知识。要增强记忆力首先要加强记忆的敏捷性。要想达到这个目的，一是平时要加强锻炼，通过锻炼使自己的记忆敏捷起来；二是在记忆时要集中注意力；三是要充分利用原有的知识，以此来获得新的知识。也就是说，在旧有的条件反射基础上去建立新的条件反射，这样记忆就会逐渐敏捷起来。服务业属于敏捷性行业，特别需要我们对临时记忆的需求，如在餐厅看桌时，有的宾客需要骨碟，有的需要餐巾，有的需要酒水，所以需要我们对记忆的敏捷性加强锻炼。

2. 记忆的持久性

记忆的持久性是指记住的事物所保持的时间的长短。仅有敏捷性还不能称之为良好的记忆。良好的记忆必须具备的第二个标准就是持久性。记忆的持久性，顾名思义，就是指记忆的事物能在头脑中保持长久的时间。它是记忆巩固程度的体现。从生理学角度来说，记忆的持久性取决于条件反射的牢固性。条件反射建立得越巩固，记忆就越持久；条件反射建立得越松散，记忆就越短暂。人们的记忆在持久性方面也有很大差别。有的人记忆十分长久，可以维持多年，而有的人却十分健忘，记不了多久就忘掉了。人们都希望自己的记忆长久，但是仅仅持久仍然是不够的，如果不善于灵活运用也是枉然。既有持久性又有运用的灵活性，才能牢固地掌握所学到的知识。记忆不长久，一般与工夫不深、复习记忆密度不够有关。要经常地并在适当的时机进行复习，使条件反射不断强化而得到巩固，这样就可以使记忆获得持久性。

3. 记忆的正确性

记忆的正确性是指对原来记忆内容的性质的保持。一个人的记忆，如果既有敏捷性，又具有持久性，但是不具备正确性，记得又快又牢固，可就是记错了，显然这样的记忆也毫无用处。“正确性”是良好记忆的最重要的特点。如果记忆总是不正确，那它只能对我们学习知识和积累经验帮倒忙。正像开汽车时弄反了方向，开得越快，距离目的地越远。所以，记忆的正确性是保持人们获得正确知识的重要的心理品质。我们常常可以看到有的人记忆总是非常正确，回答问题、处理事情总是那么信心十足，准确而全面，从不丢三落四或添枝加叶。而有的人的记忆不是错误百出，模棱两可，拿不定主意，就是“大概”、“或许”、“差不多”等。这说明人们的记忆在正确性方面也是大不相同的。记忆的不正确、不准确与识记和遗忘的选择性有很大关系。对同一件事情，人们识记的角度和识记后遗忘的角度都不完全相同。例如，几个人都看了某本书，看后即问他们记住了什么内容，他们的回答不可能是一样的。从生理上说，记忆的正确与否与条件反射有关。如果条件反射形成得准确、牢固，记忆的正确性就好；反之，如果条件反射形成得不正确、不准确、不牢固，记忆的正确性就差。因此，要想使自己的记忆具有最大限度的正确性，就要从条件反射建立的正确性和准确性上去努力。一般来说，人们对某一事物的最初印象往往都是最深刻的。这和在白纸上画画看得最清楚是一个道理。心理学的研究证实，最初印象往往对人的心理活动产生很大影响。要保证记忆的正确性，首先，要进行认真、正确的识记；其次，必须勤于自我监督。要养成良好的习惯，随时分清自己记忆中的正确记忆和错误记忆、精确记忆和模糊记忆的内容。对正确和精确记住的事物，要不断通过强化去巩固它，对错误记忆和模糊记忆的内容，要通过修正之后再去加强它，这样才能有效地保证记忆的正确性。

4. 记忆的备用性

记忆的备用性是指能够根据自己的需要，从已识记的知识储备中迅速而准确地提取所需要的信息的性能。它是决定记忆效能的主要因素，是判断记忆品质的最重要的标准。记忆的备用性也是记忆的敏捷性、持久性、正确性、系统性和广阔性的体现。人们进行记忆活动的目的是为了储备知识，并使之备而有用，备而能用。记忆如果没有备用性，它就失去了存在的价值。正像一个仓库，尽管里面储满了货物，如果取货非常困难，那就起不到仓库应有的作用。人们的记忆好比是储存知识的“智慧仓库”，如果管理得当，进货、发货就会迅速、顺利。也就是说，当需要使用某种知识时能够很快提取应用，这样就有实际意义。就像学生进考场那样，记忆备用性好的学生，能够迅速、正确地从自己记忆的仓库中提取相应的知识，顺利答完试题。而备用性不好的学生常常会发懵或答非所问，影响考试成绩。现实中有些人，知道的事情并不少甚至可以称得上“渊博”，可是当需要回忆某些事物时却总是想不起来。这就说明他们的记忆缺乏备用性。而有些人，掌握的知识尽管少一些，但使用时总是得心应手，并在回忆时能够再现需要的东西。这就说明他们的记忆具有较好的备用性。备用性是良好记忆的品质中最重要的一种品质。记忆的备用性并不是天生就有的，而是后天培养、锻炼的结果。要想使自己的记忆具有良好的备用性，首先要使记忆具有正确性、系统性和持久性，还要通过各种方法培养锻炼自己回忆的技巧，并多运用已经记忆的知识，达到“熟能生巧”的程度，这样记忆也就具有较好的备用性了。特别要强调的是，从识记一开始就不要随随便便、马马虎虎，因为记忆的备用性是在识记的过程中形成的。我们应该有意识地记忆那些有意义的事物，并在识记当时就立刻建立起识记和同需要使用这些知识的场合之间的联系。另外，还要强调积累知识的系统性，因为记忆的系统性对形成记忆的备用性也是很重要的。拿破仑曾经说过：“一切事情和知识在他头脑里放得像在橱柜的抽屉里一样，只要他打开某个，就能准确地取出所需要的材料。”前苏联军事家苏沃洛夫也曾说过：“记忆是智慧的仓库，但是这个仓库有许多隔断，因而应该尽快地把一切都放得井井有条。”

记忆的四种品质是有机联系，缺一不可的。为了使自己具有良好的记忆能力，就必须建立丰富、系统、精确而巩固的条件反射，具备所有优秀的记忆品质。忽视记忆品质中的任何一个方面都是片面的。所以检验一个人的记忆力的好坏，不能单看某一方面的品质，而必须用四个方面的品质去全面地衡量。

四、注意的基本概念

把注意定义为心理活动对一定对象的指向性、集中性和选择性。所谓指向性，是指在某一瞬间，人们的心理活动有选择地朝向一定的对象。所谓集中性，是指心理活动停留在一定对象上的强度或紧张度。指向性和集中性是同一注意状态下的两个方面，两者是不可分割的。注意不是一个独立的心理过程，它是各种心理过程的共同属性，它是伴随着心理过程而产生的，如果离开了心理过程，注意就失去了内容依托。注意的对象既可以是外部世界的对象和现象，也可以是我们自己的身体、行为和观念。人在任何特定的时刻都可以得到无数刺激。但是，人并不是对所有的刺激都有反应。他只对某些刺激发生反应而对其他所有刺激不发生反应，这就是心理活动的选择性。心理活动的选择性表现为人脑信息加工时对刺激的随意的（有意的）选择和不随意的（无意的）选择两种形式。无论是哪一种选择形式，在特定的时间内，人对刺激进行有意识反应的能力总是有限的。我们在对图形进行对比的同时会有选择和集中，如图 3-1 所示。

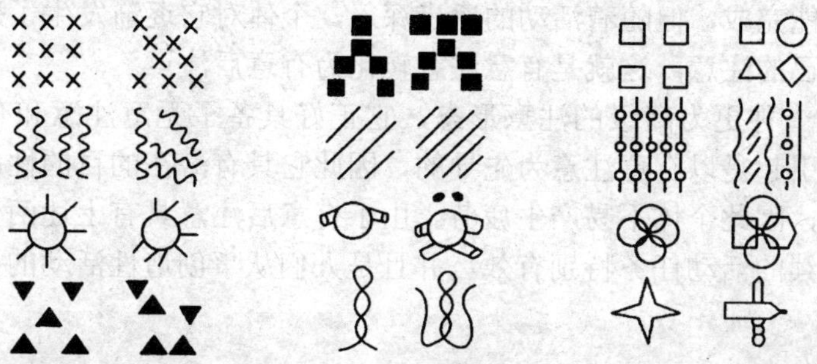

（a）排列的不规则性　（b）材料的数量　（c）成分的异质性

图 3-1　心理活动的选择性示例

在注意状态时，心理活动不仅选择、指向于一定的刺激，而且还集中于一定的刺激。心理活动的集中性有两种情况：一是在同一时间内各种有关的心理活动共同集中于一定的刺激。通常我们说“聚精会神”、“专心致志”就是指人的各种心理活动都共同地指向并集中于同一刺激。而就同一种心理活动而言，它不仅指向于同一对象，而且维持这种指向使活动不断地深入下去。通常我们说的“注视”和“倾听”等，就是指人的某种心理活动不仅指向而且持续地、深入地集中于一定的刺激。因此，与集中性相关联的是注意的强度或紧张度。

五、注意的种类

1. 无意注意

无意注意又称为不随意注意，是一种事先没有预定目的，并且不需要意志努力的注意。它是人们不由自主地对那些强烈的、新颖的和感兴趣的事物所表现出来的心理活动的指向和集中。例如，大家正在上课，一个迟到的学生突然推门而入，大家就会不由自主地注意他。

无意注意的引起和维持，既没有明确的认识任务，也不依靠意志的努力，而主要是取决于刺激物本身的性质和强度。从这个意义上说，无意注意是消极被动的注意，是注意的初级形式。但从另一角度讲，正因为无意注意不需要意志努力，所以它具有的优点是不易使个体产生疲劳。

2. 有意注意

有意注意又称为随意注意，是一种有预定目的，在必要时需要做出意志努力的注意。

有意注意是一种积极主动地服从于当前目的任务的注意。它受人的意识支配、调节和控制，充分体现了人的能动作用。有意注意是在人类实践活动中发展起来的，是人类特有的注意，是注意的一种高级发展形式。但由于有意注意需要一定的意志努力，因此主体易产生疲劳。

3. 有意后注意

有意后注意又称为继有意注意，是在有意注意的基础上产生的一种与目的任务联系在一起，但又不需要意志努力的注意。例如，在从事某一活动时，个体开始时对它没有兴趣，需要意志的努力才能完成，但随着活动的逐步深入，个体对它逐渐发生了兴趣，这时不需意志努力就能保持自己的注意，这就是有意注意转化为有意后注意。

有意后注意是一种更为高级的注意形态，它正好具备了无意注意和有意注意的优点，一方面，由于它的引起是以有意注意为先导的，因此它具有潜在的目的性；另一方面，由于它不需要意志努力，因此个体不易产生疲劳。由于有意后注意具有上述两个特点，因此它对人们完成长时、持续的活动任务特别有效，并且是人们从事创造性活动的必要条件。

note 知识链接

有意注意的保持和稳定

有意注意能将心理活动集中和保持在特定的对象上，使人即使在干扰比较大的情况下也能有效地完成预定的活动。心理学家何威曾做过一个试验。他首先通过智力测试把一个班的同学分为智力水平相等的两组，过了一段时间后，在不同的环境下再分别对两组学生进行测试。结果发现，在嘈杂环境中进行智力测试的一组同学的平均成绩与在安静环境下测试的另一组学生的平均成绩并没有明显的差别。这个试验表明有意注意有很强的抗干扰能力。

有意注意常常服从于活动的任务，任务决定了在进行活动的时候要注意些什么。人的这种有意地集中和保持注意的能力是在劳动过程中发展起来的。如果没有这种能力，要实现持久与有组织的劳动是不可能的。因此，为了完成一项劳动任务，必须善于把自己的注意有意地集中和保持在这些活动上面。为了稳定地保持有意注意，就要对任务有深刻的理解，还要对完成任务有较强的愿望，任务越重要，对任务的注意理解得越深刻，完成任务的愿望越强烈，对完成任务所需要的一切就越能引起有意注意。

六、注意的功能

注意是整个心理活动的引导者和组织者，它使心理活动处于积极状态并获得必要的驱动力，注意有以下三种主要功能。

1. 选择功能

注意能使人们在某一瞬间选择有意义的、符合当前活动需要的特定刺激，同时避开或抑制无关刺激。选择功能是注意的首要功能，注意的其他功能都是在它的前提下发生作用的。

2. 保持功能

注意能使人的心理活动较长时间保持在所选择的对象上，维持一种比较紧张的状态，从而保证活动的顺利进行。

3. 调节功能

注意使人的心理活动沿着一定的方向和目标进行，并且还能提高人们的意识觉醒水平，使心理活动根据当前的需要做出适当的分配和及时的转移，以适应千变万化的环境。

七、注意的特点

1. 注意的范围

注意的范围又称为注意的广度。注意的范围是指在同一时间内一个人能清楚地把握注意对象的数量。扩大注意的范围，可以提高学习和工作的效率。

知识链接

注意的试验

1871 年耶文斯做了一个有关注意范围的试验：他在一个黑色的背景中水平放一个白色的盘子，然后在一定的距离外向盘子撒一些黑豆，这样一部分黑豆会落在盘子上。耶文斯要求实验者在白盘子上的黑豆刚一稳定下来时，马上报告所看到盘子中黑豆的数目。经过一千多次对不同人的重复试验后，耶文斯发现当落在盘子上的数目小于 9 个时，实验者估计的正确率在 50%以上，但当黑豆数目超过 9 个时，正确率不到 50%，数目越多，正确率也就越低。这个试验说明人的注意范围是非常有限的。

2. 注意的紧张性

注意的紧张性是指心理活动对一定对象的高度集中程度，是注意的强度特征。高度的责任心，浓厚的兴趣和爱好都能引起一个人高度紧张的注意，而厌倦、疲劳则会大大削弱注意的紧张性。

3. 注意的稳定性

注意的稳定性又称为注意的持久性。注意的稳定性是指注意在某一对象上所能保持时间的长短，它是注意的时间特征。

（1）狭义的注意稳定性。它是指注意保持在某一事物上的时间。注意的起伏，是注意的这种周期性的加强或减弱的变化现象。

（2）广义的注意稳定性。它是指注意保持在某一活动上的时间。例如，饭店服务人员在服务时，一会儿要为客人斟酒，一会儿要为客人上菜，一会儿要考虑宾客还提出了哪些要求，虽然注意力在几个事物之间转换，但都服从于服务这一总任务。

4. 注意的分配

注意的分配是指在进行几种活动时，注意同时指向不同的对象。

5. 注意的转移

注意的转移是指根据新任务的要求，主动及时地把注意从一个对象转移到另一个对象上，是一种活动合理地为另一种活动所代替，是主动的。

6. 注意的分散

注意的分散是指由于某种刺激物的干扰或单调刺激物所引起的，使注意离开需要注意的对象，是消极被动的。

任务二　记忆与注意的服务实践意义

一、培养良好的记忆力

良好的记忆是优质服务的智力基础。良好的记忆力能帮助饭店服务人员比较准确地记住宾客的外貌、职业、喜好等特点，有利于服务人员准确周全地为客人提供服务。良好的记忆力应具备四种品质，即敏捷性——迅速地记住所学知识，正确性——记忆的内容准确无误，持久性——能长久地保持记忆材料，备用性——能迅速及时地把知识从头脑中提取出来。锻炼记忆力时，要兼顾以上四种品质，并注意以下几点。

（1）有“我能记住”的信念。要相信记忆力通过锻炼可以大大提高，这种信心可以转化为锻炼记忆力的推动力，否则，一面锻炼，一面对锻炼的结果持怀疑态度，将大大降低锻炼的成效。美国有位心理学家十分强调自信的重要性。他说，凡记忆力强的人，都必须对自己的记忆力充满信心。日本有位心理学家断言“记忆的关键在于要有‘我能记住’这种信心”。只有对记忆能力充满信心，才能把全部精力都集中在要记忆的内容上，使大脑皮层细胞兴奋起来，形成记忆内容的神经联系。

（2）兴趣是记忆的最佳动力。记忆既是脑的生理过程，又是心理过程，因而受人对记忆材料的兴趣的影响。当人产生兴趣时，大脑兴奋，组织活跃，对记忆材料留下的印迹较深，整个大脑抑制的情况较弱。例如，对有兴趣的事物，往往无形中就集中了记忆力，增强了记忆效果；反之，记忆力就下降。正如歌德所说：“哪里没有兴趣，哪里就没有记忆。”日本心理学家统计，对不感兴趣的内容，20 分钟忘记 50%，2 天后忘记 66%，6 天后忘记 75%，一个月后忘记 79%。为此，要培养记忆力，首先要增强对记忆材料的兴趣。

（3）理解是记忆的基础。消化了的食物，人体才容易摄取；消化了的知识，大脑才容易吸收。所谓消化，是指对知识的理解、融会贯通。真正融会贯通的知识，是信息编码规则化了的知识，提取也便捷。例如，同学们在学习过程中常常会有这样的体会，在考试时对有固定答案的题容易回答，而对没有固定答案的题（论述题等）就一筹莫展了。究其原因就是我们在学习时只记住了知识的外部联系或枝节问题，而对知识的内在联系，如原理、本质等没有理解或真正地理解。因此，加强对所记材料内容的理解是增强记忆的重要前提。通过理解，抓住知识的“来龙去脉”，你就会很容易地记住材料的内容。

（4）建立合理的知识结构。瑞士心理学家皮亚杰认为，一个人原来已经记忆的材料或事物，会在头脑中形成知识结构，若是新学的材料或事物超过原有的知识不太多，适合于原有的知识结构，那么新学的材料或事物就会迅速而有条理地被安排在旧有的知识结构里。这时存入头脑里的知识是活知识，记忆牢固，取用也方便。如果新学的材料或事物超越原有的知识水平太多，和原有的知识结构毫无联系，那么新学的材料或事物就无法组织到原有的知识结构里，结果只能靠死记硬背来吸收一些僵硬的知识，这些知识当然也就是零散的，不是巩固的。凡是容易和已知的材料或事物建立起联系的知识，都比较容易记忆。为此，从认知结构的角度看，提高记忆力就是要在大脑中建立起适合接受新知识的有组织的知识结构，也就是说，把新的知识纳入到已有的知识系统中，使新知识和旧知识建立起联系。知识面越广，基础知识掌握得越牢固，新旧材料间建立联系的可能性就越大，记忆的速度也就越快，记忆力也就越能得以提高。

（5）记忆的选择性。有选择地记忆就是对所要记忆的内容在理解的基础上记住要点和轮廓，即对记忆内容化繁为简，提纲挈领，只记“骨头”不记“肉”，这样，知识才能学得又牢固又灵活。有人曾对记忆做过这样生动的比喻：“人的脑子本来像一间空空的小阁楼，应该有选择地把一些必备的家具装进去。反之，那些对他有用的知识反而被挤了出来；或者，最多不过是和许多其他的东西掺杂在一起。因此，在取用的时候也就感到困难了。”

（6）整理笔记。俗话说“好记忆不如烂笔头”，美国海军管理研究所曾做过这样的实验：将 18 名学生分成 A、B、C 三组，使用录音机让他们听完全相同的授课内容。让 A 组学生在听课过程中记笔记；让 B 组学生在听完每一单元之后记笔记；而 C 组不记笔记。然后，测验各组学生分别记忆多少内容。结果 A 组和 C 组记忆结果相同，都仅记住了 37%的内容，而 B 组竟记住了 58%的内容，其记忆效果远远超过了 A、C 两组，竟有 20%的差别，可见，记笔记能够提高记忆的效率，但要讲究记录方法。记笔记的秘诀是：在听完每一课后再整理笔记。这样，记忆的效率高。

（7）记忆的概括性。人们都有这样的经验：一件难记的事情或一道难解的数学题，若是你有意识地讲解几遍，就能大大地加深印象，易于记忆或理出头绪。这是因为：当你讲述的时候，为了说明它们，脑筋也在紧张地活动，许多概念在“表现”它们的时候，得到了“强化”，转化为自己的东西，许多杂乱无章的知识在“表现”它们的时候，得到了整理，使它们条理化、清晰化了。

（8）紧张的脑力劳动后积极休息。锻炼记忆力时，要注意脑的卫生保健，用脑要有劳有逸，劳逸结合。这样，不仅能够预防大脑的疲劳，还能够有效地保持原来的记忆内容。心理学家莫格和莫德夸尔曾经做过如下实验：先让被实验者记忆一长串形容词，然后将他们分成六组。让 A 组看笑话书，让 B 组背诵三位数的数字，让 C 组记忆无意义的拼词，让 D 组记忆与实验用过的毫无关系的形容词，让 E 组记忆实验用过的形容词的反义词，让 F 组记忆实验用过的形容词的同义词。等他们将这些作业全做完以后，再让他们写出实验开始时记忆的形容词。结果，A 组的记忆率最好，能写出 45%，接近一半。其他组的成绩是：B 组 37%，C 组 26%，D 组 22%，E 组 18%，而记忆同义词的 F 组只能写出 12%。上述实验表明，紧张的记忆之后积极休息有利于防止干扰，从而提高记忆效率；相反，在紧张的识记之后，再记忆与之内容相似的知识，会发生前后内容的干扰作用，使记忆效率大大降低。

（9）有目的的记忆。托尔斯泰曾经说过：“背诵是记忆力的体操。”适当地选取、背诵有价值的“材料”，犹如常做体操可以增强体力一样，可以增加记忆力。他一生始终坚持清晨进行“记忆体操”，强迫自己背诵一定量的单词和短文。马克思的少年时代也喜欢用一种不熟悉的外语背诵海涅、歌德等作家的作品，目的同样是为了锻炼记忆力，有人称之为“马克思记忆的秘诀”。青年学生正值记忆高峰期，通过背诵外语课文、名作佳篇等，既可以锻炼记忆力，又能增长知识、丰富词汇、陶冶情操，还能提高写作能力。为此。同学们要利用黄金时间加强记忆力的锻炼，而且要持之以恒。要注意养成这样的习惯，把需要记忆的知识记在笔记本上，每天看半个小时。只要能够长期坚持下去，你一定会有惊人的记忆力的。

（10）记忆的黄金时间。美国有位研究记忆的学者哈伯特·波兰德曾说过：“训练记忆所必须做的第一件事，是决定每天该在什么时间来记忆。”一般来说，时间不同，人的记忆效果也不一样，也就是说，大脑功能每天都有最佳工作时段。科学实验告诉我们，人的记忆每天有四个高潮点：第一个高潮点是清晨 6～7 点，此时大脑已在睡眠过程中做完了对一天输入信息的整理编码工作，加上没有前面识记材料的干扰，识记印象清晰，记忆效率高；第二个高潮点是上午 8～10 点，经过几个小时轻微活动的恢复，这时精力上升到旺盛期，处理识记材料的效率较高，记忆量大；第三个高潮点是傍晚 6～8 点，这是一天中记忆最佳期；第四个高潮点是临睡前一两个小时以内，即晚间 10～11 点，在这个时间里，发生记忆后立即入睡，不再输入信息，因而不存在“倒摄抑制”影响，并且在睡眠中，大脑无意识地进行信息编码整理工作，使记忆材料条理化、系统化，这既有利于保持记忆，也有利于提取记忆。为此，记忆材料要根据个人实际情况选择最佳的记忆时间，从而提高记忆的效率。

二、培养良好的服务记忆力

饭店服务工作对于从业人员的记忆力提出了很高的要求。例如，管理人员要记住下属员工的姓名、岗位、性格、员工的家庭、个人经历、爱好等情况。在适当的时候给予关怀，使上下级关系相处融洽；前台接待员要记住几种外语的日常用语，饭店的服务设施情况，本地的旅游交通、天气、各大风景名胜、物产民俗等信息，以备客人询问；餐厅服务员要记住餐厅各种菜肴的名称、材料、烹饪方式以及价格等。所以，良好的记忆力是一名优秀的饭店从业人员应该具备的基本素质。一般来说，良好的服务记忆力具有以下几个方面的作用。

1. 良好的记忆是提供优质服务的基础

饭店服务中大部分的流程都具有比较成熟的标准化流程，最难得的是在标准化之外通过服务人员对顾客的充分关注从而形成的意想不到的服务效果。如果服务人员常常心不在焉，对于发生的事情不能通过记忆收集、整理分析信息，那么，服务质量的提升就成了无源之水，无本之木，只能期待奇迹的发生了。

2. 良好的记忆可以提供事半功倍的服务效果

记忆是人们在成长和发展过程中最为重要的一项技能，这种技能从人类出生时就有，如记住牛奶的香味，孩子就会反映出饥饿的感觉；记住爸爸妈妈的样子就能产生强烈的信心和安全感。从经验的角度来说，人类可以通过一次次对具有“烫”这种特性的事物的记忆，即使是在 0～3 岁这样的年纪也能逐渐地总结出与“烫”有关的感官体验，从而回避冒烟的东西、发红的东西、不靠近有温热感的东西，这是人类的本能。

在实践工作中，如果能把人类的本能尽可能地发挥，调动自身所有的聪明才智进行细节信息的记忆、整理和分析，想必大部分人都可以获得很多意想不到的知识并且发现其中的乐趣。

3. 良好的记忆可以提供可持续性的服务、促进服务体系的建立

有句话说得好“忘却记忆的民族是可耻的”，这说明了所经历过的事件对未来的发展将起到至关重要的作用，在饭店服务工作中，我们也可以说“忘却记忆的饭店是没有前途的”。

大部分的星级饭店都设有客户服务中心这一部门，主要的职能包括建立客史档案、为客户划分等级，以及对客户的特征和喜好进行细分等。这些工作的目的其实都是为了将我们一次次对客服务的经验通过记录、记忆的方式进行收集，最终形成对记忆的分析。例如，我

们可以对预定客人的未抵达情况做细致的记录并且进行分析，这往往是我们大部分饭店在日常工作中忽略的问题，客人为什么取消预定，或是为什么对预定延期，是哪些原因导致了此类现象的频繁发生，多问几个问题，把答案记录下来，相信会有很大的收获。

分析之后我们往往可以得到很多非常有用的结论，这些结论解决了日常工作的困惑，提高了我们对很多事物的认知，最终为建立一套完善的服务体系提供了有力的素材。

知识链接

不能错过的记忆黄金时间

知道了一天当中记忆的黄金时间，那么我们在学习安排中，该如何合理地规划重复记忆的时间呢？

第一个黄金时间是及时回想

在学习后一小时之内用“想”的方式来及时复习。例如，课间十分钟，不要马上跑出去玩，而是花近三分钟的时间坐在座位上，用“默想”的方式将上节课所讲内容复习一遍。这样并不会耽误你太多休息和娱乐的时间，只要你稍稍等一会，就可以迅速地完成这些最接近学习时间的回忆过程。虽然时间很短暂，却可以及时将新接受的知识固定下来，如果错过了及时记忆的机会，再要回忆起来所花费的时间就要长得多，也困难得多了。

第二个黄金时间是睡前回想

临睡前躺在床上用默想的方式将一天所学习的内容进行一次回忆，效果非常好。因为人体受“生物钟”的制约，睡前在大脑中闪过的信息会在睡眠时潜意识地加深到你的印象中。这种劳动是不知不觉的，却十分有效。有没有发现小猫、小狗还有小婴儿都非常喜欢睡觉，一天要睡上十几个小时，这是因为初生的动物和人类都会接受很多新的信息，太多的信息要想消化掉就需要靠睡眠时间来进行。所以说，这个时机浪费掉，就等于浪费掉了几个小时的潜意识记忆时间，太可惜了。

第三个黄金时间是醒后回想

早上睡醒后也是一个记忆的黄金时段，不要忙着起床穿衣，花上三分钟时间回忆昨天所学过的详细内容。

经过上述三个黄金时间的复习记忆，你前一天所学到的知识，不管多么庞杂和丰富，也都会牢牢地印在你的记忆里，想忘都忘不掉了。

三、注意力在饭店服务中的意义

1. 培养良好的注意力

注意力是大脑进行感知、记忆、思维等认识活动的基本条件。在我们的学习过程中，注意力是打开我们心灵的门户，而且是唯一的门户。门开得越大，我们学到的东西就越多。而一旦注意力涣散了或无法集中，心灵的门户就关闭了，一切有用的知识信息都无法进入。正因为如此，法国生物学家乔治·居维叶说：“天才，首先是注意力。”

在正常情况下，注意力使我们的心理活动朝向某一事物，有选择地接受某些信息，而抑制其他活动和其他信息，并集中全部的心理能量用于所指向的事物。因而，良好的注意力会提高我们工作与学习的效率。注意力障碍，主要表现为无法将心理活动指向某一具体事物，或无法将全部精力集中到这一事物上来，同时无法抑制对无关事物的注意。造成这种情况的原因比较复杂，许多较严重的心理障碍都可以引起注意力障碍。而对于服务人员来说，主要是由于工作负担重，心理压力过大，而造成高度的紧张和焦虑，从而导致了注意力无法集中的障碍。另外，睡眠不足，大脑得不到充分休息，也可能出现注意力涣散的情况。

2. 宾客的注意与饭店服务工作

宾客的无意注意。由于无意注意是一种没有自觉目的、不需要主观努力的注意。宾客有目的地关注于某一事物或某项活动就是宾客的有意注意。宾客无论是有意或者无意注意，其中都会对宾客产生一定或好或坏的影响。

引起宾客无意注意的原因有两种：一种是饭店本身的特点，二是宾客的主观状态。饭店本身的特点引起宾客的无意注意主要包括以下三种情况。

（1）刺激物的强度引起宾客的无意注意。例如，饭店前厅的会客厅，正处于宁静时，物品掉在地上的声音会让客人引起无意注意；当在餐厅用餐时，餐厅特别的背景音乐会让客人无意注意；客房空调的机械声也会引起客人的无意注意。

（2）新异的刺激物引起宾客的无意注意。例如，饭店的前厅、客房、餐饮部的不同风格的装饰都会引起客人的无意注意；康乐部新进了一台新式跑步机也会引起消费者的注意；餐饮部根据不同时间段搞的各种美食节，会按照美食节主题来挑选服务人员的服饰，而这些服饰会引起消费者的无意注意。

（3）活动变化以及对比的刺激物引起宾客的无意注意。活动的、变化的刺激物比不活动、无变化的刺激物更容易引起人们的注意，两种刺激物相互对比也能引起人们的注意。无论是饭店还是商店，每到夜晚都会闪烁着霓虹灯，来招揽往来的人们。上海黄浦江晚上的霓虹，各种颜色交相辉映，闪闪烁烁，引起人们更多的注意。

宾客的主观状态引起的无意注意主要有两种，一是宾客的需要、兴趣和态度引起的无意注意。符合宾客需要的、令宾客喜爱的、感兴趣的事物，就容易引起宾客的无意注意。二是宾客的情绪状态和精神状态引起的无意注意。人的情绪状态和精神状态在很大程度上影响着无意注意。如果宾客此时心情愉快、精神饱满，平时不大容易引起注意的事物，这时也很容易引起注意。如果宾客此时心境忧郁，或处于生病、疲劳、困倦状态，平时容易引起无意注意的事物，这时也不易引起其注意。例如，经过长距离旅行的宾客，处于疲劳状态的游客，对饭店的注意水平就比平时要低。

3. 宾客注意的饭店对象

宾客注意的饭店对象应该包括饭店的整体，因为不同的客人注意的对象有所不同。有的客人会非常关注饭店价格的变动；有的客人会非常关注餐饮部最近推出的特色菜肴；有的客人会非常关注客房的卫生、设施、环境条件。无论是饭店的硬件还是软件，都可能成为注意的对象。

（1）环境的装饰。无论前厅、客房，还是餐厅，都要体现形式美、整体美和意境美。各个饭店往往利用创造特色的饭店环境来吸引更多的宾客。例如，世界上最具有特色的饭店——美国拉斯韦加斯米高梅大饭店，其建筑风格模仿了 18 世纪意大利佛罗伦萨别墅，入住此饭店会给视觉上带来美的享受。中国的传统庭院楼阁风格也极具代表性，2008 年北京奥运会期间，北京的四合院饭店也引起了各国宾客的注意。北京阅微庄四合院宾馆的装修全部采用传统手工彩绘并配有纯金装饰，屋内陈设明式古典家具，并配以中国字画、古董及各种手工艺品装饰。院中庭台楼阁，草木扶疏，古典回廊，集文化、历史、现代于一身，随着四季的变化，院中景致各异。再加上服务人员穿着民族服饰，使国外宾客强烈地感受到东方文化的气息，自然会引起客人的注意。

美化饭店环境主要体现在庭院绿化、主题装修和意境开拓上。这样会给宾客带来大自然的清新感觉。庭园绿化可分为室外庭园、室内庭园和屋顶花园三种类型。室外庭园一般建于饭店主楼的前庭，或主楼与裙房之间，布置山、石、水、花、木和亭台小岛，构成一个中国自然山水画意的园林空间环境。大多数饭店采用此类方式，在中庭以水为题材，借景抒情。最为代表的是广州白天鹅宾馆的“故乡水”。许多饭店多采用花园式饭店方式，让宾客能真正感觉到自己生活在绿色的环境下，使客人感觉远离繁华的都市，更能使客人放下身心的疲惫享受饭店的服务。同时也可以给住在高层的宾客带来安定的地面感，而且可以给宾客观光、欣赏城市美景创造极好的条件。

主题装修是为了突出表现某种室内气氛或情调，表达一定的主题，利用具有地方特色的材料和艺术品进行的室内装饰。例如，世界上许多水族馆，利用自身的条件在馆内设置海底餐厅，泛着海蓝的灯光，波光粼粼的墙体水箱，海底生物在水箱内畅游，使宾客能置身于神秘大海的情怀中，从而形成浓郁的氛围，使宾客在品尝到美味的海鲜盛餐时，体会到海底生物的悠然自得的雅趣。

意境即“言外之意，物外之境”。它是通过记忆联想而唤起人们以往的经历和经验，产生“触景生情”之感的。例如，花园式的饭店，希望商务宾客在每天结束紧张激烈的商战之后，回到饭店犹如处于宁静安逸的世外桃源，没有商场上的明争暗斗，斤斤计较，放松自己的身心，努力使宾客体验到“采菊东篱下，悠然见南山”的感觉。

（2）清洁卫生。清洁卫生是宾客对饭店的基本要求，也是宾客选择饭店的首要因素。从饭店的内外环境卫生到食品饮料的卫生安全，从饭店服务人员的个人卫生情况到仪表仪容的整洁，饭店的任何一处的卫生清洁都不能放松，必须高标准、严要求。

对于饭店清洁卫生情况，国家的法律条文也有明文规定，并且对从客房到餐饮、从前厅到康乐厅各个部门的卫生情况也进行了具体的规定。无论是前厅还是客房所要秉承的原则都是要保持地面清洁，无污垢、杂物，走廊、墙壁、门窗、服务台、桌椅应光洁干净，灯光明亮无尘土，物品摆放井然有序，空气清新，无蚊蝇等害虫；服务人员随时保持仪容仪表的清洁，尤其是服务时的卫生情况。总之，饭店必须要给宾客创造一个清洁卫生的环境，满足宾客追求卫生的需求。

（3）服务态度的提升。饭店服务格言中提到“微笑多一点，嘴巴甜一点，做事勤一点，谈话轻一点，效率高一点，行动快一点，点子多一点，理由少一点，脾气小一点，肚量大一点，小事糊涂一点，人情味浓一点。”良好的服务态度能为客人留下美好的印象，并且能够满足客人受尊重的需要，同时也能弥补饭店其他方面的不足。如果在饭店中宾客受到无礼的待遇，即使其他方面再好也可能使宾客望而却步。所以，服务态度的提升是决定饭店的成功与否的重要因素。

认真负责，就是要急客人之所需，想客人之所求，认认真真地为宾客办好每件事，无论事情大小，均要给宾客一个圆满的结果或答复，即使客人提出的服务要求不属于自己岗位的服务，也主动与有关部门联系，切实解决宾客的疑难问题，把解决宾客之需当做工作中最重要的事，按宾客要求认真办好。积极主动，就是要掌握服务工作的规律，自觉把服务工作做在客人提出要求之前，要有主动“自找麻烦”、力求客人完全满意的思想，做到处处主动，事事想深，助人为乐，事事处处为宾客提供方便。热情耐心，就是要待客如亲人，初见如故，面带笑容，态度和蔼，语言亲切，热情诚恳。在川流不息的客人面前，不管服务工作多繁忙，压力多大，都保持不急躁、不厌烦，镇静自如地对待客人。宾客有意见，虚心听取，宾客有情绪尽量解释，决不与宾客争吵，发生矛盾时要严于律己，恭敬谦让。细致周到，就是要善于观察和分析客人的心理特点，懂得从客人的神情、举止中发现客人的需要，正确把握服务的时机，服务于客人开口之前，效果超乎宾客的期望之上，力求服务工作完善妥当，体贴入微，面面俱到。文明礼貌，就是要有较高的文化修养，语言健康，谈吐文雅，衣冠整洁，举止端庄，待人接物不卑不亢，尊重不同国家和不同民族的风俗习惯、宗教信仰和忌讳，事事处处注意表现出良好的精神风貌。在服务工作中杜绝推托、应付、敷衍、搪塞、厌烦、冷漠、轻蔑、傲慢、无所谓的态度。

（4）价格的公开公正。客人在外出旅游中，往往会按照自己的经济水平来挑选饭店。无论是在饭店的消费中还是在其他的消费中，所有人都希望自己以小的投资获得大的收益，希望自己出去消费，就应该得到相应或者超多的服务与享受。无论是出手大方的宾客，还是认真理财的宾客，付出与回报成正比，都会感到饭店的公平合理，心情会感到舒畅。因此，饭店服务中，各部门工作人员都必须严格执行饭店服务程序与标准，决不能因为各种原因与借口，简化服务程序，降低服务标准，使宾客享受不到应该得到的服务。

知识链接

全球最贵的豪华饭店

PriesidengWilson 饭店　饭店地点：日内瓦　房价：皇帝套房每晚 33 000 美元

该皇帝套房所有的门和窗都是用防弹玻璃制作的，而且只有 1 扇正对着 1 部私人电梯的门。饭店的工作人员都是经过训练的，其嘴巴会自动“封”起来，所以不用担心有谁会泄密。另外，该皇帝套房有 4 个卧室，且都能观赏到日内瓦湖，餐厅能容纳 26 人同时就餐，而起居室同时容纳 40 人还显得很宽松。

Lagoniss 度假村　饭店地点：雅典　房价：王室套房每晚 25 600 美元

Lagoniss 度假村的王室套房是只有希腊船王的后裔及其竞争者等极少数巨富们能消费得起的度假休闲地。该王室套房实际上是一幢独立的小别墅，有一个双人卧室、餐厅和私人的按摩室，厨房里还有一个私人员工入口。另外，还配有独立的室内泳池、蒸汽浴室、桑拿室。除此之外，还有一个商务中心和供房客泊船的私人码头。

大西洋饭店　饭店地点：巴哈马　房价：“桥”（Bridge）套房 25 000 美元

这间收费昂贵的大西洋饭店套房之所以被称为“桥”套房，是因为其拥有的 10 个房间刚好组合成一座桥，“架”在该饭店的双塔楼之间，而且造型非常时尚活泼，引人注目。该“桥”套房有专人打理，配有酒吧间、娱乐中心和厨房。值得一提的是其还有独立的男、女浴室，供男、女客人选用。

（5）齐全服务设施。服务的满意有时会弥补设备的缺憾，但是往往会让宾客感到一丝的遗憾。所以在加强管理的同时，必须对饭店的设施设备不断更新。随着经济的发展和物质生活水平的提高，宾客对饭店的设施设备越来越关注。因此，饭店企业必须及时改善设施，提高档次，以满足宾客的高档次、高享受的消费心理。

在更新、增添设施设备的同时不能放松对维护设施设备的管理，要让设施设备保持完好正常，适应宾客的需要，为宾客提供服务，使宾客能够安全地使用。

4. 培养提高饭店服务人员注意力

每个人的注意力是有差别的，但经过长时间的努力和锻炼，注意力是可以提高的。饭店服务工作的特点，要求饭店服务人员应该具备良好的注意品质。培养良好的注意品质应从以下几个方面做起。

（1）注意力的稳定性。注意力的稳定性是指把注意长时间保持在所从事的活动上。要提高注意的稳定性，首先，要明确自己应完成任务的意义。饭店的服务人员必须要眼观六路、耳听八方，但是注意力必须要处在一个比较稳定的状态。一个服务人员的工作就是要为宾客提供完美的服务，所以我们必须对自己的工作内容有深刻的理解，才能将自己的注意力放在工作中，并且将注意力保持在稳定的状态，出色地完成工作任务。其次，要培养自己对工作的兴趣。兴趣是培养注意力的一个重要心理条件，兴趣是最好的老师。最后，提高注意力的稳定性还要排除来自外界和自己身体状态的各种干扰。在服务工作中，自己的状态不能受外界的因素影响。为了避免疲劳过度而造成的注意力不集中的现象，服务人员应该合理安排自己的时间。将学习、工作和生活合理地搭配，以更充沛的精力在工作中保持高度的注意力。

（2）注意的范围扩大。作为服务人员，我们需要从各个方面密切地关注自己服务区域内的服务对象。注意范围的大小与个人的知识经验有很密切的关系。人们越熟悉的东西，注意的范围就越大。所以需要我们在各个方面都能有所了解。

（3）注意分配能力的提高。注意分配是指同一时间内把注意指向两种以上的对象或活动上。现实中，人们经常要在同一时间关注不同的事件，所以对于注意力的分配要求就相应要提高。在饭店服务的过程中，服务人员如果要分菜，注意力就要分配到手中的托盘、所要分派的菜肴、自己的姿态等。这个过程需要相当熟练，也需要在工作中总结经验，同时还需要将自己的注意力合理地分配在其中。使自己能在工作中游刃有余，不至于在工作中出现差错。

知识链接

做好服务品质的15个C

● **宾客化（Customization）**

宾客化是指使宾客满意。要做到宾客满意，必须要了解宾客的需求与期望，然后尽力来满足他们。因此，在提供服务给宾客前一定要确实掌握宾客的不同需求，再依此来提供服务。

● **承诺（Commitment）**

对宾客所做的承诺一定要实现，而且一定要很有效率地提供所承诺的服务。因此，不可做不实的广告，公司的服务人员对宾客所承诺的事，不论是不是符合公司的规定，也都要尽力提供。

● **一致性（Consistency）**

所提供的服务要有一致性的绩效品质，不能因时间、宾客或服务人员的不同而有所差异。即所提供的服务必须维持一定水准之上的好品质。

● **专业能力（Competence）**

由于我们要提供好品质的服务给宾客，因此服务提供人员必须具备所需的技术、知识与专业能力，而且对作业方法与程序要很清楚地了解与执行。

● **理解力（Comprehension）**

公司所提供的服务要符合宾客的需求，甚至超越他们的期望，因此服务人员或管理阶层一定要有能力去理解宾客的真正需求，去体会他们的期望，这是最基本的要求。如果这一点都做不到，又如何能提供符合宾客需求与期望的服务给他们呢？

● **沟通（Communication）**

为了了解宾客的需求，必须要跟宾客充分沟通，倾听宾客的心声与意见，才能进一步理解宾客的需求与期望。当宾客有所抱怨时，更要耐心地跟宾客沟通，为宾客解决问题。

● **同理心（Compassion）**

有时候，我们需要站在宾客的立场去体会宾客的需求与感受，才会提供贴心的服务给宾客，或迅速而妥善地为宾客解决问题。

● **礼仪（Courtesy）**

在为宾客服务时要有很好的态度，热忱有礼貌，而且是发自于内心的，同时，也要关心宾客，甚至要跟宾客成为好朋友。

● **冷静（Comp）**

在为宾客服务时，有时候会碰到棘手的难题，或者遇到宾客发脾气，甚至不讲道理，此时，服务人员必须要冷静，才能想出好的对策去解决问题。

● **信任性（Credibility）**

要有好的技术能力，持续提供好品质的服务给宾客，而且有好的口碑与形象，让宾客可以信任我们。

● **信心（Confidence）**

在跟宾客接触或为宾客服务时，要让宾客对我们有信心，宾客才会接受我们所提供的服务。当我们提供的服务让宾客满意之后，宾客对我们会产生信心，成为我们较为固定的客人，甚至介绍给亲友。

● **接近性（Contact）**

宾客需要我们服务时，可以很快地找到我们，甚至找到最合适的人。例如，要有服务的专线，预约或交易很方便，地点适合，宾客容易到达等。

● **配合性（Cooperation）**

在服务过程中，宾客作为服务对象，会提出他们的需要与意见，因此服务人员要跟宾客密切配合。同时，在服务过程中，相关的部门或同事彼此也需要团结合作、相互配合与支援。

● **能力（Capability）**

公司要有做好所提供服务的能力，有足够的人力、设施、空间及所需的技术能力来完成所承接的服务，且能有好的绩效与品质。

● **决断力（Criticalness）**

当宾客有重大问题或特殊需求时，服务人员要有智慧及权限去判断及做决定，而能采取最适当且让宾客满意的对策。这一点很重要，但却不容易做到。因此公司一定要对员工进行能力提升，并给予一定权限员工才会有能力，有权力在关键的时刻做到最佳的决策与处置。

案例分析

床头柜上盛开的百合花

来自加拿大的凯特女士是一位奇怪的宾客，她是一位研究中国古典文化的学者。或许是职业的原因，她性格孤僻、不苟言笑。在饭店住了四天，每天进进出出，很忙碌，但几乎从不开口，不跟人招呼，更难让人看见一丝微笑。楼层服务员都觉得这位学者架子挺大，不容易相处，任凭他们如何笑脸相迎，每次得到的都是一张冷冰冰的脸。面对别人的热情，她永远都是无动于衷。

第四天晚上，凯特打电话让服务员给她送壶热水，说完立即挂断电话。“好干脆利落！”服务员新月暗想。她丝毫不敢怠慢，马上送去。接近凯特房间时，一阵悠扬的乐声在寂静的长廊里飘荡——是她最喜欢的《梁祝》！新月敲门进入房间。突然，凯特幽幽自语地说：“多美的曲子呀！”“您喜欢这曲子吗？”新月微笑着问，“当然！它是我的至爱。百听不厌，我每晚都听。可惜没有百合花。”“为什么要百合花？”新月犹豫了一下，最终还是忍不住问她。“只有百合花的高洁和清香才配得起这首曲子呀。可惜啊，这里是饭店。”说完又缓缓地闭上了双眼。此时，新月从心底由衷地觉得凯特的内心并不像她的外表看起来那么冷漠。

第二天晚上，凯特忙完回到房里，打开灯，意外地看到床头柜上摆着的，正是自己在心里惦念了几天的百合花！她打电话叫来楼层服务员新月。“凯特小姐，请原谅！事先没征求您的意见。我昨晚看到您如此喜欢我们的民族音乐，很是感动。《梁祝》也是我最喜欢的曲目。对于您的《梁祝》配百合花的见解，我觉得很独特也很优美。您每晚都听，想必都有一束百合花陪伴在您左右吧。这里是《梁祝》的家乡，在它的故乡里，您的聆听又怎么能少得了百合花呢？所以我就自作主张，在您的床头柜上摆上了这束新鲜的百合，希望它能陪您度过一个舒适的夜晚。”凯特虽然没有说什么，但紧绷的脸上有了一丝的微笑，站在一旁的新月也喜上眉梢。又一次领悟到“精诚所至，金石为开”的道理。

几个月后，凯特怀着丝丝的暖意再次来到中国，再一次选择了这家饭店。在她步入房间之前，也曾暗想这次是一突然“袭击”，饭店一定没有百合花了。哪料一开房门，床头柜上摆着一束盛开的百合花！她用询问的眼神问新月。新月嫣然一笑，告诉她昨晚总台服务员已经带来了她入住本店的信息。“太感谢你们了！”这位“金口难开”的宾客几个月来第一次向饭店表示了发自内心的感谢。

案例中凯特女士性情孤僻，但全体服务员始终做到以礼相待，笑脸迎客。一束芳香的百合彰显饭店服务对细节的关注。案例中饭店服务的独特之处，就在于服务人员善于发掘细节，用心记住了宾客的“无心”之语。正是有了这一束花，饭店的形象才在凯特脑海中凸显起来，住店数天来饭店的种种优质服务、良好形象霎时也就随之明朗起来，自然而然地形成了良好的情绪记忆。

服务的好坏将直接形成宾客的情绪记忆，影响一直延续到以后的选择。时刻关注宾客的情绪，恰如其分地解决问题，急宾客之急，忧宾客之忧，形成饭店个性化的服务，使宾客具备恒常性的知觉，以此形成良好的记忆，满意而归，这是当代饭店服务获得“双赢”的关键。所以饭店服务中无论是记忆、注意、知觉，还是其他的心理要素都会影响饭店的服务水平，因此学习心理学的要素是必不可少的。

分析与启迪：

1．服务对象的需求和特点总是千差万别，如何通过对顾客日常生活细节的注意和记忆来提供优质服务，谈谈你的想法。

2．案例中的饭店如何通过一次成功的优质服务形成了对后续服务的不断提升，如果你是该饭店的客户关系主管，你会如何设计针对特殊需求顾客群体的服务计划？

复习与思考

1．记忆与注意的定义是什么？

2．如何将记忆进行分类？

3．注意的特点是什么？记忆的功能有什么具体内容？

4．系统概述如何在工作中培养良好的注意力和记忆力？

5．案例题：王先生和他的客户正在某饭店餐厅用餐，突然正在临桌吃饭的住在本店的宋先生因为和朋友谈得投机，开始高谈阔论，声音影响到了王先生。服务人员看到王先生皱了皱眉头，心里想宋先生本来就是趾高气扬的性格，于是他想了想走到了宋先生旁边低声说：“……”。

试问，如果你是服务人员你会说什么？应该学习服务人员的什么服务素质？王先生的“皱了皱眉头”的表情说明了王先生什么样的心理活动？

专题4

饭店服务中的需要与动机

专题提要

任务一　了解需要

- 需要的概念
- 需要的种类
- 需要的重要理论

任务二　了解动机

- 动机的基本概念
- 动机的种类
- 动机的功能以及形成
- 动机的理论和研究方法

任务三　需要与动机的服务实践意义

- 需要对饭店服务的实践意义
- 动机对饭店服务的实践意义

引导案例

一年一度的“双 11”光棍节大促销终于落下帷幕，在这个“特殊”的日子里，占尽天时、地利、人和的阿里巴巴（中国）可谓独占鳌头，11 月 11 日当天交易额就达到了惊人的 191 亿元（天猫 132 亿元，淘宝 59 亿元），因此成功获得“决战光棍之巅”的胜利，而其他电商大佬们虽然先后公布了订单总数或是同比增长业绩，但都没有底气公布“双 11”销售总额。

在阿里巴巴集团首席市场官王帅看来，“双 11”的网购超级促销，跟人们平常所见的线下百货商城促销的意义是有所差别的，“这有点像是个测试或者实验，人们对于网购的需求到底有多大？还有什么地方可以开拓？而一旦这些潜力被开发出来，商户的运营能力又到底能不能跟得上？”王帅评价说，“至少淘宝商城做这一场活动不是为了什么品牌或者直接拉动销售，严肃点说，是一场对网购需求的测试，轻松点说，就是好玩，开 Party”。他还补充道：“首先，这是个很欢乐的日子。年轻人喜欢在这样的日子开开玩笑，也搞点活动、聚会。另外，我们也分析过淘宝用户的购物习惯，我们发现，年轻的购物者‘创造了’夜里一两点这个购物高峰，他们也许工作辛苦，下班后去逛逛街，约朋友吃吃饭、唱唱歌，回到家里再上网购购物。这件事让我们想到，也许有很多消费时段还没有被开发出来，在网购领域挖掘内需还有很多事情可以尝试。这也是为什么我们的‘双 11’大促销从夜里十二点开始，这在线下都是很难想象的事情。”

任务一 了解需要

一、需要的概念

需要是有机体内部的某种缺乏或者不平衡状态，它表现出有机体的生存和发展对于客观条件的依赖性，是有机体活动的积极性源泉。简单地说，需要是指个体对生存和发展的某些条件缺乏时而力求获得满足的一种心理状态。

需要是人进行活动的基本动力。人的各种活动，从饮食、劳动到创造发明，都是在需要推动下进行的。需要激发人去行动，使人朝着一定的方向，追求一定的对象，以求得自身的满足。需要越强烈、越迫切，由它所引起的活动动机就越强烈。同时，人的需要也是在活动中不断产生和发展的。当人通过活动使原有的需要得到满足时，人和周围现实的关系就发生了变化，又会产生新的需要，这样，在活动中需要不断地得到满足又不断地产生新的需要，从而使人的活动不断地向前发展。需要是个体积极性的源泉，它常以意向、愿望、动机、抱负、兴趣、信念、价值观等形式表现出来。

二、需要的种类

需要作为动机的基础，它是社会主体对自身生存和发展的一切条件的依赖、指向和需求。需要是个体缺乏某种东西或条件时的状态。从不同的角度，可以对需要进行不同的分类。从需要的起源不同可将需要分为天然性需要和社会性需要；从内容结构的角度，可以把需要分为物质需要和精神需要；从需要的发展的角度，美国心理学家马斯洛（A. H. Maslow）把人的需要分为生理、安全、爱、尊重和自我实现等层次。

（1）按需要的起源不同可将需要分为天然性需要和社会性需要。天然性需要又称自然需要或生存需要，是为了维持个体的生命安全和种族繁衍而必需的一些需要，如人类对食物、水、睡眠、生存条件等方面的需要就属于生存需要。这种需要是在人类发展过程中与生俱来的，是人和动物所共有的。但是人和动物满足需要的手段及方式是不同的。如果这类生理性的需要得不到满足，就会影响到人类对其他需要的产生。社会性需要是人在后天形成的，是与人的社会生活紧密联系的，如人希望有归属，希望在社会中得到他人的关心和爱等。与生理性需要相比，社会性需要的层次较高，往往是在低层次的需要得到满足的基础上，人便会产生更高层次的需要。但是由于受到多种社会因素的影响，不同的人对社会需要的取向差异较大。一般来讲，我国沿海地区和内地之间，城市和农村之间经济发展存在着差距，人们的生活方式有一定差异，导致人们需求上的差异。所以饭店业需要提供与宾客的需要程度相同的服务以满足不同宾客的不同要求。

（2）按需要对象的性质不同可分为物质需要和精神需要。物质需要是人们对各种自然和社会产品的需求。例如，人类对衣、食、住、行的需要，就属于物质需要的范畴。物质需要的层次和内容会随着生产力的提高而改变。精神需要主要是指人对知识、文化、艺术、理想、审美、科学、尊重、成就等方面的需求，正是这些较高层次的需要，推动人类不断地去探索、追求、发现、实现自身的价值和社会的进步。

在生活水平不断提高的今天，人们的物质需求和精神需求也在不断地提高。在客人对饭店服务的心理需要中，同样存在着物质需要和精神需要两个层面。客人对客房的卫生、安全状况、舒适程度有一定要求的同时，也会对客房的居住氛围、客房主题等有所关注。

精神需要是物质需要满足之后的产物，这两方面的需要是相互依存的，没有物质需要的满足，精神需要往往是不会存在的；当物质需要得到满足之后，进而开始产生精神需要。当物质需要架空之后，精神需要如同空中楼阁就没有坚实根基。

（3）生理、安全、爱、尊重和自我实现层次。

① 生理上的需要。这是人类维持自身生存的最基本要求，包括食、行、衣、住、性等方面的要求。如果这些需要得不到满足，人类的生存就成了问题。从这个意义上说，生理需要是推动人们行动的最强大的动力。马斯洛认为，只有这些最基本的需要满足到维持生存所必需的程度后，其他的需要才能成为新的激励因素，而到了此时，这些已相对满足的需要也就不再成为激励因素了。

② 安全上的需要。这是人类要求保障自身安全，摆脱失业和丧失财产的威胁，避免职业病的侵袭，摆脱严酷的监督等方面的需要。马斯洛认为，整个有机体是一个追求安全的机体，人的感受器官、效应器官、智能和其他能量主要是寻求安全的工具，甚至可以把科学和人生观都看成满足安全需要的一部分。当然，当这种需要一旦相对满足后，也就不再成为激励因素了。

③ 感情上的需要。这一层次的需要包括两个方面的内容。一是友爱的需要，即人人都需要伙伴之间、同事之间的关系融洽或保持友谊和忠诚；人人都希望得到爱情，希望爱别人，也渴望接受别人的爱。二是归属的需要，即人都有一种归属于一个群体的感情，希望成为群体中的一员，并相互关心和照顾。感情上的需要比生理上的需要来得细致，它和一个人的生理特性、经历、教育、宗教信仰都有关系。

④ 尊重的需要。人人都希望自己有稳定的社会地位，要求个人的能力和成就得到社会的承认。尊重的需要又可分为内部尊重和外部尊重。内部尊重是指一个人希望在各种不同情境中有实力，能胜任，充满信心，能独立自主。总之，内部尊重就是人的自尊。外部尊重是指一个人希望有地位、有威信，受到别人的尊重、信赖和高度评价。马斯洛认为，尊重需要得到满足，能使人对自己充满信心，对社会满腔热情，体验到自己活着的价值。

⑤ 自我实现的需要。这是最高层次的需要，它是指实现个人理想、抱负，发挥个人的能力到最大程度，达到自我实现境界的人，接受自己也接受他人，解决问题能力增强，自觉性提高，善于独立处事，要求不受打扰地独处，完成与自己的能力相称的一切事情的需要。也就是说，人必须干称职的工作，这样才会使他们感到最大的快乐。马斯洛提出，为满足自我实现需要所采取的途径是因人而异的。自我实现的需要是在努力实现自己的潜力，使自己越来越成为自己所期望的人物。

知识链接

麦克利兰的成就动机理论

美国哈佛大学教授戴维·麦克利兰是当代研究动机的权威心理学家。他从20世纪40～50年代起就开始对人的需求和动机进行研究，提出了著名的“三种需要理论”，并得出了一系列重要的研究结论。

在麦克利兰之前，精神分析学派和行为主义学派的心理学家对动机进行了研究。以弗洛伊德为代表的精神分析学派用释梦、自由联想等方法研究动机，他们往往将人们的行为归于性和本能的动机，而且他们的研究方法和技术很难得出有代表性的结果，可重复性差，无法得出动机的强度。行为主义者用实验的方法研究动机，使得动机的强度可以测量，但主要集中于饥、渴、疼痛等基本生存的需要上，没有区分人的动机与动物的动机。麦克利兰认为他们对动机的研究都带有一定的局限性，他注重研究人的高层次需要与社会性的动机，强调采用系统的、客观的、有效的方法进行研究。他的研究主要受到了美国心理学家莫瑞的需要理论及其研究方法的影响，莫瑞提出了人的多种需要，并且编制了主题统觉测验进行测量。

麦克利兰提出了人的多种需要，他认为个体在工作情境中有三种重要的动机或需要。

（1）成就需要：争取成功，希望做得最好的需要。

（2）权力需要：影响或控制他人且不受他人控制的需要。

（3）亲和需要：建立友好亲密的人际关系的需要。

麦克利兰认为，具有强烈的成就需要的人渴望将事情做得更为完美，提高工作效率，获得更大的成功。他们追求的是在争取成功的过程中克服困难、解决难题、努力奋斗的乐趣，以及成功之后的个人的成就感，并不看重成功所带来的物质奖励。个体的成就需要与他们所处的经济、文化、社会、政治的发展程度有关，社会风气也制约着人们的成就需要。麦克利兰发现高成就需要者的特点是：他们希望得到有关工作绩效的及时明确的反馈信息，从而了解自己是否有所进步；他们喜欢设立具有适度挑战性的目标，不喜欢凭运气获得成功，不喜欢接受那些在他们看来特别容易或特别困难的工作任务。高成就需要者事业心强，有进取心，敢冒一定的风险，比较实际，大多是进取的现实主义者。

三、需要的重要理论

1. 马斯洛的需求层次理论

现在不管是否学过心理学的人，都能或多或少谈论需要层次理论。马斯洛的需要层次理论几十年来流行甚广，也是国内外心理学家试图揭示需要规律的主要理论。

需要层次理论是美国心理学家马斯洛（A. H. Maslow）1943 年提出的一种关于人的需要结构的理论。该理论基于以下两个基本假设。

（1）人主要是受满足某种需要的欲望所驱使的需求动物。人类的需要是无止境的，当个人满足一种需求之后，就会产生另一种需求。

（2）人类所追求的需要具有普遍性，这些需要有层次之分。由此，马斯洛把人的需要分为 5 个层次，如图 4-1 所示。

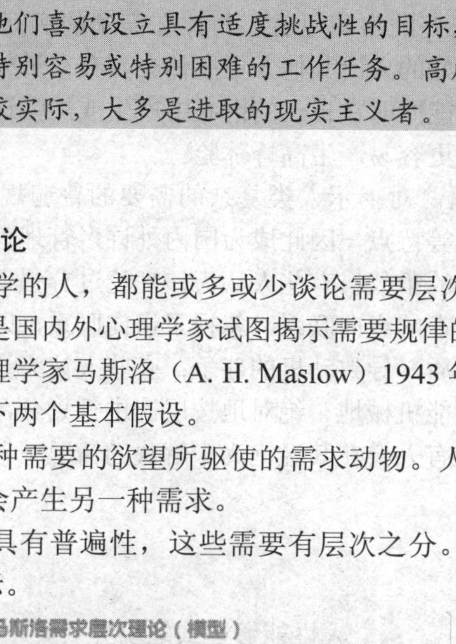

图 4-1　马斯洛需求层次理论

其中，生理需要是维持人类自身生存的基本需要，是人类最原始、最基本的需要，如衣、食、住、行、性的需要。在生理需要得到满足之后，人就会产生安全需要，如避免职业病及事故，摆脱失业威胁及某些社会保障的需要。再上一层需要，是社交的需要，如满足归属感，希望得到友爱等。尊重需要可分为内部尊重及外部尊重。前者指希望自己有实力，后者指对地位、威望的需求。自我实现的需要是个人的最高需要，要求实现个人抱负，施展才能。马斯洛认为，上述五种需要是按次序逐级上升的。当下一级需要获得满足之后，追求上一级的需要就成为行动的动力了。

1954 年，马斯洛在《激励与个性》一书中探讨了他早期著作中提及的另外两种需要：求知需要和审美需要。这两种需要未被列入到他的需求层次排列中，他认为这两者应居于尊重需要与自我实现需要之间。但有人还是将其组成了 7 个层次。

人的五种基本需要在一般人身上往往是无意识的。对于个体来说，无意识的动机比有意识的动机更重要。对于有丰富经验的人，通过适当的技巧，可以把无意识的需要转变为有意识的需要。

马斯洛还认为：人在自我实现的创造性过程中，产生出一种所谓“高峰体验”的情感，这个时候人处于最激动人心的时刻，这是人存在的最高、最完美、最和谐的状态，这时的人具有一种欣喜若狂、如醉如痴、销魂的感觉。

实验证明，当人待在漂亮的房间里就显得比在简陋的房间里更富有生气、更活泼、更健康。一个善良、真诚、美好的人比其他人更能体会到存在于外界中的真善美。当人们在外界发现了最高价值时，就可能同时在自己的内心中产生或加强这种价值。总之，自我感觉较好的人和处于较好环境的人更容易产生高峰体验。

马斯洛的需要层次理论，对揭示人类复杂的需要的普遍规律性作出了贡献，且具有直观、易于理解、相对较合理等特点，因此成为国内外许多管理理论的重要基础。但在心理学界，对该理论还存在比较大的争议：有些人认为该理论过分强调了人的生理属性，并且只注意了一个人各种需要之间存在的纵向联系，忽视了横向联系，即同一时间内一个人往往存在多种需要，这些需要相互矛盾，导致动机的斗争；有些人认为该理论带有一定的机械主义色彩，人的需要是复杂的，不能机械地、绝对地按层次进行划分，也并不一定严格地按上述各个层次逐级去满足。例如，有人会在其温饱尚未解决的情况下，却一味地追求个人价值的实现等。

note 知识链接

人性能够达到的境界

马斯洛说：“我们时代的根本疾患是价值的沦丧……这种危险状态比历史上任何时候都严重。”

他认为，生活的富足和社会的繁荣，科学技术的进步和文化教育的普及，民主政治的形成和真诚美好的愿望，都没有给广大人民带来真正的和平、友谊、宁静和幸福，这主要是因为物质财富的追求越来越成为社会主流，而对精神价值的渴望却一直未能获得满足。人们普遍认为：这个社会值得信仰和为之终身奉献的东西太少了，人人都为物质财富的目标而奋斗，一旦得到了，他们很快就会发现这种追求的虚幻性，进而陷入了精神崩溃的绝望。马斯洛指出，许多“成功人士”患有“成功精神症”，惊呼在我们的时代，“文明已经发展到了一个真正濒临灾难的阶段了”。

马斯洛在探讨人性能够达到多高境界的新问题时，他深深意识到，传统科学否认人的价值的极其危险性和全部科学非道德技术化的严重后果。他发现传统科学具有太多的怀疑论，太冷酷、非人性。他认为传统科学一直宣称它只关注事实的认识，而不是“一种意识形态，或一种伦理或一种价值体系，它不能帮助人们在善恶之间做出选择”。当涉及人性对事实的认识时，科学常常表现出一种对潜能、对理想可能性的盲目性。马斯洛要求科学不能排斥价值，要从人性事实的研究中给人们提供生命的意义和理想。

马斯洛认为一般科学模式都是承启于事物、物体、动物以及局部过程的非人格科学，因此我们认识和理解整体与单个的人物和文化时，它是有限的、不充足的。非人格模式的科学不能解决个人、单个和整体的问题。他认为科学是一种人的事业。作为一种社会事业，它应具有目标、目的、伦理、道德、意图等因素，认为科学本身就是一部伦理学法规，一种价值系统。主张将价值如事实般得到科学的研究，将价值研究作为一种科学研究，将价值研究转向人性内部，使价值研究深深植根于人性现实的土壤。

马斯洛认为传统科学具有很大的局限性，它无法解决个人的问题，以及价值、个性、意识、美、超越和伦理的问题。从原则上讲，科学应产生出各种规范的心理学，诸如心理治疗心理学、个人发展心理学、乌托邦社会心理学，以及宗教、工作、娱乐、闲暇、美学、经济学、政治学等方面的心理学。这种科学是采取心理分析，使其潜力充分发挥。马斯洛的真正意图是在扩展科学研究的范围，主要是将科学与价值结合起来进行科学研究。

马斯洛致力于有关人性的科学事实的搜集，试图使价值论的研究立足于科学的基础之上进而成为“价值科学”，以使他的人本主义心理学根本有别于古典的人道主义。

资料来源：[美]亚伯拉罕·哈罗德·马斯洛. 人性能够达到的境界.陕西：陕西师范大学出版社，2010.

2.“激励、保健因素理论”

传统理论认为，满意的对立面是不满意，而据双因素理论，满意的对立面是没有满意，不满意的对立面是没有不满意。因此，影响职工工作积极性的因素可分为两类：保健因素和激励因素，这两种因素是彼此独立的，并且以不同的方式影响人们的工作行为。

所谓保健因素，是指那些造成职工不满的因素，它们的改善能够解除职工的不满，但不能使职工感到满意并激发起职工的积极性。它们主要有企业的政策、行政管理、工资发放、劳动保护、工作监督以及各种人事关系处理等。由于它们只带有预防性，只起维持工作现状的作用，也被称为“维持因素”。

所谓激励因素，是指那些使职工感到满意的因素，唯有它们的改善才能让职工感到满意，给职工以较高的激励，调动积极性，提高劳动生产效率。激励因素主要有工作表现机会、工作本身的乐趣、工作上的成就感、对未来发展的期望、职务上的责任感等。

双因素理论与马斯洛的需要层次理论是相吻合的，马斯洛理论中低层次的需要，相当于保健因素，而高层次的需要相似于激励因素。

双因素理论是针对满足的目标而言的。保健因素是满足人的对外部条件的要求；激励因素是满足人们对工作本身的要求。前者为间接满足，可以使人受到内在激励；后者为直接满足，可以使人受到外在激励。因此，双因素理论认为，要调动人的积极性，就要在“满足”二字上下工夫。

3. 成就需要理论

此理论是美国心理学家戴维·麦克利兰经过长期研究提出的。他认为在生存需要基本得到满足的前提下，人最主要的需要有成就需要、相互关系需要和合群需要三种，其中成就需要的高低对人的成长和发展起到特别重要的作用。在此基础上，麦克利兰提出了三种需要理论，认为人有三种重要的需要，即成就需要、权力需要和亲和需要。

（1）成就需要。成就需要是指追求优越感的驱动力，或者参照某种标准去追求成就感、寻求成功的欲望。成就需要高的人具有以下几个特点。

① 有较强的责任感。他们不仅仅把工作看做是对组织的贡献，而且希望在工作中实现和体现个人的价值，因此对工作有较高的投入。

② 喜欢能够得到及时的反馈，看到自己工作的绩效和评价结果，因为这是产生成就感的重要方式。

③ 倾向于选择适度的风险。他们既不甘于去做那些过于轻松、简单而无价值的事，也不愿意冒太大的风险去做不太可能做到的事，因为如果失败就无法体验到成就感。

④ 高成就需要者在创造性的活动中更容易获得成功。但是，成就需要强的人并不一定能成为一名优秀的经理，特别是在大的饭店中。因为成就需要高的人通常只关注自己的工作业绩，而不关心如何影响他人使其干出优秀的业绩。从实际情况来看，饭店里杰出的总经理往往没有很高的成就需要。

（2）权力需要。权力需要是指促使别人顺从自己意志的欲望。权力需要较高的人喜欢支配、影响别人，喜欢对人“发号施令”，十分重视争取地位与影响力。这些人喜欢具有竞争性和能体现较高地位的场合或情境。

研究表明，杰出的经理们往往都有较高的权力欲望，而且一个人在组织中的地位越高，其权力需要也越强，越希望得到更高的职位。高权力需要是高管理效能的一个条件，甚至是必要的条件。

如果权力需要强的人获得权力是为了整个组织的好处而去影响他人行为的，他们会成为优秀的管理者。具有这种需要的人如果是通过正常手段获取权力，通过成功的表现被提升到领导岗位，那么他们就能够得到别人的认可。但是，如果其目的仅仅是为了获得个人权力，则难以成为成功的组织领导者。

（3）亲和需要。亲和需要是指寻求与别人建立友善且亲近的人际关系的欲望。亲和需要强的人往往重视被别人接受、喜欢，追求友谊、合作。这样的人在组织中容易与他人形成良好的人际关系，易被别人影响，因而往往在组织中充当被管理者的角色。

许多出色的经理的亲和需求相对较弱，因为亲和需要强的管理者虽然可以建立合作的工作环境，能与员工真诚、愉快地工作，但是在管理上过分强调良好关系的维持通常会干扰正常的工作程序。

在对员工实施激励时需要考虑这三种需要的强烈程度，以便提供能够满足这些需要的激励措施。例如，成就动机强的个人更希望工作能够提供个人的责任感，承担适度的风险以及及时得到工作情况的反馈。

成就需要理论对于我们把握管理人员的高层次需要具有积极的参考意义。但是，在不同国家、不同文化背景下，成就需要的特征和表现也不尽相同，对此，麦克利兰未进行充分表述。

任务二 了解动机

一、动机的基本概念

动机（Motivation）能引起、维持一个人的活动，并将该活动导向某一目标，以满足个体某种需要的念头、愿望、理想等。引起动机的两种条件：一是内在条件；二是外在条件。前者就是“需要”，即因个体对某种东西的缺乏而引起的内部紧张状态和不舒服感。动机就是由这些需要构成的。需要使人产生欲望和驱力，引起活动。后者是个体之外的各种刺激。这些刺激包括物质因素。它们也是引起动机的原因之一。心理学家把能引起个体动机并能满足个体需求的外在刺激称为“诱因”。行为可由需要引起，也可由环境因素引起，但往往是内在条件和外在条件交互影响的结果。在某一时刻最强烈的需要构成最强的动机，而最强的动机决定行为。

二、动机的种类

（1）根据动机的起源，可把动机分为生理性动机和社会性动机。生理性动机是与人的生物性需要相联系的动机，如觅食动机、休闲动机、避险动机等。社会性动机是与人的社会性需要相联系的动机，如交往动机、尊重动机、成就动机、奉献动机等。

（2）根据动机的意义，可把动机分为合理动机和不合理动机。合理动机是指与我们的社会利益相一致的、有利于个体健康发展的动机，它包括高尚的、正确的和在一定时期里有较多积极因素的动机。不合理动机是指不符合我们社会利益和个体健康发展的动机，它包括低劣的、错误的和有较多消极因素的动机。

（3）根据动机的自主性水平不同，可把动机分为内在动机、外在动机和非动机。内在动机是由活动本身产生的快乐和满足所引起的，它不需要外在条件的参与，完全是自主性的。例如，为了获取新的、有趣的知识而读书。外在动机是由活动外部的因素所引起的。根据自主性水平由低到高，可以把外在动机再分为外在规则动机、内转规则动机和认同规则动机。外在规则动机是为了获取积极的后果或避免消极的后果，如学生为了获取老师的表扬或迎合家长的需求而做作业。内转规则动机是指外在的要求转变为内在的要求，人们用内在的要求衡量自己的行为。例如，一个学生可能说：“我在考试前通宵学习，如果不这样做我会感到内疚”。认同规则动机是指人们看重某一行为，并且无条件地执行。又如，一个学生可能说：“我去上学，因为它对我很重要”。非动机是指人们的行为是由自己无法控制的力量引起的，这种动机自主性水平最低。

（4）根据动机在活动中的地位和所起的作用的大小，可把动机分为主导性动机和辅助性动机。主导性动机是对行为起支配作用的动机，辅导性动机是对行为起辅助性作用的动机。当主导性动机和辅助性动机之间的关系比较一致时，活动动力会加强；如果彼此冲突，活动动力会减弱。

（5）根据动机行为与目标的远近关系，可把动机分为远景性动机和近景性动机。远景性动机是指动机行为与长远目标相联系的一类动机；近景性动机是指与近期目标相联系的一类动机。

（6）根据动机所涉及的活动，可把动机分为学习动机、游戏动机、劳动动机、工作动机和犯罪动机、自杀动机等。

note 知识链接

消费动机

（1）中国人和欧洲人：70%的中国消费者会单纯因为品牌而消费，这个数据比欧美和日本高出1倍。欧美消费者显得更加单纯、理性、一半以上的人更注重实用性。尽管意大利、法国、英国等是世界上众多顶级品牌的发源地，却只有 19%的欧洲人会单纯因为品牌而掏腰包。（来源：美国波士顿咨询公司）

（2）男人和女人：在购置新行头时，男性经常把注意力放在购物结果上，并且用最快最有效的方式进行购物。相反，女性则更愿意在商品选择上花费时间。研究者解释道："相同刺激物对消费者产生不同甚至相反选择的原因取决于男性和女性的个人人格因素，它能影响个人在相同刺激前的反应。男性的这种行为可称为'目标性决策'，他们只购买需要的商品。而女性则表现为'可能性决策'，她们的购物缺乏目的性。"（美国斯坦福大学的 S. Christian Wheeler 和 Jonah Berger）

（3）智能手机用户的七大基本需求：个人时间需求，主要用于个人兴趣的行为，占46%；社交需求，占 19%；购物，占 12%；个人事务，如管理个人财务、健康等，占11%；搜寻，占 4%；私人活动，占 1%；余下的为其他需求。

三、动机的功能以及形成

动机是在目标或对象的引导下，激发和维持个体活动的内在心理过程或内部动力。动机是一种内部心理过程，不能直接观察，但是可以通过任务选择、努力程度、活动的坚持性和言语表达等行为进行推断。动机必须有目标，目标引导个体行为的方向，并且提供原动力。动机要求活动，活动促使个体达到他们的目标。

动机具有激活、指向、维持和调整功能。动机是个体能动性的一个主要方面，它具有发动行为的作用，能推动个体产生某种活动，使个体从静止状态转向活动状态。同时它还能将行为指向一定的对象或目标。当个体活动由于动机激发而产生后，能否坚持活动同样受到动机的调节和支配。

动机作为推动个体行为的内在动力，只有在一定的条件下才能被激发而产生。概括来说，动机的产生源自两个方面的原因，即主观的需要和客观的刺激。动机形成图如图4-2所示。

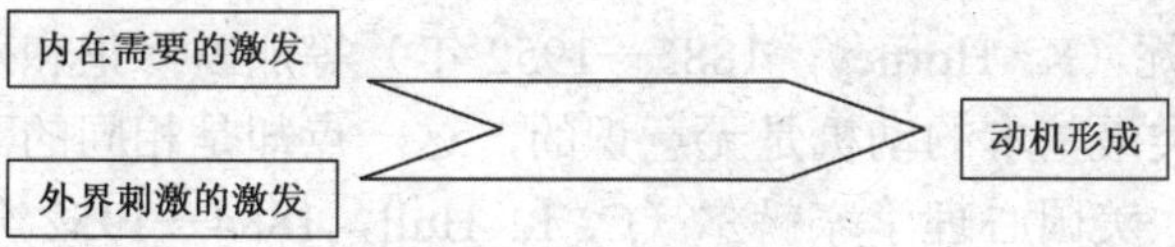

图 4-2　动机形成图

1. 内在需要的激发

需要是动机产生的基础。当人产生对某种事物的强烈需要时，就会使人感到缺乏，急于得到满足，便会形成一种驱动力，促使人们去从事某种活动。例如，一个人想要在工作中获得成就感，得到领导和同事的认可，就必须付出大量的努力，对工作认真、积极、负责。但是并非所有的需要都会产生动机，需要有强弱之分，有层次高低之分，其中需要的强度越明显则越容易被激发为动机，而需要的层次与激发的难易并没有必然的联系。例如，对精神需要和物质需要来说，强度较大的需要容易被激发为动机，而不是取决于需要的层次。一个对精神需要有极高追求的人，并不在意对物质的追求。

2. 外界刺激的激发

内在动机也可以在外界刺激的作用下被激发起来。例如，女性在看到漂亮的服装和琳琅满目的化妆品时，其爱美的欲望便不由自主地被激发起来，可能会不假思索地买上一大堆根本不会用、不会穿的东西。有人把这种外在刺激称为诱因，按诱因在激发过程中的作用，可分为正诱因和负诱因。其中起积极作用的诱因为正诱因，起消极作用的诱因为负诱因。例如，在组织中，如何才能充分地发挥组织成员的工作积极性，取决于组织所提供的诱因与组织成员的付出之间的关系。如果诱因大于付出，组织成员就会努力工作；如果组织提供的诱因小于组织成员的付出，那么就会出现组织成员不负责任的现象。目标的诱因越大，则内在的动力越大，如对于追求高成就感的员工来说，工作的难度越大，动机的促进性就越大。

四、动机的理论和研究方法

1. 动机的理论

在现代心理学中关于动机问题，有各种各样的理论在不断地演变。主要的动机理论有精神分析论、内驱力理论和认知论。

（1）精神分析的动机理论。弗洛伊德认为，人有两大类本能。一种是生的本能，他称之为里比多（Iibido），并用里比多这个词来概括一系列行为和动机现象，如饮食、性、自爱、他爱等个人所从事的任何愉快的活动，都是生的本能。另一种是死的本能，他称之为萨纳托斯（Thanatos，即希腊神话中的死神），如仇恨、侵犯和自杀等都是死的本能。由于这两种本能在现实生活中都不能自由发展，常常受到压抑而进入无意识领域，并在无意识中并立共存，驱使我们的行动。人的每一种动机都是无意识的生的本能和死的本能的混合物。他把心理比作冰山，露出水面的小部分为意识领域，水下的大部分为无意识领域。这个无意识的大部分是冲动、被压抑的愿望和情感。因此，要了解人类行为背后潜藏的动机，如果只分析意识领域是不充分的，也是不恰当的。于是，弗洛伊德采用自由联想、释梦等方法来揭示无意识的动机过程。

弗洛伊德的精神分析理论，后由阿德勒（A. Adler，1870—1937 年）、荣格（C. G. Jung，

1875—1961 年）和霍妮（K. Horney，1885—1952 年）等加以修正和发展。尽管他们的观点各不相同，但认为人类最基本的动机是无意识的，这一点却是相同的。

（2）内驱力理论。美国心理学家赫尔（C. L. Hull，1884—1952 年）是内驱力理论的主要代表。他认为，机体的需要产生内驱力，内驱力驱动有机体的行为。内驱力是一种中间变量，其力量大小可以根据剥夺时间的长短或引起行为的强度或能量消耗，从经验上加以确定。但他认为，剥夺的持续时间是一个相当不完善的指标，因而强调用行为的力量来衡量。在赫尔的理论中，内驱力主要有两种：原始性内驱力和继发性内驱力。原始性内驱力同生物性需要状态相伴随，并与有机体的生存有密切的联系。这些内驱力产生于机体组织的需要状态，如饥、渴、空气、体温调节、睡眠、活动、回避痛苦等。继发性内驱动是指情境（或环境中的其他刺激）而言，这种情境随着原始性内驱力的降低，结果就成了一种内驱力。也就是说，以前的中性刺激由于能够引起类似于由原始性内驱力所引起的反应，而且有内驱力的性质。

赫尔认为，要形成学习行为，必须降低需要或由需要而产生的内驱力，为了使被强化的习惯产生行动，必须要有与之相适应的诱因，而且必须引起内驱力。因此，产生某种行为的反应潜能（sER）等于内驱力（D）、诱因（K）和习惯强度（sHR）的乘积。这样，赫尔的理论体系可用下列公式来表示：

$$sER=D\times K\times sHR$$

这个公式表明，反应潜能是由内驱力、诱因、习惯强度的多元乘积决定的。如果 D=0 或 K=0，则 sER 也等于零而不发生反应。同时，不论驱力水平有多高，在未形成习惯的情况下也是没有行为反应的；相反不论习惯强度多高，驱力水平低，反应潜能也低。该公式的要义是：只有个体对刺激反应之后获得强化从而减弱了他的内在驱力，他才会学到该种反应。这说明了强化作用在学习历程中的重要性；只有反应后得到强化，个体的内驱力才会降低，随内驱力的减弱而强化了学习反应。因此，赫尔的学习理论又称为内驱力减弱论（Drive Reduction Theory）。赫尔理论的局限性在于简单地机械地把学习过程和结果都归结为习惯的形成。但该理论有助于说明和解释非认知行为方式的形成。赫尔的动机理论也称为内驱力降低理论。

note 知识链接

赫尔内驱力理论的实验和应用

赫尔认为，动物所做出的各种行为，其最终功能是要解决生物学意义上的问题。当一个动物有某种需要时（如需要食物），它对此做出的有用反应是积极的活动。至于它从事什么活动、活动次数多寡，那是无关紧要的，只要这种活动能够增加它生存的机遇就行了。假定这个动物在从事活动时，偶然做出了获得食物的反应，食物消除了它的需要，从而解决了它生物学意义上的问题。在赫尔看来，倘若把这种需要还原过程作为学习系统，那该有多好！

事实上，动物成了一个自动的问题解决系统，即“需要”会促使动物去活动，活动会使动物逐渐习得还原需要的特定行为。动物在解决它生理上的问题的同时，也逐渐学会了适应环境的要求。赫尔把有机体这种不学而能的刺激—反应联结，作为他学习系统的起点。

赫尔还进一步认为，我们可以把不同的需要看做是不同的驱力来源。倘若有机体对从事某种行为没有偏见，那就只需要把驱力的不同来源乘以现有的习惯便可以了。例如，我们可以预测到，一只饥饿的白鼠在习得某种反应后，饥饿并不一定是它做出这种反应的前提条件。如果我们把禁食改为禁水，这只白鼠仍然会继续做出这种反应，因为它现在是受一种新的驱力来源的驱动。这就引出“类化驱力（Generalized Drive)”的概念，也就是说，通过某一种驱力形成的习惯，也可以被另一种驱力所驱动。赫尔“类化驱力”的概念还包括另一层意思，即各种不相关的驱力来源会有助于驱力的增强，从而导致行为强度的增加。例如，一只饥饿的白鼠，如果还加上干渴、惊怕或其他驱力来源，会更有可能迅速做出反应。

（3）认知论的动机理论。认知论的动机理论认为，人类的动机行为是以一系列的预期、判断、选择，并朝向目标的认知为基础的。主张认知论的早期代表人物是托尔曼（E.C.Tolman，1886—1959 年）和勒温。托尔曼通过对动物的实验提出行为的目的性，即行为的动机是期望得到某些喜欢的东西，或企图避开某些讨厌的东西。这就是期望理论的原始形态。期望理论必须解决动机的两个问题：期望什么，即实现目的的可能性有多大，以及目的的价值如何？弗罗姆（V. H. Vroom，1964 年）为了解决这两个问题用效价（Valence，简写为 V）、期望（Expectancy，简写为 E）和力（Force，简写为 F）构成人类的动机作用模式。

费洛姆所说的效价是指个人对特定结果的情绪指向，即对特定结果的爱好强度。效价有正负之分。个人对于各种结果，具有喜欢欲得其所未得到的为正效价；如果个人漠视其结果，则为零值；如果不喜欢其可得的结果，则为负效价。弗洛姆曾举出用各种方法来测定结果的效价。例如，可以根据行为的选择方向进行推测，假如个人可以自由地选择 X 结果和 Y 结果的任一个时，在相等的条件，如果选择 X，即表示 X 比 Y 具有正效价；如果选择 Y，则表示 Y 比 X 具有正效价。也可以根据观察到的需求完成行为来推测。例如，吃喝的数量可以表明需求完成的情况，如果吃得多、吃得快，说明食品具有正效价。效价值（V）可以在从最喜爱的+1，经过漠视的 0，到最不喜爱的－1 之间。

弗洛姆所说的期望是指个人预测特定行为在达到特定结果时的主观认知，而不是客观实在的。期望值（E）就是如果进行某种行为定会达到某种结果的主观概率，其最大值为+1，最小值为 0。行为的努力强度是由效价和期望相结合所决定的，其数值以由+1 到－1 来表示。由于效价与主观期望概率成反比，因此主观期望概率等于 0.5 是最优的。一个成就动机高的人，往往就采取难度适中的目标。

期望理论可以解释个人为什么这样做而不那样做，那么期望又是如何形成的呢？归因理论对此做出了解释。海德（F.Heider，1958 年）认为，人们日常生活中的因果概念并不是来自逻辑推理，而是来自对复杂现象简单化、笼统化的常识理解。例如，一个人工作成功了，他可能归因于自己的努力或能力，失败了则归因于工作难度或运气。因此，归因的控制点可分为内部的（如能力和努力）和外部的（如工作难度和运气）。内外部归因，还可以分为稳定的与不稳定的两种。同为内部的，能力属于稳定的归因，而努力则属于不稳定的归因。例如，一个人把失败归因于不努力，另一个人归因于能力，这样就会形成两种结果不同的动机。归因于不努力的便会振奋起来挽回失败；归因于能力的便不愿再努力了。这里也有个别差异。高成就动机者倾向于把成功和失败都归因于自己的努力与不努力。低成就动机者则倾向于把成功归因于自己的努力，而把失败归因于工作难度和运气。所以，归因不一定是真正的原因，只是主观上认为成功或失败的原因，它规定着人们对工作的期望。

人类的动机是很复杂的。心理学家对动机的理论探索也是多侧面的。上述各种动机理论都有一定的合理性，但又不能解释所有的动机现象，而都有其局限性。现代动机的理论研究已不再醉心于解释各种动机现象的大理论，而侧重于探索各种活动领域中的动机作用规律，根据观察实验材料，建立各种小型的动机理论。例如，弗洛姆的效价—期望理论就是一种工作动机的理论。

2. 动机的研究方法

由于心理学家对动机的理解不同，研究动机的侧面不同，因而所采用的研究方法也不同。对于动机的研究，最常用的有以下几种。

（1）访谈法。用访谈法了解人的行为动机，可分为两种形式，即直接询问和深度访问。直接询问就像我们经常提到的一些上级找下级谈话、老师找学生谈话等。这种询问动机所获得的资料往往是真假难定，无法置信。因为在一般情况下，人只愿意讲述对自己有利或社会所喜欢的动机，而隐瞒对自己不利或者社会不喜欢的动机。行为的内心动机不可能毫无阻碍地表露出来。用谈话法了解被测试的动机，实际上是让其回忆过去的行为动机，然而回忆往往是不准确的。人的行为动机具有不同的意识水平，人对自己的行为动机可能没有意识到，所以直接询问法是难以让人信服的。

为了避免上述的缺陷，可采用深度访问来研究人的行为动机。所谓深度访问，是指访谈时间较长，不是照本宣科地问问题，而是自由提出与行为动机有关的各种问题，被测试者可以天南海北地畅谈。通过多次的访问，观察被访问者的非语言行为，并且与语言回答相对应就可能对人的行为动机有较为准确的了解。

（2）投射法。由于行为动机可以是无意识的或有意压抑的，直接询问所获得的结果可能是不真实的。投射法的目的是让个人在情境中不知不觉地把内心的动机显露出来。投射法没有向被测试者直接进行提问，隐蔽了所要研究的问题，从被测试者自然流露出来的内心感情来推测行为动机，避免了访谈法固有的缺点。但是，要使用好投射法，研究者必须要经过专门的训练，有较高的心理修养，避免解释的主观性。

（3）实验法。用实验法研究行为动机，是一种比较有效的方法。根据课题的性质做好实验设计，可以用实验室实验法或者自然实验法来研究动机的强度或者性质等问题。

用实验法来研究行为动机也有一定的局限性，因为实验通常是以被测试的客观行为来推断其动机的。然而，行为与动机之间的关系又不是单一的，不同的动机可以表现为不同的行为或者是同一的行为，一种行为也可以由一种或者几种动机驱使。因此，目前动机的各种研究方法都有一定的适用性，但同时也具有一定的局限性。只有将其有效地结合在一起，进行有效的分析，才能比较准确地了解行为动机。

任务三　需要与动机的服务实践意义

一、需要对饭店服务的实践意义

宾客的需要是随着自身的影响因素不断变化的，所以我们饭店服务人员必须要全面地了解客人的需求才能提供客人满意的、有针对性的服务活动。

1. 饭店客人需要的特点

（1）需要的多样性。人的需要既然是客观的，我们就要给予足够的尊重。这既是以人为本的核心内容，也是尊重人的自然前提和逻辑要求。人的需求会随着时代的变化而变化，随着基本物质需求的满足，各种各样的需求需要得到满足。饭店的宾客来自不同的背景，每个人都有自己的特点，从而对饭店的需要也存在着不同程度的差异性和层次性。只有深入地了解宾客的需要，饭店才能有针对性地为宾客提供服务。根据需要的多样性，饭店的类型也有了分类：商务饭店针对经常外出出差的宾客，为此，商务的设施设备的配备比较全面；观光饭店主要针对外出旅游的宾客，那么他们对于本地的风土人情的了解较为全面。每一家饭店都不可能完全满足客人的需要，只有研究市场需求，结合自己的特点，确定相应的经营方向，提供针对性的服务，才能吸引客人，站住脚跟。

（2）需要的指向性。人们消费是有一定的明确指向性的，有些是生理需要占主导地位，有些是精神需要占主导地位。来到饭店餐厅就是因为宾客的生理需要，饥饿感将客人带领到餐厅消费；观光客就是来某地游览观光的；商务客就是来进行商务洽谈的；探亲客就是来访友探亲的。饭店能根据他们不同的要求，为他们提供相应的服务。

（3）需要的变化性。随着社会的发展，各种新兴事物的产生，因此宾客提出的需求也会随着千变万化。应着时代的要求从而产生出许多的新型饭店，吸引越来越多宾客的目光，如各类乡村饭店、前卫型饭店等。乡村饭店的产生促进了在大型城市厌倦忙碌生活的人们，投身大自然的怀抱，远离城市的喧哗和拥挤，亲近自然的安逸与寂静。而前卫型饭店则吸引着具有个性化要求的，并且接受过良好教育的较为年轻的一代。他们有着鲜明的个性，普通的饭店无法满足他们的需求。面对不断发展变化着的宾客需要，饭店业必须及时做出反应，调整经营的思路和管理方法，迎合客人的需要，引领客人的需要，才会在激烈的市场竞争中获胜。

（4）需要的主观性。一般情况下，每位宾客对同一种服务所产生的感受是不尽相同的，因为客人的需要具有个体主观性。每个人都有自己的真假善恶的评价标准，同样在服务中他们自己也有一把尺子来测量服务的好坏，但这种评价往往带有非常明显的主观性。所以，服务要讲求灵活多变，针对客人的需要采取相应的措施，决不能生搬硬套，千篇一律。

（5）需要的周而复始性。因为人的特殊生理结构，人的新陈代谢是周而复始的，在新陈代谢的同时我们的需求也是周而复始的。例如，对水、饮食等维持生命的必需品，其需求会一直到生命的结束。当需求晋升一个层次——精神层次，对美和享受会不断地提出更高的要求。今天的满足并不意味着客人的需要就此停止，客人可能会对饭店提出更高更新的要求。

2. 饭店客人需要的种类

（1）天然性的需要类型。天然性需要主要是指维持客人生存和发展的基本需要，如客人对饮食、住宿、安全、温度等的需要就属于此类。我们可以从以下几个方面进行分析。

① 前厅部——对饭店的前厅部门而言，大堂是客人对饭店第一印象产生的重要部门，从大堂的环境装修，到气氛布置等的要求都比其他部门的要求要高。所以，前厅的设计布置要求要高，环境装修要优雅，有饭店特色的格调，气氛布置要安静温馨。另外，对服务人员的仪容仪表也要注意，争取在宾客进入饭店留下最好的第一印象。

② 餐饮部——对饭店的餐饮服务而言，美味可口的菜肴能使宾客得到味觉上的享受。无论宾客来自哪里都希望在此品尝到当地的风味小吃，能分享饮食文化。同时餐厅的布置也应与餐饮主体相结合，使之更加让人赏心悦目。无论在前厅还是餐饮部，服务人员的仪容仪表、服务技能、态度都要显示与饭店相映衬的标准。

③ 客房部——客房部是宾客休息的重要场所，提供好的睡眠环境是饭店的最高目标。每位宾客都希望客房的卫生十分清洁，尤其是贴身使用的床上用品、卫生间用品。同时宾客对自己的隐私，以及生命财产的安全也希望有所保障，所以客服人员应在适当的时机为客人提供适当的服务，为客人提供一个安静隐私的空间。

④ 其他部门——饭店的其他服务，如康乐、商务、商场、代办等部门都要为客人提供设施齐备、环境优美、服务项目齐全的服务。不要把这些部门当做饭店的小部门而放松管理，应该经常性地进行环境设施设备、安全卫生的检查，保证满足客人的基本需要。

（2）社会性的需要类型。客人在社会中进行各种各样的社会交往，同时也有各种各样的社会性需要。这主要是指为了实现所肩负的社会活动任务，或是为了维护、显示自己的社会地位和身份等而对所在环境、交往条件、活动媒介等的一种较高层次的需要。这主要体现在社会交往中受到尊重时需要的两个方面。

首先人在外出消费的活动过程中，希望与人交往得到友谊和爱，希望得到组织与团体的认同与接纳。无论在生活中还是在社会的团体中，人们都希望能够有一个和谐、热情、人性化的交往环境。所以，饭店要努力做到宾客在外的另一个“家”，饭店常常通过一些细节彰显饭店的“家”的感觉。饭店绝对不能中规中矩地实施规范标准，饭店服务人员必须要在扎实的实践操作和理论基础上，根据宾客的心理取向，为宾客提供优质的服务，并且与宾客进行愉快的沟通。

另外，马斯洛需求理论中受人尊重是需求层次的高层次需要。在服务行业中，我们提出“宾客是上帝”、“宾客永远是对的”的服务理念来体现对宾客的尊重程度。在我们进行服务的同时我们需要对服务的对象有所了解。例如，刚刚在前厅办完入住手续的李先生，当他拿着房卡刚出楼层的电梯就有服务人员亲切地问候：“李先生，欢迎入住本饭店。”李先生十分惊讶。问明情况后得知，是前厅刚办完入住手续后给客务部打来电话，将客人的大体情况进行说明。许多饭店提出了“姓名辨认”的服务，在与宾客的日常交往中，知道宾客的喜好等信息，这样才能让客人感受到饭店中的“宾客是上帝”。

值得特别注意的是客人的宗教信仰、民族习惯、喜好等，要尊重客人的要求，而不能将自己的爱好和经验强加给客人。在饭店建设中我们还会关照到生理残疾的客人，提供残疾人扶手、厕所等设施。要在恰当的时机为宾客服务，与宾客交流沟通，不能无意识或者是有意识地去伤害残疾客人的自尊心。应更多地为其提供人文的服务，适当地对客人进行鼓励，不以“有色眼镜”去看待残疾宾客。

客人在消费饭店产品和服务的同时，还希望在求知、求美、求新等方面得到满足，以增加见识、扩展知识、愉悦精神。总之，客人的需要与现实生活是不能截然分开的，它们相互交织在一起，同时反映着消费者的各种需要。

知识链接

收集饭店宾客意见反馈的十条黄金规则

1. 相信宾客有许多好主意。
2. 抓住所有可收集宾客反馈的机会。
3. 集中精力，持续不断地改进。
4. 积极获得好的或不好的反馈。
5. 不要花大笔的钱来收集宾客反馈。
6. 寻求及时的反馈。
7. 让宾客的反馈更容易。
8. 利用技术来帮助你获得宾客反馈。
9. 让饭店全体人员共享宾客的反馈。
10. 利用反馈迅速改变。

3. 需要与饭店服务工作

在了解宾客心理需要的基础上，饭店下一步的任务就是要针对客人需要来设计饭店的产品和服务，以满足客人的需要。饭店可以从以下几个方面加以考虑，以吸引消费者。

（1）清洁安全为基本。清洁卫生的安全往往是决定客人选择饭店的首要因素，无论是小饭店或者是星级的大型饭店，从设施设备到环境质量，从食品原料进货途径到加工，从用具的清洁到消毒每个细节都需要严格把关，并且要加强饭店工作人员个人卫生到环境卫生的培训。只有一个清洁卫生的环境才能让宾客在住店期间放松休息和品尝美食，给宾客一种基本的安全感。

饭店的大堂是饭店的一个公共区域也是饭店的一个门面，出入的人员形形色色非常多，所以管理前厅的服务人员就应该来回巡视，及时清洁。休息区的烟缸内烟头不得超过两个；客人坐过的沙发，看过的书报要及时整理，保持大堂的整洁。有时宾客从洗手间的卫生情况来判定饭店卫生的好坏，因此清洁人员就要认真地进行刷洗、消毒，保证客人使用时安全卫生。餐饮部也是饭店卫生检查的最重要的一个部门，从食品材料的进货渠道，到加工制作过程卫生问题至关重要。目前许多的餐厅在制作的过程中为了让宾客看得清楚，吃得放心，将菜肴的制作过程全程“直播”给宾客观看，使宾客放心。

另外，饭店从业人员的清洁卫生状况是一面镜子，直接映射出饭店的基本卫生状况。服务员仪容仪表要服饰庄重，整洁挺括，打扮得体，淡妆素抹，统一着工装，而且保持清洁，常换常洗，不得有油污等不洁之处；服务人员要勤洗头、洗澡、勤剪指甲、保持面部和手部及口腔的清洁卫生，上班前不吃有异味的食物。在进行服务的过程中，注意操作的清洁卫生。例如，不得将撤换下来的床上用品用来抹洗卫生间的地面、浴缸等；客用杯具一定要严格认真地消毒，不得随便冲洗几下便放入印有消毒标志的包装袋。新员工办理健康证，老员工定期到医院进行体检，拒绝有传染疾病的人员从事服务工作。

（2）舒适安静为基础。现在越来越多的人对环境的要求提高了标准，希望饭店能为自己提供一个不受外界打扰的“个人空间”。充分的休息和放松对那些长期在外的宾客来说是莫大的享受，所以在饭店的内部以及外部空间的布置上充分体现安静性、舒适性、优美性。大范围的绿化空间和装饰空间是饭店为宾客提供最好的“隔绝空间”，宾客在宽敞的空间中感觉到悠闲、惬意、放松，从繁忙的工作中脱离出来，享受这难得的清静。同时在客房的装饰材料上也要下工夫，隔音板的使用，可以减少客房间不必要的干扰。另外，在客房服务中，也应充分考虑客人的生活习惯，整理房间的时候应考虑到客人的方便程度。这些人性化的做法是对客人心理需要的极大满足。

在餐厅的设计中，我们也考虑到环境的影响因素。宾客在餐厅消费的过程当中，舒适优美的环境可以调节宾客的就餐情绪；相反，喧闹繁华的就餐环境会让宾客的食欲大打折扣。所以，美好的环境犹如锦上添花，让客人在品尝美味佳肴时可以欣赏周围美好的景致。

（3）高效快捷为基准。“时间就是金钱”在这个生活节奏加快的时代，时间异常宝贵。饭店服务的速度跟效率往往是宾客下次是否选择本饭店的原因之一。没有哪位宾客希望自己在等待中度过，无论是等待上菜或者是结账。所以，在一定的时间内如何提高服务速度和效率，办理手续或提供宾客所需的产品或者服务时缩短时间，提高宾客满意度。在宾客等待结账时，我们可以附送上调查表或者是介绍宣传单给宾客阅览，可以减少宾客等待的漫长感，为宾客节约时间，也为饭店节约时间。

（4）热情耐心为重点。热情细心地服务、耐心周到地照顾，从而让客人感受到极大的欢迎和尊重，是每个饭店力争做到的服务水准。服务人员必须有服务意识，对每位前来饭店的宾客都应发自内心地欢迎和感谢。无论宾客走到哪个部门，服务人员都应热情欢迎，主动问候，为宾客提供周到的服务，缩小宾客与服务人员之间的距离。但是并不是越“热情”就越能显示你的服务周到，服务员必须把握热情的“尺度”，在适当的时机，为宾客提供适当的服务。过度的热情，有时会使宾客反感。提供服务时要在宾客能够接受、愿意接受的范围之内，仔细观察宾客的表情，决不能忽视客人的主观感受。如果跨越了这个尺度，往往会使宾客产生不满甚至投诉。当出现此类现象时，就应该采取补救措施，来消除客人心理上的不悦。服务人员要学会善于观察客人的一言一行，从中判断客人的需要，提供周到的服务。

（5）标准灵活为根本。规范标准是保证饭店服务质量的根本，饭店制定各种服务程序、服务方法就是为了保证向客人提供统一的标准化服务。在饭店服务中，科学地制定各项服务质量标准能够提高工作效率，明确指引服务人员的各项工作，让客人享受合乎要求的饭店产品或服务。但是我们并不能简单地按照饭店的规章制度形式化地工作，每个客人的需要是不尽相同的，所以我们要在饭店的规章制度中灵活应变。例如，一位宾客进入餐厅用餐，按照规定我们引领客人入座点菜，在点完菜的 15 分钟之后上菜。如果这位宾客在点餐之后经常看表，表现焦急的话，我们可以加快上菜的速度。如果宾客点完菜后还要等人，要求我们 20 分钟后上菜，我们就可以减缓上菜的速度。针对客人的不同要求，我们以标准为基础，灵活应对，为宾客提供周到的服务。

（6）以人为本、公平对待为目标。在饭店服务中，我们要经常换位思考，从宾客的角度出发，以此来开展各项服务工作与管理工作。以人为本，在获得客人认同的同时，饭店也能获得成功。另外，对所有的客人一视同仁、公平合理也是饭店成功的另一个秘诀。

从饭店的角度来看，饭店所有的一切都是因为有“宾客”而产生的，所以无论是饭店的服务方式，还是服务内容，都要让宾客感觉到自己是饭店的“上帝”。饭店许多人性化的服务也得到了宾客们的赞同和认同，如商务客房、女性客房、家庭客房等。“地中海俱乐部”的创始人吉尔伯特就曾预言：“今天，人们身体状况已经改善，头脑却过于紧张，主要问题是精神高度疲劳，所以人们需要另一种生活加以调节。”这种经营理念的变化使得全世界各大著名饭店集团对以床和卫生间为主体的饭店客房的创新绞尽脑汁，由此孕育了威斯汀饭店的“天堂之床”客房，希尔顿集团的“睡得香”客房、“健身”客房，雅高集团的“嗅觉客房”，美国特许经营系统的“常青客房”等“新概念”客房。这些主体客房就充分体现了饭店的发展中以人为本的经营理念是十分重要的。

在以人为本的基础上，饭店也要让宾客得到心理上的平衡，当服务人员对待不同的宾客时我们都要保持良好的服务态度，不能因身份上的差别而区别对待。在最为敏感的房价上我们也需要格外注意。合同价、门市价、会员价、商务价、政府价，甚至免费等不同的房价政策，有时也会对宾客造成一定的心理不平衡。我们关注宾客，就是不能只把客人当做“钱袋”而无视他们的“脑袋”，必须努力“读懂”客人，首先关注脑袋再关注钱袋。

影响需要的因素也在随着社会的不断变化而不断变化，我们只能不断地去探求时代的变化，把握宾客的需要。

二、动机对饭店服务的实践意义

1. 动机对客人的影响

对外出消费的宾客来说，不管他们出于什么动机或者目的，是旅游、探亲、访友，或是度假、公务、会议等，他们都通过消费活动来实现自己的心理需要。在这些动机里面，旅游动机占据了大部分。美国学者对旅游的动机又有不同的分类。有人提出了诱因因素诱发的动机、文化因素诱发的动机、地位和声望因素诱发的动机，人际关系因素诱发的动机等；还有人提出了“8 种动机”的分类，即健康的动机、好奇的动机、体育的动机、寻找乐趣的动机、精神寄托或宗教信仰动机、专业或商业动机、探亲访友动机和自我尊重的动机等。

从上面列举的几种不同的旅游动机可以看出，人们之所以离开家庭选择或近或远的地方前去旅游消费，主要是为了心理或生理、经济或文化等方面的因素。如果在旅游活动过程中，他们某一方面的旅游动机得到了满足，就会消除心理上的缺乏感，得到平衡，随后又产生新的需要和动机。饭店消费往往是同客人的旅游活动联系在一起的，因为客人在旅游活动的过程中，要吃、住、购物、娱乐等，这些活动往往是发生在饭店中的。所以，饭店客人的动机中，不可避免地体现出旅游动机的内容。

（1）求方便快捷。方便快捷对于现代人来说相当重要。客人出门在外，也希望所有的事情求快捷讲方便，所以方便快捷便成了客人的首要需求和动机。

饭店的地理位置对于饭店的客源的数量起着决定性的影响。一个饭店所处的地理位置交通便利、标志明显，或者是饭店的店外接送服务非常周到，那么客人可以方便迅速地到达目的地，不至于因为这些因素而流失不应该流失的宾客。客人寻求方便的动机体现在服务工作的各个环节。想要抓住经常在外商务洽谈的客人，就要知道这些宾客时间是十分宝贵的，希望饭店能在最短的时间内完成所交代的任务，如邮件的发送、传真的接受送达等。

（2）求享受。在中国的传统节日当中，春节的受重视程度被排在第一位。传统的春节，在家里全家团圆，丰盛的酒席，热乎乎的饺子，其乐融融。但是现在越来越多的家庭选择了外出在饭店里过春节。其中的原因我们可以归结外出就餐可以尝到美味的佳肴，享受到周到细致的服务，看到优美的环境，可以从日常的繁忙中解脱出来，获得放松。随着人们生活观念和消费观念的变化，饭店消费已成为一种大众消费，它不再像过去那种除了迫不得已，下馆子宴请宾客是有钱人的专利。如何让宾客获得物质和精神上的享受就成为饭店面临的问题。

（3）求合理价值。虽然到饭店用餐、住宿的客人都具备一定或很好的经济实力，但是现在都提倡理性消费。随着人们的价值观念的成熟，那种盲目消费的人越来越少了，相比较而言更多的人开始注重物有所值，有一定数量的金钱换得超值的服务产品。客人在消费时会做出选择，并且会考虑产品的性价比。现代社会信息发达，很多外出旅游的人会在互联网上大量地查阅信息，哪里的饭店打折，哪家机票特价一查便知等。所以，饭店就要利用客人合理的消费理念，采用适当的定价策略，以不同的房型、不同时间段等来采取优惠打折的促销方式，以赢得更多的消费者。

（4）求美。享受美是高出生理方面的高层次的需求。美，不仅仅是饭店的装饰美，更重要的是让宾客感觉到接受服务是一种精神享受。所以，在饭店的服务过程中，应当从“美”着手，从小处着手，点点滴滴，时刻展示着美。

精致的装饰，优雅的环境，用餐时精美的菜肴和餐具，都彰显着饭店环境无与伦比的美。饭店在美的展示中，决不能少了饭店服务人员的形象美和态度美。无论是服务人员的形体、服饰、发型，还是语言态度，都要与饭店的档次相呼应，客人才会流连忘返，恋恋不舍，才有可能促成二次消费。

（5）求新求奇。好奇和探索是人类基本的内在驱动力。人类有了这种强烈的好奇心，所以会探求出许多未知的领域。正因为这样的好奇心，促使了各种饭店推出新的产品，来满足大众的口味。如果饭店内以年轻人居多，对时尚和流行比较敏感，很容易会对新鲜事物产生兴趣，为了迎合这类人群的喜好，从而推出了相应的饭店产品，如前面我们提过的女性客房、家庭客房等。在饮食方面，许多饭店推出限时限量的招牌，引起人们的注意力和好奇心，往往因“去探求一下”而消费。

按照动机的广泛性和重要性来说，上面所列举的几种动机类型还不完全代表所有客人的消费动机。此外，每一个客人的消费动机并不是单一的，而是以某种动机为主导动机，同时兼有其他消费动机。

2. 饭店产品购买动机的延长与二次激发

对于激发宾客的购买动机，需要我们在饭店产品上下工夫，要在保持饭店产品质量的同时，还要对其有所创新，开发独具特色的产品。以此来延长和刺激宾客的购买动机。

首先，饭店应该利用自身的条件，努力开发具有自身特色的产品和服务，形成品牌效应，吸引客人前来消费。

我们会发现，具有特色的东西会勾起人们的购买欲望。所以，在我们的服务过程中，一定要形成自己独特的服务方式，结合饭店环境主题，突出自我特色来吸引客源。“在清迈，文华东方度假酒店就是一个漂亮的景点。文华东方酒店仍然深藏着 13 世纪时兰那王城的独特风格，在这里多花点时间，好好享受酒店各类设施，漫步徜徉其中，品美食、享SPA、参与各种文化活动，已然很是惬意。一到达酒店，就会受到美丽英俊服务生的欢迎。坐在大堂里，一边享受清凉的饮料，一边由服务生协助办理入住手续。住顶级酒店，就是为了尽情享受这种被溺爱的感觉。不管顾客有任何要求，只要提出来，得到的答案永远是：

Yes！清迈文华东方度假酒店的殖民地风格套房，既带有欧式的风情，又在细节上处处可见东南亚风情。会客区与休息区分开，加上超大的浴室空间，完全给人以一种入住泰国贵族之家的感受。晚上回到房间，也许会有惊喜在等待着您。手工饼干、工艺品、超大浴缸里洒满了花瓣……服务人员总会想出各种办法“宠爱”客人。套房更有宽大的露台，您可以俯瞰稻田的美景，在此享受下午茶，回溯曼妙的时光。清迈文华东方酒店在任何细节上面都不惜成本。非但有面积广阔的稻田，甚至耗费巨资从世界各地引种了将近 4000 棵数十年树龄的大树，其中有些树木高达 30m。清迈文华东方的奇妙之处在于，在度假村内就有一个传统泰国购物乡村 Kad Dhara。专门销售泰国百姓在市场上销售的手工艺品，这不仅仅是一种文化的显示，更多的是一种有趣的购物经验。正是这样的特色吸引了众多消费者的注意力，也勾起了他们的好奇心。所以，各饭店在开发产品和服务的过程中要注意以自然为本，突出个性，突出民族特点。而不可盲目地模仿和跟风，丧失自我特色。

其次，加强饭店服务与管理，提高服务质量，以良好的社会声誉吸引客人。管理出效益，管理出声誉。对一家经营有方，管理有道的饭店来说，这本身就是一个很好的吸引力。

一个有外在影响因素的产品，有着良好的信誉，也必定有着他们固有的消费群体。让我们举个反例：金华园月饼可能已经渐渐地淡出我们的脑海中，但是他的惨痛教训一直给我们敲响警钟，因被爆用往年的月饼陷做月饼，金华园食品公司在短短的几个月内就宣告破产。没有良好的管理模式，没有良好的产品质量，就没有信誉而言。所以，在饭店管理和服务中，保持服务以及产品质量是第一位的，以良好的社会信誉造就满意的经济效益。

最后，加强广告宣传，让客人获得更多有关饭店的信息。通过广告宣传的方式，吸引和保持客人对饭店产品和服务的关注是一种行之有效的方法。客人的消费欲望和动机有时是内在因素促成的，有时则受外界条件的刺激而形成，广告对人的行为动机的影响是非常大的。现代社会信息无所不在，而广告则成了饭店推广产品或者提高知名度最好的办法。以新颖独特的广告理念来吸引宾客的消费动机，宣传饭店。

note 知识链接

中国知名饭店广告语

美好的明天，从今晚长城开始！——长城宾馆

香格里拉——您平步青云的必然选择！——香格里拉大酒店

跨下银马座，好运自然来！——银马座酒城

千帆竞发扬子江，万冠云集新世界！——新世纪酒店

挽卿手、共白头、阳光饭店誓千秋！——阳光酒店

乐在海洋——可食可玩可住!——海洋饭店我心中的小沙梅!——小沙梅酒店

到深圳，住新兴，驾车来，免费停，真实惠!——新兴大酒店

今宵伴君何处处？——夜巴黎大酒店!——夜巴黎大酒店

吃在夜上海!——夜上海饭店

美食精华，尽在海轩!——粤海轩饭店

案例分析

四季酒店的人性化服务

全球有许多著名品牌的酒店，这些国际酒店集团也纷纷进入中国，诸如万豪、洲际、希尔顿、凯悦、香格里拉、喜达屋等都是大家熟悉的品牌。然而，在这些优质品牌中，又有着被高端市场视为“顶级品牌”的两家，那就是总部在加拿大的“四季（Four Seasons）”和总部在美国的“丽嘉（Ritz-Carlton）”。四季酒店的卓越之处就在于它们将人性化发挥到了极致，本文以上海四季酒店为例进行论述。

一、员工管理人性化

2009 年，上海四季酒店开张前，总部前来视察筹备工作，大家准备了许多资料和情况等待汇报。照例，总部应该关心酒店的设施、员工的培训、上海的市场、酒店的营销和竞争对手这些与经营直接关联的情况。然而，总裁开口问的第一个问题竟是：“我们的员工福利是不是上海酒店中最好的？我们的员工福利必须是上海第一!”四季酒店的经营逻辑是：提供高福利待遇→拥有高素质员工→把握高素质客人→产生高出租率和高房价的双高效益。而这种双高效益反使员工的高福利在酒店的账面上却变成了低成本，也就是百元营业收入的劳动力成本显得很低，连 20%都不到。这不仅是国有酒店做不到的（大多在30%以上），就连外资酒店也无法企及。

先说说员工餐厅吧！四季酒店是唯一一家员工不用饭卡就餐的酒店，员工只要是穿着工作制服，都可享受一日四餐的待遇。而吃多吃少、丰俭随意，从总经理到做 PA 卫生的临时工都在这里就餐，没有等级之分、人人平等。“四季”的理念是：不分国籍、肤色、宗教信仰，我们都是“四季人”。员工在工作区域一律不得放杯子喝水，这是保证服务和工作环境整洁的严格要求，任何员工可抽工作空隙自由去餐厅喝各种饮料。餐厅 24 小时供应饮料，供餐时间除凌晨 1～5 点外，也连续开放（短暂的清扫停歇除外）。

再来看员工的洗澡场所，完全跟宾客一样的待遇，有沐浴液、浴巾、拖鞋、梳子、吹风机等。为什么这样做？“四季”考虑得很细，若员工自己带毛巾，湿湿的放在更衣柜里就会散发馊霉味；没有吹风机，员工的头发湿湿的走在公共区域，形象就不达标。

一斑而窥全豹，仅从员工餐厅和洗澡间就可以领略到四季酒店对员工关怀的细致入

微。有了良好而又平等对待的员工，他们就必然能心情舒畅、集中精力去为客人提供高品质的优质服务了。因此，全球四季酒店员工的跳槽率是最低的。

二、服务人性化

"以人为本"，这是酒店服务研究中出现频率最高的词之一，但如何理解"以人为本"，并落到服务实处，却并不那么简单。

四季酒店开张前试营业不是面对社会的，而是面对员工的，试运转一个月，员工试吃一个月，发现问题，随时叫停，为的是保证开业百分之百的质量。这就是以人为本——酒店不能把客人当"实验品"。从这个理念出发，四季酒店是没有实习生的。进店员工必须经过强化的系列培训，达到各项要求才能上岗，上岗就是正式工——对客人服务必须完美无缺，没有实习过程。

目前酒店服务中一个缺陷是客房、餐饮、PA、康乐等一线各部门之间互相缺乏了解，酒店也规定各部门员工不得"串岗"，这样必然影响整体服务质量和团队精神。系列培训的最后一项是让员工做一天客人，除客房免费安排外，另发给员工600元，让员工穿上便服在酒店消费、就餐、健身、上酒吧都可以，要求员工站在客人的角度体验酒店、理解顾客。由此出发去创造高度满意的服务，也同时从一开始使员工对酒店各部门有了一个全面的认识，有利于今后部门间的沟通和配合。

四季酒店"以人为本"的一个重要体现就是高度保护客人的隐私权和对每一位客人平等的尊重。这一点，在我国，既有观念上的问题，也有运作中的难度，而四季酒店在尊重人权方面是恪守不渝的。

——到客房，进电梯必须插上钥匙磁卡，才会在相应楼层停下。

——酒店公共区域未得允许，一律不准拍照，因为公共场所人多，即使看似私人照片，但背景仍可能涉及其他人，这对背景里的人有产生侵权的可能，因而严格禁止。如果确实需要照相，可告之酒店专门为你安排。

——每一个住店客人都是平等的，即便是有重要贵宾到达，酒店正门仍必须留出供日常客人进出的车道和通道，不允许封死。如出现矛盾，四季酒店宁可不接贵宾也要绝对保证住店客人的正常服务条件。

——不允许媒体进入大堂拍摄客人照片，如贝克汉姆的"辣妹"太太来沪，酒店在门外拉起警戒线，媒体不得超越。酒店这样做，就是绝对保证店内的环境品位、客人隐私和活动自由。媒体有时颇有怨言，但四季酒店仍然坚持原则不动摇。

资料来源：改编自职业经理网 http://www.canyin168.com/glyy/jcgl/jdglal/201107/ 32617.html.

分析与启迪：

1．案例中详述了上海四季酒店在员工管理和对客服务中的种种做法，请说明如何在管理和服务中通过对需要与动机的理解和分析产生行之有效的应用？

2．本案饭店的做法满足了员工哪些需要，这种对需要的满足会形成怎样的效果，试分析。

复习与思考

1. 需要与动机的基本定义是什么？
2. 按照需要的对象的性质，需要分为几种？
3. 简述马斯洛需求层次理论各层需求的内容。
4. 如何在饭店中针对宾客的需要提供全面服务？
5. 案例题：宾客在住店期间，服务人员偶尔会无意地了解到宾客的一些私人或者商业的机密，当客人要求你保密时应怎样做？如果宾客所做的某些事情会影响到饭店的利益时，宾客还是要求你保密你会怎样做？

专题 5

饭店服务中的情绪与情感

专题提要

任务一 了解情感

- 情感的基本概念
- 情感的功能
- 情感成熟的标志
- 情感的分类
- 感情的两极性

任务二 了解情绪

- 情绪的概念
- 情绪的分类
- 情绪的表现
- 情绪与情感的区别与联系
- 情绪情感与需要的关系

任务三 情绪与情感的饭店服务实践意义

- 情绪情感与宾客服务实践
- 情绪情感与服务管理人员的服务实践

引导案例

情感营销

“感人心者，莫先乎情”，感情是最容易揪人心、动人情，记于心的。人非草木，孰能无情。虽然感情是难以具体量化的东西，但情感在营销中如果能够拿捏得恰到好处，动人心弦而又毫不矫情，便能够轻易俘虏到消费者的心智，获得成功。他的高明之处是能把产品卖到消费者的心里去。被喻为情感营销中的经典——麦当劳，他的无处不“情感”就让人拍案叫绝，产品与服务就不用说了，从他创造性的在大厅里挪出空间给小孩设置舒适有趣的游乐区，到开办贴近人们生活的开心家庭派对，再到拿出巨资设立麦当劳公益基金会、希望小学等，时时刻刻无不用情感牵动消费者的心。不仅用实际行动证明了他“真诚”的一面，更突出他的全心全意与强烈的社会责任心。当然，万千消费者在不知不觉中被彻底俘虏也就理所当然了。他的广告语也堪称是广告中经典的经典，一句“我就喜欢！”以消费者的口吻说出，既体现了他的核心，又切合了现代消费者的真实情感，被广为传播也就在情理之中。可以说他已成功地把品牌做进了人们的心里，成为了人们的好朋友。在现今各种营销手段都在慢慢失效的今天，情感营销未尝不是一件“终极武器”。

任务一　了解情感

一、情感的基本概念

情感是人对客观现实的态度和体验。情感反映的是客观事物与个体之间的某种关系。感知觉是以映像的方式来反映客观事物的，思维是以概念、表象和动作方式来反映客观事物的，而情感是以体验的方式来反映对象的，并常伴随以明显的身体内部的生理变化和身体外部的表情变化。

情感是人的心理活动的重要组成部分，其对人的影响是多维度、全方位的，不仅会影响一个人活动的动力和积极性，而且影响人际间的交流、沟通和关系的发生、发展。这些影响具有两重性，在一定条件下有着积极的促进作用，而在有的情况下，则起着消极的破坏作用。

二、情感的功能

1. 情感的动力功能

情感的动力功能是指情感对人的行为活动具有增力或减力的效能。情绪性动机在指导行为上的效果，可以同有生理基础的动机一样，但它们都不依赖于生物组织的需要，而可由更细致而复杂的社会信号所激发，它们受到刺激物的意义（过去和现在的）制约。

2. 情感的调节功能

情感的调节功能是指情感对一个人的认知操作活动具有组织或瓦解的效能。情感对认知操作活动的积极与消极作用，首先反映在情绪的极性上。一般来说，快乐、兴趣、喜悦之类的正性情绪有助于促进认知操作活动，而恐惧、愤怒、悲哀之类的负性情绪会抑制或干扰认知操作活动。

情感对认知操作活动的积极与消极作用，还反映在情绪的强度上。情绪唤醒水平的最佳点——中等程度的情绪唤醒水平最有利于智能操作活动。所以在饭店的管理中，对于员工的感情调节需要向积极的一方面去发展，由此可以激发员工的工作效率的提升。

3. 情感的信号功能

情感的信号功能是指一个人的情感能通过表情外显而具有信息传递的效能。在日常生活中，55%的信息是靠非言语传递的，38%的信息是靠表情传递的，只有 7%的信息才是靠言语传递的。在发挥情感的信号功能时，注意提高以下能力：加强言语的表达力，提高言语的生动性，替代言语，超越言语。

4. 情感的保健功能

情感的保健功能是指情感对一个人的身心健康有增进或损害的效能。一般来说，在愉快时，肾上腺素分泌适量，呼吸平和，血管舒张而使血压偏低，唾液腺和消化腺分泌适中，肠胃蠕动加强等，这些生理反应都有利于身体内部的调和与保养。但焦虑时，肾上腺素分泌过多，肝糖元分解，血压升高，心跳加速，消化腺分泌过量，肠胃蠕动过快，乃至出现腹泻或大小便不自主泄出。这一切又有碍身体内部的调养。倘若一个人经常处于某种不良情绪状态，久而久之便会影响一个人的身体健康。

5．情感的感染功能

情感的感染功能是指一个人的情感具有对他人情感施加影响的功能。移情或移入："由于知觉对另一个人正在体验或参与体验一种情绪而使观察者产生的情绪性反应。"当一个人产生情绪时，不仅能自身感受产生相应的主观体验，而且还能通过表情外显，为他人所觉察，并引起他人相应的情绪反应。例如，你走过大街，看见有人被车撞伤，在路边痛苦地呻吟，你自己也会产生难过的心情。

6．情感的迁移功能

情感的迁移功能是指一个人对他人的情感会迁移到与他人有关的对象上去的效能。"爱屋及乌"，便生动而典型地概括了这一独特的情感现象。

在情感的功能中，我们不难看出管理情感需要从各方面入手，并且针对情感的不同功能，在管理中进行不同的调控，以协调整个团队之间的关系。

三、情感成熟的标志

情感成熟是指人在个人需要无论是否得到满足的情况下，都能够自觉地调节情感使之适度的一种心理状态。如需要得到满足不狂喜，需要未满足不怒不卑等。情感成熟标志着人的心理是健康的。每个人要社会化就应该使自己"情有节"，陶冶情操，尽快成熟自己的情感。赫洛克（E.Hurlock）认为情感成熟包括四个方面。

（1）能够保持健康。自己可以管理好自身的健康，长期不懈地坚持锻炼身体，有效防止因身体疲劳、睡眠不足、头痛、消化不良等疾病引起的情绪不稳。

（2）能够控制环境。个人行为要受社会环境约束，克服想干什么就干什么的我行我素的思维方式；个人利益不违背集体利益，个人行为要符合社会行为规范，不能出口伤人，脏话连篇，一触即跳，打架斗殴，小偷小摸等。

（3）能够使紧张的情绪化解到无害的方面。人的情感是有两极性的，两极性情感不仅损害自身健康，而且消极性强的情感如愤怒、暴躁等可能伤害他人。

（4）能够洞察理解社会。洞察和理解社会，可使人的智力不断增长，社会经验不断积累。社会不是以自我为中心，而是以大家为中心，以集体利益为中心。

概言之，情感成熟就是要求心理成熟。它要求每位即将或已经成熟的年轻人，告别完全依赖父母的生活方式，逐渐进入社会。在饭店内的情感成熟是要依靠自我独立和修养，摔打自己，锻炼自己，要在工作、学习、生活中学会自我管理，如果是一个管理人员同时也要学会管理他人，从饭店团体的单一成员成为饭店团体的合格建设者、生产者。

note 知识链接

微表情"看穿"人类心灵

微表情，是心理学名词。人们通过做一些表情把内心感受表达给对方看，在人们做的不同表情之间，或是某个表情里，脸部会"泄露"出其他的信息。"微表情"最短可持续 1/25 秒，虽然一个下意识的表情可能只持续一瞬间，但这是一种烦人的特性，很容易暴露情绪。当面部在做某个表情时，这些持续时间极短的表情会突然一闪而过，而且有时表达相反的情绪。

人类主要拥有至少七种表情，每种表情都表达同样的意思（通常的几种意思，判断时要看所处情景，不要武断）。

- 高兴：人们高兴时的面部动作包括：嘴角翘起，面颊上抬起皱，眼睑收缩，眼睛尾部会形成“鱼尾纹”。
- 伤心：面部特征包括眯眼，眉毛收紧，嘴角下拉，下巴抬起或收紧。
- 害怕：害怕时，嘴巴和眼睛张开，眉毛上扬，鼻孔张大。
- 愤怒：这时眉毛下垂，前额紧皱，眼睑和嘴唇紧张。
- 厌恶：厌恶的表情包括嗤鼻，上嘴唇上抬，眉毛下垂，眯眼。
- 惊讶：惊讶时，下颚下垂，嘴唇和嘴巴放松，眼睛张大，眼睑和眉毛微抬。
- 轻蔑：轻蔑的著名特征就是嘴角一侧抬起，作讥笑或得意笑状。

微表情有很多种，但最重要的是判断为微表情不可有倒序的逻辑。例如，单肩抖动——不自信时候更容易单肩抖动。并不是所有的单间抖动就是不自信。想要逆推是否说谎，一定要结合更多的情境参数和当事人的基线比对，综合判断，才可能做出比较正确的结论。网络流行的微表情并不靠谱。

资料来源：百度百科 http://baike.baidu.com/view/2177892.htm.

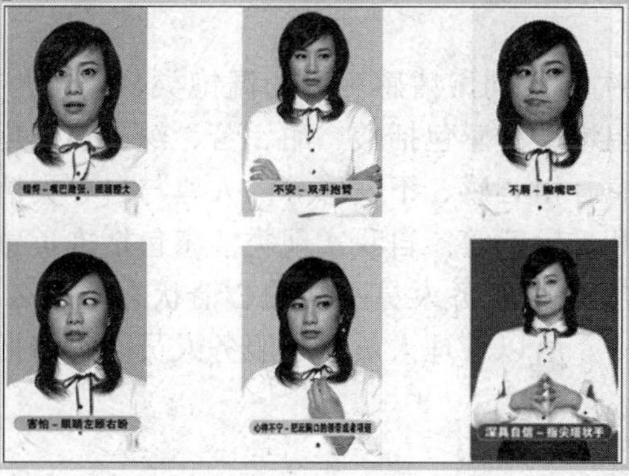

四、情感的分类

人的情感复杂多样，可以从不同的观察角度进行分类。由于情感的核心内容是价值，人的情感主要应该根据它所反映的价值关系的不同特点进行分类。

（1）根据价值的正负变化方向的不同，情感可分为正向情感与负向情感。正向情感是人对正向价值的增加或负向价值的减少所产生的情感，如愉快、信任、感激、庆幸等；负向情感是人对正向价值的减少或负向价值的增加所产生的情感，如痛苦、鄙视、仇恨、嫉妒等。

（2）根据价值的强度和持续时间的不同，情感可分为心境、热情与激情。心境是指强度较低但持续时间较长的情感，它是一种微弱、平静而持久的情感，如绵绵柔情、闷闷不乐、耿耿于怀等；热情是指强度较高但持续时间较短的情感，它是一种强有力的、稳定而深厚的情感，如兴高采烈、欢欣鼓舞、孜孜不倦等；激情是指强度很高但持续时间很短的情感，它是一种猛烈的、迅速爆发的、短暂的情感，如狂喜、愤怒、恐惧、绝望等。

（3）根据价值的主导变量的不同，情感可分为欲望、情绪与感情。当主导变量是人的品质特性时，人对事物所产生的情感就是欲望；当主导变量是环境的品质特性时，人对事物所产生的情感就是情绪；当主导变量是事物的品质特性时，人对事物所产生的情感就是感情。例如，脏、乱、差的工作环境使人产生不愉快的情绪。

（4）根据价值主体的类型的不同，情感可分为个人情感、集体情感和社会情感。个人情感是指个人对事物所产生的情感；集体情感是指集体成员对事物所产生的合成情感，阶级情感是一种典型的集体情感；社会情感是指社会成员对事物所产生的合成情感。

（5）根据事物基本价值类型的不同，情感可分为真感、善感和美感三种。真感是人对思维性事物（如知识、思维方式等）所产生的情感；善感是人对行为性事物（如行为、行为规范等）所产生的情感；美感是人对生理性事物（如生活资料、生产资料等）所产生的情感。

（6）根据价值的目标指向的不同，情感可分为对物情感、对人情感、对己情感和对特殊事物情感四大类。对物情感包括喜欢、厌烦等；对人情感包括仇恨、嫉妒、爱戴等；对己情感包括自卑感、自豪感等。

（7）根据价值的作用时期的不同，情感可分为追溯情感、现实情感和期望情感。追溯情感是指人对过去事物的情感，包括遗憾、庆幸、怀念等；现实情感是指人对现实事物的情感；期望情感是指人对未来事物的情感，包括自信、信任、绝望、期待等。

（8）根据价值的动态变化的特点，情感可分为确定性情感和概率性情感。确定性情感是指人对价值确定性事物的情感；概率性情感是指人对价值不确定性事物的情感，包括迷茫感、神秘感等。

（9）根据价值的层次的不同，情感可分为温饱类、安全与健康类、人尊与自尊类和自我实现类情感四大类。温饱类情感包括酸、甜、苦、辣、热、疼、痒、闷等；安全与健康类情感包括舒适感、安逸感、担心感、不安感等；人尊与自尊类情感包括自信感、自爱感、自豪感、尊敬感、自责感和受辱感等；自我实现类情感包括抱负感、使命感、成就感等。

不同的情感状态可以造成服务人员不同的心情状态，那么在服务过程中这种心情状态随着服务人员进入工作中。所以管理人员对于服务人员的感情把握要有分寸。

五、感情的两极性

情感在性质、强度、紧张度等方面存在的向背两极状态，就是情感的两极性。向背两极性不是各占一端，截然对立，而是在一个连续体上的向背两极的变化。美国心理学家普拉切克提出的情绪三维模式如图5-1所示，就反映了情绪在强度上的变化以及彼此之间的对立性质。

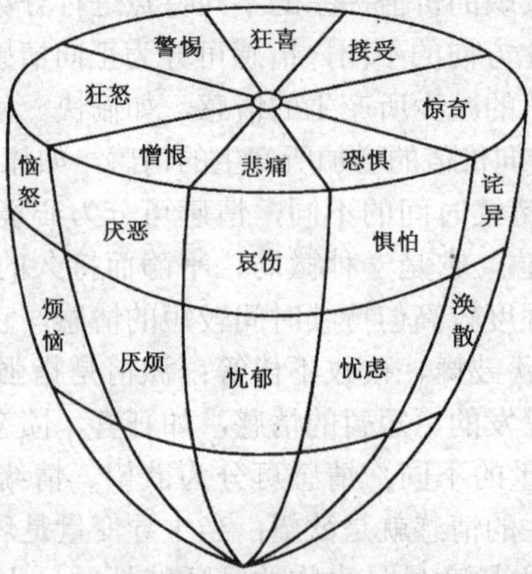

图5-1　普拉切克的情绪三维模式

在他绘制的空间模型图上，最上面的 8 个扇面代表 8 种基本情绪，它们最强烈，故居于顶端，沿扇面向下，越靠近底部，这种情绪就越微弱。在扇面上越邻近的情绪性质上越相似，距离越远，差异越大，互为对顶角的两个扇形中的情绪则是相互对立的。如憎恨和接受，是对立的两种情绪，靠近憎恨的悲痛与其比较近似，靠近接受的狂喜在性质上与其也更为接近。情感两极性具体表现在以下 5 个方面。

（1）肯定与否定的两极性。一般来讲，当人们的需要获得满足时产生的是肯定的情感，当人们的需要不能得到满足时产生的是消极的情感，如烦恼、忧虑、悲伤、愤怒等。但在社会生活中，有些情感表达并非如此简单，当历经磨难，愿望终于得以实现时，反倒悲从中来，喜极而泣。

（2）积极与消极的两极性。从情感对行为的动力作用看，肯定的情感一般起着“增力”作用，促使人们积极行动，提高活动效率；否定的情感更多地产生“减力”作用，使人意志消沉，不思进取，妨碍活动的顺利完成。

（3）强与弱的两极性。人的很多情感存在着由弱到强的程度上的变化。从好感到酷爱，从愉快到狂喜，从忧伤到剧痛，都是强弱两极上的变化。情感的强度越大，人的行为受其支配的可能性就越大，就越难以自控。

（4）紧张与轻松的两极性。紧张与轻松的体验常常发生在生活中的危急关头或关键时刻。危险解除或关键时刻过去，随之而来的是一种轻松的情绪体验。当然，紧张感也和当事人的处事经验和应变能力有关，有些人越到紧急关头，反而越镇静和从容。

（5）激动与平静的两极性。激动通常是由于生活中的重要事件引起的强烈而时间短暂的情绪状态，如狂喜、大怒、极度恐惧等。和激动相对立的是平静的情绪，强度较弱，而持续时间较长。人们正常的学习和工作一般都需要在平静的情绪状态下完成，在生活中崇尚“淡泊宁静”也说明平静的情绪对人的生活有重要意义。

任务二 了解情绪

一、情绪的概念

情绪是指伴随着认知和意识过程产生的对外界事物的态度，是对客观事物和主体需求之间关系的反应，是以个体的愿望和需要为中介的一种心理活动。情绪包含情绪体验、情绪行为、情绪唤醒和对刺激物的认知等复杂成分。

所谓情绪，是指个体受到某种刺激后所产生的一种身心激动状态。情绪状态的发生每个人都能够体验，但是对其所引起的生理变化与行为却较难加以控制。人们处于某种情绪状态时，个人是可以感觉得到的，而且这种情绪状态是主观的。因为喜、怒、哀、乐等不同的情绪体验，只有当事人才能真正地感受到，别人固然可以通过察言观色去揣摩当事人的情绪，但并不能直接地了解和感受。情绪经验的产生，虽然与个人的认知有关，但是在情绪状态下所伴随的生理变化与行为反应，却是当事人无法控制的。每个人都会有情绪，心理学上把情绪分为四大类，即喜，怒，哀，乐。再把它们细分还有很多，基本包括我们身上所发生的所有情绪。

知识链接

情绪纬度理论

情绪的纬度是指情绪所固有的某些特征，主要指情绪的动力性、激动性、强度和紧张度等方面。这些特征的变化又具有两极性。

- **三维理论。**冯特提出的三维理论认为：情绪是由三个纬度组成的，即愉快-不愉快；激动-平静；紧张-松弛。每一种具体情绪分布在三个纬度的两极之间不同的位置上。20世纪50年代，施洛伯格根据面部表情的研究提出，情绪的纬度有愉快-不愉快；注意-拒绝和激活-水平三个纬度，建立了一个三维模式图。20世纪60年代末，普拉切克提出，情绪具有强度、相似性和两极性等三个纬度，并用一个倒锥体来说明三个纬度之间的关系。
- **四维理论。**美国心理学家伊扎德提出情绪四维理论。认为情绪有愉快度、紧张度、激动度、确信度等四个纬度。

二、情绪的分类

1. 情绪的基本分类

关于情绪的类别，长期以来说法不一。我国古代有喜、怒、忧、思、悲、恐、惊的七情说，美国心理学家普拉切克（Plutchik）提出了八种基本情绪：悲痛、恐惧、惊奇、接受、狂喜、狂怒、警惕、憎恨。还有的心理学家提出了九种类别。虽然类别方法很多，但一般认为有四种基本情绪，即快乐、愤怒、恐惧和悲哀。

快乐是指一个人盼望和追求的目的达到后产生的情绪体验。由于需要得到满足，愿望得以实现，心理的急迫感和紧张感解除，快乐随之而生。快乐有强度的差异，从愉快、兴奋到狂喜，这种差异是和所追求的目的对自身的意义以及实现的难易程度有关。

愤怒是指所追求的目的受到阻碍，愿望无法实现时产生的情绪体验。愤怒时紧张感增加，有时不能自我控制，甚至出现攻击行为。愤怒也有程度上的区别，一般的愿望无法实现时，只会感到不快或生气，但当遇到不合理的阻碍或恶意的破坏时，愤怒会急剧爆发。这种情绪对人的身心的伤害也是明显的。

恐惧是企图摆脱和逃避某种危险情景而又无力应付时产生的情绪体验。所以，恐惧的产生不仅仅由于危险情景的存在，还与个人排除危险的能力和应付危险的手段有关。一个初次出海的人遇到惊涛骇浪或者鲨鱼袭击时会感到恐惧无比，而一个经验丰富的水手对此可能已经司空见惯，泰然自若。婴儿身上的恐惧情绪表现较晚，是与他对恐惧情景的认知较晚有关。

悲哀是指心爱的事物失去时，或理想和愿望破灭时产生的情绪体验。悲哀的程度取决于失去的事物对自己的重要性和价值。悲哀时带来的紧张的释放，会导致哭泣。当然，悲哀并不总是消极的，它有时能够转化为前进的动力。

2. 情绪状态分类

情绪状态是指在一定的生活事件影响下，一段时间内各种情绪体验的一般特征表现。根据情绪状态的强度和持续时间可分为心境、激情和应激。

（1）心境。心境是一种微弱、平静和持久的情绪状态。生活中我们常说"人逢喜事精神爽"，指发生在我们身上的一件喜事让我们很长时间保持着愉快的心情。但有时候一件不如意的事也会让我们很长一段时间忧心忡忡，情绪低落。这些都是心境的表现。

心境具有弥散性和长期性。心境的弥散性是指当人具有了某种心境时，这种心境表现出的态度体验会朝向周围的一切事物。当心情郁闷时，在单位、家里都会情绪低落，无精打采，甚至会"对花落泪，对月伤情"。心境的长期性是指心境产生后要在相当长的时间内主导人的情绪表现。虽然基本情绪具有情境性，如有的人一生历尽坎坷，却总是豁达、开朗，以乐观的心境去面对生活，有的人总觉得命运对自己不公平，或觉得别人都对自己不友好，结果总是保持着抑郁愁闷的心境。

导致心境产生的原因很多，生活中的顺境和逆境，工作、学习上的成功和失败，人际关系的亲与疏，个人健康的好与坏，自然气候的变化，都可能引起某种心境。

心境对人们的生活、工作和健康都有很大的影响。心境可以说是一种生活的常态，人们每天总是在一定的心境中学习、工作和交往，积极良好的心境可以提高学习和工作的绩效，帮助人们克服困难，保持身心健康，消极不良的心境则会使人意志消沉，悲观绝望，无法正常工作和交往，甚至导致一些身心疾病。所以，保持积极健康、乐观向上的心境对每个人都有重要意义。

（2）激情。激情是一种爆发强烈而持续时间短暂的情绪状态。人们在生活中的狂喜、狂怒、深重的悲痛和异常的恐惧等都是激情的表现。和心境相比，激情在强度上更大，但维持的时间一般较短暂。

激情具有爆发性和冲动，同时伴随有明显的生理变化和行为表现。当激情到来的时候，大量心理能量在短时间内积聚而出，如疾风骤雨，使得当事人失去了对自己行为的控制力。激情常由生活事件所引起，那些对个体有特殊意义的事件会导致激情，如考上大学，找到满意的工作等。出乎意料之外的突发事件会引起激情，如多年失去音信的亲人突然回归，常会欣喜若狂。可见，不同的生活事件会引起不同的激情。

激情也有积极和消极两个方面，其作用如表 5-1 所示。

表 5-1　激情的作用

激情的积极作用	激情的消极作用
激发内在的心理能量 成为行为的巨大动力，提高工作效率并有所创造	有很大的破坏性和危害性
实例表现 战士在战场上冲锋陷阵，一往无前 画家在创作中，尽情挥洒，浑然忘我 运动员在报效祖国的激情感染下，敢于拼搏，勇夺金牌	实例表现 一些青少年犯罪，就是在激情的控制下，一时冲动，酿成大错 激情有时还会引起强烈的生理变化，使人言语混乱，动作失调，甚至休克

在生活中应该适当地控制激情，多发挥其积极作用，要以平和的心境去投入到工作中。特别是在饭店的工作中，接触不同的人，而有的消极激情会影响到服务人员，这时服务人员就要随时调控好自己的心态，而有积极的激情会使服务人员工作富有热情。

（3）应激。应激是出乎意料的紧张和危急情况引起的情绪状态。如在日常生活中突然遇到火灾、地震，飞行员在执行任务中突然遇到恶劣天气，旅途中突然遭到歹徒的抢劫等，无论是天灾还是人祸，这些突发事件常常使人们心理上高度警醒和紧张，并产生相应的反应，这都是应激的表现。

知识链接

人的应激的生理表现

人在应激状态下常伴随明显的生理变化，这是因为个体在意外刺激作用下必须调动体内全部的能量以应付紧急事件和重大变故。这个生理反应的具体过程为：紧张刺激作用于大脑，使得下丘脑兴奋，肾上腺髓质释放大量肾上腺素和去甲状腺素，从而大大增加通向体内某些器官和肌肉处的血流量，提高机体应付紧张刺激的能力。加拿大心理学家塞里（Seley）把整个应激反应过程分为动员、阻抗和衰竭三个阶段。首先是有机体通过自身生理机能的变化和调整做好防御性的准备；其次是借助呼吸、心率变化和血糖增加等调动内在潜能，应对环境变化；最后当刺激不能及时消除，持续的阻抗使得内在机能受损，防御能力下降，从而导致疾病。

虽然应激的生理反应大致相同，但外部表现可能有很大差异。积极的应激反应表现为沉着冷静，急中生智，全力以赴地去排除危险，克服困难；消极的应激反应表现为惊慌失措，一筹莫展，或者发动错误的行为，加剧了事态的严重性。这两种截然不同的行为表现常常会发生在服务工作中。如在饭店内遇到火灾等突发事件时，就能发现人的两种应激表现的区别。积极的会协助宾客逃离危险地区，指挥人群；消极的则惊慌失措，给宾客的逃离造成不必要的困扰。但是应激的表现也与个人的能力和素质有关，还同平时的训练和经验积累有关。如果接受过防火演习和救生训练，遇到类似的突发事故，就能正确及时地逃生和救人。

三、情绪的表现

人的情绪情感在外界环境的刺激下会发生各种各样的变化，通常与特定的面部表情和身体姿势相伴随，这些情绪的外在表现形式称为表情。在人际交往中，表情的作用是巨大的，它是人们交流思想，表达心理的一种重要手段。有时候，表情的表达能力超过了语言本身，所以就有“此时无声胜有声”的说法。它可以表达人们无法用语言来描述的心理状态和意识，让人通过表情能够一目了然地知道对方的心理。如在非常尴尬的情况下，可以用一个眼神来表达此时的心情，化解这种尴尬。

人的表情虽然有动物表情遗留的痕迹，但是不像动物那样，对适应环境起直接的作用。人类的表情是复杂的、细腻的，而且具有不同的民族特性。与一个人的情绪变化有关的表情主要有以下几种。

1. 面部表情

面部是人的表情表达最为集中和生动的部位，我们通常所说的“眉开眼笑”、“眉飞色舞”等都是通过面部器官来表达某种情绪的。先从眼睛说起，当人喜悦或大笑的时候，往往是眼睛半闭或全闭，叫做“笑眯眯”，没有敌对性；而惊讶的时候，会两眼睁大，准备应对；愤怒时就会怒目圆睁，集中视线，以攻击对方。眉毛是人的面部中很重要的组成部分，它可以表达喜悦、悲苦、忧愁、兴奋等不同的情感，我们说“眉头一皱，计上心来”。这非常形象生动地说明了面部表情在表达情绪方面的生动性。

2. 体态表情

身体语言是表达情绪情感的一种重要方式。例如，在我国伸出大拇指表示一种赞赏，而在有些国家则是一种很不好的意义表达。再如我国点头表示赞同，但是有的国家点头表示反对。有时为表达对小孩子的喜欢之情，我们会拍拍小朋友的头，以示亲切喜欢，但在南亚的一些国家，这种做法是非常不礼貌的。在与客人交往的过程中，服务人员一定要注意体态表情的运用，多使用一些具有积极意义的体态语，如点头礼、鞠躬礼等，可以表达对客人的尊重之情，切勿使用一些具有攻击性和蔑视性的形体表情。

3. 言语表情

言语表情是一种最为直接而且有效的情绪表达方式。言语表达的效果与言语的声调、语速、强度等方面有关。当我们比较高兴的时候，就会用语调高、语速快的言语表达，在悲伤时，我们说话的语气就会低沉、有气无力、缓慢。当服务人员与客人进行言语沟通时，一定要注意选择适当的语速和语调，语言要清晰，以免让客人产生误会之情。

情绪和情感作为一种重要的心理活动，它具有一定的动机作用、调控功能和健康功能，所以应当充分地重视情绪和情感这种人际关系的纽带，尤其是在服务工作中，更是要认真地把握和理解客人的情绪表现和情感体验，做好各项接待服务工作。

四、情绪与情感的区别与联系

情绪和情感同认识活动一样，仍然是人脑对客观现实的反映，只不过反映的内容和方式上有所不同。情绪和情感反映的是一种主客体的关系，是作为主体的人的需要和客观事物之间的关系。例如，长期遭受旱灾的地区降了一场大雨，这场雨显然符合人们的主观需要，人们会对之采取肯定的态度，产生满意、愉快等内心体验。

在生活中，我们也看到认识活动和情绪、情感在反映方式上的不同，前者以其特有的认知方式如形象、表象、概念、符号等反映客观事物，后者是以主观态度体验的方式来反映客观对象，并伴随有身体的行为表现和生理变化。

1. 情绪与情感的区别

我们一直将情绪和情感作为一个统一的心理过程来讨论，但从产生的基础和特征表现上来看，二者有所区别。

（1）情绪出现较早，多与人的生理性需要相联系；情感出现较晚，多与人的社会性需要相联系。婴儿一生下来，就有哭、笑等情绪表现，而且多与食物、水、温暖、困倦等生理性需要相关；情感是在幼儿时期，随着心智的成熟和社会认知的发展而产生的，多与求知、交往、艺术陶冶、人生追求等社会性需要有关。因此，情绪是人和动物共有的，但只有人才会有情感。

（2）情绪具有情境性和暂时性；情感则具有深刻性和稳定性。情绪常由身旁的事物所引起，又常随着场合的改变和人、事的转换而变化。所以，有的人情绪表现常会喜怒无常，很难持久。

（3）情绪具有冲动性和明显的外部表现；情感则比较内隐。人在情绪左右下常常不能自控，高兴时手舞足蹈，郁闷时垂头丧气，愤怒时又暴跳如雷。情感更多的是内心的体验，深沉而且久远，不轻易流露出来。

2. 情绪与情感的联系

情绪与情感虽然不尽相同，但却是不可分割的。因此，人们时常把情绪和情感通用。一般来说，情感是在多次情绪体验的基础上形成的，并通过情绪表现出来；反过来，情绪的表现和变化又受已形成的情感的制约。当人们干一件工作的时候，总是体验到轻松、愉快，时间长了，就会爱上这一行；反过来，在他们对工作建立起深厚的感情之后，会因工作的出色完成而欣喜，也会因为工作中的疏漏而伤心。由此可以说，情绪是情感的基础和外部表现，情感是情绪的深化和本质内容。

五、情绪情感与需要的关系

人对客观事物采取怎样的态度，往往是以某事物是否满足人的需要为中介的。同人的需要毫无关系的事物，人对它是无所谓情感的，只有那些与人的需要有关系的事物，才能引起人们的情绪和情感。而且依据人的需要是否获得满足，情绪和情感具有肯定或否定的特点。凡能满足人的需要的事物，会引起肯定性质的体验，如快乐、满意等，凡不能满足人的需要的事物，或与人的意向相违背的事物，则会引起否定性质的体验，如愤怒、憎恨等。情绪和情感的独特性正是由这引起需要、渴求或意向决定的。

需要是有机体对延续和发展它的生命所必需的客观条件的需求的反映。对于个体来说，它在主观上通常以愿望、意向的形式而被人所体验。人的需要是多种多样的，按其起源来分有天然性需要和社会性需要。如人类对空气、食物、水、运动或休息等方面的需要都属于天然性的需要。天然性需要是人和动物所共有的，如果这类需要长期得不到满足，就会影响到人和动物的生存。在天然性需要的基础上，产生了各种各样的社会性需要，这种需要是人们在维持社会生活，进行社会生产和社会交往过程中形成的。在不同的历史时期，受各种社会因素的影响，使人的社会需要有很大的不同。社会性需要是人类所特有的。

按需要的对象不同，可分为物质性需要和精神性需要。物质需要中既包括天然性需要也包括社会性需要。随着社会的发展，人类对物质的需要越来越广泛。精神性需要主要体现在人对智力、道德、审美等方面发展条件的需求的反映，随着人类对精神层面的关注，新的精神需要不断产生。

人的需要受社会历史条件的制约，它不仅是个人需求的反映，同时也是社会需求的反映。如在社会生活中，要求每个社会成员爱护公共财物、维持公共秩序等，当这种社会需要反映到个人头脑中并为他所理解和接受时，就会成为他的信念，转化为个人需要。社会需要与个人需要处于对立统一之中，作为一个社会成员，人必须把社会需要转化为个人需要，才能与社会协调一致；如果个人需要与社会需要处于对立的位置，个人的行为就可能违反社会要求的准则而同社会发生冲突。情绪因需要的满足与否而具有肯定或否定的性质，它成为人的需要是否获得满足的一个指标，也成为衡量一个人在他的所处的社会关系中，个人需要与社会需要的矛盾与统一关系的一个指标。

对饭店客人来说，他们在消费过程中具有各种各样的需要，包括生理的、社会的、物质的、精神的等，这些需要得到满足的程度与客人的情绪、情感体验是息息相关的。如果客人的需要得到了满足，就会产生良好的情绪、情感；若客人在饭店消费中受到了不礼貌的待遇，或是受到了不应有的损失，客人就会觉得产生不良的情绪和情感体验，从而对饭店留下不好的印象。

任务三　情绪与情感的饭店服务实践意义

一、情绪情感与宾客服务实践

1. 心境与客人行为的关系

心境是一种平静而且持续时间长的情绪体验，它具有长久性、弥漫性的特征。宾客不同的心境必定会在日常的行为中表现出来，具有明显的心境特性。我们可以将住店的宾客分为三大类，即商务（会议）宾客、旅游（探亲访友）宾客和其他宾客。我们分别分析这三类人群的心境表现。

（1）商务宾客。他们的主要任务是来办理、组织各种商务活动或业务。他们的日程安排十分紧张，而且逗留时间不是很长。他们会为了节省时间而无暇顾及外出游览，而且他们对于饭店的服务质量和设施设备要求相当高，要求饭店能在短时间内办完交代的事情，收到有关的信息及时通知。因此类人群的需要，饭店通常开设了商务部，或者专门设立商务楼层，以满足商务活动的要求。商务部的设施设备也相当齐全，传真机、扫描仪等基础设施设备应有尽有，而且在商务客房里有计算机、上网设备让宾客能及时得到外界的信息。在人员的配备上有翻译、打字人员以备宾客不时之需。

（2）旅游宾客。旅游观光的客人是怀着放松心情的目的来到饭店的，希望在较短的时间内，让自己的身心得到极大的放松。此类人群对当地的民俗民情、名胜古迹等十分关注，希望从饭店内得到较为全面的信息，以完成旅游的目的。所以我们服务人员应该对本地的具体情况较为熟悉，能够给宾客好的建议。所以这类客人比较容易相处，他们对饭店的各项服务都比较感兴趣，也很喜欢与服务人员进行交流，能够体谅服务人员的工作，对服务工作中出现的一些小的失误和不足也能予以理解和谅解。对于那些来到本地探亲访友的宾客，他们希望自己的客房能够接待自己的亲朋好友，所以我们服务人员也应该尊重宾客对房间的使用权，尽量少去打扰宾客的私人空间。

（3）其他宾客。他们来到饭店消费的原因和目的有许多，如工作中的压力、亲人的离异、意外事件打击等因素。随着社会日趋复杂，许多人的精神承受很大的压力，无论是工作中的还是人际中的压力，宾客都需要找个释放的空间。饭店就成了他们的释放压力的良好场所。此类人群往往具有一定的经济实力，希望自己的空间不受打扰，给自己一个宣泄的空间，所以我们就要对其特别的注意，提供人性化的服务，让宾客得到身心的放松。另外受到意外事件的打击，他们内心是十分忧郁和悲伤的，希望通过在外旅游或者是消费过程中减轻心中的苦闷。针对这些特殊的宾客，服务人员应该设身处地地为宾客着想，从侧面去引导开导宾客，让他们摆脱消沉的心境，回到积极向上的心境中去。

2. 激情与饭店客人行为的关系

在饭店中时常会发生客人有过激的行为，通常是因为客人对服务人员的服务态度和服务方式感到极大的不满，也有因为宾客本来心中因其他事情有怨言，借口将气发泄在服务人员身上。无论是饭店方的过失还是宾客自身的原因，饭店都要做出相应的策略来稳定宾客的情绪。

出现过激行为的宾客，比较急躁、易激动，固执不听劝阻。他们往往表现出语言粗俗，甚至会进行人身攻击，以此宣泄。对待这样的宾客，饭店应该注意以下几点。

（1）无论是哪方的失误，我们都必须要尊重宾客。每个人都需要面子，不希望在别人的面前，特别是饭店这样的公共场合而丢面子。客人跟饭店争执不是为了花钱买气受的，往往最根本的原因是为了面子，所以我们饭店服务人员应该从宾客的角度出发，顾忌宾客的面子。为了没有必要的问题争执得面红耳赤，你死我活，最后还是饭店受到损失。所以我们应该保持冷静的头脑，让宾客宣泄完后向宾客真诚地道歉，并且向宾客进行解释，耐心听取宾客的意见和抱怨，采取适当的措施来消除客人的不满情绪，如菜金打折、客房打折、送鲜花或者水果等。

（2）当宾客的过激行为事件过去后，我们需对此类案例进行分析，使全体人员在以后的服务工作中注意此类事件的发生和处理。

3. 热情与饭店客人行为的关系

热情是一种持久而深厚的情感体验，它虽不如激情强烈，但较激情浓厚而持久；虽不像心境那样具有弥散性，在一定的时期内影响着个体生活周围的许多人和事，但是它较心境强烈、深刻而稳定。它与人的理性、意志密切相关，并通过认识、意识过程表现出来。

也有不同类型，有积极热情的宾客，也有消极冷漠的宾客。他们对待同样的事情时会表现出不同的行为方式。

积极热情的宾客，他们仿佛对什么都感兴趣，都希望能够参与其中，能够积极地做出反应。这类人群会对我们服务人员开展工作起十分大的推动力。例如，在旅游的途中比较枯燥，当导游在途中调节气氛时，积极热情的游客就会十分配合，也会出现小小的高潮。

有一些客人对任何事情都不感兴趣，对周围的人没有热情，悲观、消沉、压抑、心胸狭窄，喜欢抱怨，对生活没有信心和坚强的意志。我们认为这类属于消极冷漠的人群。这类客人在消费过程中也明显地表现出犹豫不决、瞻前顾后、半途而废、患得患失，对服务人员所推荐的产品和服务持怀疑或观望态度，而且很容易产生不满，对服务工作有一定的阻碍性。

4. 应激与饭店客人行为的关系

日本人在入住饭店时，有一个习惯，那就是当初次进入一个饭店时，他们会对饭店的安全通道进行研究，并且会尝试从客房走到安全通道来熟悉在意外事件发生时的逃跑路线。天有不测风云，客人在饭店消费期间有时可能会遇到一些意外事件的发生，如火灾、突发急病、酒醉、盗窃等。当这些突发事件发生时，有经验的客人会保持清醒的头脑，采取有效的措施或服从饭店的安排。如日本客人在事先了解了逃跑路线，在发生突发事件时不至于慌手慌脚、不知所措。但也有客人面对紧急情况就会不知所措，甚至于不服从饭店的安排，造成更为严重的后果。所以饭店方应该事先对应的突发性事件有所准备，平常加强对员工的培训，掌握应激的方法。

饭店应该对各类抢救措施和疏散指导等课题经常性地进行培训和演练。例如，对突发心脏病的宾客我们的服务人员应该具备相应的救护措施，突发火灾时我们就应该在现场指导疏散楼层宾客从安全通道撤离。

知识链接

最新英剧——唐顿庄园（Downton Abby）

《唐顿庄园》是2010年由英国ITV出品的古典剧，2012年风靡中国，本片由休·博内威利、伊丽莎白·麦戈文主演。荣获奥斯卡奖的金牌编剧Julian Fellowes一手打造，明星云集的演员阵容极其耀眼，特别有老戏骨Maggie Smith加盟压阵，演绎20世纪初ITV版的《楼上楼下》。故事讲述了1912—1914年，乔治五世时期，唐顿庄园的Grantham伯爵一家，由家产继承问题而引发的种种纠葛和摩擦，呈现了英国上层贵族与其仆人们在森严的等级制度下的人间百态。

剧中的人物不论服务人员还是服务对象都具有非常清晰的角色感，性格突出，对待工作克己敬业有极强的上进心，尤其是体现英国旧贵族的生活场景的时候还原度也很高，通过对其奢华生活以及高品质服务的再现，观众可以非常清晰地领悟到现代服务的核心理念。

另外，在观此剧的同时练习真正的“伦敦音”也是个不错的选择。

受多种因素的影响，客人的情绪和情感体验各有不同，在饭店服务工作中，各种硬件设施与软件服务水平也在很大程度上影响着客人的情绪情感。所以服务工作要讲究艺术性和技巧性，配合客人的情绪情感体验开展各项接待服务工作。

二、情绪情感与服务管理人员的服务实践

我们能充分地了解掌握宾客的心理要素在对客服务时有很重要的实践意义，同时我们也要知道情绪情感的控制对饭店服务人员的实践意义也是相当重要的，在工作中能够控制好自己的情绪情感，可以促成工作的顺利进行。

1. 最佳的情绪状态、最高的职业意识

随着时代的变化，服务员的定义也在不断发展，现在对服务人员的认识已经从传统的“伺候人”到转变到现代的“专业人士”。意识决定人的行为，只有正确地认识了饭店服务业的重要性，才能在工作中产生极大的热情，始终以良好的情绪和精神状态出现在工作岗位上。所以我们必须做到以下几条。

（1）饭店服务人员保持外在形象的美。饭店服务与旅游活动诸多环节不同，具有很强的欣赏性。饭店服务人员对此是否有充分的认识，直接影响着服务的美感程度和服务对象对服务美的享受程度。服务人员的形象美主要表现在形体、服饰、发型以及与工作环境形成的整体和谐的美。在保持外在形象美的同时，也能使宾客产生服务人员的精神面貌、文化素质、道德水准较高的评价。讲究外在形象美，对个人良好情绪的形成具有一定的支持性。这

种良好的情绪对服务工作的开展肯定是大有帮助的。因而，在饭店服务中，上班前员工都要认真地检查自己的仪容仪表，以美好的外在形象出现在工作岗位上。

（2）饭店服务人员有强烈的角色意识。饭店服务人员的角色意识，涉及提供服务者和接受服务者之间地位的平等与不平等的问题，对此是否有一个真正认识，将直接影响到提供服务时的心态。良好的心态是提供优质服务的前提。

在社会交往中，人与人之间存在着双重关系：一方面是人们所扮演的社会角色之间的关系，另一方面是扮演这些角色的人之间的关系。饭店服务人员扮演的是社会角色，相对其他职业而言，其角色规范和要求是比较严格的，服从客人是他们的“天职”，双方之间存在提供服务与接受服务的关系，但是在人格上是平等的。因此，在服务中，服务人员必须有强烈的服务意识，由此才能正确地对待和理解提供服务者和宾客之间的“平起平坐”的问题。小位置做出大作为，金钥匙就是每个服务人员的最高目标。金钥匙服务是个性化服务的总代理，是服务中心概念的最前端。服务人员秉承的信念是要在平凡的工作岗位上，不断地进取，保持持久的热情，做出不平凡的成绩来。

知识链接

金钥匙组织（UIPGH）

金钥匙组织（Union International Portiers Grand Hotel，UIPGH），是一个国际服务品牌，拥有一个先进的服务理念和标准；是一位服务的专家，服务的榜样；也是一个服务的网络。国际金钥匙组织起源于法国巴黎，自 1929 年至今，是全球唯一拥有 80 年历史的网络化、个性化、专业化、国际化的品牌服务组织。自 1995 年被正式引入中国以来，在中国已发展 17 年，并覆盖到 190 个城市，1200 多家高星级酒店和高档物业，2000 多名金钥匙会员，金钥匙服务已被国家旅游局列入国家星级饭店标准。

酒店金钥匙的服务宗旨，是在不违反国家法律的前提下，使客人获得满意惊喜的服务。我们提供：从接待客人订房，安排车辆到机场、车站、码头接客人，根据客人的要求介绍特色餐厅，并为其预订座位，联系旅行社为客人安排好导游，当客人需要购买礼品时帮助客人在地图上标明各购物点等，最后当客人要离开时，在酒店里帮助客人买好车票、船票、机票，并帮助客人托运行李物品，如果客人需要的话，还可以订好下一站的酒店并与下一城市酒店的金钥匙落实好客人所需的相应服务。

酒店金钥匙对中外商务旅游者而言，他们是酒店内外综合服务的总代理，一个在旅途中可以信赖的人，一个充满友谊的忠实朋友，一个解决麻烦问题的人，一个个性化服务的专家。

（3）饭店服务人员创建良好的服务环境。“人非草木，孰能无情”，服务人员也是人，他们也会受外界的影响而产生情绪。宾客有消极和积极的情绪，同样服务人员也有积极和消极的情绪。饭店要控制员工良好的心态，就要建立一个良好的轻松和谐的团体。只有员工具备良好的心态，才能为宾客营造一个良好的消费氛围。对于员工的情绪控制能力，和如何自我调节消极的情绪，员工都要有自己的一套排解消极情绪的措施。通常排解不良情绪的方法有以下几种。

① 回避。如果事先预料到接触到某人某事可能会引起不快，又不能解决问题，那么就先躲一躲，回避一下，这样矛盾就可以自行化解，或等条件成熟后再予以处理。但是值得注意的是回避并不是完全逃避，对服务的特殊性来看，有些情况必须直接面对的，就不能选择逃避的方式，否则，可能会更加引发客人的不悦，使事情的后果更加严重。

② 发泄。发泄是最好的排解情绪的方法，而这种发泄是将自己的消极情绪以某种方式释放出来，以得到心理放松的状态。例如，外出散步、跑步或者是对着枕头进行泄恨等方式，都可以将自己的不良情绪发泄出来。现在许多企业也发现了不良情绪影响着员工的工作效率和团体合作的氛围，故开设了员工发泄室。发泄室里面有沙袋，或者是假人等道具，员工可以在此发泄在工作中的委屈或者压力。

③ 转移缓解。当不良情绪，特别是愤怒情绪爆发前，要设法将注意力转移到某个兴奋点上，从而缓解不良情绪。在服务工作中，与宾客争吵是最不理智的选择，不仅会使自己的情绪受到大的波动，也会使饭店的声誉受到损害。在与宾客产生争执的时候，要去想一些兴奋的事情，或者是考虑吵架的后果，从而会对情绪有所缓解和控制。

2. 不良情绪的调节和控制

（1）消沉情绪。在汉字当中，“秋”下面加一个“心”字便成了“愁”。巾帼女杰秋瑾曾有“秋风秋雨愁煞人”的咏叹，直接把秋天的凄风凉雨与个人对社会、对国家命运和前途的忧虑悲哀紧密地联系在一起。身临草枯叶落的秋天，心中常有凄凉、苦闷、垂暮之感，易诱发消沉。心理消沉情绪是丧失信心后的一种情绪表现，是一个人情绪上的大幅度转折。在生活或是工作中一次次的挫折和不如意，很容易使人产生消沉的情绪。在饭店中消沉情绪是有巨大腐蚀作用的一种不良情绪，特别是当管理人员的个人意志衰退，从而销蚀整个饭店企业的开拓进取精神，使其陷入涣散与崩溃状态，对所有员工都造成难以估量的消极后果。在遇到消沉的情绪的时候，我们应该有自己一套化解情绪的方案。

首先，要进行心理调适。积极的心理可以让人们总表现出一种欣慰、赞赏、热爱的情绪状态，有助于人们心情愉快。因此，员工对客观事物保持浓厚的兴趣，培养积极的心理，是十分重要的。这可以减轻员工在企业工作中的心理疲劳，保持足够的心理活力，从而激发其奋发向上的情绪，克服消沉情绪。为了培养积极心理，员工要善于从客观事物中挖掘美的东西，去欣赏它们、热爱它们。

其次，树立远大的人生目标。员工总是以人生目标的实现程度来判断自身价值。如果把人生目标定得高远些，员工就会以一种责任感，以满足企业和消费者的根本利益为自己最大的快乐，不斤斤计较一己私利，就易保持积极乐观情绪；反之，则往往使员工处于一种患得患失的消沉情绪之中。

消沉情绪反应强烈的员工，大多缺乏的就是高远的人生目标和崇高的境界。克服消沉情绪，特别是防止其像瘟疫一样蔓延，就必须从树立远大的人生目标和进行人生观、价值观的培养和修炼开始。

再次，提高适应环境的能力。企业是社会的一个细胞，是社会中的社会，这使员工所处的环境极其复杂，呈现一种纷繁复杂的多样性和变幻莫测的动态性中。消沉情绪是员工对所处的社会环境缺乏理性认识，对纷繁的社会现象感到无所适从，自己的主观努力常常在客观现实面前碰钉子，又不能找到有效的办法克服危机，从而陷入彷徨、苦闷、忧虑、消沉的精神状态。在现实中缺乏期望实现的可能性，会挫败员工的锐气。遇到期望值与客观现实的矛盾时，正确的做法应是适当对期望值加以调整，而不能一意孤行。所以员工需要在深化对社会环境理性认识的基础上，把期望值调整到在现实中有充分实现可能性的范围，并且留有余地。在工作中注入无穷的心理活力，为始终保持积极乐观的情绪创造条件。

（2）愤怒情绪。心理学家认为，愤怒是遇到与愿望相违背的事情，或愿望不能实现并一再受到挫折，致使紧张状态逐渐积累而产生的敌意性情绪，是一种不满情绪的外露。大多数愤怒情绪是由于沟通不畅所导致的。不同的人会有不同的表现方式，有些人易激动，遇到不顺心的事一触即发；有些人即便很生气也是压在心底；也有的人此处生气，别处发泄；还有的人自己错了却冲别人发火。如果对愤怒的情绪不进行及时的调控，则会造成破坏性的后果。其实，怒气徘徊不去的原因正是你自己的消极思维方式。在对宾客服务过程中，当自己愤怒的时候要尽量控制自己不跟自己的情绪走，当然也不跟着对方的情绪走，最好是暂时离开，让自己冷静冷静，冷静之后往往会有新的看法。

如果身为一位服务人员，受到外界的刺激而心生愤怒，那么就要用一种不造成饭店损失的方式来发泄愤怒，以一种更为健康的情感来取代使你产生愤怒的情绪。如回避和离开使你愤怒的环境，并且控制自己的情绪，尽量往好的方向去想象。同时以微笑和善意来减低宾客的愤怒情绪。

（3）厌倦情绪。由于饭店服务属于工作重复性强的特殊行业之一，因此在服务行业中很容易让员工产生厌倦的情绪。在客房部的服务人员，一天的工作量基本在 12 个房间左右，每天对于房间的清扫都在不停地重复中，而且工作量大，那些意志力薄弱的员工很容易就产生了厌倦心理，在这时饭店的管理人员就应早发现早疏导，一旦员工产生厌倦情绪，工作效率和速度就会大打折扣。所谓干一行爱一行，我们就需要从工作中发觉乐趣，使工作变成一种“享受”，而不是一种每天的“折磨”。这样一来，服务工作才会富有魅力和变化性，员工才会对它有更大的兴趣和热情。

（4）紧张的情绪。一个人的紧张外部表现为手心出汗、语无伦次、不知所措等。紧张情绪的产生有内部因素原因，也有外部因素的原因。就饭店服务工作而言，许多刚刚走上岗位的新员工或者是刚出学校的实习生，缺少经验，面临新的工作环境等因素会产生紧张的情绪。或者当自己感觉不能胜任某种工作强度大要求高的工作时也会产生害怕紧张的心理。那么在产生紧张感时，饭店管理人员如何开导员工缓解紧张的情绪，或者自己如何开导自己降低紧张程度呢？那么我们就来看看下面的知识链接吧！

note 知识链接

如何自己开导　降低紧张程度

首先，要学会神经松弛。松弛对于紧张情绪具有很强的防御力。当一个人真正神经松弛的时候，就会感到内心平静，精力集中，生活充满活力，具有强烈的追求。

其次，要保持良好的睡眠和营养。如果睡眠的时间过短，大脑得不到充分的休息，我们就会感觉到烦躁、疲惫、头昏脑涨等，生理上的不平衡容易导致紧张的情绪。一般而言，正常人需要 6～8 小时的睡眠时间，间断或不完整的睡眠都对人体健康不利。同时，适当的营养使保持身体内抵抗紧张所需要的精力和能力储存。有益于健康的、对抵抗紧张有利的饮食习惯和营养是非常重要的。饭店管理人员在安排员工的排班时要充分考虑到员工的作息时间，合理排班，为员工提供充分的休息和放松时间。

3. 职业道德与职业高尚感的养成

职业道德的一般定义是同人们的职业活动紧密联系的符合职业特点所要求的道德准则、道德情操与道德品质的总和。职业道德不仅是从业人员在职业活动中的行为标准和要求，而且是本行业对社会所承担的道德责任和义务。每个从业人员，不论是从事哪种职业，在职业活动中都要遵守道德。如教师要遵守教书育人、为人师表的职业道德。医生要遵守救死扶伤的职业道德等。为了使饭店企业在市场竞争中立于不败之地，服务人员必须遵守本行业职业道德规范，努力提高服务质量。

职业道德要求从一定的社会责任出发，在履行对社会责任的过程中，培养相应的社会责任感，养成良好的职业习惯和道德情操，在长期的实践中逐渐进入或者达到较高的道德境界。职业道德的养成，要从忠于职守、爱岗敬业开始，把自己的心血全部用到自己的职业岗位上去，把自己的职业当成自己生命的一部分尽职尽责地做好。忠于职守，要求尽职尽责。“尽”就是用最大的努力去克服困难完成任务。做到对自己的职责完全负责。尽职尽责完成本职工作绝对不是一句口号，而是有着实实在在内容的行为规范，特别是对餐厅服务员来说更是如此。

服务宾客就是本职，因此必须做好。当一个称职的餐厅服务员要有多方面的本领，例如上一道菜，主料是什么，辅料是什么，切什么刀口，用什么火候，有什么特色，价格如何，都要清楚地了解。最需要经验的是根据客人的需求提供不同的服务。没有精通业务的过硬本领，服务好宾客的愿望是不能实现的。所以，服务业的职业道德首先要求要有忠于职守、爱岗敬业的精神，在这个基础上才能够精通业务、服务宾客。

饭店服务是为他人提供各种产品和劳务过程的总和，是一个要求对他人“好”的行业。在服务工作中，尊重客人，为客人着想等都是饭店员工应该做的。

服务作为一种活动，它有无形性、不可触摸性和转瞬即逝的不可储存性的特点。服务不是具体商品，就是说它随着服务开始而开始，随着服务结束而消失，宾客看不见摸不着它，只能感知。因此，服务员要强化宾客可以感知的服务，文明礼貌、热忱服务恰恰是宾客最可感知的。有的餐厅利用主宾要面子的虚荣心，不管就餐人数多少，一律上大盘和高档菜肴。特别是婚宴中，不与客人商量，就将饮料、酒水启封开瓶，这不仅增加了客人的负担，也影响了服务效果。在服务的过程中不应有欺穷爱富，对标准低的宾客服务冷淡怠慢的服务态度。这样无疑将失去宾客自毁企业形象。因此，我们要十分重视企业信誉，树立“宾客第一，讲求信誉”等良好职业道德。这不仅是一个饭店企业的问题，而对整个社会主义精神文明都会产生影响。讲究文明礼貌，热情为宾客服务，诚实公平交易，建立企业信誉对贯彻社会主义道德准则、建设社会主义精神文明有十分重大的意义。

饭店服务行业是个发展变化非常迅速的行业，客人需求的不断变化推动饭店业也在不断前进，迎合客人的需求并引导客人的需求，从而才能在同行业的竞争中永立潮头。饭店应该以“你无我有，你有我优”的经营理念来服务消费人群。饭店业的竞争最终是人才的竞争，因而服务人员只有不断地学习，吸取新的文化知识、技术技能，有创造性地工作，才会让客人感觉饭店常来常新，更加具有吸引力。早在20世纪60年代，北京市百货大楼张秉贵的“一团火”服务精神，不单纯是热情和微笑，而且还包括他对各种糖果知识的了解和“一抓准”的高超技艺。作为饭店服务人员，特别是餐饮服务人员要懂得营养知识和菜肴的营养特点，及适合哪类人群食用。除此以外尚需具有随机应变的公关能力，对不同宾客有不同的接待办法。要具有高超的服务技能和对烹调知识的全面了解。

同时以正当手段参与竞争，肯定能改善企业形象并为企业带来效益，它的立足点必须以宾客为中心，以宾客为中心是最能让宾客感知的服务。因此，餐厅服务员不仅要有竞争意识，而且要有敢于竞争的勇气。只有竞争才能出新，才能提高本领。服务水平的提高无疑能推动整个社会精神文明的进步。饭店业的发展对职业道德必然提出了新的要求，一些带有明显时代特点和行业特性的职业要求就相应产生了。饭店服务人员必须对善于发现客人消费的新要求、新动向，努力使自己的工作符合客人的消费需求，与饭店业的发展共同进步。

知识链接

关于情绪的理论

● **詹姆斯-兰格的情绪外周理论**

詹姆斯认为当外界刺激引起身体上的变化时，我们对这些变化的知觉便是情绪。

兰格强调植物性神经系统支配作用加强、血管扩张，便产生愉快的情绪；反之便产生恐怖的情绪。

詹姆斯和兰格都强调情绪与机体变化的关系，强调植物性神经系统在情绪发生中的作用，所以被称为情绪的外周理论。

● **坎农-巴德的情绪丘脑理论**

坎农认为，情绪变化快而生理的变化慢；情绪的生理机制不在外周，而在中枢神经系统的丘脑；外界刺激作用于感觉器官，引起神经冲动，经感觉神经传至丘脑，身体变化和情绪体验是同时发生的。

● **沙赫特的情绪认知理论**

美国心理学家沙赫特提出，任何一种情绪的产生，都是由外界环境刺激、机体的生理变化和对外界环境刺激的认识过程三者相互作用的结果，其中决定性的因素是对外界环境刺激和对身体变化的认知。

● **汤姆金斯和伊扎德的情绪动机-分化理论**

汤姆金斯和伊扎德提出，情绪并不是伴随着其他心理活动产生的一种副现象，而是一种独立的心理过程，汤姆金斯直接把情绪看做是动机，伊扎德进一步指出，情绪的主观成分，即体验就是起动机作用的心理机构，各种情绪体验是驱动有机体采取行动的动机力量。

案例分析

房卡导致情绪的失控

2013 年，一部国产电影独占鳌头——《泰囧》，想必大家并不陌生。在影片中，演员黄渤扮演的“高富帅”高博通过和饭店服务人员的对话轻松地潜入了由徐铮扮演的徐朗的房间，这个情节暴露了酒店管理中怎样的漏洞呢？再来看以下的案例，相信会引发你更多的思考。

傍晚，南方一家星级饭店大堂灯火辉煌，背景音乐优雅动听，客人络绎不绝。突然前厅传来了一位客人的吵闹声，大堂经理赶紧走上前询问。据客人自称他是 1620 房住客，他和另一位住客是同事，一起来此地出差，今天他们两个人分头去办事，说好那位拿着钥匙的朋友先回来，可现在那位朋友还没有回来，他想去房间休息，就要求客房服务员帮其开门，客房服务员以他没有房卡而拒绝开门。他想在前厅再配把钥匙，而前厅接待员则以他的身份证号码及姓名与登记者均不一致，同时由于该房间已配过钥匙，因此拒绝再配钥匙。

大堂经理在僵持不下的情况下，先请客人到茶吧小坐，一边稳定他的情绪，一边向他解释前厅这样做的目的是为了住客财产的安全，请他谅解。然后提议，由他拨打登记入住的同房间客人的电话，征得对方的同意并报一下身份证号码，如身份证号码与登记的相同，就可以开门。但该位客人的情绪非常激动，不予配合，在茶吧内又吵叫起来，“我就是 1620 房的住客，为什么不给我开门……”大厅内绝不能这样喧哗。大堂经理只好采取另一种解决方法，请前厅复印了客人的身份证，补上登记，并迅速引领客人离开大厅。后通过观察及核实房内的保安部利用录像进行监控，较快地平息了此事。

任何时候饭店的大堂都应保持良好的秩序及优雅的环境。争吵事件发生后该店大堂经理能及时出现，快速处理。在处理这个事件的过程中，首先前厅员工服务时应面带微笑，有礼有节地耐心与客人商谈，尽快稳住客人的情绪，使客人心情平稳；其次，应及时、妥善与客人商讨提出解决方法，如果无法解决，应在事件不能解决的第一时间通报大堂经理来协调。

分析与启迪：

1. 饭店的房卡管理一直是一个令人困惑的难点，饭店希望为客人提供服务但是又不得不考量安全的问题，尤其是在“开不开门”的是非问题上客人的情绪非常容易失控，请你尝试给出较为理想的解决办法。

2. 饭店管理是一个系统工程，还有哪些环节有可能出现安全隐患，如何解决这些隐患，试分析。

复习与思考

1. 什么是情绪？概述如何在饭店服务中控制和调节自己的情绪？

2. 情绪的基本分类和状态分类的各种表现是什么？

3. 如果你作为服务人员，当宾客在公共场合出现情绪失控，并且对你的人格进行侮辱时，你会怎么稳定宾客的情绪和你自己的情绪？

4. 案例题：某饭店 364 房间客人来了几位朋友，大家一起开怀畅饮，晚 6：00 后，朋友离去，客人大醉，弄脏了地毯，剪破了毛毯。服务员发现时，客人还在大吵大嚷，并且情绪激动。请问该怎样处理？怎样稳定宾客的情绪？

专题 6

饭店服务中的个性与性格

专题提要

任务一　了解个性

- 个性的基本概念
- 个性的特性
- 个性特征的结构

任务二　了解性格

- 性格的概念
- 性格的分类
- 性格的结构
- 性格的外部表现
- 性格与气质、能力的关系
- 性格评定的方法

任务三　个性与性格的饭店服务实践意义

- 服务人员的个性性格要求
- 针对宾客的个性性格的服务

引导案例

项籍者，下相人也，字羽。初起时，年二十四。其季父项梁，梁父即楚将项燕，为秦将王翦所戮者也。项氏世世为楚将，封于项，故姓项氏。

……

于是项王乃欲东渡乌江。乌江亭长檥船待，谓项王曰："江东虽小，地方千里，众数十万人，亦足王也。愿大王急渡。今独臣有船，汉军至，无以渡。"项王笑曰："天之亡我，我何渡为！且籍与江东子弟八千人渡江而西，今无一人还，纵江东父兄怜而王我，我何面目见之？纵彼不言，籍独不愧于心乎？"乃谓亭长曰："吾知公长者。吾骑此马五岁，所当无敌，尝一日行千里，不忍杀之，以赐公。"乃令骑皆下马步行，持短兵接战。独籍所杀汉军数百人。项王身亦被十馀创。顾见汉骑司马吕马童，曰："若非吾故人乎？"马童面之，指王翳曰："此项王也。"项王乃曰："吾闻汉购我头千金，邑万户，吾为若德。"乃自刎而死。王翳取其头，馀骑相蹂践争项王，相杀者数十人。最其后，郎中骑杨喜，骑司马吕马童，郎中吕胜、杨武各得其一体。五人共会其体，皆是。故分其地为五：封吕马童为中水侯，封王翳为杜衍侯，封杨喜为赤泉侯，封杨武为吴防侯，封吕胜为涅阳侯。

资料来源：《史记·项羽本纪》

任务一　了解个性

一、个性的基本概念

在西方，个性一词源于拉丁语——Persona，它有两个含义：一方面，原指演员在舞台上所戴的假面具，后引申为一个人在生命舞台上所扮演的角色；另一方面，指能独立思考、具有独特行为特征的人。个性，在西方又称为人格。由于个性结构较为复杂，因此许多心理学家从自己研究的角度提出个性的定义，西方人格心理学家奥尔波特（G.W.Allport）曾综述过几十个不同的定义。如美国心理学家吴伟士（R.S.Woodworth）认为："人格是个体行为的全部品质。"美国人格心理学家卡特尔（R.B.Cattell）认为："人格是一种倾向，可借以预测一个人在给定的环境中的所作所为，它是和个体的外显与内隐行为联系在一起的。"

现代心理学一般把个性定义为一个人的整个精神面貌，即一个人在一定社会条件下形成的、具有一定倾向的、比较稳定的心理特征的总和。

婴儿出生后只是一个个体，但并没有形成自己的个性，尚未成长为一个社会的人，所以，称他们为"未成人"。随其成长，他的内部世界在丰富着、发展着、完善着，最后成长为一个从事社会实践活动的独立的个体，成长为完全的、现实的、具体的社会成员，形成了全面整体的个人，持久统一的自我，这时他便具备了自己的个性。

二、个性的特性

研究个性必须探讨它的特性及表现，这样才能把个性心理与其他心理现象区别开来。个性具有以下几方面特性。

1. 自然性与社会性

人的个性是在先天的自然素质的基础上，通过后天的学习、教育与环境的作用逐渐形成的。因此，个性首先具有自然性。人们与生俱来的感知器官、运动器官、神经系统和大脑在结构上与机能上的一系列特点，是个性形成的物质基础与前提条件。但人的个性并非单纯自然的产物，它总是要深深地打上社会的烙印。初生的婴儿作为一个自然的实体，还谈不上有个性。

个性是在个体生活过程中逐渐形成的，他在很大程度上受社会文化、教育教养内容和方式的塑造。可以说，每个人的人格都打上了他所处的社会的烙印，即个体社会化结果。正如马克思所说："'特殊的人格'的本质不是人的胡子、血液、抽象的肉体本性，而是人的社会特质。""人的本质并不是单个人所固有的抽象物，实际上，它是一切社会关系的总和。"由此可见，个性是自然性与社会性的统一。

2. 稳定性与可塑性

个性的稳定性是指个体的人格特征具有跨时间和空间的一致性。在个体生活中暂时的偶然表现的心理特征，不能认为是一个人的个性特征。例如，一个人在某种场合偶然表现出对他人冷淡，缺乏关心，不能以此认为这个人具有自私、冷酷的个性特征。只有一贯的、在绝大多数情况下都得以表现的心理现象才是个性的反映。

个性或称人格绝不是一成不变的。因为现实生活非常复杂，随着社会现实和生活条件、教育条件的变化，年龄的增长，主观的努力等，个性也可能会发生某种程度的改变。特别是在生活中经过重大事件或挫折，往往会在个性上留下深刻的烙印，从而影响个性的变化，这就是个性的可塑性。当然，个性的变化比较缓慢，不可能立竿见影。由此可见，个性既具有相对的稳定性，又有一定的可塑性。

3. 独特性与共同性

个性的独特性是指人与人之间的心理和行为是各不相同的。因为构成个性的各种因素在每个人身上的侧重点和组合方式是不同的，如在认识、情感、意志、能力、气质、性格等方面反映出每个人独特的一面。有的人知觉事物细致、全面，善于分析；有的人知觉事物较粗略，善于概括；有的人情感较丰富、细腻，而有的人情感较冷淡、麻木等。这如同世界上很难找到两片完全相同的叶子一样，也很难找到两个完全相同的人。

强调个性的独特性，并不排除个性的共同性。个性的共同性是指某一群体、某个阶级或某个民族在一定的群体环境、生活环境、自然环境中形成的共同的典型的心理特点。正是个性具有的独特性和共同性才组成了一个人复杂的心理面貌。

在日常工作中，我们经常可以看到，每个员工都具有一些不同的、经常表现的心理特征，如有的员工关心集体，热情帮助，活泼开朗；有的员工对集体的事也关心，但不善言谈，稳重，踏实，埋头苦干。这些不同的行为表现不仅是在集体中，在其他场合也是如此。因此，这才能把某个员工同另一个员工在精神面貌上区别开，也才能预料某员工在一定情况下会有什么样的行为举止。总之，一个人的个性及其特征一旦形成，我们就可以从他儿童时期的人格特征推测其成人时期的人格特征。

三、个性特征的结构

个性心理作为整体结构，可划分为既相互联系又有区别的两个系统，即个性倾向性（动力结构）和个性心理特征（特征结构），如表 6-1 所示。

表 6-1　个性的特征结构

	个性倾向性	个性心理特征
作用	是个性中的动力结构，是个性结构中最活跃的因素，是决定社会个体发展方向的潜在力量，是人们进行活动的基本动力，也是个性结构中的核心因素	是个体心理差异性的集中表征，它表明一个人的典型心理活动和行为
内容	主要包括需要、动机、兴趣、理想、信念与世界观、自我意识等心理成分	包括能力、气质和性格
关系	个性倾向性和个性心理特征相互联系、相互制约，从而构成一个有机的整体。个性对心理活动有积极的引导作用，使心理活动有目的、有选择地对客观现实进行反映。个性差异通常是指人们在个性倾向性和个性心理特征方面的差异	

任务二　了解性格

一、性格的概念

饭店服务工作归根结底是一个针对人的工作，由于服务对象的区别，服务的标准和要求就有所不同，这种要求完全来自服务对象的特点。如何把握这种特点就成为了服务人员必须要研究的长期课题。其中，最为简便的方法就是研究服务对象的性格。

在日常生活中，有的人勤奋，学习、工作很认真努力，有的人懒惰，学习、工作拖延马虎、不负责；有的人谦虚谨慎，有的人狂妄自大；有的人对人热情，乐于助人；有的人对人冷淡，自私自利等。这些不同的心理特征是人的性格差异。

什么是性格？性格一词 Character 源于希腊语，意思是特点、特色、记号、标记。在现实生活中，既被用于标志事物的特性，也被用于标志人物的特性。

我国心理学界一般把性格定义为：表现在人对现实的态度以及与之相适应的、习惯化的行为方式方面的个性心理特征。对性格定义的理解应注意以下三点。

首先，性格是人对现实的态度和行为方式概括化与定型化的结果。人对现实的态度就是对社会、对集体、对他人和对自己的看法和评价，是一个人的世界观、人生观的集中体现。人们生活在社会中，不可能不对各种有关事物产生一定的看法，做出一定的选择，采取一定的行为方式，这个过程就是性格的表现。

必须指出的是，行为方式与性格特征的相应关系不是线性的，而是非线性的。它们之间有如下的复杂情况：在不同的人身上，同一性格特征可以有不同的行为方式。例如，两个人都具有热爱集体的性格特征，一个以其默默无闻地为集体做好事而赢得大家的称赞，另一个却以自己的能歌善舞为集体争得了荣誉而受到大家的称赞。在不同人身上，不同的性格特征可以有相同的行为方式。在同一个人身上，同一性格特征在不同的时间、地点和条件下，可以以不完全相同的行为方式表现出来。为此，我们必须看到行为方式与性格特征之间的这种错综复杂的关系，否则，容易被一个人的表面现象所蒙蔽。

其次，性格指一个人独特的、稳定的个性心理。性格有很大的个别差异，每个人对事物的看法都自成体系，行为表现也有其独到之处，这是由每个人的具体生活条件和教育条件不同所致。性格又是比较稳定的，因为它是人对事物的态度、行为方式的概括化和定型化的结果。在某种情况下，那种属于一时的、情境性的、偶然的表现，不能构成人的性格特征。如在“空城计”中，诸葛亮由于掌握了司马懿多疑寡断的性格，才敢于空城设疑等援兵，最后取得胜利。

性格的稳定性又不是绝对的，性格还有可塑的一面，除了重大事件的影响外，性格的改变一般都要经过较长时间的环境影响和主体实践。

二、性格的分类

性格的类型是指一类人身上所共有的性格特征的独特结合。按一定原则和标准把性格加以分类，有助于了解一个人性格的主要特点和揭示性格的实质。由于性格结构的复杂性，在心理学的研究中至今还没有大家公认的性格类型划分的原则与标准。现将有代表性的观点做简介。

（1）以心理机能优势分类。这是英国的培因（A.Bain）和法国的李波特（T.Ribot）提出的分类法。他们根据理智、情绪、意志三种心理机能在人的性格中所占优势不同，将人的性格分为理智型、情绪型、意志型。理智型的人通常以理智来评价周围发生的一切，并以理智支配和控制自己的行动，处世冷静；情绪型的人通常用情绪来评估一切，言谈举止易受情绪左右，这类人最大的特点是不能三思而后行；意志型的人行动目标明确，主动、积极、果敢、坚定，有较强的自制力。除了这三种典型的类型外，还有一些混合类型，如理智—意志型，在生活中大多数人是混合型。

（2）以心理活动的倾向分类。这是瑞士心理学家荣格（C.G.Jung）的观点。荣格根据一个人里比多的活动方向来划分性格类型。里比多是指个人内在的、本能的力量。里比多活动的方向可以指向于内部世界，也可以指向外部世界。前者属于内倾型，其特点是处世谨慎，深思熟虑，交际面窄，适应环境能力差；后者为外倾型，其特点是心理活动倾向于外部，活泼开朗，活动能力强，容易适应环境的变化。这种性格类型的划分，在国外已应用于教育和医疗等实践领域。但这种类型的划分，仍没摆脱气质类型的模式。

知识链接

荣格的心灵四层次

荣格（C.G.Jung）用了许多特定的词汇来描述心灵的各个部分，包括意识(Conscious)和潜意识（Unconscious）在内。这些概念源自于他大量的临床观察经验，包括他早期词语联想（Word Association）的实验研究，而词语联想则是日后多种波动描记器（Polygraph Testing，现今的测谎器）的前身，也是心理情结（Psychological Complex）这个概念的基础。

荣格

荣格概念中的心理图谱可划分成两个基本的区块：意识与潜意识。潜意识又可以进一步地区分为个人潜意识和客体心灵。荣格之前用“集体潜意识”（Collective Unconscious）这个词来指称客体心灵，而集体潜意识这个词至今依然是讨论荣格心理学时使用最广泛的词汇。荣格提出客体心灵这个词，是为了避免与人类的各种群体有所混淆，因为他想特别强调的一点就是，人类心灵的深度一如外在、“真实的”、集体意识的世界一样的客观真实。心灵有四个层次：

一、个人意识（Personal Consciousness），或称日常的觉察；也称为自我，是人有意识的心智，是心灵中关于认知、感觉、思考以及记忆的那部分。

二、个人潜意识（Personal Unconscious），其之于个别心灵而言是独特的，但无法被察觉；由心灵中曾经被意识到，但又被压抑或遗忘，或一开始就没有形成有意识的印象构成。它类似于弗洛伊德的前意识。

三、客体心灵（Objective Psyche），或称集体潜意识（Collective Unconsciousness），人格中最深、最不易碰触到的层次。在荣格看来，如同我们每个人在个人潜意识里积累并存放所有个人记忆档案那样，同样人类集体作为一个种族，也在集体潜意识里存放着人类和前人类物种的经验。

四、集体意识（Collective Consciousness），其显然是人类心灵普遍存在的结构；集体意识中的世界，有共同价值与形式的文化世界。

（3）以个体独立性程度分类。美国心理学家威特金（H.A.Witkin）等人根据场的理论，将人的性格分成场依存型和场独立型。前者也称为顺从型，后者又称为独立性。场依存型者，倾向于以外在参照物作为信息加工的依据，他们易受环境或附加物的干扰，常不加批评地接受别人的意见，应激能力差；场独立型的人不易受外来事物的干扰，习惯于更多地利用内在参照即自己的认识，他们具有独立判断事物、发现问题、解决问题的能力，而且应激能力强。可见这两种人是按两种对立的认知方式进行工作的。

（4）以人的社会生活方式分类。德国的心理学家斯普兰格（E.Spranger）从文化社会学的观点出发，根据人认为哪种生活方式最有价值，把人的性格分为六种类型，即经济型、理论型、审美型、宗教型、权力型、社会型，如表6-2所示。

现实生活中，往往是多种类型的特点集中在某个人身上，但常以一种类型特点为主。

（5）特质论。特质是指个人的遗传与环境相互作用而形成的对刺激发生反应的一种内在倾向。特质既可以解释人格，又可以解释性格，因为性格是狭义的人格。

美国心理学家奥尔波特最早提出人格特质学说。他认为，性格包括两种特质：一是个人特质，为个体所独有，代表个人的行为倾向；二是共同特质，是同一文化形态下人们所具有的一般共同特征。美国另一位心理学家卡特尔根据奥尔波特的观点，采用因素分析法，将众多的性格分为两类特质，即表面特质和根源特质。表面特质只反映一个人外在的行为表现，是直接与环境接触、常随环境变化而变化的，不是特质的本质。经研究，他把性格概括为35种表面特质。根源特质是一个人整体人格的根本特征，每一种表面特质都来源于一种或多种根源特质，而一种根源特质也能影响多种表面特质。他通过多年的研究，找出16种根源特质，它们是乐群性、聪慧性、稳定性、支配性、怀疑性、兴奋性、有恒性、敢为性、敏感性、幻想性、世故性、忧虑性、实验性、独立性、自律性、紧张性（具体含义详见附录A）。根据这16种各自独立的根源特质，卡特尔设计了卡特尔16种人格因素问卷，利用此量表可判断一个人的行为反应。

表6-2　性格分类

性格类型	经济型	理论型	审美型	宗教型	权力型	社会型
性格表现	以经济观点为中心，以追求财富、获取利益为个人生活目的	探求事物本质为人的最大价值，但解决实际问题时常无能为力	感受事物美为人生最高价值，他们的生活目的是追求自我实现和自我满足，不太关心现实生活	把信仰宗教作为生活的最高价值，相信超自然力量，坚信永存生命，以爱人、爱物为行为标准	以获得权力为生活的目的，并有强烈的权力意识与权力支配欲，以掌握权力为最高价值	重视社会价值，以爱社会和关心他人为自我实现的目标，并有志于从事社会公益事物
代表人物	实业家多属此类型	哲学家、理论家多属于此类型	艺术家多属于此类型	神学家是此类型人的典型代表	领袖人物多属于此类	文教卫生、社会慈善等职业活动家多属此类型

三、性格的结构

性格是一个复杂而完整的系统，它包含着各个侧面，具有各种不同的性格特征。这些性格特征在不同的个体身上，组成了独具结构的模式。一般对人性格结构的分析，着眼于性格的态度特征、性格的意志特征、性格的情绪特征、性格的理智特征四个方面。

（1）性格的态度特征。人对现实态度体系的个性特点是性格的重要组成部分。人对现实的态度是多种多样的，它由以下几方面构成。

① 表现为对社会、对集体、对他人的态度特征。积极的特征表现为爱祖国，关心社会，热爱集体，具有社会责任感与义务感，乐于助人，待人诚恳，正直等。消极的特征表现为不关心社会与集体，甚至没有社会公德，为人冷漠、自私、虚伪等。

② 表现为对学习、劳动和工作的态度特征。积极的特征表现为认真细心，勤劳节俭，富于首创精神。消极的特征表现为马虎粗心、拈轻怕重、奢侈浪费、因循守旧等。

③ 表现为对自己的态度特征。积极特征表现为严于律己、谦虚谨慎、自强自尊、勇于自我批评。消极特征表现为放任自己、骄傲自大、自负或自卑、自以为是等。

（2）性格的意志特征。性格的意志特征是指一个人在自觉调节自己行为的方式和水平上表现出来的心理特征。

性格的意志特征主要表现为对行为目的明确程度的特征，如独立性或冲动性，目的性或盲目性，纪律性或散漫性；对行为自觉控制的意志特征，如自制或任性，善于约束自己或盲动；对自己做出决定并贯彻执行方面的特征，如有恒心与毅力、坚忍不拔或见异思迁、半途而废；在紧急或困难情况下表现出的意志特征，如勇敢或胆小、果断或优柔寡断、镇定或紧张等。

（3）性格的情绪特征。性格的情绪特征是指一个人在情绪活动中经常表现出来的强度、稳定性、持久性以及主导心境方面的特征。

情绪强度方面的特征，主要表现为人的情绪对工作和生活的影响程度和人的情绪受意志控制程度。有的人情绪反应强烈、明显、易受感染；有的人反应微弱、隐晦、不易受感染。

情绪稳定性方面的特征，主要表现为情绪的起伏和波动程度。情绪持久性方面的特征，主要指情绪对人身心各方面影响的时间长短。有的人情绪产生后很难平息，有的人情绪虽来势凶猛但转瞬即逝。

主导心境方面的性格特征，不同的主导心境反映了主体经常性的情绪状态。如有的人终日精神饱满、乐观开朗；有的人却整日愁眉苦脸、烦闷悲观等。

（4）性格的理智特征。人们在感知、记忆、思维等认识过程中表现出来的个别差异就是性格的理智特征。

在感知方面，有的人观察精细，有的人观察疏略；有的人观察敏锐，有的人观察迟钝。在思维方面，有的人善于独立思考，有的人喜欢人云亦云；有的人善于分析、抽象，有的人善于综合、概括。在记忆方面，有的人记忆敏捷，过目成诵，有的人记忆较慢，需反复记忆方能记住；有的人记忆牢固且难以遗忘，有的人记忆不牢且遗忘迅速等。在想象方面，有的人想象丰富、奇特，富有创造性，有的人想象贫乏、狭窄；有的人想象主动，富有情感色彩，有的人想象被动、平淡寻常等。

以上性格结构的四个方面不是独立存在的，它们相互联系，相互影响，构成一个统一体存在于每个人身上。要了解一个人，就应对性格的各个方面进行全面分析，其中性格的态度特征和意志特征在性格结构中占主导地位。

四、性格的外部表现

性格往往是通过一个人具体的活动、言语、表情、姿态表现出来的。性格的外部表现为客观地了解服务对象的性格提供了依据。

1. 性格在活动中的表现

性格在活动中形成，也是在活动中表现的。儿童的性格常常在游戏活动、学习活动以及劳动中反映出来。例如，在游戏中，有的愿意扮演领导别人的角色，处处以指挥者的面貌出现；有的却愿意听从别人的指挥，扮演被领导的角色，有的儿童则不能与其他儿童配合进行游戏；有的儿童喜欢运动型游戏，有的儿童喜欢安静型游戏；有的儿童能坚持把一种游戏进行到底，有的儿童总是在游戏中半途而废。这些不同反映出儿童在独立性、坚忍性、自制力等性格特征方面的差异。

2. 性格在言语中的表现

一个人怎样说话，话多还是话少，用什么方式说话，言语的风格如何，言语是否真诚等都可以表现出人不同的性格特征。例如，爱与人交谈的服务员，可能是性格开朗、善于交际，也可能是具有同情心，还可能是自负、妄自尊大；不善于与人交谈的服务员，可能是对自己言谈有较高的责任感，也可能是掩饰自己的思想、情感，还可能是孤僻、怯懦。可见，在言语中，性格表现的意义是多方面的。

3. 性格在外貌上的表现

面部表情、姿态、衣着打扮在一定程度上能反映人的性格特点。面部表情是多种多样的。以笑为例，纵情的笑、辛酸的笑、甜美的笑、含泪的笑、会心的笑、皮笑肉不笑、冷笑、傻笑、嘲笑、苦笑等都可以表现不同的性格特征。

眼睛是心灵的窗户，眼神是了解人不同性格的信号。列夫·托尔斯泰曾描写过 85 种眼神，如狡猾的目光、炯炯有神的目光、明朗的目光、忧郁的目光、无情的目光、冷淡的目光等，而每种眼神都包含着丰富的性格内容。

典型的姿态也能反映出一个人的性格，如一个人怎样站、怎样走、坐姿如何、经常用什么手势，都会表露出他的性格特征。

人的性格差异往往还可以通过衣着、饰物反映出来。性情活泼的女孩一般喜欢色泽鲜艳、线条富于变化的服装；温柔文静的女孩一般喜欢素净淡雅、线条和饰物简单的服装。演员则是依据剧中人物的性格选择着装。

在饭店管理中，首先，应注重培养员工良好的职业性格。职业性格是从业人员做好本职工作、胜任本职工作的心理动力。作为饭店服务人员，主要职业性格有热情、认真、外倾、理智、细心、自制、果断、坚毅等。要从理想教育、道德教育、集体活动入手，努力培养员工良好的职业性格，以提高其工作绩效。同时饭店在录用和安排员工时，要注意性格类型与工作岗位的适应度，做到“人尽其才”，使他们在不同的岗位上最大限度地发挥其特长和才能。如把性格对立者从某些工作要求高、配合要求严的岗位上调离；让性格“互补”；对不适宜服务职业性格要求的人组织培训和改造。

五、性格与气质、能力的关系

1. 性格与气质

由于性格与气质相互制约、相互影响，因而在实际生活中，人们经常把二者混淆起来，把气质特征说成性格，或把性格特征说成气质。例如，有人常说某人的性格活泼好动，有的人性子太急或太慢。其实这些讲的都是气质特点，性格与气质是既有区别又有联系的两种不同的个性心理特征。

（1）性格与气质的区别。气质更多地受个体高级神经活动类型的制约，主要是先天的；而性格更多地受社会生活条件的制约，主要是后天的。气质是表现在人的情绪和行为活动中的动力特征（即强度、速度等），无好坏之分；而性格是指行为的内容，表现为个体与社会环境的关系，在社会评价上有好坏之分。气质可塑性极小，变化极慢；性格可塑性较大，环境对性格的塑造作用较为明显。

（2）性格与气质的联系。性格与气质的联系是相当密切而又相当复杂的。相同气质类型的人可能性格特征不同；性格特征相似的人可能气质类型不同。具体地说，二者的联系有以下三种情况。

① 气质可按自己的动力方式渲染性格，使性格具有独特的色彩。例如，同是勤劳的性格特征，多血质的人表现出精神饱满，精力充沛；黏液质的人会表现出踏实肯干，认真仔细；同是友善的性格特征，胆汁质的人表现为热情豪爽，抑郁质的人表现出温柔体贴。

② 气质会影响性格形成与发展的速度。当某种气质与性格有较大的一致性时，就有助于性格的形成与发展，相反会有碍于性格的形成与发展。如胆汁质的人容易形成勇敢、果断、主动性的性格特征，而黏液质的人就较困难。

③ 性格对气质有重要的调节作用，在一定程度上可掩盖和改造气质，使气质服从于生活实践的要求。如飞行员必须具有冷静沉着、机智勇敢等性格特征，在严格的军事训练中，这些性格的形成就会掩盖或改造胆汁质者易冲动、急躁的气质特征。具体表现如表 6-3 所示。

表 6-3　气质类型及表现

气质类型	反应速度	性格表现	工作表现	优缺点
胆汁质	反应速度快，不灵活，精力旺盛	热情、刚强、勇敢、直率、果断，但脾气暴躁，缺乏自制力，好挑衅，粗心大意，性急好动，易感情用事	对工作有热情，但当遇到困难或挫折时，易缺乏耐心，失去信心	可塑性差，但兴趣较稳定
多血质	反应速度快，且灵活	可塑性强，容易适应新环境，善于交际。外倾性明显，情感易发生，但不稳定。他们大多机智、聪敏、活泼，但不踏实，草率，轻浮	在工作中表现出精力充沛，但在缺乏变化或平凡的工作中，会变得厌倦，热情易消退	兴趣广泛，但不稳定，注意力容易转移
黏液质	反应速度慢，不灵活，内倾性明显	情感不易发生，稳重，不善交际，遇事冷静	肯干，遵守纪律和秩序，有耐心，有毅力，能克制自己的冲动，但缺乏活力，拖拉，固执	工作踏实，因循守旧，缺乏创新精神
抑郁质	反应速度缓慢，动作迟钝	多情善感，沉默寡言，孤僻，羞怯，多疑，在困难面前常优柔寡断，在危险面前常出现恐惧和畏缩	对事物具有较高的敏感性，思想敏锐，观察细致，谨慎小心，想象力丰富，守纪律	对力所能及的工作，表现出较大的坚忍精神，对无能为力的工作则表现出反应迟钝，优柔寡断

在现实生活中，具有以上四种典型气质类型的人是很少见的。大多数人的气质往往属于两种或两种以上的混合型。气质类型本身无好坏之分，任何一种气质类型都有积极的一面，也有消极的一面。它对人的能力高低、成就大小和品德好坏不起决定作用，但它可以影响人的活动效率，对于职业选择和人才选拔有一定的参考意义。

2. 性格与能力的关系

性格与能力是个性心理特征中的两个不同侧面。性格与能力不同，能力是决定心理活动的基本因素，活动能否进行，这与能力有关；性格则表现为人的活动指向什么，采取什么态度，怎样进行。性格与能力是在一个人实践过程中发展起来的，二者之间相互影响、相互联系。

性格制约着能力的形成与发展。一方面，性格影响能力的发展水平。研究表明，两个智力水平相当的学生，其中勤奋、自信心强、富于创新精神的学生的能力发展较快，而懒惰、墨守成规的学生的能力就难以达到较高的水平。人对工作的责任感、坚持性以及自信、自制等性格特征，都制约着能力的发展。另一方面，优良的性格特征往往能够补偿能力的某种缺陷，“笨鸟先飞早入林”、“勤能补拙”，就是说性格对能力的补偿作用。但不良的性格特征，也会阻碍能力的发展，甚至使能力衰退。

能力的形成与发展也会促使相应性格特征随之发展。例如，某新员工在领班的培养和具体指导下，注意观察周围环境和身边发生的事情，然后练习服务技能。经过这样长期的活动，不但发展了观察力、想象力和思维能力，久而久之也就形成了主动观察型、广阔想象型、独立思考型等性格的理智特征。

六、性格评定的方法

性格评定是指对一个人的性格进行描述和测量。正确地评定性格可以帮助管理层了解员工的性格特征与类型，预测他们的行为，这对于因材施教，培养员工的良好性格，改造不良性格，调动每个员工的积极性，都是十分重要的。

由于性格这一心理现象的复杂性，性格评定往往需要多种方法。下面介绍几种常用的方法。

1. 行为评定法

行为评定法主要包括观察法、谈话法、作品分析法和个案法四种方法。

（1）观察法。观察法是在自然条件下通过观察一个人的行为、言语、表情、态度从而分析其性格的方法。采用此方法必须使被观察者处于自然情境中，保持心理活动的自然性和客观性，这样获得的资料才会真实。不论是长期观察还是短期观察，观察者都要做到有计划。

（2）谈话法。谈话法是通过与某人谈话从而了解其性格特征的方法。使用谈话法一定要事先确定谈话目的，对谈话中的内容加以分析，采取多种多样的谈话方式，保持谈话气氛的融洽、和谐、温馨。谈话法在心理咨询中应用很广泛，它对了解人的性格、收集资料、确定解决问题的途径具有重要意义。

（3）作品分析法。作品分析法是通过对一个人的作品，如日记、命题作文、信札、传记、试卷以及劳动产品等的分析，来间接了解其性格特征的方法。这种方法一般用来收集资料，对研究人的性格具有辅助性的意义。

（4）个案法。个案法是通过收集一个人的家庭历史、社会关系、个人的成长史等多方面资料，来分析和了解其性格特征的方法。在饭店中，使用个案法研究员工性格的步骤大致如下。

第一步，计划准备。根据管理人员的介绍、档案材料与初步观察所发现的问题制订计划。

第二步，收集资料。通过各种渠道，采取不同的方式，如对其行为的观察、面谈、分析工作绩效、与领导或同事座谈等，来收集员工各方面的具体表现，重点了解他们对社会、工作、劳动以及对人对己的态度与行为方式，并做好记录。

第三步，分析概括。就是对所收集的资料加以去粗取精、去伪存真、由此及彼、由表及里地分析研究，从中获取有价值的材料。

第四步，寻找原因。根据对员工性格特征的分析、概括，寻找这些性格特征与公司、学校、社会环境和教育影响的联系，以及它们之间的内在联系。

第五步，提出教育建议。根据员工的性格特征，提出发展与完善其性格的具体措施与方法。

第六步，书写鉴定书。

实际上，个案法就是观察法、谈话法、作品分析法的综合运用。

2. 自然实验法

自然实验法是目前研究性格采用较多的方法，它是实验者根据研究的目的创设实验情境，主动引起被试的某种性格特征的表露，然后经分析、概括来确定其性格特征的方法。一位前苏联心理学家曾用该方法设计了冬夜拾柴火的自然情境，以研究儿童在困难条件下的性格意志特征。实验是这样的：实验者把一部分干柴放到离宿舍不远的但需走一段夜路的山谷中，把一些湿柴放到离宿舍较远的但一路有灯光的储藏室中。要求学生定期在夜晚去捡柴火(不指定地点)，实验者则藏在岔路口的小房内观察。结果发现，一部分学生勇敢而负责任地到山谷中取干柴，有的学生边走边埋怨，还有部分学生怕黑，宁愿走远路去储藏室取湿柴。在这个实验中，实验者真实地了解到了学生性格意志特征的差异。在饭店内部，我们可以采用这种方法来研究宾客或者是员工的性格。自然实验法最大的特点是简便易行，获得的材料真实可靠。

3. 测验法

测验法是用标准化测验测定性格特征的方法，主要包括自陈法和投射法。

（1）自陈法。自陈法也称问卷法，一般是让被试按一定标准化程序和要求一次回答问卷中的大量问题，最后根据测验分数和常模来推知被试属于哪种性格类型。

常见的性格问卷有以下四种。

① 卡特尔 16 种人格因素问卷（简称 16PF）。根据卡特尔提出的 16 种根源特质编制而成，共有 187 个题目，适用于具有阅读能力的 16 岁以上的成人。卡特尔等人后又设计了分别适用于中学生、小学生、学前儿童的 3 个个性问卷。（本书后附卡特尔 16 种人格因素问卷）

② 明尼苏达多项人格调查表（简称 MMPI），是由美国明尼苏达大学的两位教授编制的，共 566 个题目，包括 14 个分量表。它可以测量人格的各个特征，也可以鉴别癔症、强迫症、精神分裂症、抑郁症等。

③ 艾森克人格问卷（简称 EPQ），是由英国心理学家艾森克（H.J.Eysenck）等人编制的。该问卷有适用于 7～15 岁儿童和 16 岁以上成人两个版本。每个问卷包括 4 个分量表，即精神质量表、内外倾量表、情绪稳定性量表和效度量表。

④ Y—G 性格检查表，是由美国心理学家吉尔福德等人编制的。该量表由 120 个题目组成，包括 12 个分量表，适合用于 7 岁以上的正常人。

（2）投射法。投射法是利用某些材料（一般是意义模糊的刺激），要求被试对刺激材料进行解释，让他们在不知不觉中将自己的思想、态度、愿望和情感泄露出来，从而确定其性格特征。最常用的投射测验有主题统觉测验（简称 TAT）和罗夏墨迹测验。

任务三　个性与性格的饭店服务实践意义

一、服务人员的个性性格要求

性格是个性心理最具有核心意义的特征，是个体对显示稳定的态度和习惯化了的行为方式的综合，它不仅能改造和隐蔽一个人的气质，而且能促进能力的形成和发展。从性格来看，饭店服务工作对员工的性格要求主要在以下几个方面。

1. 性格的态度方面

因为人对现实体系的个性特点是性格的重要组成部分，其中包括对社会、集体、他人的态度。饭店作为一个集体，也是一个浓缩型"社会"，服务人员就需要有关心热爱这个"社会"和集体，要随时具有责任感和义务感，在遇到宾客需要帮助时，要乐于解决宾客的困难。在与宾客接触中，要待人诚恳、正直，不要为了自己的一时私欲而做有损宾客利益的事情，为饭店争取更多的客源。如果服务人员为人冷漠、自私自利、虚伪，宾客在接触一次之后，就没有第二次接触的欲望。

这也是一个对学习和工作的态度的重要部分。作为一名服务人员，无论从事哪一个行业，都需要具有认真仔细，在所在的岗位辛勤工作，并且要赋予创新精神。饭店服务是一门需要细心和耐心的工作，要随时为宾客提供各种服务，解决各种问题。如果每一名服务人员在自己的岗位上马马虎虎、粗心大意、因循守旧，显然这个饭店的发展前景是可以预期出来的。最后要注意自己的态度。俗话说"一个人最大的敌人是自己"，所以个人对于自己的控制是相当重要的。随时保持谦虚谨慎，自尊自强，能够勇于自我批评，无论在什么样的工作岗位上，都能发光发亮。相对比而言，自己使自己放任，没有目标，骄傲自大、自以为是永远不会得到一个"伯乐"的赏识。

2. 性格的意志方面

服务人员在工作时，需要有自觉控制的意识、独立性、目的性、纪律性等。在饭店服务工作中，随时会出现紧急情况或困难情况，服务人员的意志方面的特征就显现出来，有的会勇敢、果断、镇定，而有的会胆小、优柔寡断、慌张。当要完成一件工作时，有的就会显现出独立性、目的性、纪律性，而有的会冲动、盲目、散漫。所以服务人员在性格的意志特征中，要自觉调节自己行为的方式和水平，随时保持良好的状态。

3. 性格的情绪方面

本书中提到如何控制自己的情绪，而性格的情绪和人的情绪一样，都有强度、稳定性、持久性和主导心境等特征，所以控制性格的情绪如同控制自己的情绪一样，良好的性格情绪的强度要适中，太强会导致宾客的反感，太弱不会影响到宾客，同时也需要持续稳定。

4. 性格的理智方面

饭店服务人员需要以饭店利益和宾客利益为重，具备敏锐的观察力，做到服务于宾客要求之前；善于独立思考、记忆敏捷，做到服务"百事通"；富有想象力和创造力，做到服务时时创新。

二、针对宾客的个性性格的服务

每个人具有自己的个性性格，所以我们要根据宾客的不同个性性格提供针对性的服务。

1. 依心理机能分类提供服务

作为一个理智型的宾客，通常会很理智地评价周围所发生的一切，所以服务人员只需要按照正常的服务程序为其服务即可。而情绪性的宾客，会以情绪为主导，所以服务人员需要针对宾客的情绪有针对性地提供服务，当此类宾客情绪激动时，首先要稳住宾客情绪，劝阻宾客三思而后行。最后意志型宾客需要在服务的过程中，能够积极主动。但是现在大多数的宾客属于混合型的，那么在服务过程中，就需要根据不同类型的宾客提供相应的服务。

2. 依心理活动的倾向提供服务

在接待内倾型宾客时，需要注意的是要为宾客提供一个个人空间，此类人处事谨慎，交际面窄，所以服务时要适度提供服务。此类宾客适应能力差，所以服务人员要帮助宾客尽快适应环境，使得宾客减少陌生感。而外向型宾客交际能力强，活动能力强，所以在服务过程中，能够很容易建立良好的关系。

3. 依个体独立性程度提供服务

显而易见，此类人分为顺从型和独立性。在接待顺从型宾客时，要主动询问宾客是否需要服务，因为此类宾客易受环境或者附加物的干扰，常不加评价地接受别人的意见。而独立型是与顺从型对立的，他们以自己的想法看待问题，所以服务过程中要顺从宾客的要求，如果是过激的要求，可以婉言拒绝。

4. 依人的社会生活方式提供服务

在专题 6 中，我们对此类人进行划分为经济型、理论型、审美型、宗教型、权力型和社会型六类。可以根据性格的表现来提供针对性服务。

知识链接

凭你的第一知觉选一个你喜欢的图案，将图片上的数字记住

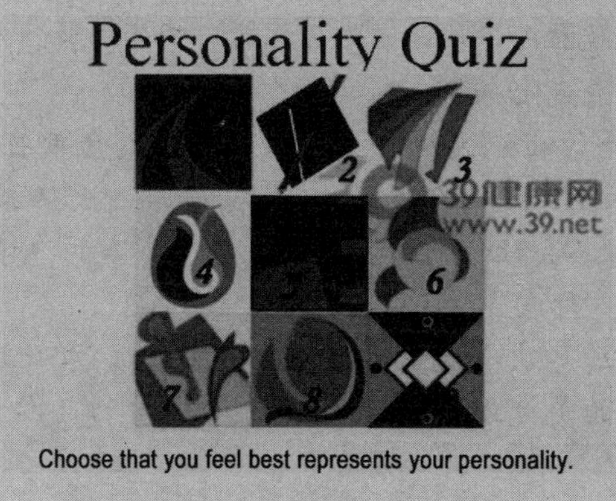

测试答案：

1. 无忧无虑，顽皮，愉快的人

你喜欢自由自在，无拘无束的生活。你的座右铭是：生命只能活一次，因此你尽量享受每一刻。你好奇心旺盛，对新事物抱有开放的态度，向往改变，讨厌束缚。你觉得身边的环境都不断在变，而且经常为你带来惊喜。

2. 独立，前卫，不受拘束

你追求自由及不受拘束的生活。你的工作及休闲活动都与艺术有关。你对于自由的渴求有时候会使你做出出人意料的事。你的生活方式极具个人色彩，永远不会盲目追逐潮流，相反的，你会根据自己的意思和信念去生活，就算是逆流而上也在所不惜。

3. 时常自我反省，敏感的思想家

你对自己及四周的环境能够比一般人控制得更好更彻底。你讨厌表面化及肤浅的东西；宁愿独自一人也不愿跟别人闲谈，但你跟朋友的关系却非常深入，这令你的心境保持和谐安逸。你不介意长时间独自一人，而且极少会觉得沉闷。

4. 务实，头脑清醒，和谐

你作风自然，喜欢简单的东西。人们欣赏你脚踏实地，他们觉得你稳重，值得信赖。你能够给予身边的人安全感，你给人一种亲切，温暖的感觉。你对俗气的、花花绿绿的东西都不屑一顾，对时装潮流抱着怀疑的态度；对于你来说，衣服必须是实用及大方得体的。

5. 专业，实事求是，自信

你掌管自己的生活，相信自己的能力多于相信命运的安排。你以实际、简单的方式去解决问题。你对日常生活中所遇到的事物抱有现实的看法，并且能够应付自如。人们知道你可担重任，因此都放心把大量工作交给你处理。你那坚强的意志使你时刻都充满信心。未达到自己的目标之前，你绝不罢休。

6. 温和，谨慎，无攻击性

你生性随和，但处事谨慎。你很容易认识朋友，但同时享受你的私人时间及独立生活。有时候，你会从人群中抽身而出，一个人静静地思考生活的意义，并自娱一番。你需要个人的空间，因此有时会隐匿于美梦当中，但你并不是一个爱孤独的人。你跟自己及这个世界都能够和睦共处，而你对现状亦非常满意。

7. 具有分析力，可靠，自信

你对事物的灵敏度令你可以发现到旁人忽略了的东西，这些就是你的宝石，你喜欢发掘这些美好的东西。你的教养对你的生活有很特别的影响。你有自己高雅独特的一套，无视任何时装潮流。你的理想生活是优雅而愉快的，而你亦希望跟你接触的人们都是高雅而有教养的。

8. 浪漫，爱幻想，情绪化

你是一个感性的人。你拒绝只从一个严肃、理智的角度去理解事物。你的感觉亦十分重要。事实上，你觉得人生必须要有梦想才叫活得充实。你不接受那些轻视浪漫主义及被理智牵着鼻子走的人；而且不会让任何事物影响到你那丰富的感情及情绪。

9. 精力充沛，好动，外向

你不介意冒险，特别喜欢有趣的、多元化的工作，相比之下，例行公事及惯例会令你没精打采。你最兴奋的是可以积极参与任何比赛活动，因为这样你就可以在众人面前大显身手。

资料来源：39 健康网 www.39.net.

案例分析

美联航返沪航班拒载中国夫妇事件

东方网2012年2月17日消息：据《上海青年报》报道，张女士携女儿和丈夫在美国关岛返回上海的航班上，因为行李安置问题与机组人员发生争执，结果被机长以“航空安全”为由报警将其“请”下飞机，同时还拒绝其重新登机。最后，未满12岁的女儿被“抛弃”在飞机上，张女士和丈夫则只能改乘第二天的航班返沪。

发生在2月1日美国联合航空航班上的这起“拒载”事件，让张女士一家觉得很气愤，并表示受到了不公正的待遇。那么，美联航的这一行为到底有没有根据？张女士一家是否真的威胁到了航空安全？让12岁的孩子独自一人坐国际航班的空乘是否又尽到义务？

● 行李放置地点发生争执

张女士告诉记者，自己与丈夫、女儿报名参加的是上海某旅行社的关岛半自助游活动。在结束了当地旅游的行程后，准备在北京时间2月1日晚6点30分乘坐美国大陆航空公司CO1836次航班返回上海。记者了解到，这个航班是该旅行社的包机，上面的乘客虽然不是一个团的，但都是同一批从上海出发前往关岛进行自助游的旅客。

检录手续完成后，张女士一家登上了飞机，但在放置行李的时候，当班的美国大陆航空乘务员告诉张女士，她的行李不能放在她座位上方的行李架内，而是要拿到后舱去放置，正抱着女儿进舱的张先生觉得很奇怪。“为什么不能把自己的行李放置在自己头顶的行李架上，”张先生用英文询问了乘务员，但在几句沟通之后，那个乘务员却告知张女士夫妇必须下飞机，“我的丈夫情绪可能比较激动，结果那个乘务员就告诉我，你上了我的飞机就要听我的，我让你放到后面就放到后面，但我和先生就觉得这很奇怪，争执了几句，他们就把我们赶下飞机了，还说我们威胁了航空安全。”

● 12岁女儿独自返回上海

在这架满载中国游客的飞机上，张女士和丈夫当时为了不被赶下飞机，几经考虑最后还是向机组道歉，承认自己沟通时态度有些激动，但是乘务员不理道歉，反倒在机舱里叫来了机场警察以及机长。

张女士说：“一堆人就这样上来了，警察说要把我们带下去，那我也没办法了，我们道歉了都不行，但是他们的机长过来说同意乘务员的意见，要把我们赶下飞机。”

随后，美国警察进入机舱，并表示如果有问题先下飞机再沟通，于是张女士和丈夫很无奈地下了飞机，但孰料他们一下飞机，舱门就立刻关闭，飞机准备起飞了。

此时，张女士还未满12岁的女儿还留在飞机上，她当时想和机场工作人员工沟通想要把女儿带下来，但是所有的工作人员都没有理会她的要求。

张女士表示，最后是一位好心的上海姑娘在飞机上帮她照顾女儿，并且安全地带到了上海。

第二天，在旅行社导游的联系下，已经被“请”下飞机的张女士和丈夫乘坐经停韩国的返沪航班，他们的机票价格为一个人550美元，一共1100美元。

她说自己回上海后一直想要找航空公司给一个说法，“我这班飞机的机票也没有退给我，就这样把我和丈夫扔下飞机，当时我女儿还一个人在上面呢，我现在找了律师，律师正在跟进这件事情。”

● 谁说情，谁一起下飞机

帮助张女士照顾女儿的那位好心的上海姑娘，她目睹了整个事件的过程，并拍下了当时飞机上争吵的照片。

回到上海后，这名好心的上海姑娘把照片和事情经过上传到了微博，“真是令人气愤，在美国关岛回上海的飞机上，两名上海夫妇居然被当众赶下了飞机，美国人居然全然不顾及夫妇的女儿，执意要赶走他们，机长居然还拒飞，联合了空姐强制赶下他们，他们的女儿在不断哭，美国人也视而不见，上海夫妇退步道歉，他们还是不退让，坚决抵制这种航空公司！”

值得一提的是，张女士对中国乘客进行说情的举动还是非常感激，她回忆道：“当时周围的中国人都在帮我们说话，机组人员却说如果谁来说情就要一起下去，这样的做法太没道理了。”在他们周围就座的中国旅友们纷纷帮助他们解释，但是美国乘务员一直强调他们夫妇对于飞行构成威胁，不允许他们继续乘坐该班飞机，并称“如果你们不下去，我们就罢飞”。

资料来源：东方网

分析与启迪：

1. 中国游客出境和境外游客入境都有相同的问题，就是由于生长地域不同而形成的文化习惯差异，这些差异直接构成了人们各自表现出来的性格特征，试分析不同地域人员的性格特征并提出相应的服务方案。

2. 案例中的双方在对待此次事件上都有自己不可推卸的责任，试从法律、性格、服务的基本理念等几个角度分析该事件并给出理想的解决方案。

复习与思考

1. 尝试阐述作为饭店服务人员需要什么样的性格特性？
2. 概述性格在活动、言语和外貌上的表现？
3. 个性的特征是什么？
4. 中国有句老话：“一母生九子，九子各不同”。人的性格是千差万别的，每个人的喜好、需求都是不同的。现在的客人更喜欢符合自己个性的服务产品。那请列举4种性格的宾客，并且阐述如何针对宾客的性格特征提供前厅服务、客房服务和餐饮服务。

第3篇 饭店服务心理

专题7

前厅部服务心理

专题提要

任务一 饭店中的门面——前厅

一、前厅部的作用

二、前厅部服务质量的要素

三、前厅部的具体服务职能

任务二 依宾客心理做好服务工作

一、美化前厅环境

二、宾客在前厅的一般心理需求

引导案例

世界上最豪华的饭店前厅

迪拜的 Burj Al-arab 饭店（Burj 音译伯瓷，又称为阿拉伯塔）。迪拜是阿拉伯联合酋长国的第二大城市。20 世纪 50 年代，它还是阿拉伯湾一个朴素的海滨小镇，到了 20 世纪 90 年代以后，迪拜发生了脱胎换骨的变化。

在阿联酋王储的提议之下，知名企业家 Al-maktoum 投资兴建了美轮美奂的 Burj Al-arab 饭店。饭店的豪华程度令人叹为观止，评论家们都不知道该给它定为几星，是五星，六星，还是七星？饭店建在海滨的一个人工岛上，是一个帆船形的塔状建筑，一共有 56 层，321 米高，由英国设计师 W.S.Atkins 设计。

伯瓷饭店前厅更是极尽奢华之能事，触目皆金，连门把、厕所的水管，甚至是一张便条纸，都“爬”满黄金。虽然是镀金，但要所有细节都优雅不俗地以金装饰，则是对设计师的品位与功力的考验。由于是以水上的帆为外观造型，饭店到处都是与水有关的主题（也许在沙漠国家，水比金更彰显财力）。如一进饭店门的两大喷水池，不时有不同的喷水方式，每一种皆经过精心设计，约 15～20 分钟就换一种喷法，跟水舞没什么两样。搭乘电梯还可以欣赏高达十几公尺的水族箱，很难相信外头就是炎热高温的沙漠。

伯瓷是阿拉伯人奢侈的象征，亦是迪拜的新标志。走进这个世界上最高的饭店就似走进了阿拉丁的洞穴，豪华的佐证非笔墨可言喻，从带你走进海鲜餐馆的小型潜艇，到每个房间的 17 个电话筒，再到用做机场巴士的 8 辆劳斯莱斯都可略见些许。你甚至可以要求直升机接送，在 15 分钟的航程里，率先从高空鸟瞰迪拜的市容，欣赏壮丽的景观后，徐徐降落在 28 楼的直升机坪。

任务一 饭店中的门面——前厅

前厅部是一个综合服务性部门，服务项目多，服务时间长，任何一位饭店客人都需要前厅为他们提供服务。当客人进入饭店时，第一个映入眼帘的是前厅，第一个为他们提供服务的是前厅服务人员。当客人离开饭店时，最后一个为他们提供服务的也是前厅服务人员。前厅部的优质服务是饭店的窗口和脸面，客人看了前厅的服务工作就会联想到整个饭店。前厅的环境，服务人员的相貌、仪表、态度、谈吐、举止等，都具有审美意义上的晕轮效应，决定着宾客的第一印象。而且，由于一般客人住宿时间短，主要目的是来享受的，因此前厅所产生的深刻的第一印象还没消除，还没发现其他问题时，他们又带着美好的最后印象离开了。所以，各饭店都十分重视第一印象与最后印象在前台服务中的特殊意义。

一、前厅部的作用

前厅部是整个饭店业务活动的中心，因其主要服务部门总服务台通常位于饭店最前部的大堂，因而称为前厅部。前厅部是饭店销售产品、组织接待工作、调度业务以及为宾客提供一系列前厅服务的综合性服务机构。前厅部接触面广、政策性强、业务复杂，在饭店中具有举足轻重的地位。

1. 前厅部是饭店的门面

饭店前厅部的主要服务机构通常都设在客人来往最为频繁的大堂。任何客人一进店，都会对大堂的环境艺术、装饰布置、设备设施和前厅部员工的仪容仪表、服务质量、工作效率等产生深刻的“第一印象”。宾客总是带着第一印象来评价饭店的服务质量，而最后印象在宾客的脑海里停留时间最长，留下的记忆最为深刻。毋庸置疑，前厅部是赢得宾客好感的重要阵地。在客人的心目中，前厅便是饭店。作为饭店的门面，前厅的环境气氛、服务质量水平在宾客心目中代表着饭店的总体水平及形象，这不仅包括大堂的建筑设计、陈设布置、也包括前厅部员工的精神面貌，仪容仪表、服务态度、服务技巧、服务效率及组织纪律等。而且，在大堂汇集的大量人流中，除住店客人外，还有许多前来就餐、开会、购物、参观游览、会客、检查指导等其他客人。前厅的管理水平和服务水准，往往直接反映整个饭店的管理水平、服务质量和服务风格。前厅是饭店工作的“窗口”，代表着饭店的对外形象。

2. 前厅部是饭店的业务中心

前厅部是饭店的销售窗口，它左右着饭店商品的出售，管理控制着饭店收入的焦点与核心。据统计，目前国际上客房收入一般占饭店总营业收入的 50%左右，而在我国客房收入还要高于这个比例。

前厅的主要任务是通过预定、接待住店宾客、推销客房及其他服务设施，达到销售的目的。作为饭店业务活动的中心，前厅部直接面对市场，面对客人，是饭店中最敏感的部门。前厅部能收集到有关市场变化、客人需求和整个饭店对客服务、经营管理的各种信息。另外前厅部工作贯穿宾客消费周期全过程，从宾客的入住到宾客结账离店，前厅部是任何部门都取代不了的。同时也是和宾客建立良好宾客关系的重要环节，根据希尔顿饭店手册，在与宾客的关系中，每一位员工都是“希尔顿”，在宾客面前都是希尔顿大使，与宾客建立良好的关系。而建立良好的宾客关系正是提高宾客满意程度的重要因素。最后，前厅部是饭店的“外交官”，可以有效地开展预订服务，与各个旅行社和旅游单位保持良好的合作关系，以提高饭店的知名度。

二、前厅部服务质量的要素

著名管理学家菲利浦·科特勒指出影响服务质量的要素有5个。

1. 服务的规范性、可靠性

服务的规范性、可靠性即准确、可靠、按时、保质、保量规范地向客人提供所承诺服务的能力。这一能力更多地来自饭店及其部门的规章制度、服务规范和服务程序。完善的程序和制度可以规范员工的服务行为，保证服务质量的规范和统一。例如，前厅接待程序中规定了接待员办理客人入住登记手续时所应遵循的标准、规范化与服务语言标准化、服务步骤及标准化服务时间，这样就确保员工能够遵循服务程序向客人提供高质量标准化的服务。

2. 服务的主动性

服务的主动性是指员工为客人提供优质服务的主观意愿和主动态度。在员工具有高度主动性的情况下，即使完成服务的客观能力存在不足，仍然能够使客人对服务过程产生美好的印象。具体到饭店前厅部工作中常常会发现这样一个现象：缺乏熟练业务技能和服务经验，但笑容满面、主动热情的员工，比业务技能熟练，但对客人冷若冰霜的员工更受欢迎，这一现象很好地说明：有为客人提供优质服务的主观意愿对客人对服务质量的感知有着很大的影响。

3. 知识、能力和态度

员工为赢得客人的信任所应具备的知识能力和良好的服务态度包括：员工完成各项服务所需的业务技能，对客人的礼貌和尊重，同客人之间的有效沟通以及对客人利益的关心等。

在饭店前厅部工作当中表现为：各岗位员工的业务知识、业务技能和接待客人亲如一家的周到热情的服务态度，所有这些都能够带给客人宾至如归的心理感受，使客人对饭店前厅部各项服务的质量形成一个良好的印象，进而建立起对饭店的信心和信任，所以各岗位员工应以自己熟练的业务技能，热情的服务态度，高效率地为客人提供客房预订、入住登记、问询、查询、行李搬运、商务等各项前厅服务，达到或超过客人预期的结果，最终赢得客人的信任。

4. 情感投入

情感投入是指员工在对客服务过程中所表露出的对客人的关心和重视，如对客人亲切、友好的态度，对客人需求的敏感和关心，对客人感受的理解等，前厅员工应从客人的角度出发想方设法解决客人的难题，满足客人的需求，这样才能使客人享受到高质量的服务。对前厅部的管理者和员工来说，只有将客人当成自己的亲人，对客人真情相待，才能及时准确地发现客人的需要，合理有效地解决客人的难题，让客人把饭店当成另一个家。

5. 服务的具体性

服务的具体性也就是服务过程中具体可见的人员、设施、设备环境等诸多因素。在服务过程中，影响服务质量的要素大多数是客人无法直接认知的抽象因素。也就是说，一个初次住宿饭店的客人在决定消费之前，无法直接感知和体会到饭店服务的可靠性，只有通过服务过程中服务人员的服务意愿、业务技能和对客人的感情投入的具体体现，来感知饭店的服务，对饭店树立信心。

三、前厅部的具体服务职能

前厅部在饭店运行中起着推销、沟通、协调等重要作用，是饭店的“神经中枢”，具有下列八项功能。

1. 销售客房

前厅部的首要功能是销售客房。客房是饭店最主要的产品，其收入是饭店营业收入的主要来源。前厅客房销售的任务由以下4个方面的工作组成。

（1）订房推销。前厅部总台设有专门的客房预订部，其主要工作就是预售客房和做好与之有关的售前服务工作。预订员必须熟练掌握饭店房况、房价政策，能积极主动地与客人达成订房协议。因此，成功的订房推销是饭店客房销售的重要组成部分。

note 知识链接

前厅部的客房报价

服务员报价时，不能只说金额，而不介绍房间的特点。报房价与说明其价值的先后顺序以及适应哪种类型的房间推销也是值得注意的。根据不同的房间类型，客房报价有三种方式。

● **“冲击式”报价**

即先报价格，再提出房间所提供的服务设施与项目等。这种报价方式比较适合价格较低的房间，主要针对消费水平较低的客人。

● **“鱼尾式”报价**

即先介绍房间所提供的设施与项目以及房间的特点，最后报出价格。这种报价方式适合中档客房，主要针对中等消费水平的客人。

● **“夹心式”报价**

又称为“三明治”式报价，即将房价放在推销服务中间报出，能起到减弱价格分量的作用。这种报价方式适合于中、高档客房，也可以针对消费水平高、有一定地位和声望的客人。

（2）接待无预订客人。这是向那些未经预订而直接抵店的临时客人销售客房。总台接待员在接待时要表现出良好的推销能力，推销客房及其他饭店产品与服务。对于饭店客房销售来讲，这种接待推销是十分重要的。

（3）办理入住登记。所有客人住店都必须经过总台办理入住登记手续。接待员在办理入住手续时，也需表现出推销功能。而对于未预订的散客来讲，正如前面所述，总台接待员从一开始就要进行一个完整的推销工作。

（4）排房、确定房价。客房营业收入的高低取决于销售客房的数量和价格。前厅的接待员应当清楚地认识合理安排客房和正确定价对于饭店营业收入是十分重要的，这也是前厅部销售客房的重要一环。不仅要注意销售客房的数量和价格，还要将合适的房间安排给客人。正确的排房有利于提高客房的使用率和客人的满意程度，使他们感到物有所值。

总之，客房销售是前厅部首要的功能。客房营业收入是考核前厅部管理及运转好坏的重要依据之一。

2. 提供信息

除了发挥销售客房的功能外，前厅还应成为提供信息的中心。饭店显眼地段的前厅部的总台是服务人员与客人的主要接触点，前厅服务人员应随时准备向客人提供他感兴趣的资料，起到促进销售的作用。

前厅部的服务人员应始终做好准备，充分掌握和及时更新各种固定的与变动的信息，以亲切的态度，对答如流的技能，给客人提供正确无误的信息。

3. 协调对客服务

为了能使客人享受到区别于其他地方的高水准的服务，前厅部服务人员应以优质服务来衔接饭店前、后台之间及管理部门与客人之间的沟通联络工作。例如，客人投诉房内热水不足，前台服务人员应及时向工程部反映，并给客人满意的答复。

4. 控制客房状况

控制客房状况是前厅部又一重要功能。这项功能主要由两方面的工作组成：一是协调客房销售与客房管理；二是在任何时候都正确地反映饭店客房的销售状态。前厅部和客房部双方都必须抱着理解与合作的态度，努力为每一位客人提供准备好的房间，最大限度地将客房销售出去。

5. 提供各种前厅服务

作为对客服务的集中场所，前厅部还是一个直接向住店客人提供各类相关服务的前台服务部门，如电话、商务、行李、接受投诉、邮件、票务代办、钥匙收发、迎宾接站、物品转交、留言问讯等服务。这些众多工作内容构成了其直接对客服务的功能，前厅部的管理人员要在积极推销饭店产品的同时将自身所提供的各种服务的质量抓好，以圆满实现其服务功能。

6. 建立客账

目前大多数饭店为了方便客人，促进消费，都已经向客人提供了统一结账服务。客人经过必要的信用证明，查验证件后，可在饭店营业点（商场部除外）签单赊账。前台收款处不断累计客人的消费额，直至客人离店或其消费额达到饭店政策所规定的最高欠款额时，才要求客人付款。要做好这项工作，必须注意建立客人账户、对客人消费及时认真地登记和监督检查客人信用状况这三个环节。前厅部的职责是区别每位客人的情况，建立正确的客账，提供客人以往消费和客人信用资料，以保持饭店良好的信誉及保证饭店应有的经营效益。

7. 结账离店

客人离店前，应核查其账单。客人要办理离店手续时，应将账单交给客人，请客人检查。离店手续办理完毕，前台应按程序与有关部门进行及时的沟通。让客人心满意足地离去是饭店的目标，满意而归的客人很可能成为饭店的回头客。饭店的良好声誉很大程度上取决于常客的间接宣传。

8. 建立客史档案

由于前厅部为客人提供入住及离店服务，因而自然就成为饭店对客服务的调度中心及资料档案中心。大部分饭店为住店一次以上的零星散客建立客史档案。按客人姓名字母顺序排列的客史档案记录了饭店所需要的有关客人的主要资料。这些资料是饭店给客人提供周到的、具有针对性服务的依据，同时也是饭店寻找客源、研究市场营销的信息来源，所以必须坚持规范建档和保存制度化两项原则。

前厅部处于饭店业务活动的中心地位，每天都能接触到大量的信息，如有关客源市场、产品销售、营业收入、客人意见等。因此，前厅部应当充分利用这些信息，将统计分析工作制度化和日常化，及时将有关信息整理后向饭店的管理机构汇报，与饭店有关部门沟通，以便其采取对策，适应经营管理上的需要。

从上面介绍的八项功能中可以看出，前厅部是饭店的营业中心、协调中心和信息中心，它在饭店经营中起着销售、沟通、控制、协调服务和参与决策的作用。前厅部管理的好坏与上述八项功能是否正常发挥作用密切相关，特别是与首要功能——销售客房有关，也就是与饭店的经营效益有关。因此，在日常的运转与管理中，前厅部必须重视以上九方面功能的正常发挥。

note 知识链接

如何灵活地推销客房

前台服务员不仅仅是接受客人预定，安排客房，还要善于推销客房及饭店的其他产品，以最大限度地提高客房的出租率，来增加综合销售收入。因此，应具备以下基本功。

● **掌握饭店的基本情况**

前厅服务员应熟练掌握饭店所处的地理位置及交通情况；饭店的建筑、装饰、布置的风格与特点；饭店的等级与类型；饭店产品的价格与相关的政策和规定；饭店的服务设施与服务项目等。

● **表现出优雅的仪态、礼仪**

客人初到一家饭店，对该饭店可能不甚了解，他对饭店的了解和对产品质量的判断是从前台服务员的仪容仪表和言谈举止开始的。因此，前厅服务员必须面带微笑，以端正的站姿、热情的态度、礼貌的语言、快捷规范的服务来迎接每一位客人。

● **把握不同客人的不同需要**

不同的客人具有不同的特点，对饭店也有不同的要求。例如，商务客人通常是因公出差，对房价不太计较，但要求客房安静，光线明亮，办公桌宽大，服务周到，饭店及客房内办公设备齐全；旅游客人要求房间景色优美、干净卫生，但预算有限，比较在乎房间价格；度蜜月的情侣喜欢安静、不受干扰且配有一张大双人床；高薪阶层及带小孩的父母喜欢套房等。因此，前厅服务员在接待客人时，应根据客人的类型与特点，不失时机地、有针对性地推销客房。应向客人多做正面介绍，多提建议，必要时可引领客人实地参观客房。或给客人看客房的彩色照片，做好有针对性的销售。

● **准确描述客房的特点**

前厅服务员的主要任务是销售客房而非价格，所以必须首先了解所有客房的特点，在接待客人时，适当地描述客房的特点，以减弱客房价格的分量，突出客房能够满足客人需要的特点。另外，也可以带客人参观客房，并有专人讲解客房的特点。

● **判断客人可能接受的价格范围**

前厅服务员在接待客人时，首先确定客人可接受的价格范围（可根据客人的身份、来访目的等特点判断），在这个范围内，由高到低报价。根据消费心理，客人常常会接受首先推荐的房间。如果客人嫌贵，可降低一个档次，向客人推荐价格次高者。这样就可将客人所能接受的最高房价的客房销售给客人，达到成功的销售。

● **选择适当的报价方式**

服务员报价时，不能只说金额，而不介绍房间的特点。报房价与说明其价值的先后顺序以及适应哪种类型的房间推销也是值得注意的。

● **讲究语言的艺术性**

前厅服务员在接待客人、推销客房时，态度应诚恳，说话不仅要有礼貌，而且要讲究艺术性。否则，虽没有恶意，也可能会得罪客人。比如应该说："您运气真好，我们恰好还有一间漂亮的单人间。"而不能说："单人间就剩这一间了，您要不要？"这样会使客人感到没有选择的余地，而产生排斥的心理。

● **要耐心推销，多提建议**

客人犹豫不决时，是前厅服务员销售客房能否成功的关键时候，此时，前厅服务员要正确分析客人的心理活动，千方百计地去消除他们的疑虑，多提建议，不要轻易放过任何一位可能住店的客人。

● **利益诱导**

有些客人虽说已经做了预定，但预定的房间价格较为低廉，当这类客人来到饭店进行住宿登记时，前厅服务员便可使用利益诱导的方法对他们进行二次推销。即告诉客人，只要在原价格基础上稍微提高一些，便可得到更多的好处或优惠。

任务二　依宾客心理做好服务工作

一、美化前厅环境

1. 环境的布置

饭店的前厅是饭店在建筑内接待客人的第一个空间，是客人办理住宿登记手续、休息、会客和结账的地方。前厅必须以其宽敞的空间，华丽的装潢，创造出一种能有效感染客人的气氛，以便给客人留下美好的第一印象和难忘的最后印象。前厅是饭店的营业橱窗，反映饭店的整体服务质量。

（1）合理的布局。如饭店的大门前，应有供客人上下车的空间及回车道、停车场，使客人进出方便、安全，正门外还应留有足够的空间，以暂时摆放进出店团队客人的行李。有些饭店正门前还设计建造了小花园和喷泉，以给客人留下良好的第一印象。正门前台阶旁还应设立专供残疾客人轮椅出入的坡道，以方便残疾客人出入。通常在大门口还铺设一块地毯，供客人擦干净鞋底后进入前厅，以维持前厅的整洁，防止湿鞋将水珠带入前厅滑倒客人。边门旁应设置伞架，供客人存放雨伞。饭店大门外的空地，通常应设置旗杆，一般设置三根，分别用来挂店旗、国旗和在饭店下榻的各国国家元首所在国的国旗。

（2）美化环境。当宾客来到前厅，给予他们的应该是美观大方、整洁和谐、富有特色的和谐美，所以应从三个方面着眼。

首先是意境美。对意境的追求历来是中国文学艺术构思极为重要的方面。以意境美带领宾客进入另外一个不同的世界。如拉萨西藏大厦的前厅，富有浓郁特色的藏族浓情。可以给宾客带来强烈的地方民族气息，使宾客印象深刻。

其次是注重装饰陈设。具有观赏性的陈设，可使来去匆匆的宾客在短暂的浏览中，可产生好的印象。也能为宾客交流造就一个好的沟通环境。

最后是整体美。彩色的统一、格局的统一使前厅的意境更具观赏性。无论采取何种格调，何种陈设，都要注意前厅的整体美。

2. 重视员工的形象美

前厅接待人员的仪态仪表美要与环境相呼应。宾客对饭店服务人员想象的审美期待，实质就是对服务人员的形象美的期待。服务人员的形象美主要表现在三个方面与工作环境形成的整体和谐美。

（1）形体美。形体美是最大众化的外在美。不仅仅是艺术家，普通的宾客对美的体会也有个人的独特看法。因此作为在最先接触宾客的前厅的服务人员就应该有一定的择员标准。

在饭店对服务员的选择标准中，女性身高不低于 165cm，男性不低于 172cm，身体健康、匀称，五官端正，形象气质佳等，这些是最基本的标准。而前厅的择员标准远远要高于这些标准。就目前的饭店发展的势态来看，人们的生活水平的提高，精神生活的丰富，文化品味的提高，只有较好的形象美，没有一定的文化素养的服务人员很难有大的发展空间，尽管能够在视觉上给人以美感。所以饭店择员的标准应该在注重形体美的基础上，更要注重内在的素质的培养和提高。只有具有内在文化素养的形体美才是真正的美，所以形体美的标准是可变的、富有弹性的。

（2）服饰美。饭店服务人员的服饰对于塑造形象美，提高服务的欣赏性，能够起到辅助作用。而且还可以适当地营造气氛、烘托环境。那么在前厅着装也应遵循以下几点原则。

首先，饭店前厅部门由于岗位较多，各岗位的功能不同，因此为了区别和体现各个岗位的不同，在服饰的风格、款式以及颜色上也有所不同，这点体现了多样性。饭店的服饰在进行定制时都会考虑到整体划一的视觉审美感觉，这体现了统一性。这样的多样整体性也正符合宾客的心理和视觉上的审美要求。从视觉方面，由于迎宾、门卫、行李员、前厅接待人员的着装上的多样化，使得宾客在色彩和风格的变化中丰富了视觉感受，也避免了由于过于单调而引发的视觉疲劳；从心理角度，不同职位的着装，很好地营造了环境氛围，使宾客获得精神上的享受。所以无论是在前厅还是在饭店的全体部门中，理应遵循多样的着装基本原则。

其次，服务人员的服饰只是饭店环境美的一部分，因此服务人员的着装要考虑到自身的职位和部门的特点，要和部门的风格、基调相呼应，只着重服饰美有时会破坏饭店的整体风格。因此服饰与饭店环境的和谐美才能真正体现饭店的整体美。饭店整体的和谐要从色彩和典型的环境两方面着手。具有中国民族特色的前厅设计，最适合的服饰就是具有特色的旗袍，不仅增添了文化底蕴也与环境有机地结合起来，从而相得益彰。色彩是有感情特征的，要根据不同的环境气氛特点来选择服饰颜色。具有现代化气息的前厅就要选择洁净明快的色调，具有复古气息的前厅可选择华贵庄重的色调。总而言之，只有和谐地将服饰美和环境美相协调才能真正体现饭店的整体美。

最后，个人卫生情况的优劣，也从某种程度上影响着宾客对服务人员着装的看法。宾客在进入前厅时，经过短暂的初级审美评价后，就会对一些细节问题多加留意，最为突出的是卫生情况。如果前厅服务人员的服饰出现污渍破损或者皱皱巴巴，就会使得客人对饭店的清洁卫生产生怀疑，尤其是作为饭店的门面——前厅部门。如果服饰出现什么情况，宾客就会联想到其他方面卫生情况，并产生怀疑。在做到上述两点原则之后，还要保证服饰整洁，前厅服饰的整洁利落，不仅使宾客对卫生情况有安全感，也会对服务人员产生良好的印象。

（3）发型美。饭店服务人员发型美的原则与服饰的原则相一致，要求既多样又统一，并且与环境相协调。人们常常以自己的审美爱好选择自己的发型，但在前厅的服务人员要以漂亮、利落、便于工作为标准，给宾客留下干净利落的印象。目前饭店普遍遵循的一个原则就是“男不过耳，女不过肩”。

为了使宾客能够感觉到饭店的环境主题与形象的和谐，在发型上也要具有明显的特点。在一般的现代饭店，女服务人员的头发以盘发为主，这样看上去端庄典雅，透出含蓄美，而一些具有民族特色的饭店，服务人员应该以该民族为模式，使宾客更能体会到地域文化的氛围。

3. 重视员工的态度美

在服务态度里包括服务人员的表情、举止、语言三个方面。作为宾客的第一接触人员，接待人员的态度会传染给宾客，服务人员有什么样的表情，宾客心理就会有什么样的反应。所以作为前厅服务人员应注意以下几点。

微笑是最好的表情，所以微笑服务成为饭店服务人员的基本功，也是服务的核心。微笑要发自内心，只有发自内心的微笑才能传染给宾客，才会让宾客感受到自己受尊重和受欢迎。虚假的微笑会使宾客感到服务人员在应付，产生一种冷落的感觉。微笑要分时机和场合，把握尺度，在一些特殊的情况下，微笑可能会造成坏的效果。例如，宾客因一点小小的失误填错表，服务人员应耐心协助宾客填写表格，而不能讥讽地微笑着告诉宾客表格填错了。

4. 重视员工的语言美

前厅服务人员在宾客频繁出入的大厅工作，就像演员在舞台上表演，必须注意自己的姿态动作。站姿要优美而典雅，不靠不倚，不背朝客人，不窃窃私语；坐姿要优美而端庄，不前俯后仰，不侧身对客人，不摇腿跷脚；走姿要正确而富魅力，不过快过慢，左右摇晃。与客人交谈时，更应注意自己的姿态。

从迎接人员开始，都要热情主动地为客人服务。各个部门的服务人员都要端庄有礼，必须站立服务，要使客人一进大门就受到殷勤周到的服务，饭店有专人带领客人到柜台去办理登记、兑换外币等手续，电梯管理人员也应衣着笔挺，彬彬有礼地为客人提行李进出，为了方便客人可以改变先登记后进客房的做法，当客人先进客房安顿好后再办理登记手续，这样使客人感到方便、放心和满意。

语言是用来表达意愿和交流思想感情的工具。语言对饭店很重要，它关系到饭店的服务质量，从而关系到饭店的生存，同时也是饭店服务质量的核心，是饭店赢得客源的重要因素。所以作为一位服务人员在服务时一定要谈吐文雅，语调亲切，音量要适合，语句流畅，问与答要简明、规范、准确。作为前厅服务人员要重视第一次和客人接触，主动热情，使服务工作从一开始就在良好的气氛中进行，就能给宾客留下愉快亲切的感觉，赢得宾客的好感。

知识链接

语言的魅力

在繁华的巴黎大街的路旁，站着一个衣衫褴褛、头发斑白、双目失明的老人。他不像其他乞丐那样伸手向过路行人乞讨，而是在身旁立一块木牌，上面写着："我什么也看不见！"街上过往的行人很多，那些穿着华丽的绅士、贵妇人，那些打扮漂亮的少男少女们，看了木牌上的字都无动于衷，有的还淡淡一笑，便扬长而去。

这天中午，法国著名诗人让·彼浩勒也经过这里。他看看木牌上的字，问盲老人："老人家，今天上午有人给你钱吗？"

"唉！"老人愁容满面，叹息着回答，"我，我什么也没有得到。"说着，脸上的神情非常悲伤。

让·彼浩勒听了，拿起笔悄悄地在那行字的前面添上了"春天到了，可是……"几个字，就匆匆地离去了。

晚上，让·彼浩勒又经过这里，询问老人下午的收入情况，老人笑着对诗人说："先生，不知为什么，下午给我钱的人多极了！"让·彼浩勒听了，也摸着胡子满意地笑了。

"春天到了，可是我什么也看不见！"这富有诗意的语言，产生这么大的作用，就在于它有非常浓厚的感情色彩。是的，春天是美好的，那蓝天白云，那绿树红花，那教堂尖顶的莺歌燕语，那塞纳河畔嬉戏的孩子，怎么不叫人陶醉呢？但这良辰美景，对于一个双目失明的人来说，只是一片漆黑。这是多么令人心酸呀！当人们想到这个盲老人连万紫千红的春天都不曾看到，怎能不对他产生同情之心呢？

资料来源：北师大版小学语文课本四年级（下）.

有句中国谚语说得好，"好马长在腿上，好人长在嘴上"这句话说明了学会充分地使用语言对一个人的重要性。有一个小案例可以说明这个问题：有一天，来自广东的旅游团在饭店用晚餐时，餐厅里灯火辉煌，本来大家都很开心。但是就在这时候偏偏停电了，这时旅行团的客人都反映特别大。怎么四星级的饭店也出现停电这种事呢？就在这时，一位端着蜡烛的服务员出现在大家面前。他说："现在是烛光晚餐时间，请大家慢慢用餐"。说完大家都鼓掌起来，忘掉刚才的不愉快，继续用餐。这个案例说明了服务语言的技巧在饭店服务中至关重要，关系到服务质量。通过沟通和交流了解客人的爱好。饭店服务人员与客人的沟通方式主要是有声语言、书面语言和无声语言等。

（1）使用礼貌用语进行沟通

礼貌是人们之间相互表示尊重和友好的行为规范。在饭店更要注重礼貌服务用语。无论是前厅还是其他服务人员一定要讲究礼貌服务用语。同时还要做到“请”字当头，“谢”字不离口。

语言也要讲究艺术与随机应变。服务中常常都会遇到一些紧张气氛或者某些尴尬的场面，这时我们就应该随机应变用巧妙的语言来恭维，缓解紧张气氛。

用语言沟通的时候，同样一句话，不同的表达方式，可以达到不同的效果。而在饭店服务交往中的用语是相当丰富的。在服务时我们要注意使用礼貌用语。

另外，在为客人服务的过程中我们要注意我们的说话语气和声调，语气要文雅、亲切，声调要适合。不能过于高或低，这样才能更好地为客人服务。

（2）使用简洁的书面语言沟通。

书面语言沟通在服务行业也是较为常见的，往往通过书面语言沟通来了解客人对饭店的服务是否满意。同时也可以通过书面语言沟通来宣传饭店的文化与特色。

现代人的生活节奏在不断加快，人们能够停留下来阅读的时间也比较短暂，在使用书面语言沟通的时候应该尽量使用简洁而清晰的词汇，让表达庄严而有力，从而更好地达到预期的宣传或沟通效果。

（3）使用无声语言沟通

在饭店服务交往中，不能仅依靠有声语言沟通、书面语言沟通来传递所要表达的思想与感情。同时也要结合无声语言沟通（表情、手势）。通过这三种语言来为客人服务，才能做到最好，使客人满意饭店的服务。

① 表情语。它是一种来自面部的表情交流方式。它是一种无声语言，但它比有声语言沟通更富有色彩感与表达力，在传达信息起着重要作用。例如，在为客人服务时，服务人员要注意自己的表情，要面带微笑。

② 手势语即说话时配以适当的手势。在侃侃而谈的叙述中，加上富有感染力和说服力的手势，可以起到渲染气氛，能吸引倾听者的注意力，同时也能把话说得更有声有色，增强有声语言的表达力。有时在某种情况下手势也能体现人们的内心思想活动和对待他人的态度，热情和勉强在手势上可以明显地反映出来。在服务行业中有时无声语言沟通也能起到“无声胜有声”。

因此，饭店工作人员在为客人服务时，要以有感染力和说服力的手势加表情（微笑）再与有声语言沟通相结合的沟通方式来服务饭店的客人。使每一位客人都有宾至如归的感觉，从而提高饭店的服务质量与声誉。

5. 重视服务技巧的表现美

饭店内不同的部门具有不同的功能，相对而言也就有不同的服务技巧和要求。服务人员有了良好的感知形象和热情的服务态度，还要有熟练的服务技能。服务人员对于服务技能掌握的熟悉程度以及由此带来的美感，也能带给客人赏心悦目的审美享受。因此，服务技巧也是具有一定欣赏性的。

作为前厅部，服务项目很多，每一项服务都要求做得细致入微，完全彻底，表里如一。在为宾客办理手续时，尊重宾客的个人隐私权，从宾客角度出发，处处为宾客着想，考虑问题全面周详。熟练地掌握各种服务技能，百问不倒，百问不厌，而且行动敏捷，为宾客迅速办理各种手续。较长时间的等待会让宾客产生焦虑的情绪，并且频繁的错误会使宾客对于饭店的管理水平产生质疑。

前厅部的分工也很细，但是宾客并不知道每个员工具体的工作范围，对于宾客超出工作范围的问题，服务人员也要努力给宾客一个满意的答复。对于宾客的提问服务人员不能以“不知道”而将宾客冷冷地拒之门外。即使宾客对于服务人员的答复不是很满意，服务人员也问心无愧地为宾客竭尽全力了。在实际的工作中，客人办理开房、入住、房间迁入登记等所用的时间不能超过三分钟。同时切忌将没有收拾好的客房租给客人。客人办理了入住登记手续以后，客人所需的额外用品要在 15 分钟内送到，饭店的大堂内要设有专门的服务指南及饭店各项活动信息揭示栏，服务人员要熟知饭店各项经营预订程序，及其预订系统，精通迁入迁出登记程序，以及总服务台的整个接待程序，熟悉电话的服务程序，能够掌握饭店所有客房的相关情况，掌握饭店的客源市场以及营业结构。

作为饭店服务人员，展现服务技巧美是在掌握各部门服务基本功的前提下对服务行为外在到内在的一种美化。所以各部门服务技巧没有一般标准。

（1）动作娴熟、干练，有节奏感，幅度适中。服务人员在服务中，一招一式都应该准确到位，要熟练而无多余动作；服务中举止要有一定的节奏感，快慢相宜；动作切忌幅度过大。

（2）要以欣赏性为基本标准。一线服务人员要在对客服务时要注意自己的行为举止，要使其符合规范化要求，又不失美感，使单调乏味的服务具有欣赏性，给客人带来美的享受。

（3）技巧美的表现要适度。服务人员的服务不完全靠语言，技巧的表现也可以成为一种交流方式，但是要注意客人的反应和情绪，切忌将略带表演性的服务技巧，变成一种卖弄行为，从而引起宾客反感。

二、宾客在前厅的一般心理需求

宾客经历了一段时间的旅行到达旅游目的地或中转地后，迫切需要解决住和食的问题，饭店要为他们提供相应的服务。宾客对饭店的住宿和餐饮服务有怎样的生理和心理需要？饭店的经营、管理、服务等从业人员如何才能为宾客提供最佳的服务？这些问题都是现代饭店业需要研究和解决的。它们作为饭店经营策略和服务措施制定的重要依据，关系到饭店业经营的成败。现代饭店要获得成功，必须以服务质量求生存。而服务质量的高低常常以服务人员提供服务时的行为、态度及宾客在享用服务时获得的感受和满意程度。

1. 宾客求服务质量的需求

客人要求服务人员要有良好的感知能力和热情的服务态度，但是服务人员也必须有熟练的服务技能。前台的主要工作包括预定、登记、接待、问询、总机、行李接送与寄存、收款结账、建立与保管客人档案的工作。工作的多样性使得服务人员的服务质量提出了更高的要求。迅速、准确、高效地完成，才能保证客人的顺利活动和休息。所以，前厅部的工作人员必须熟练掌握各种服务程序和服务标准。

2. 宾客求尊重的需求

宾客来到饭店，希望自己是受欢迎的人，希望见到前台人员的笑脸；希望服务人员能尊重自己的人格、生活习俗、宗教信仰；希望服务人员能够认真地解答自己所提出的问题，耐心听取自己所提出的建议；希望服务人员尊重自己对房间的使用权等。总之，宾客希望自己能在一个友好、愉快的氛围中享受饭店的服务。

3. 宾客求方便快捷的需求

任何宾客都希望他入住的宾馆饭店为他们提供方便。宾客达到饭店往往已经处于疲惫状态，希望办理入住手续能准确、快速，服务效率高。并且希望到达饭店后，迎送员能够主动开门，有行李员帮忙搬运行李。能在前厅咨询到他们所需的信息，或办理外币兑换等指导性的服务。

4. 宾客求知的需求

有些初来乍到的宾客，他们有着强烈的求知心理。他们也需要知道饭店的其他服务项目、价格、特点、规模；需要知道最近的名胜古迹、风土人情、购物中心等状况；需要了解交通信息、航班、铁路的时刻表信息。所以前台要对这些信息了如指掌，以满足宾客的求知需要。

5. 宾客求环境优雅、设备齐全的需求

客人一进饭店，首先是用各种感官去感知周围的事物，他们对饭店的外表、门厅、总台以及周围的环境布置、装饰特别重视，而且对饭店内其他部门的硬件设施也较为重视。这些都会给客人“先入为主”的印象。客人要求饭店的环境具有意境美和整体美，他们希望饭店是高雅的、舒适的，也是洁净的。只有在饭店的硬件设施具备的情况下才能去谈饭店的软件设施，只有软件和硬件设施都具备的情况下从而招揽更多的客源。

6. 宾客求服务人员素质的需求

服务人员的个人素质，是对宾客形成良好印象的重要条件。饭店作为高级消费场所，在接待服务过程中十分重视工作人员的仪容仪表，特别是对前台服务人员的要求更高。华贵庄重、从容镇静、举止大方，风度翩翩更为宾客展示了良好的服务素质。不只外在美，宾客同样需要内在美。服务人员的谈吐优雅，语言流畅，更能满足宾客的需求。

知识链接

饭店前厅待客服务的十条黄金准则

1. 整洁的仪容仪表

专业的服务从员工的仪表开始。整洁的服饰、仪表，这正表示我们重视宾客，能提供专业化的服务。

2. 给宾客直接的关注

在某种情况下，你可能不能立即接待宾客，但绝对不要对客人不理不睬，因为这会令客人感觉其不受重视。在这种情况下，可以通过打招呼、眼神或者其他方式让客人知道你暂

时不能接待他。这样可以消除客人因为等待而产生的不愉快。

3. 良好的精神面貌

不要展示缺乏信心的精神面貌，这会直接影响到其他员工的精神面貌，同样的，这也会令宾客感觉你并不尊敬他，而导致宾客认为饭店的服务水准并不专业。所以，良好的精神面貌在工作中对饭店员工和宾客都起着很大的作用。

4. 给客人真挚和微笑的问候

给客人真挚和微笑的问候，这正取决于你的面部表情和眼睛。向宾客问候时，有动作但却一言不发，会令宾客感到不自在或者认为你根本不重视他；若无面部表情，则更可能会令宾客感到自己不受欢迎。相反的，若能做到给宾客一个真挚和微笑的问候，可以让宾客感觉到温馨和周到。

5. 仔细聆听

在和宾客交谈的过程中，仔细地聆听。这不但可以使你准确地明白客人的意思，更能够了解客人的心情，从而提供更加优质的服务。

6. 保持眼神接触

在和宾客交谈的过程中，保持和宾客的眼神接触，这不但有助于沟通，更能够使客人感觉到你诚心地想帮助他，这样即使最后无法满足宾客要求，他也不会太在意。

7. 使用宾客姓氏

通过各种方式知道客人的姓名后，再称呼先生或女士时，可加上客人的姓氏。因为宾客总是乐意接受你使用其姓氏称呼，这样可以使宾客感觉自己受到关注。

8. 保护宾客隐私

在未得到客人允许的情况下，是绝对不允许透露宾客各种信息。因为这可能给客人带来各种各样的麻烦，甚至可能会间接或直接导致客人的损失。

9. 总是提供额外帮助

在满足宾客的需求后，总是询问是否还需要其他帮助。这更能使客人感觉你很乐意为其服务。

10. 总是设法满足宾客要求

当宾客提出饭店无法满足的要求（不触犯法律或涉及各种道德问题并存在满足的可能性）时，不要直接拒绝宾客，应先尽可能地帮助客人。即使最终（因为任何原因）无法满足客人，也可让宾客感受到饭店已在尽力地帮助他了。

案例分析

从交谈到贺礼

夏日，南京某饭店大堂，两位外国客人向大堂经理值班台走来。大堂倪经理立即起身，面带微笑地以敬语问候、让座入座后，两位客人忧虑地讲述起他们心中的苦闷：“我们从英国来，在这儿负责一项工程，大约要三个月，可是离开了翻译我们就成了睁眼瞎，有什么方法能让我们尽快解除这种陌生感？”小倪微笑着用英语答道：“感谢两位先生光临我店，使我店蓬荜增辉。这座历史悠久的都市同样欢迎两位先生的光临。你们在街头散步的英国绅士风度也一定会博得市民的赞赏。”熟练的英语所表达的亲切的情谊，一下子拉近了彼此间的距离，气氛变得活跃起来。于是外宾更加广泛地询问了当地的生活环境、城市景观和风土人情。从长江大桥到六朝古迹，从秦淮风情到地方风味，小倪无不一一细说。外宾中一位马斯先生还兴致勃勃地谈到："早就听说中国的生肖十分有趣，我是1918年8月4日出生的，参加过第二次世界大战，大难不死，一定是命中属相助佑。"

说者无心，听者有意，两天之后就是8月4日，谈话结束之后，倪经理立即在备忘录上做了记录。8月4日那天一早，小倪就买了鲜花，并代表饭店在早就预备好的生日卡上填好英语贺词，请服务员将鲜花和生日贺卡送到马斯先生的房间。马斯先生从珍贵的生日贺礼中获得了意外的惊喜，激动不已，连声答道："谢谢！谢谢贵店对我的关心！我深深体会到这贺卡和鲜花之中隐含着许多难以用语言表达的情意。我们在南京逗留期间再也不会感到寂寞了。"

本案例中大堂倪经理对待两位客人的做法，是站在客人的立场上，把客人当做上帝的出色范例。

第一，设身处地，仔细揣摩客人的心理状态。两位英国客人由于在异国他乡逗留时间较长，语言不通，深感寂寞。小倪深入体察、准确抓住了外国客人对乡音的心理需求，充分发挥他的英语专长，热情欢迎外国客人的光临，还特别称赞了他们的英国绅士风度，进而自然而然向客人介绍了当地风土人情等，使身居异乡的外国客人获得了一份浓浓的乡情。

第二，富有职业敏感，善于抓住客人的有关信息。小倪的可贵之处在于，在谈话中能及时敏锐地抓住客人生日的重要信息，从而成功地策划了一次为外国客人赠送生日贺卡和鲜花的优质服务和公关活动，把与外国客人的感情交流推向了更深的层次。因此，善于捕捉客人有关信息的职业敏感，也是饭店管理者和服务人员应该具备的可贵素质。

复习与思考

1. 到当地的星级饭店进行实地考察，以管理者的眼光从中找出不足之处，并指出如何进行弥补和修复？

2. 简述前厅在饭店中的地位和作用。

3. 指出前厅服务中的具体职能有哪些？

4. 概述宾客在前厅的服务中需要什么样的心理满足？

5. 上岗前应做好哪些个人卫生的准备工作？

6. 案例题：一位姓陈的非住客对你说，住在你们饭店的某客人欠了他许多钱，现陈先生无钱回香港，希望你帮忙查询及告知房号，以便他把欠款追回。作为前厅服务人员你是否同情此客人？应怎样处理陈先生的要求？

专题 8

客房部服务心理

专题提要

任务一　宾客之家——客房部

- 客房部的作用和地位
- 客房部的职能
- 客房部的服务程序
- 客房部与各部门的联系

任务二　依宾客心理做好客房服务工作

- 客房服务的特点
- 宾客对客房布置的心理需求
- 宾客在客房的一般心理

引导案例

新概念客房

在现代工业技术的支持下，饭店的硬件设施已经非常先进。然而，生活条件不断改善的宾客们，也变得越来越挑剔苛求。为了更好地满足各类宾客的需求，许多饭店纷纷推出各类新概念客房。

据有关资料表明：宾客入住饭店后，在餐厅用餐的时间约 2 小时，在康乐区域娱乐的时间约 4 小时，然而在客房内逗留的时间会长达 10 小时以上。所以，客房的个性化装修、装饰会给宾客留下深刻的印象，也是影响宾客是否再次入住的重要因素。如今饭店的经营者已越来越注重对饭店客房的更新改造，目的就是让住店宾客感觉常住常新。

传统饭店客房服务的主要特点是标准化、规范化、程序化，但随着饭店客源市场结构和市场的不断变化以及客源市场的细分，如果我们的服务仍停留在原来传统的“三化”上那是远远不够的，并且也很难适应和满足各类客人的需求，更难保证吸引新客户，留住老客户，提高回头率。因此，饭店客房服务应该导入新的理念，即客房服务新概念。所谓客房服务新概念，主要体现在客房服务个性化、现代化等方面。

据饭店管理理论研究者和管理工作者的相关研究表明，在今后的几年中，饭店的竞争将主要在智能化、信息化方面展开，而店内装潢、客房数量、房间设施等质量竞争和价格竞争将退居二线。可见，客房管理新概念就是将智能化管理理念运用到客房的日常管理工作中。

饭店智能化管理作为一个综合概念，给饭店业带来经营管理理念的巨大变革。这一变革要经过不断的建设和发展，渐渐形成一个涵盖数据采集、信息保存、信息处理、传输控制的信息库等。这些信息库的建立将成为饭店信息化管理和办公自动化的重要基础。从前台客人入住登记、结账到后台的财务管理系统、人事管理系统、采购管理系统、仓库管理系统都将与智能管理系统连接融合构成一套完整的饭店信息化体系。

客房智能化管理是饭店智能化管理的一个重要组成部分。饭店客房管理者借助客房智能化管理系统，可以随时了解到诸如客房销售情况，住客姓名、身份证号码，收费比例（是否折扣）、预付房金数、住宿类型，客房预订、保留、管制情况，客房打扫和维修情况等。饭店客房管理者还可以运用客房智能化管理系统自动生成各类客房管理报表，并对客房销售情况进行统计、分析和预测，达到有效利用客房资源，提高工作效率，改善服务质量的目的。

任务一 宾客之家——客房部

客房是饭店最基本的物质基础，是宾客留宿饭店时的主要活动场所，其服务活动也是饭店服务活动的主体。现代饭店服务功能的增加都是在满足宾客住宿需要这一最根本、最重要功能基础上的延伸。客房部负责管理全店的客房事务，负责客房、公共区域的清洁和保养，供应日常生活用品，为宾客提供礼貌、亲切、迅速、周到的服务，努力为宾客造就第二个“家”。

一、客房部的作用和地位

客房管理是饭店有效经营的基础。没有客房管理服务，任何一家饭店或旅馆都无法生存下去。客房部和其他部门之间保持紧密的工作关系是至关重要的，不过有时也是非常复杂的。客房管理的额定工时通常受其他部门的制约。例如，安排在不同地点的会议可能在早晨也可能在下午举行；同一天晚上在同一地点还要有一个婚礼庆典。由于客房部要为所有部门服务，就人员配备和维持质量标准而言可能是非常困难的，它需要全体员工受到过良好的培训。

客房部工作安排的复杂性和难以预测性，使该部门的经理与全体员工进行沟通成为必不可少的环节，而员工之间的合作和变通性对有效地完成工作也是非常重要的。服务态度好及良好的合作与协调能解决许多问题。如果饭店的管理层想留住那些高素质、有天赋的职员，就必须强化这些素质。饭店业巨头柯蒂斯·卡尔森认为，如果员工有一种满足感并勤奋工作，那么公司就会成功。相反，如果他们不这样做，那么公司注定会垮掉。图 8-1 说明了某一完全服务型饭店客房部门的组织结构。客房部员工包括行政管家、助理管家、检查员、勤杂工、洗衣工、客房服务员、管理员、夜间督导和服务员。

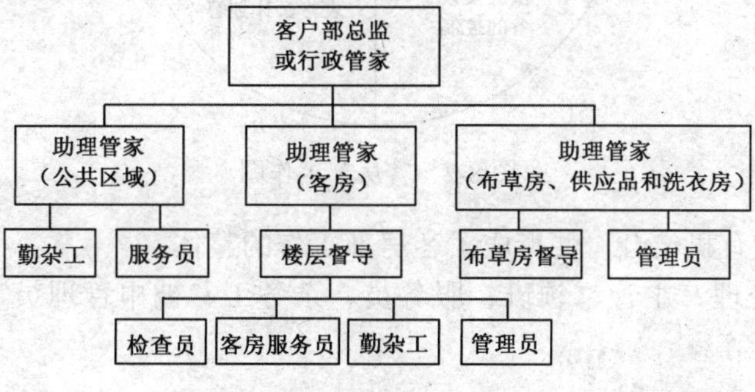

图 8-1 客房部组织结构图

饭店客房部在饭店管理中的作用，主要在以下三个方面：

（1）饭店客房收入是饭店经济收入的主要来源。饭店客房是饭店出售的最主要的产品。它耐用性强，创利率较高，是饭店收入中最稳定的部分。在我国，不少饭店客房销售收入占整个饭店收入的 70%左右。以客房作为基础设施的饭店，只有保持较高的住房率才能带动其他设施充分发挥效益。

（2）饭店客房服务质量是饭店服务质量的重要标准。饭店客房服务质量对饭店来说具有重大意义。因为客房是宾客在饭店中停留时间最长的地方，所需各种服务要求也最多。宾客对客房服务的好坏，感受最敏捷、印象最深刻。宾客对服务项目、服务态度的感受是“价”与“值”是否相符的主要依据。

客房部对饭店环境、设施的维护及保养的效果直接影响到饭店的服务质量及饭店的外观和形象。

（3）饭店客房部的管理直接影响到整个饭店的运行和管理。客房部的工作为饭店其他部门的正常运行创造了良好的环境和物质条件。客房部占有饭店建筑总面积和固定资产中的绝大部分，客房部员工在全店员工中所占比例也很大。因此，客房部的管理与饭店全局有直接关系，是饭店管理中的关键部位。

二、客房部的职能

客房部主要是保证客房和公共场所的卫生，给客人提供舒适满意的客房设备。客房收入的高低是饭店经营成败的关键。当客人进入明亮清洁的房间时，便觉得快意，产生一种宾至如归的感觉。许多客人住进饭店，不一定经常在饭店就餐，但会天天使用客房；如果客房不整洁，或服务欠佳，客人便会一去不复返。

客房部的工作分为 4 个方面，如图 8-2 所示。

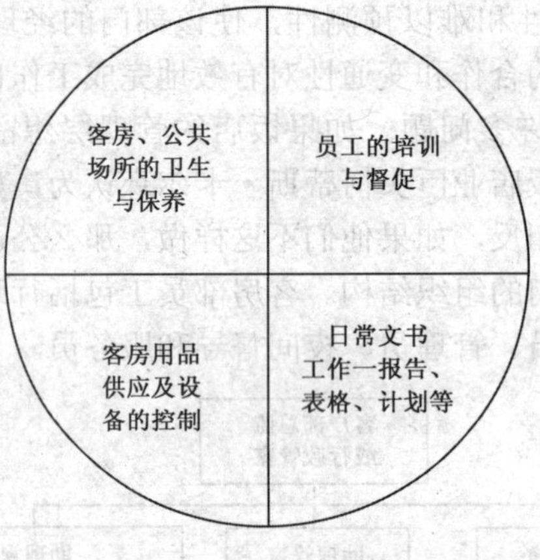

图 8-2　客房部工作图

上述 4 个方面的有机结合，便形成了客房部工作的整体。

该部人员包括经理、主管、领班、服务员、杂务工、被巾管理员、清洁工、织补工、维修工、夜班服务员等。

三、客房部的服务程序

1. 住客迎接程序

（1）了解客情。根据总台的通知单，尽可能详细地了解客情，做到“七知、三了解”，即知接待单位，知人数，知国籍，知身份，知生活特点，知接待标准，知健康状况；了解客人到（离）店时间，了解车、船、航班时间，了解客人宗教信仰。

（2）布置房间。根据客人的宗教信仰、生活特点、标准及规格，对客房进行布置（应检查客房布置是否合乎规范）。

（3）楼层迎宾。迎客服务，即电梯口迎接客人，引领客人进房间，送迎客茶，介绍房间设施及服务项目等；分送行李，即协助行李人员将客人行李（团队）分送至各房间。

2. 叫醒服务程序

（1）接听客人电话，应在铃响三声内接听；按标准程序问候客人、报岗位名；问清房号、姓名及叫醒时间；重复客人叫醒要求，得到客人确认后，祝客人晚安。

（2）把叫醒要求告知总机。告诉对方叫醒要求，请对方确认。

（3）填写叫醒记录。填写客人房号、姓名、叫醒时间并通知相关岗位人员。

（4）叫醒没有应答时，请楼层服务员敲门叫醒。

3. 客衣服务程序

（1）收取衣物。客人交洗的衣物或客房服务员和清扫员从房间收洗的衣物，都必须由客人填写洗衣单并签名；如客人未做交代，放在洗衣袋内未填写洗衣单的，不能交到洗衣房洗涤，需征求客人意见后再做处理；交洗的客衣应进行仔细检查，有无破损，衣袋内有无客人遗留物品；按客人填写的洗衣单，核对客人姓名、房号、日期、衣物名称、件数是否相符；了解是哪种洗衣类型；按饭店规定时间交洗衣房；如洗快件，应尽快通知洗衣房；有特殊要求的客衣，应在洗衣单上注明；填写收洗客衣记录，尽快将洗衣单传至总台入账。

（2）送还衣物。洗衣房送回客衣时，应按洗衣单逐件进行清点（不能折叠的衣物需用衣架挂放）检查洗涤质量：衣物有无破损、缩水、有无褪色等；送客衣进房间，请客人检查验收，清点完毕后向客人道别；如客人不在房间，应按程序进门，把衣物摆放在床上或挂于衣橱内（将衣橱门打开）。

4. 客人遗留物品的处理程序

发现客人遗留物品时，及时报告。在客房范围内，无论何地拾到客人的物品，都必须尽快交到服务中心。如服务员在检查客房时发现了客人遗留物品，应及时跟总台联系，将物品交还客人；如客人已经离开，则应及时上缴楼层领班。服务中心服务员在收到客人遗留物品时，都应记录在“客人遗留物品登记表”上，写明日期、房号、拾到地点、物品名称、拾物人姓名和班组。客人遗留物品处理的具体程序如下。

（1）类别。贵重物品，包括珠宝、信用卡、支票、现金、相机、手表、商务资料、身份证、回乡证、护照等；非贵重物品，包括眼镜、日常用品等。

（2）照看。所有遗留物品都必须保存在失物储藏柜里。贵重物品与非贵重物品分开存放，贵重物品应专人管理。贵重物品存放时间为一年半，非贵重物品保留时间为半年，开启的食物、饮料及药品保留时间为三天。超过保留期的物品，由客房部经理会同有关部门统一处理。

（3）认领。认领方式有直接认领和请人代为认领。问清有关问题，无误后，请认领人签字，并留下联系电话和地址。

5. 迷你吧服务程序

（1）发放。房间迷你吧由楼层领班统一管理，酒水在服务中心领取；由领班按规定品种及数量领取，按要求摆放；填写酒水领取登记，品名、数量应相符，并注明发放时间及发放人。

（2）填充。服务班根据当日客人消费单进行补充，并检查酒水质量和保质期；将客人消费单客房联交于服务中心；在客房消费的酒水需经客人签字确认后，再行补充。

（3）检查。领班查房时对迷你吧物品逐项进行检查、并登记；服务班对客房每日三次检查；当客人离店时，服务班在第一时间进房检查酒水消费情况，及时报告服务中心。

6. 送客服务程序

（1）准备工作。掌握客人离店时间，问清客人是否需要叫醒服务，是否房间用餐；如客人次日离店，团队房要根据行李多少，安排行李员；要检查客衣情况、各种账单及各项委托代办事项是否办好；客人临行前，服务员应利用房间服务的机会，检查各种物品及设备有无损坏或欠缺；临行前，应主动征求客人的意见。

（2）送别。主动为客人按电梯，主动提行李，主动搀扶老、弱客人，送至电梯口，并致离别祝愿。

（3）检查。检查客人有无遗留物品；检查房间设施设备有无损坏，有无消费项目。

7. 加床服务程序

（1）加床。接到加床通知后，随即提供该项服务，通常是在客人未住进时完成；总台通知服务中心后，必须及时在房间报表上记录加床的房号；服务中心通知领班或台班作加床服务；检查备用床是否有损坏，并擦拭干净，推入房间后铺好床；加床后，需增加房内相关低耗品及备品的数量。

（2）注意事项。续住房提早退床，需在“房间报表”上注明退床，并通知总台；退房后，床铺要尽快收好归位，备用枕头、棉被等检查无问题后，折叠整齐放回原位。

8. 擦鞋服务程序

（1）收到信息。在接到客人要求后，应及时前往客房收取擦鞋篮；在过道巡视时，发现住客房门前的擦鞋篮，应立即拿到工作间进行擦拭。

（2）擦鞋要求。将鞋篮编号，并将客人的房号写在纸条上放入鞋篮或用粉笔在鞋底注明房号，防止弄混；将鞋放置于工作间或服务中心，按规程擦鞋，应注意避免混色及将鞋油弄在鞋底。

（3）送还。一般应在半小时后至两小时之内，将擦好的鞋送入客人房内；对于提出特别时间要求的客人，应按要求将鞋送回；送还时如果客人不在房间，应将擦好的皮鞋放于行李柜侧。

9. 豪华套房及重点房间接待程序

（1）迎客准备。接到住房通知单后，要了解客人国籍、到房时间、人数、性别、身份、接待单位等；按照客人要求布置好房间，并检查房间设施设备是否完好，各种开关、按钮、照明、音响是否完好，各种物品摆放是否整齐、得当；按照规定摆放好酒吧饮料及酒类；摆放好水果（果篮、洗手盅、水果刀、果叉、口布等）、鲜花，做夜床要放置夜床赠品，摆放好总经理名片及欢迎卡；客人到达前还应检查房间温度是否得当（根据季节调节），客人到后再按客人要求调节。

（2）迎接客人。客人到达时楼层主管及服务员要到电梯前迎接，当客人跨出电梯，用英语或普通话欢迎客人，如知道客人职务，则以职务称呼客人，使客人感到亲切；引领客人进房时要落落大方地介绍客房情况，使客人熟悉住房，有宾至如归感；尽快送上热毛巾、迎客茶；服务员为不打扰客人休息，要尽快离房，离房前要说“请休息，如有事请打××电话。”

（3）住客服务。周到、主动地为客服务。客人离房一次，跟房一次（标准：要求恢复客人进房时状况，但不得移动客人自行放置的物品）。客人洗熨的衣服要专人负责。送给客人的电报、信件、物品要用托盘送上。记录客人入住日期。

（4）客人离店。离店时，楼层主管、服务员要在场送行，并致离别祝愿。客人离店时清点酒水消耗情况，报给总台结账。检查房间有无遗留物品，及时归还，并做好记录。

10. 对客租借用品服务

（1）接到通知。电话响三声内按标准接听；仔细询问客人租借用品的名称、要求以及租借时间等。

（2）送用品至房间。到服务中心领取租借用品；将用品迅速或在客人约定的时间送至客人房间，向客人说明注意事项，并请客人在《租借用品登记单》上签名。

（3）记录。在交接记录上详细记录，以便下一班服务员继续服务。

（4）归还。当客人离店时，应特别检查客人有无租借用品及有无归还等；当客人归还用品时，服务员应做详细记录；及时将用品归还服务中心。

四、客房部与各部门的联系

服务中心既称为客房部的“控制指挥中心”，就有很多工作内容需要与各部门的各个岗位进行沟通协调。沟通协调前，要尽量掌握对方的职责能力，并提供必要的帮助。以防对方事情处理不妥而引起麻烦。

1. 与前厅部的联系

（1）服务中心接到前厅各类订单时，预览订单、表格上各个项目是否填写完整，了解各类注意事项后，在订单、表格上签名，并写上签名时间，然后归类挂在信息板上，根据时间、日期对相关人员做提示、布置。

（2）前厅为客人查询遗留物品时，迅速查阅遗留物品登记本，根据客人反映的时间、品名、特征、检索登记本上的结果。如果检索到有此客人描述的物品，则按遗留物品处理程序进行处理；如果没有检索到此客人描述的物品，应请再稍等一下，向其他人员（如楼层领班、员工、主管）了解情况；如确实没有，则应向主管报告，同时请客人留下联系电话，待次日把主管的处理结果向客人反馈。

（3）接到前厅送来的报刊、杂志时，点清数量并检查是否分类，然后签上时间、名字以做签收，如在规定的时间内没送来，应问明原因。

（4）收到前厅送到服务中心需中转给客人的物品时，检查“中转”单上的物品名称、数量、双方客人姓名、留言、资料是否齐全，与实物是否相符，核实无误后签收、暂存（不明物品及违禁物品一律不得转递、暂存），再根据“单上”资料、时间通知领班做相应的转递处理。如果在注明的时间内未能中转到指定的接收人，则应立即反馈到前厅，由前厅联系客人请示意见；而服务中心对“中转”三天内无结果的，要暂存登记到客人的遗留物品薄，以便追溯并记下时间、工号、序号及有关内容。VIP 鲜花、水果派送也属中转之列，但应及时通知领班、主管跟进。

（5）前厅向服务中心报 C/O、C/I 时，要求重述房号、工号给对方，以免听错；然后迅速通知楼层，在规定的时间内（3 分钟）如楼层没完成，则必须重催、跟进；以免延误客人时间而被投诉。

（6）接到入住紧张需要赶房的信息时，立即与楼层领班沟通，反馈房态情况供前厅参考，并通知主管组织人力跟进。

2. 与 PA 部的联系

饭店 PA 是一般特指饭店公共区域保洁员，负责饭店的卫生保洁管理。PA 是饭店 Public Area 的简称（Public：当众地，公共场所；Area：范围，区域，面积）。

（1）调拨、借送较多、较重物件时，呼叫 PA 领班提供协助，告知对方的沟通对象、地点、时间、所需人力等情况进行解决（此情况暂限于客房部本部），其他部门有此现象需要协助时，可告知对方向本部门主管、经理沟通协调。

（2）楼层及其他部门报洗地毯、沙发时，做好专用记录，把地点、性质转告 PA 部领班，经 PA 部领班确认后，回复对方的处理时间和需要协助的有关事项。

（3）接到有关区域来电求清洁的信息时，了解对方人物、地点、事物性质，做好记录，立即把详情通知 PA 领班做好准备派员前往处理。中班无领班，先通知楼层领班跟进，再直接通知 PA 员到达现场。

（4）有会议或团体接待或团体用餐、上级来店检查、督导时，有会议接待时，提前通知 PA 领班按要求摆设台椅、借齐物件（如：台布、围裙），备齐用品，搞好卫生间和会场卫生。团体用餐时，提醒餐厅洗手间岗位储水、重点清洁。上级或团队来店参观检查、督导等活动时，提前提醒 PA 领班尽快搞好各岗位卫生，做好检查完善工作，做好重点岗位（大堂、外围、洗手间）巡查保洁。

3. 与工程部的联系

（1）有会议接待时，根据会议要求，检查灯光、电器设备，通知工程部调试音响、麦克风，调试视听设备，悬挂横幅，开启空调设备，以保会议召开期间设备运转正常。

（2）客房部维修项目。客房的维修项目影响开房的（如×××房），要在当班时间内跟踪并提醒领班跟进后转 VC 房。叫工程部尽快搞好并报告主管，以免维修房过夜。在住房需要维修，要第一时间通知楼层领班和工程部前往查看维修处理；不能在短时间内解决的要征求客人意见与前厅协商是否换一个房间，尽力满足客人。其他公共区域的维修要及时传达到工程部，做好记录和跟进。

4. 与餐饮部的联系

（1）有会议接待时，有些会议安排餐厅服务员或大堂服务员，做茶水服务和借用围裙、台布等布置用品；因此服务中心要提前通知餐厅管理人员做好物品及派员准备；而在会议召开期间该员工用餐及离岗时一定要通知楼层领班或主管调配人员顶替，方可让其离岗。

（2）接到客人要求送餐的电话时，在餐饮营业时间内，先建议客人参考服务指南餐饮服务中的点餐单，如没有合意的餐式，则了解客人房号、贵姓、请客人稍等，说明马上派人点餐，并做好记录；立即打电话到餐厅，由餐厅派部长或致电到房间为客人点餐；5 分钟内再致电餐厅咨询此事是否办妥；客人用餐后立即通知餐厅人员前去收餐具（无餐厅人员时可叫楼层服务员收出餐具）；如果客人未通知收餐具，应在送餐进去的 1 小时左右，致电客人，询问什么时候方便可以进来收餐具。尽量在客人用餐后收出餐具、残羹，以防食物异味在房间过夜而影响环境。

钻研工作业务，做一名内部公关、沟通、协调的能手服务中心协调和沟通的对象很多，沟通讲究的是迅速、愉快。

任务二　依宾客心理做好客房服务工作

一、客房服务的特点

1. 客源、业务广泛复杂

客房客人流动性大，每天送走迎来，接待各种类型、层次的客人，这些客人身份、地位不同，文化修养不同，国籍不同，性别不同，生活习惯及爱好不同，语言不同，对客房服务的要求也不同，这就造成了客房服务的广泛性。

2. 工作烦琐，随机性强

饭店是服务行业，大多数工作是为旅客提供方便的，客房服务工作的内容更是零星琐碎，从上述的服务程序中我们可以看出客房部的服务相当广泛。在各种情况下都有可能提出一些服务要求，而且有些服务要求是事先难以预料的，这就使客房服务有很强的随机性，它需要客房员工既要主动、热情、耐心，又要善于揣摩客人心理，提供灵活服务，随时随地满足客人的一切正当要求。

3. “背后”服务为主

直接与客人打交道的服务为“面对面”的服务，客房作为客人的私人领域，宾客们不愿让别人干扰自己的私生活。客人住店期间，喜欢按自己的习惯起居，所以客房主要以“背后”式的服务为主。

二、宾客对客房布置的心理需求

客房布置得好坏往往会影响到客人的心理感受，构成客人对服务质量评判的内容之一。从这个角度来看，做好房间的布置工作有着非常重要的意义。

在布置客房时一般应遵循两个原则，即实用和美观。首先是要实用，一切从方便客人的角度出发，灯光的亮度、镜子的高度都要适宜。其次，在实用的基础上还要注意美观和谐，讲究情调，给客人一种享受的感觉。如室内颜色的搭配，家具的摆设，窗帘、灯光、壁画之间的调节等。

客房环境舒适与否，在相当程度上取决于客人对视觉的满足程度。而在视觉感知的过程中，色彩的作用又是非常关键的。在这里简要介绍一下有关色彩的一些基本知识。

1. 人对色彩的感觉

人对色彩的感觉如表 8-1 所示。

表 8-1 人对色彩的感觉

色彩的感觉	色彩的表现
冷暖的感觉	冷色一般显得沉着，暖色则显得柔和
重量的感觉	色彩的明度越大，则感觉会越轻；明度越小，则感觉越重
视觉的感觉	暖色调比冷色调更容易引起人们的视觉疲劳
软硬的感觉	冷色和暗色会让人感觉硬而沉重，而暖色、亮色则让人感觉软而柔和
距离的感觉	暖色让人感觉近，冷色让人感觉远；高明度的色彩让人感觉近，低明度的色彩则让人感觉远

2. 色彩的和谐

如果要有美感，就必须注意在处理色彩时讲究对比与协调，这是创造室内良好气氛与环境的一个关键要素。色彩的对比要求色彩的色调、彩度和明度之间要强，而色彩的协调则要求色彩的色调、明度和彩度之间比较接近，给人统一感。追求色彩的和谐，关键是要在协调与对比之间把握好分寸。另外，使色调和谐的一个重要原则是要遵从自然的规律。例如，天花板适宜用淡颜色，墙壁适宜用中间色，而深颜色则一般用于地板，这些都是大家公认的通则，符合通则，才能为大家所接受。

三、宾客在客房的一般心理

1. 宾客在客房的心理

（1）求休息好的心理。宾客经过旅途的劳累，一般都已十分疲倦。他们一到饭店就希望能尽快在前台办好入住手续，马上进房间，洗个热水澡，好好休息一下，以消除旅途的劳累，以便有充沛的精力参加其他的活动。他们希望客房能提供休息的诸多条件，如环境较安静、温度适宜、床铺舒适、没有蚊虫等。

（2）求干净的心理。宾客来到客房要使用各种各样的设备。饭店客房的各种用具是千人使万人用的，这当中可能有的宾客患有传染病，客人希望饭店客房的用具是清洁卫生的，特别是容易传播疾病的用具，如茶杯、马桶等，他们都希望能严格消毒，保证干净卫生。宾客对直接与自己身体皮肤接触的各种用具特别敏感，如浴缸、洗脸盆、床铺等。他们不希望外出旅行期间在异国他乡染上疾病，希望整个旅途都身心愉快、身体健康。美国康乃尔大学饭店管理学院的学生曾花了一年时间，调查了三万名宾客，其中 60%的人把“清洁卫生”列为选择饭店的第一考虑因素。

（3）求方便的心理。宾客坐车到达饭店后，希望前台的迎送员能主动开车门，有行李员帮忙搬运行李，前台的接待员能迅速地办理入住手续。客人住下后，都希望生活上十分方便，要求饭店设备齐全，服务项目完善，有什么问题或需要什么，只需打个电话就能及时解决。

（4）求安全的心理。天有不测风云，宾客住进客房，希望前台提供有贵重物品保管服务或客房有保险柜，能保障他的财产安全。饭店客房保安严密，能保障他的人身安全。他们不希望自己的钱财丢失、被盗，不希望自己的一些秘密被泄露出去，不希望发生火灾、地震等意外事故。万一出现火灾则希望服务人员能及时采取措施将他们带到安全的地方。客人还希望在喝醉酒、有病或出现危险情况时，服务人员能及时采取措施，保障他们的人身安全，不出现意外。

（5）求尊重的心理。宾客希望自己是受前台和客房服务员欢迎的人，希望见到前台和楼层服务人员的笑脸，希望服务人员能尊重自己的人格，尊重自己对房间的使用权，尊重自己的意愿，尊重自己的朋友、客人，尊重自己的生活习俗、宗教信仰等。

2. 根据客人的心理做好服务工作

（1）满足宾客求休息好的心理。心理学家研究发现，如果剥夺人的睡眠权利就会导致人烦躁不安，记忆力降低，甚至会导致死亡。人在特殊情况下，一个月不吃食物，生命还可继续保持，但是如果不睡觉，人连一周半的时间也坚持不下来。睡眠不好的人特别容易发脾气，导致不良的心境。中国有句俗话“人困则多怒”，所以我们要注意满足宾客的这一心理需求。当客人到达前台时，服务人员应准确、高效地为他们办好入住手续，让客人尽快回房休息。要保证客房有一个安静的环境，让他们休息好。特别在夜间值班时，服务员一定要做到三轻（走路轻、说话轻、操作轻），不发出任何噪声影响宾客休息。服务员要经常检查房间设备的完好情况，坏了要及时通知有关部门修理，保证宾客休息时有舒适的床铺、被褥，有温度适宜、空气流通的安静环境。还要经常注意消灭客房中的老鼠、蚊虫、蟑螂，不让它们干扰宾客的休息。

（2）满足宾客求干净的心理。为满足客人求干净的心理，服务员要切实搞好前台和客房的清洁卫生。国外一流的饭店都十分注重搞好卫生。据说我国有一个旅游代表团到国外考察，住在一间现代化的高级饭店里。代表团的一位成员想检查一下客房卫生工作是否真的彻底，在外出之前，特意在墙角上放了一根火柴棍，在浴缸边上放了一根头发。等他外出回来一看，火柴棍和头发都不见了，可见他们卫生工作的踏实认真程度。我们也应当有这种一丝不苟的精神，严格按照饭店客房卫生操作规程，认真搞好客房的卫生。特别是客人接触的水杯、洗脸盆、抽水马桶等，更要严格消毒，并用写上“已经消毒、请放心使用”字样的杯套，马桶用封条封好，使客人放心使用房间里的一切设备。

（3）满足宾客求方便的心理。为满足客人求方便的心理，服务员工作要做到热情、主动、周到，在可能的情况下，要尽量满足客人提出的要求，不要怕麻烦。如有的客人可能会提出代煎中药、送餐进房、擦皮鞋、代邮寄物品、代购机票等请求，我们都应设法满足。要使宾客有“宾至如归”的感受，就应当让他们感到在这里一切都很方便、顺心，没有什么办不到的事情。如在卫生间里备有各种生活用品（如牙刷、牙膏、洗发液、洗浴液、刮胡刀等），在房间的书桌上还备有住客专用信笺、信封以及介绍饭店各部门情况的资料，抽屉里备有针线包，使人感到十分方便。客人在办理手续时，行李员要帮助客人照看行李，防止被人提走。

（4）满足宾客求安全的心理。为满足客人求安全的心理，不少饭店提供贵重物品的保管服务。广州白天鹅宾馆、中国大饭店等五星级的饭店还在客房中设有供住客使用的私人保险箱。服务员应当提高警惕，要配合保安人员防止不法分子进人客房偷窃客人的物品。在收拾房间时不能乱动客人的物品，除丢在废纸篓里边的东西外，不能随便扔掉客人的东西，以免引起误会。在发现客人喝醉酒时，一定要采取合理措施，不能将他关进房间里了事，否则若客人在不太清醒的状态下躺到了盛满水的浴缸里，就有可能出现生命危险。当发现有人生病时，一定不要随便自作主张给客人吃药，应和饭店医务室的医生联系，或请示上级，送客人到附近医院治疗。在发生火灾、地震等突发事件时，一定要先为客人着想，想办法转移客人到安全地方，保证客人生命安全。为满足客人求安全的心理，饭店人员不应随便向外人泄露住客的情况，以免发生意外。如我国总理访问英国期间曾住在伦敦的克拉里奇斯饭店，当记者问及饭店经理我国总理早、午、晚餐吃些什么东西、起居生活如何时，饭店经理很抱歉地对他说："对不起，凡是客人的事情，我们都不能向外人说。"

note 知识链接

如家快捷酒店"洁净似月，温馨如家"

任何一个想预订如家客房的客人，只要登录如家网站即可。借鉴携程的经验，如家利用 800 全国免费订房电话，通过自己的网站或携程等开展网络预订服务。宾客可以在一个城市打电话预订另一个城市如家某个分店的客房，如果预订的客房已满，网络系统可以把宾客推荐到最近的如家分店。

在如家的每一间客房里都免费提供宽带服务和一些书籍，让客户享受温馨和便捷。据如家提供的统计数据显示，80%的入住客户属于商务人群，其中 IT、通信领域的白领占到了 25%。这一群体中有 80%的人年龄在 20～40 岁之间，属于理性消费群体。如家的细节化特色服务正是针对这些消费者精心设计的。

除了重视酒店的内在服务外，如家还讲究对酒店外部环境的选择。根据目标消费者的出行需要，如家一般将店址选择在经贸、旅游比较发达的城市，而在城市中的选址又讲究交通便利，如靠近地铁站、公交车站等，为客人出行尽可能提供方便。

在如家，客户会发现很多在传统饭店里所感受不到的东西：两张床共用一盏床头灯；地上铺设的是地板而不是地毯；窗帘只按照窗户的大小来设计，绝不浪费；所有的房间都采用单体空调，空气相对洁净；卫生间里只有淋浴没有浴池；所有的牙具均无纸壳外包装；双人间内也只提供一块小香皂供客人洗手；沐浴用品是可添加的沐浴液。

既然如家是"家"，所以在酒店的服务和客房设计方面，如家也不断采用"家"的元素，门口没有迎宾小姐；服务员的装束充满亲和力；客房里的床单不拘泥于一种颜色，或红、或绿、或粉、或蓝白格子尽显家的温馨。

（5）满足宾客求尊重的心理。为满足客人求尊重的心理，要注意以下几个问题。

① 对客人要使用尊称，使用礼貌语言。对客人要称呼"先生"、"太太"、"小姐"；对知道学位、军衔、职位的客人要在先生之前冠以职衔，如"博士先生"、"上校先生"、"经理先生"、"船长先生"、"团长先生"等；对大使或政府部长等官员，在官衔之后往往还加上"阁下"二字，以满足他们的自尊需求。当客人从前台到客房时，服务员应在楼层电梯口迎接，并微笑地问好，表示欢迎。这样做既可以满足客人求尊重的需求，也可以满足他们希望被接纳、受欢迎的社会交际需求。一般客人对服务人员的热情欢迎都会十分高兴。同样，在迎面碰到客人时，应当主动向客人问好并让道；当客人要乘坐电梯时，服务员帮忙按电梯，也可以表示对客人的尊敬之意。

② 要记住客人的名字，并随时用名字去称呼他们。我们都有这样的体会，一个人被别人经常叫名字的地方多数是在家中、在学校班组里、在工作单位的同事中，也就是在自己熟悉的环境之中。如果在异国他乡，陌生的环境，能听到别人称呼自己的名字会倍感亲切，使人产生如同和家人、老朋友或老同事在一起的感觉。所以，服务人员要努力记住每个客人的

名字，经常用客人的名字去称呼他，客人会非常高兴。这也是尊重他们的一种表现。世界上的一流饭店一般都要求每位服务人员努力记住客人的名字，并随时称呼。如在美国的斯坦福饭店里，当一位游客踏进饭店，迎送员立即上前去问好，并热情地询问他的名字。在得知宾客叫“布朗”后，迎送员立即说：“布朗先生，欢迎您到我们饭店，我领您去办理入住手续。”然后把客人介绍给前台服务员。前台服务员马上热情地说：“欢迎您布朗先生，请填写这张单子。”接着前台服务员把客人介绍给行李员，“请带布朗先生去房间吧。”行李员有礼貌地说：“布朗先生，请允许我帮您提箱子。”服务员多次亲切地称呼布朗的名字，使布朗先生初来乍到的陌生感一扫而光，好像依旧生活在亲友之间。许多游客说：“没有比听到别人称呼自己的名字更觉亲切的了。”

③ 尊重客人对房间的使用权。宾客一般都这样认为，房间是我花钱定的，在我入住期间，我对房间有使用权。我是房间的主人，房间就是我的家，如果谁要进房间，都应当得到我的允许。但是一些服务人员没有重视客人这方面的心理需求，他们认为自己是工作人员，是管理这些房间的，要进房间搞卫生或做什么事，用不着谁允许，开门进去就是了。所以有些服务人员没有打任何招呼就推门进房做事，这是客人最恼火的。在北京建国饭店开业后，英国《金融时报》刊登了一篇报道，赞扬当时建国饭店的服务员尊重客人对房间的使用权，深受客人的欢迎。同时还尖锐地指出，中国的有一些饭店的客房服务员经常在最不适宜的时刻不打招呼就闯进客人的房间，他们认为这样是“荒唐的做法”。可见，尊重客人对房间的使用权是十分重要的。服务员无论要进房间做什么事，都应当轻轻用手指在门上敲三下，两次敲门之间至少要隔五秒钟。如果门半掩着，千万不要从门缝往里瞅，这是不尊重客人的极不礼貌的举动。

④ 尊重客人的喜好、生活习惯和习俗。宾客中各种民族、职业、年龄、身份的人都有，他们的生活习惯各异。我们应当尊重他们的生活习惯，如夫妻同来的客人安排“夫妇房”；新婚宾客安排少干扰、安静的“蜜月房”；与家属或朋友一起来的宾客安排连房或对面房；团体客人安排同一楼层房间；不吸烟的客人安排“无烟楼层”；“老弱病残”客人，安排低层、安静客房；有身份地位的宾客安排高级套房；妇女安排布置漂亮的客房；若遇两个敌对国家的宾客或商业竞争对手，要安排不同楼层的房间；如有的客人睡得很晚，起床也很晚，我们不能因为要打扫卫生而去吵醒他们。

note 知识链接

服务中的禁忌

法国人忌讳黄菊花、纸花，认为黄色的花是不忠诚的表现；日本人忌讳荷花；拉丁美洲的一些国家认为菊花是“妖花”，只有人死了才用菊花，房间里是不放菊花的，送礼更忌菊花。西方人还忌讳“13”，不喜欢住 13 层楼或 13 号房等；港澳地区的商人还忌讳住“324”号房，因为“324”是“生意死”的广东话谐音，如果我们安排“328”号房，他们会十分高兴，因为他们认为这是“生意发”的好兆头。信基督教的宾客正在作祈祷时，或者伊斯兰教的游客过“斋月”时，都不能被打扰。在需要送花给客人时，也要尊重客人的习俗。

⑤ 尊重有生理缺陷的游客。有的服务员见到一些有生理缺陷的客人，往往喜欢评头论足，这是不应该的。一般有生理缺陷的人会有很强的自卑感，感到自己矮人一截，抬不起头，怕被人看不起。这种自卑感实际上是人的尊重需要长期得不到满足而形成心理挫折的表现，他们对嘲弄自己的人十分反感，甚至会采取报复行为。如果服务人员十分尊重他们，细心照顾他们，处处为其提供方便，他们一定会十分感激。残疾人士特别需要别人的尊重和帮助，我们能做好这方面的工作，就恰好满足了他们的需要，肯定性的情感就必然会产生。

⑥ 尊重有过失的客人。客人有时会不小心损坏房间的设备，如弄坏了电视机，抽烟烧坏了床单、被褥、茶几，客人带来的小孩将窗帘扯坏了，等等。我们在向主管汇报后，需要索赔的应当礼貌地向客人提出。有一些宾客首次住某间宾馆、旅店，对印有宾馆标志的毛巾、水杯、茶杯、烟灰缸等物品喜欢顺手拿走，作为纪念。在国外的一些饭店是允许客人这样做的，但我国的宾馆、饭店一般是不允许的。碰到这种情况，服务员应当婉转而有礼貌地提出来，注意不要伤害他们的自尊心。可以这样说："××先生，您房间里的烟灰缸我找不到，你有没有放到别的地方，请告诉我吧。""××先生，你收拾行李时，有没有放错一条毛巾，麻烦你自己看一下。"在客人交还物品时应当向客人说："给你添麻烦了，谢谢。"或"打扰您了，真对不起。"

⑦ 尊重来访问宾客的客人。不少外籍华人华侨、港澳台同胞回国或回内地探亲住在饭店期间，有很多亲友到饭店探望。有时会来男女老少一大批人，还会有不少是从农村专程赶来的亲友。我们对他们应当热情招呼，礼貌地要求他们办好来访手续。一般应征得住客本人同意，才能带他们进入住客的房间。在来访的客人进入房间后，应当及时给来访者送茶，并适当增加椅子，以示热情欢迎。如果我们对来访的客人不尊重，住客也会反感，会认为这是看不起他们。

note 知识链接

进入客房的 10 个步骤

Step1	Check the room status. 检查房屋状态。
Step2	Check for a 'Do Not Disturb' sign. Do not knock if a sign is on the door. 检查有无'请勿打扰'的标牌。如果有，不要敲门。
Step3	Announce presence. Knock firmly and say 'Housekeeping'. Do not use a key to knock on the door. 通知客人，沉稳地敲门并通报"客房服务"。不能用钥匙敲门。
Step4	Wait for a response. If you do not hear an answer，knock again and repeat 'Housekeeping'. 等待答复，如果没有回答，重复步骤 3。
Step5	Wait a second time for a response. If you still do not receive an answer open the door slightly and repeat 'Housekeeping'. 再次等待答复。如果仍旧没有回答，轻轻地开门并通报"客房服务"。
Step6	If the guest is asleep or in the bathroom，leave quietly and close the door. 如果客人正在睡觉或在浴室，安静离开并关上门。
Step7	If the guest is awake but dressing，excuse yourself，leave，and close the door. 如果客人刚醒，没有或正在穿衣，立即道歉，离开并关门。

续表

Step8	If the guest answers your knock，ask when you may clean the room. 如果客人回应，向客人询问可以进行客房服务的时间。
Step9	In the room is unoccupied，position your cart in front of the door and leave the door open. Begin cleaning. 如果房间没人，将服务车停在门前，保持房门打开。开始客房清洁。
Step10	If the guest returns while you are cleaning，offer to finish later. Ask to see the guest's room key to verify that the key and room numbers match. 如果中途客人返回，停止工作，询问可以服务的时间并准备离开。(一般视情况而定)。 离开前，要求客人出示与客房号相符的钥匙卡。

案例分析

承诺重千斤

某公司是北京某饭店的长住客户，与该饭店有多项业务往来，关系一直很融洽。一次，该总公司的程小姐入住该饭店后，在西单购物中心买了一只真皮红色女士包。有一天，她突然发现该包在房间内丢失了。包内钱虽不多，但这是程小姐的心爱之物，因此心里十分不痛快，便找到大堂副理投诉此事。当天，某值班经理对程小姐许下诺言：“小姐，请放心，24 小时后给您一个满意的答复。”可是，当天值班经理又处理了几件事，就把此事忘记了，既未调查，也未采取任何寻找失物的行动，更不可原谅的是忘记了与接班经理交代。这样，接班的值班经理当然不会知道红色女士包之事。24 小时过去了，程小姐抱着莫大希望来到大堂副理处查询结果。程小姐见此情境十分生气地问道：“你们为什么承诺 24 小时给我满意的答复又不兑现？这不是欺骗宾客吗！”一气之下，立即结账离店，并把所有与该店的业务关系全部取消。

销售部石经理看到由一只小小的女士包引起这么大的风波，使饭店失去了一个大客户，受到经济损失，十分心痛，决心要追查到底，一定要给程小姐一个交代。于是他与客房部经理一起带领服务员查遍程小姐到过的部门，没有任何线索，然后又到程小姐住的房间，仔细查找每个角落，把家具都搬开彻底查找。当销售经理与客房部经理搬开床时，惊喜地发现那只红色皮包伏在床下的地毯上。销售部经理拿起小皮包，情不自禁地喊到：“程小姐，红皮包找到了！”大家悬着的心这才放下。

为了保住饭店的客源，石经理亲自带上那只费尽千辛万苦才寻到的红色女士包和饭店赠送的礼品，专程赶到该公司总部，找到程小姐，诚恳道歉，对大堂副理不履行承诺一事做了自我批评，并归还了红皮包。

程小姐捧着失而复得的心爱的红皮包，看着风尘仆仆的石经理，十分感激，连声道谢，当即表示：“我们还是好朋友，我们公司哪儿也不去，就住在你们饭店。”就这样，饭店的真诚感动了宾客，该总公司和该饭店的业务关系一直继续到现在。

复习与思考

1. 作为服务人员，如何为宾客提供优良的客房服务？

2. 系统地阐述客房服务的基本程序？

3. 试着阐述客房与其他部门的联系？

4. 宾客在客房的一般心理是什么？

5. 目前国际著名饭店及管理集团对饭店客房安全十分重视，如果你作为一名客房部经理，如何做好客房安全工作？

6. 尝试阐述客房设备日常管理有哪些内容？

7. 案例题：“十一”黄金周期间，两位外地游客来到某大饭店的大堂，“小姐，请给我们查一下我们的预订情况。”“先生，你们只预订了一天的标准间，是吗？”前厅服务员小吴查阅了一下预订单便对客人说。“公司为我们预订的客房明明是三天，怎么现在变成了一天呢？”客人听了很不高兴。“这两天是旅游旺季，现在房间特别紧张，当时已经跟你们公司说过了，他们也同意了的。”小吴仍用呆板的毫无变通的语气说。“我根本没有兴趣也没有必要去追究预订客房差错的责任问题。你们必须要解决我们的住宿问题，反正明天我们不走，你们看着办吧。”客人说罢更加恼火了，大声吵了起来。

正当小吴与客人形成僵局之际，大堂副理闻声赶来，首先他让客人慢慢地把要求说完，“你们的要求是正确的，眼下追究责任并不是主要的。不过这几天正是旅游旺季，双人标准间也很紧张，你们看这样行不行，我设法安排一间套房，请你们明后两天继续住在我们饭店，虽然套房房价要高一些，但设备条件非常不错。”大堂副理以抱歉的口吻说。“那怎么行，说好的又要变，开黑店啊。”客人不满意地说。

“对不起先生，实在是非常抱歉，这样吧，以我的权限，我给你们打个八折好吗，对比您现在的房价差 100 元。”大堂副理继续以商量的口吻说。“那就这样吧。”客人觉得这位大堂副理的态度是诚恳的，提出的补救办法也还可以接受，于是点头同意了。

问：前厅服务员小吴的问题出在哪里？处理方法应是什么？旅游旺季的订房应注意什么？

专题 9

餐饮部服务心理

专题提要

任务一　饭店美食天地——餐饮部

- 餐饮部在饭店中的地位和作用
- 几种餐厅简介
- 餐饮服务的特点
- 餐饮服务质量管理

任务二　宾客对餐厅服务的心理需求

- 餐厅接待服务心理
- 餐饮服务质量控制
- 宴会服务心理

引导案例

高星级酒店做大餐饮可行吗？

一般来说，按照五星级标准建造的饭店，规划和设计的初期，是按照酒店行业的收入结构配比来规划和设计的，当初计算投资回报率也是按照酒店固有的收入结构比所能得到的利润率来进行预算的。

然而，很多酒店在现实经营中发现，所在的城市没有五星级标准的住宿需求，即使是由国际酒店管理集团管理的，这些集团的全球预订网络系统也无法将网络中的目标客源引入非目标城市。按照国际会议需求建造和配备的会议设施和场所，主要接待当地政府和企业的会议，付费标准大大低于设备设施的投入。根据五星级标准规划设计的多种类餐饮设施，最受当地消费者青睐的是中餐的包房和大宴会厅举办婚宴，原设计场地和消费的不匹配现象凸现。

面对现实，往往酒店做出两种抉择。

第一种抉择是每天为低下的客房出租率和房价叹息，为现有餐饮场馆和消费需求的不匹配而影响餐饮生意犯愁。

第二种抉择是明白消费市场以后，改变经营方向，改造设施，将重点转向有消费需求的餐饮：将小会议厅改成餐饮包房，利用没有消费市场的西餐厅举办小型婚宴，大型婚宴后厨面积不够再扩建厨房。

第一种抉择的结果是每年收入在萎缩，利润在不断下降；第二种抉择的结果是收入能够维持原来预期，但是利润率在不断缩水。

资料来源：中国日报网，2012年10月31日.

任务一　饭店美食天地——餐饮部

饭店餐饮部的收入仅次于客房部，但员工最多，工作最集中。餐饮部向客人提供三种需要：食物、饮料、服务。三种需要中，“服务”是最重要的。如果客人在餐厅吃了一顿丰盛的晚餐，没有得到良好的服务，他会因此而不满意。由于客人逗留在餐厅的时间较长，餐厅工作人员的服务态度就显得异常重要了。

一、餐饮部在饭店中的地位和作用

尽管世界上存在不同的民族，有着不同的肤色和语言，但对维持人类生存和发展的饮食的需求是基本一致的，只不过世界上各民族因为食品原料、烹调方法、饮食传统和习惯的不同而又所差异。世界各地的客人在饭店的餐厅不仅可以品尝具有异国风味的美酒佳肴，还可以领略异国情调的饮食文化，这不仅能使客人得到必要的营养补充，也能从中感受到艺术感染，从而得到精神上的享受和满足。

1. 餐饮部是星级饭店的重要组成部分

餐饮部是星级饭店的重要组成部分，如图 9-1 所示。旅游饭店餐饮部的管理范围包括各类餐厅、酒吧等传统的餐饮设施，有些饭店的餐饮部还管理歌厅、舞厅、茶座等娱乐设施，一些饭店的餐饮部甚至管理各种会议设施。所有这些设施均是客人经常活动的场所，是饭店功能的重要组成部分。

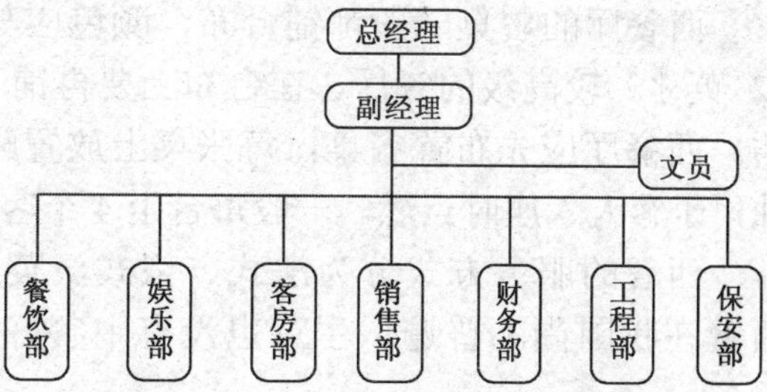

图 9-1　饭店组织结构图

2. 餐饮服务直接影响饭店声誉

餐饮部工作人员，特别是餐厅服务人员为客人提供面对面的服务，其一举一动、一言一行都会在客人的心目中留下深刻的印象。客人可以根据餐饮部为他们提供的餐饮产品的种类、质量以及服务态度等来判断饭店服务质量的优劣，管理水平的高低。餐饮服务的好坏不仅直接影响餐饮部的经济效益，更会直接影响饭店的形象和声誉。

3. 餐饮部为饭店创造可观的经济效益

我国旅游饭店的餐饮收入约占饭店收入的 1/3，少数餐饮经营有特色的分散饭店，其餐饮收入甚至超过客房收入。因此，通过扩大宣传，推出有特色的餐饮产品，增加服务项目，严格控制餐饮成本和费用、增收节支等手段，可以为饭店创造可观的经济效益。

4. 餐饮部的工种多、用工量大

餐饮部的业务环节多而复杂，从餐饮原料的采购、验收、储存、发放，到厨房的初步加工、切配、烹调，再到餐厅的各项服务活动，需要许多员工共同配合才能做好。因此，餐饮部的多工种和用工量大的特点为社会创造了众多的就业机会。

5. 餐饮服务是一种重要的旅游资源

饭店产品由有形的实体物品和无形的服务组成，是两者有机结合的一个整体，餐饮产品则是最典型地体现了饭店产品这一特性。餐饮不但是旅游得以进行的手段，而且成为旅游的目的之一，具有既属于旅游设施类又属于旅游资源类的双重性质。美食旅游、减肥旅游、食疗旅游在各地逐渐成为一种时尚。饭店如能不失时机地恢复、开发名菜名点和设计特种餐饮，必然可以丰富餐饮服务内容，吸引更多的宾客。

二、几种餐厅简介

1. 中餐厅

由于中国幅员辽阔、人口众多，中国菜也有许多种，不同的种类，亦有不同的烹调风格。大致可分为广东菜、四川菜、北京菜、江浙菜、湖南菜、台湾菜等。

中餐大都采用圆桌，客人围桌而坐。为了实用与经济起见，中餐厅可采用双用型餐桌，即平时为方型，大小可与西餐桌相同，四边装有拉起的弧形活板，拉起后成为圆桌，一桌多用。中国菜好吃，享誉全球，许多国家地区都有中国餐馆。

2. 西餐厅

西餐厅的餐桌一般都铺台布，颜色应与餐厅的装饰色彩的调配柔和，台布边缘应垂下12 英寸。较高级的餐厅，在台布上要再铺一块罩布，其大小与桌面相同，用以保持台布清洁。西餐厅应先布置餐桌，每张桌上放置鲜花，使餐厅有气氛。晚餐在每张桌上放一根蜡烛，于客人入座时点燃。一般每台坐 4 个客人，餐具的摆法要规范。

西餐的服务方式分为法式、俄式、英式、美式等，前面已经提到，此处不再赘述。西餐在我国尚不普遍，生意也没有中餐好，但高级的宾馆一般应该有西餐厅，提供西餐服务。

西方人注重早餐，他们认为早餐吃得舒服，热情愉快的气氛，表示一天都有愉快的时光。因此，早班的服务人员要精神振作，礼貌待客，向客人问好，表现一片热情愉快的气氛，给客人一个良好的印象。西方人对午餐比较随便，但对晚餐特别重视，通常邀请客人都以晚餐为主，一天两餐中，晚餐是最正式的了，晚餐的灯光和布置很关键，有时也用蜡烛。午餐、晚餐均应供应酒类，分为餐前酒、佐餐酒、餐后酒。服务员要尽可能地推销，如果不用酒类，亦可推销饮料，以提高客人的消费额。

3. 宴会厅

饭店里都设有大小不同的宴会厅；供宾客宴会之用。宴会是餐饮部的一个重要服务项目，旅行团、会议、婚姻、庆典、迎接仪式、欢送仪式等都举行宴会，使之成为餐饮部的一项重大收入。

宴会的安排，首先要有周密的预订作业，以及经常而普及的广告宣传，推销宴会的生意，争取各机构、团体或个人到饭店举行宴会。宴会分为午宴、晚宴、酒会、茶会、舞会、自助会等。

4. 夜总会餐厅

饭店除了供应客人餐饮之外，还要提供娱乐服务，夜总会就是为此而设。大的饭店都设有夜总会，有的饭店为了充分利用餐厅，把较大的餐厅兼做夜总会。

但夜总会的经营成本高，雇请乐队和演员都要花费大笔开支，而且餐具都是高级的，价格昂贵，如果没有良好的营业计划和市场调查，以及严密的餐厅管理，是不容易赚钱的。

夜总会餐厅的服务员要特别有礼貌，更周到地服务客人。夜总会餐厅菜肴的价格比一般餐厅高出许多，饮料收费也较高，因此服务质量一定要保证。

5. 咖啡厅

咖啡厅在饭店的餐厅组织中，列为非正式的餐厅，但它却发挥了高度的服务效率。如果一家旅游饭店没有咖啡厅，是不可思议的。咖啡厅供应的时间，大部分按饭店的实际情形而定，有的是 24 小时服务，有的是白天休息晚上服务，一般至少也要服务到午夜 12 时，以方便客人用餐。咖啡厅除快速的菜肴之外，还有冷热饮料、冰激凌、点心等。

6. 客房餐饮服务

客房餐饮主要服务内容包括早餐点心，如甜点、面、饭、开胃菜（冷盘）、汤、水果、三明治或其他菜肴。另加饮料和酒类服务。

三种常见的餐厅示意图如图 9-2 所示。

（a）中餐厅　（b）西餐厅　（c）宴会厅

图 9-2　三种常见的餐厅

三、餐饮服务的特点

餐饮服务是餐饮服务员为就餐客人提供食品、饮料等一系列行为的总和。它包括与客人面对面的各式餐厅、包席、团体等的前台服务，和客人视线所不能到达的厨房、洗涤、采购、储藏、财务等处的后台服务，两者的工作相辅相成。可以设想一下，菜肴做得很好，但服务不周，甚至冷言冷语，客人对餐厅的服务不会做出好的评价。相反，服务周到，热情，但菜肴质量差、价高，客人也不会做出好的评价。由此可见，后台服务是前台服务的物质基础，与前台周到的服务相结合，才会受到客人的欢迎。概括起来，餐饮服务具有以下特点。

1. 无形性

餐饮服务是餐饮产品的重要组成部分之一，但却是特殊的部分，即它在服务效用上的无形性。它不同于水果、蔬菜等有形产品，仅从色泽、大小、形状等就能判别其质量好坏。餐饮服务只能通过就餐客人购买、消费、享受服务之后所得到的亲身感受来评价其好坏。因此，餐饮服务效用上的无形性加大了餐饮产品的销售困难。餐饮部门要增加销售额，就要不断追求标准的服务质量，特别是提高厨师和餐厅服务人员的制作水平和服务水平，使就餐者愿意购买有形产品和享受无形服务。

2. 一次性

餐饮服务只能一次使用，当场享受。这就是说只有当客人进入餐厅后服务才能进行，当客人离店时，服务也就自然终止。正如饭店的客房当天不能出售就会给饭店收入带来很大损失一样，餐厅没有客源同样也是经济损失。所以，餐饮服务的“一次性”特点要求餐饮部门要接待好每一位客人。当客人在精神和物质方面的需求得到满足后，他们就会去而复返，多次光临，并能起到宣传作用。

3. 直接性

一般的工农业产品生产出来后，大都要经过多个流通环节，才能到达消费者手中。如果产品在出厂前质量检验不合格，可以返工，在商店里你认为不满意的商品可以不去问津，而餐饮产品则不同。它的生产、销售、消费几乎是同步进行的，因而生产者与消费者之间是当面服务，当面消费。服务得好坏，立即受到客人的当场检验。这种面对面的直接服务和消费特点，对餐饮部门的物质条件、设备、工艺技术、人员的素质及服务质量等提出了更高、更直接的要求。

4. 差异性

餐饮服务的差异性一方面是指餐饮服务是由餐饮部门工作人员通过手工劳动来完成的，而每位工作人员由于年龄、性别、性格和文化程度等方面的不同，他们为客人提供的餐饮服务也不尽相同。另一方面，同一服务员在不同的场合，不同的时间，或面对不同的客人，其服务态度和服务方式也会有一定的差异。为了缩小这种差异，餐饮部门一定要制定餐饮服务质量标准。经常对员工进行职业道德教育和业务培训，使他们做到服务方式规范化，服务质量标准化，服务过程程序化。

四、餐饮服务质量管理

服务质量是餐饮工作的生命线。任何餐饮企业都要以服务质量求生存，以服务质量求信誉，以服务质量占据市场，以服务质量赢得效益。

1. 服务质量的定义

服务质量是指服务满足宾客服务需求的特性的总和。这里所指的“服务”，包括了为宾客提供的有形产品和无形产品，而“服务需求”是指被服务者——宾客的需求，它包含了明确需求和隐含需求。明确需求是指行规规定的质量要求，即明确做出的规定；隐含需求则是社会和宾客对服务产品的期望，是那些公认的、不言而喻的、不必做出明确规定的需求。总之，宾客的需求有物质方面的，也有精神方面的，具体表现在宾客对食物饮料的价格、质量、卫生和服务等方面的需求上。

2. 服务质量的特点

餐饮服务从整体上讲是有形的服务活动，服务活动在一定时空条件下构成一个集合体。由于餐饮在经营上的特殊性，餐饮的服务质量有以下几个特点。

（1）综合性。餐饮服务是一个精细复杂的过程，而服务质量则是餐饮管理水平的综合反映。餐饮服务质量依赖于各种餐饮计划、业务控制与保养、物资供应和人员素质等方面的保证与协同。

（2）即时性。餐饮服务中的大部分产品是现生产、现消费，生产与消费同时进行。短暂的时间限制对餐饮管理以及餐饮工作人员的素质是一个考验，能否在短时间内完成一系列工作任务，也是对服务质量的检验。

（3）关联性。从餐饮生产的后台服务到为宾客提供餐饮产品的前台服务有许多环节，每个环节都要求每个环节的工作人员通力合作、协调配合，并且充分发挥大家的才智与力量，才能够保证实现优质服务。

note 知识链接

提高服务质量的九个因素

1. 及时。在为客人提供服务过程中包含时间。
2. 准备。在某种程度上，我们才能达到客人期望的要求。
3. 一贯性。今天如此，明天还这样，与客人接触始终保持同一水平，即使面临困难。
4. 可见性。“证据管理”客人见到的个人面貌、设备等情况。
5. 同情。在接触客人时做到照顾、尊重客人。
6. 能力。按客人的要求，服务人员所掌握的技能和知识。
7. 负责。乐于助人解决特殊需要，愿意并能承担责任。
8. 保证。承担并信守承诺，对客人输送理解并信任的信息。
9. 灵活。员工在不违背企业文化的情况下，能否根据客人需要改变程序和政策。

任务二 宾客对餐厅服务的心理需求

一、餐厅接待服务心理

饮食也是一种社会文化行为。对宾客而言，这是旅游活动的一部分。地方菜系是美食学的方言，各地的宾客都能够明白。把地方土特产品加工后提供给宾客，是餐桌上的一种迎宾举动。

餐厅的服务人员不仅向宾客呈上优质的饭菜，而且向宾客提供优质的服务，让餐厅始终洋溢着一种欢快的好客的气氛。同时，还要注意餐厅的外观、招牌、装潢、鲜花、桌椅的摆设等环境因素。

1. 宾客对餐饮服务的一般心理

（1）宾客求美心理。在物质生活相当丰富的现代社会，对宾客而言，在饭店的餐厅中充饥果腹已成为过去，品尝美味佳肴已成为人们外出旅游的一部分，追求美已成为一种时尚。宾客在餐厅用餐是一项综合性的审美活动。

（2）宾客求尊重心理。宾客对尊重的需要在整个住店过程中都会有所体现，在餐厅中表现得尤为显著。常言道：“宁喝顺心汤，不吃受气饭。”若宾客在餐厅中未得到尊重的满足，再好的美味佳肴也会食之无味。如果服务上有不慎或怠慢，使宾客不仅没吃好饭，还破坏了心情，餐厅的其他努力都是无效的。

（3）宾客求效率心理。服务效率是服务工作的时间观念，是服务人员为宾客提供服务的时限。它不但反映了服务水平，也反映了管理水平和员工素质。

从对消费者的调查来看，对就餐宾客来说，等候是最头疼的一件事情了。所以，为了确保服务效率，餐饮管理人员必须做出针对性的政策，实施到实际工作中去。减少宾客的等候时间，从某种意义上来说还可以减少餐饮部的成本，从而产生双方互利的效果。

（4）宾客求卫生安全心理。餐饮部门的清洁卫生管理既是服务质量管理的重要内容，也是宾客选择就餐的重要因素。这里所指的清洁卫生包括环境卫生、服务人员个人卫生以及厨房操作卫生等。对于餐厅内环境、各个岗位的服务人员个人卫生等，应该按照制定的规章制度要求。并且认真地要求实施，并进行监督。

2. 为宾客提供满意的餐厅服务

（1）造就餐厅的形象美。餐厅的外表备受瞩目，首先映入宾客眼帘，在视觉映像中存留。因此，餐厅与饭店常通过自然与人工装饰等艺术手法，使餐厅的内外环境舒适美观、优雅大方，而达到统一的和谐美。餐厅的招牌和门面的艺术设计构想中体现餐厅的建筑外观美与名称美；从餐厅内部环境的装饰材料到餐厅内形态优雅的陈设，以及光线、照明、色调都要给客人提供一种视觉形象的美的享受。餐厅是人们进食之处，整洁、卫生的视觉形象能引起人们对饮食安全可靠的联想，它也是餐厅整体形象美的一部分。

（2）餐厅服务人员的形象美。餐厅工作人员不同于其他的服务人员，饮食直接关系到人的身体健康，餐厅人员形象还应特别注意的是整洁、卫生的美。塑造餐厅服务人员的形象美可以从以下三方面着手。

① 身体健康，容貌端庄，精神饱满，发式规范、整洁，注意手部的卫生与美观。

② 服饰清爽、美观、素雅、卫生，给人以淡雅明快之感。传统常以白色为主色调，反映洁净之美，饰品应少。

③ 服务操作规范得体，热情有礼，姿态优美，讲究技巧。

（3）满足尊重的需要。宾客对于尊重的需要在整个消费活动中都会有所体现，在餐厅中表现得尤为显著。为迎合客人在餐厅对尊重的强烈需要，可采用如下服务措施。

① 微笑迎送。到餐厅就餐的客人首先接受的是服务员热情的服务。微笑迎接常令空腹的就餐者心情平和，感到自己备受重视。如果有较多的客人同时到达，服务人员不能一一迎接，在展现亲切的微笑时，眼睛最好呈“散光”之状态面向所有的客人，使每个人都感到受尊重，不至于顾此失彼。

② 领座恰当。宾客到餐厅用餐，服务员上前引领入座要注意观察宾客的特征，因人而异。有生理缺陷的人易有自卑感，特别是在公共场合怕被别人看不起，怕别人触及他的缺陷。如一位右臂残缺的客人应被引领到右侧靠墙的位置用餐，使他的右臂不易被他人触及或观察到。在他用餐时，他的自尊心得到了满足，他一定会非常感激服务人员的细心照顾和尊重他的一心理需要，愿再次光临这家餐厅。

③ 尊重习俗。服务人员在介绍菜单、帮助上菜、倒酒和派菜等服务上，除应注意服务技巧外，还应尊重客人的风俗习惯、生活习惯。这就要求服务人员熟悉有关的知识，精心准备各类传统食品。即便是一双筷子，一方手帕，只要符合客人习俗，都会使客人有宾至如归之感，他们会因自己受到尊重而满意。

④ 使用标准服务用语。宾客临门，服务员主动招呼“请进、欢迎光临用餐”；进门后服务人员引领客人到位后说“请坐”、“请点菜”；上菜前可先“请用茶”；当一盘菜上桌时招呼“请用餐，菜马上上齐”。在服务过程中合理使用饭店标准用语，是对宾客个人人格的尊重。这样的饮食、精神双“饱”是客人所渴望的。并且在服务中要遵循以下几点。

- 宾客来店有欢迎声。
- 宾客离店有道别声。
- 客人帮忙或表扬时有致谢声。
- 客人欠安或者遇见客人时有问候声。
- 服务不周有道歉声。
- 服务之前有提醒声。
- 客人呼唤时有回应声。

知识链接

宾客的基本期望

一般来说，客人对饭店的管理及服务人员的几个最基本的期望如下。

① 要求服务人员容易接触。

② 要求服务人员有礼貌。

③ 感觉到自己入住宾馆受到重视。

④ 要求服务人员有同情心。

⑤ 要求服务人员有专业性知识。

⑥ 要求服务人员的工作与服务保持一贯性。

⑦ 要求饭店的组织有团结协作的精神。

那么，饭店如何达到并超越他们的期望？可从以下几点做起。

① 对宾客进行细分，焦点放在期望上。

② 找出宾客的期望（源于市场宣传、宾馆形象、传闻及我们自身需求等方面）。

③ 设定宾客的期望，并提供高于期望的服务，这就要为提高饭店的服务质量找出可行的方法。

（4）满足卫生的需要。宾客在餐厅就餐十分注意饮食卫生。基于宾客对卫生的需要，必须做好环境、食品、餐具及服务的卫生工作。

① 环境卫生。前面提到餐厅环境卫生、整洁的视觉美，可使人联想到餐厅产品的卫生，卫生感又可为宾客带来舒适感和安全感。餐厅应随时注意环境卫生，保持地面清洁无污垢、杂物，走廊、墙壁、门窗、服务台、桌椅应光洁，灯光明亮，灯罩、灯泡无尘土，物品井然有序，空气清新，无蚊蝇等害虫。客人用餐后应及时清桌、翻台，以保证客人用餐环境的卫生。

② 产品卫生。这是防止病从口入的重要环节。餐厅提供的产品不论生食、熟食，都应是卫生安全的。特别是凉拌菜要用专用的消毒处理工具制作，防止生、熟、荤、素菜间的交叉污染。有条件的餐厅可设冷拼间、专用冰箱，并配有紫外线消毒设备，以确保客人进食产品卫生。

③ 餐具的卫生。餐厅是公共用餐的场所。客人来自四面八方，客人用过的共用餐具、酒具难免污染上病毒或细菌。因此，餐厅必须有相应的专门消毒设备和足够周转使用的餐具，以保证餐具件件消毒，或使用对环境无污染的一次性餐具，以满足客人的卫生需求，放心用餐。

④ 按卫生操作规范提供服务。餐厅人员在餐台布置、餐桌准备和餐中的上菜、配菜、倒酒等方面，都应按卫生的操作规范提供服务。如上菜时手指切忌碰触食物，不然容易引起客人的不卫生感，甚至产生厌恶感，降低食欲。

（5）满足求知的需要。

① 创立餐厅的特色地方食品、名菜、名点。餐厅的经营应在特色上下工夫，创建本地、本餐厅的特色食品和名菜、名点，引导宾客慕名而来，食之有趣、有味，满意而归。如南京的板鸭，北京全聚德的烤鸭，新疆吐鲁番宾馆餐厅的维吾尔风味的抓饭、拔丝哈密瓜等。

② 主动介绍食谱，提供艺术菜肴的图片。服务人员在出示食谱和介绍食谱时，应将食谱中最能刺激宾客就餐欲望的食品，言简意赅、绘声绘色地表达出来，满足宾客求知的欲望，促使宾客产生浓厚的兴趣和对食物进行选择。食谱的设计上除有食品的名称和价格外，还可配上主要菜肴的图案照片。中国菜可谓是世界烹饪艺术园地上的一支奇葩，那灵秀精巧的艺术拼盘，精雕细刻的造型工艺，色、香、味、形、器、名浑然一体的和谐美，充分展现了东方饮食文化艺术的魅力。菜肴摆上宴席，常令海外宾客惊叹不矣，既供食用而又具有很高的观赏价值，令人不忍心马上食入腹中，希望摄影留念。为满足客人的这种心理需要，对名菜、名点、特色菜的优美造型图案，餐厅应备好有关图片或代为拍照留念，以满足客人求知、求新、求奇的需要。

③ 介绍菜肴的相关知识与典故。宾客来餐厅品尝美味佳肴、风味特产，当然希望了解相关的知识。因此，服务员上菜时应报出名称，然后根据客人的需要说明其寓意、典故、传说，介绍一些菜肴的营养价值、特色用途，对感兴趣的宾客，甚至可以介绍一些菜肴的用料及烹饪方法，使宾客不仅食之有获，而且满足其求知的心理欲望。

知识链接

菜肴的典故

● **东坡肉的由来**

东坡肉是以我国北宋时期的著名文学家苏东坡的名字命名的。

苏东坡在杭州做太守的时候，因西湖已被葑草淹没了大半，便组织民工除葑田，疏通了湖港，筑堤建桥，使西湖重新恢复了容貌，并增加景色。老百姓很感激他做的这件好事，听说他平时喜欢吃红烧肉，老百姓把猪肉送给他，苏东坡收到许多猪肉后，让家人将肉切方块，用他的烹调方法煨制成红烧肉，分送给参加疏通西湖的民工吃。大家吃后，觉得此肉酥香味美，肥而不腻，一致称赞，称它为东坡肉。从此它就成为著名传统名菜，一直盛传至今。

● **响油鳝糊的由来**

我国古代将鳝立为鱼中上品。它有补五脏、疗虚损的功效，历来名医用它来补身。在汉朝、南北朝和唐宋时制成炒鳝段、糊、片之佳肴。早在上海制作红烧鳝段，称为鳝大烤。清朝后期，就出现了清炒鳝糊，由于清炒鳝糊或竹笋鳝糊烹制时常在鳝糊出锅时，放上葱花，浇上热油，上桌时还滚煎葱花，吱吱地响，故又成为响油鳝糊。

● **西湖醋鱼的由来**

相传宋朝时，在西湖有一个姓宋的青年，平日以打鱼为生。有一次生病，因家中困难没好的食物吃，他嫂嫂亲手在西湖捉了一条鱼，加醋加糖烧成菜给青年吃，把病治好了。因这菜取用西湖鱼和糖醋调味制成，故称它为西湖醋鱼。

（6）满足服务效率的需要。宾客来到餐厅坐定点菜后，一般都希望餐厅能快速上菜，而不愿意等待。一则是因为某些宾客要赶时间继续旅游或转车、船；二则是因为在服务员上菜之前的这段时间，被人们感觉为无用时间，本来时间不长，但因人们感到无聊便觉得等了很久很久。为适应宾客在饭店餐厅常常要求快速的这一心理需求，可采取如下服务措施。

① 备有快餐食品。对急于就餐的客人，服务员应向其介绍一些现成的或快熟的菜和食品。

② 简便手续，反应迅速。宾客一进餐厅，服务人员应及时安排好客人的座位并递上菜单，服务反应要快。在客人用餐时，及时发现客人的需要，及时、准确地满足客人的需要，以满足客人求快的心理。

③ 先上安客茶。宾客坐定点菜后，若来不及上菜，可先献上茶安顿客人，这样客人边喝茶边等菜就不会感到太无聊和服务太慢。当然喝茶的时间也不宜过长。

④ 及时结账。宾客用餐完毕，账单应及时送到，如果因付账而等待，也许刚才吃得很愉快的那种美好情绪就会完全遭到破坏，甚至激恼客人。所以，为满足客人求快的心理，既不应使客人饿着肚子等，也不能让客人吃饱了等。

二、餐饮服务质量控制

1. 控制方法

在餐饮服务的过程中，要经过三个阶段，即准备阶段、执行阶段和结束阶段。作为饭店管理人员应该对每个阶段进行控制。

（1）准备阶段。为了使服务过程能够顺利地进行，在准备的过程中管理人员需要注意以下几点。

① 合理地安排班次以及人员数量，使服务人员能够为宾客提供热情的服务，展现饱满的精神。

② 在开餐前要对物资的准备做好控制。在准备迎接宾客时，将餐车、托盘、菜单、各种辅助工具按照规矩摆放好，桌布、餐巾、台布、餐椅也要准备充足。

③ 开餐前根据饭店服务规程，提前对饭店的各个角落进行卫生检查。如若发现问题，迅速返工。

（2）执行阶段。执行的控制是监督现场正在进行的餐饮服务，使其程序化、规范化，并且迅速妥善地处理意外事件。此阶段要注意以下几点。

① 在服务程序的控制上，在开餐期间，饭店管理人员也应在第一线监督、控制服务员按照标准服务宾客，如若发现失误偏差，立即纠正。

② 按照菜单程序，掌握好上菜的节奏和时机。做到既不让宾客等候，也不让菜肴一下子

全上齐。尤其是大型宴会，每道菜的上菜时间应由餐厅主管，甚至餐饮部经理亲自掌握。

③ 在面对面的餐饮服务过程中，经常会出现一些意外事件。一旦引起宾客的不满或者投诉，主管一定要在短时间迅速采取措施，防止事态扩大，影响其他宾客用餐情绪。

如果是由于服务人员引起的投诉，主管除要向宾客道歉之外，还要给予一定的补偿。如果发生醉酒事件，要劝阻宾客喝酒，或者想办法让宾客早点离开。

④ 在开餐期间，虽然实行分区看台责任制，服务员应该在固定的服务区域服务，但是也会因为宾客的需要随时根据实际情况来划分服务区域。

2. 餐饮服务质量监督的内容

（1）制定并负责执行各项管理制度和岗位规范，抓好礼貌待客，优质服务教育，实现服务质量标准化、规范化和程序化。

（2）通过反馈信息了解服务质量，及时总结工作中的正反典型事例并及时处理投诉。

（3）组织调查研究，提出改进和提高服务质量的方案、措施和建议，促进餐饮服务质量和经营管理水平的提高。

（4）分析管理工作中的薄弱环节，改革规章制度，整顿纪律，纠正不正之风。

（5）组织定期或不定期的现场检查，开展评比和优质服务竞赛活动。

note 知识链接

服务训练的内容

（1）思想品德与职业道德。

（2）饭店和餐饮业的基本概念。

（3）餐饮专业知识，包括食品、饮料、烹调、营养、食品卫生和餐具设备等知识。

（4）餐饮服务的基本技能。包括礼节礼貌、教养水平、文明程度、应变能力等服务技巧。

（5）外语、普通话和语言技巧。

（6）员工守则，岗位职责，操作规程，职业习惯。

（7）处理宾客投诉，解答问题，案例分析。

（8）饭店安全、设备、器具、工具的使用与保养。

（9）法律知识，社交知识，心理知识。

（10）民俗，生活常识及人际关系。

三、宴会服务心理

宴会是饭店餐饮部销售的主题。对于接待就餐的对象来划分，我们可以将其划分为政府部门、外企单位宴会、商人宴会和特种服务宴会几种。作为宴会的服务，首先使得宾客在宴会过程中得到极大的满足，同时饭店也要根据宴会的各种规格进行相应的接待，最后要根据经营管理和服务人员根据不同层次客人心理的心理特点进行针对性服务。

1. 政府与外企宴会服务心理

作为政府机关和外企单位的宴会，宴请的规格会比其他的宴会略高，因为常常接待国外的宾客，显示国家的庄严，也为了尽地主之谊，宴会会布置得相当的正式隆重。所以在接待此类宴会时应做好以下具体工作。

（1）前期工作准备充分。统筹宴会的主要负责人会很清楚主办单位的具体要求，同时也会对贵宾的基本情况进行了解，如个人的生活饮食、生活习性和风俗，以及个人的宗教信仰等。根据主办单位的要求，制订相应的计划，包括宴会场地的选择，是否过大过小；菜单的制订，是否符合主办单位的宴请规格；宴会布置主题，是否符合宴请的氛围。

安全是需要特别注意的，因为此类宴会宴请的宾客是相当重要的，所以在制订计划时，要注意人员的安排，当遇到紧急情况，能够立刻控制现场。

（2）仔细验收。当前期准备工作就绪后，邀请主办单位前来进行对宴会的各个方面进行验收，如在验收期间发现问题及时进行纠正补充，以确保在宴会举行过程中无过失。

（3）重视宴会的进程。在宴会的服务过程中，服务人员需要服务周到，彬彬有礼，配合主办单位宴会的各个进程进行。当有嘉宾演讲时，停止穿梭于宾客间的服务，减少噪声的产生，以防止影响宴会的进行。同时服务人员也需要配合主办单位充分表达主办方的友好之情，也尽显中华饮食文化的魅力，使宾客真正体会到宴会的隆重和受尊重的感觉。

（4）注重宴会的结束。宴会结束时，并不意味着饭店的服务结束。在宴会结束时，门口应该配备迎宾员，对宾客进行送行礼，真正使宾客来的开心，走的舒心。同时难免会有些宾客会遗失物品，这时饭店将要联系主办方，努力将失物送还主人。

2. 商务宴会服务心理

商务宴请不同于其他的宴会，宴请人是以洽谈商务事项为前提，所以需要根据设宴人的要求进行设定。

根据不同的情况，我们将宴请分为两类，一类是重金邀请宴会，一类是勉强应付宴会。

重金邀请是为了达到商务合作的成功和显示自己地位的目的，所以在宴会的布置、规格、菜肴以及服务都需要较高标准。在承办此类的宴会时，宴会的环境和氛围一定要高雅、舒适和气派。同时在宾客进入饭店时，餐饮的主管或管理人员进行迎宾，同时每个服务人员一定要记住宾客的姓名，在服务过程中，尊称宾客的姓名，以显示客人的地位。对菜肴的选择也应该以精致名贵，使得宴请的客人体会到主人对自己的尊重。另外一类宴请，是在不花费过多的费用，却能使得宴请人体面为标准。所以服务人员需要从宴请人的角度出发，如何既能够花费少，又能使得宴会也相当丰盛。

3. 特种宴会服务心理

现代饭店最多的宴会还是以婚宴为主。婚宴很注重宴会吉利和热闹的氛围，通常宴请人会委托婚庆公司对宴会厅进行布置，而饭店需要从中进行协调。婚宴最重要的是宴会过程中的服务和菜肴的选择。在服务过程中，防止说一些不应出现的词汇和语言。菜肴的选择是根据当地的风俗和菜肴的名称来定的，所以饭店应在菜肴的花色外形上下足工夫。

其他宴会，包括生日宴会、祝寿宴会、节日宴会等都要注意气氛，饭店可以根据自身的设施设备、服务为其提供特殊的服务产品。例如，生日宴会，饭店可以提供背景音乐、摄像，为宴会锦上添花。服务人员说吉利语和祝福语使得宾客能够尽兴。

同时近年来，去饭店餐厅办婚宴、生日宴、节日宴的日渐增多，他们的共同心理是图吉利和热闹的氛围，另外还有团聚心理和攀比心理在起作用。因此，餐厅应在气氛、饭菜花色外形上多下工夫，为他们提供摄像、音乐卡拉 OK、烛光等服务。服务中严防打破杯碗的“不吉利”现象，多说吉利、吉祥语来使宴会的宾客尽兴。

知识链接

特色餐饮服务八条谨记

（1）特色餐饮服务要有丰富的餐饮知识。
（2）特色餐饮服务必须富有效率。
（3）特色餐饮服务就是合理地安排时间。
（4）特色餐饮服务必须灵活机敏。
（5）特色餐饮服务就是始终如一。
（6）特色餐饮服务必须有效沟通。
（7）特色餐饮服务必须建立信任。
（8）特色餐饮服务必须超越期望。

案例分析

“让顾客感动到痛哭流涕”

——专访北京“王品台塑牛扒”西单店店长徐琳小姐

● 从选址开始，服务就开始了

“王品台塑牛扒”店最早知道它，就是源于经典的服务标准和周到的服务意识，台北、上海、北京、洛杉矶比佛利山庄店……“王品”一直在选择店址上有这样的讲究，通常会选择那些闹中取静的环境给消费者。“比如在北京的西单店，它紧邻着西单北大街，外面是非常繁华的街道，但拐到了里面来就会发现这里是一个非常清静的地方。像上海的两家店也是这样，浦东那里比较繁华，但我们选择了在时代广场的 7 楼，这样就有了一个相对安静的就餐环境。”当然这样的环境可以让每个到“王品”的顾客感到更加轻松惬意，更好的用餐环境也可以让人感到更好的服务。但是这样也会带来一个问题，比较隐蔽的选址可能会让第一次来这里的客人不容易找到餐厅，所以“王品”在服务上又有了这样一个规定：对于那些第一次打电话预定餐位的客人，餐厅都主动询问客人他们是否熟悉餐厅的位置，然后为他们预留停车位。其实关于服务的较量，“王品”已经在这个环节就开始显示出自己的实力了。

● 服务里的“绝对准确”

吃过“王品”的客人都知道，在“王品”基本只有一个用餐价格——198 元，这个价格包括了 6 道主菜和一款甜品饮料，另外会外加 10%的服务费。对于餐厅当然零点也可以，并且这样获利更大，“但我们一般不会建议客人零点的，因为一份色拉汤就要 55 元，会比较不划算。”在“王品”菜肴的分量和味道可以说是十分的精准，如果你在上海的餐厅享受过这种美味的话，在北京的店里你会惊奇地发现，这里的菜肴和上海的那么相像，不但口味，连形状和摆盘都那么一样。“王品”的店长这样解释他们的“台塑牛扒”：“王品的牛扒是精选牛的第六根到第八根的肋骨，它是一块带骨的牛扒，全熟，骨长 17cm，我们的每块牛扒可以说都符合这个标准。如果它的重量没有达到我们的重量范围，我们就会选择丢弃，所以我们可以骄傲地说，你在每家王品吃到的牛扒都是一样的长度和重量的。”

做餐饮服务的准确性是非常重要的，但也是非常难以把握的一个环节。“准确”，就是不多不少正好的意思，如果想让自己的人性化服务也能做到非常准确，这着实是要花上一番工夫的。例如，“按照王品的要求，我们给客人加水要加八分满。我们就会在服务员培训的这个过程中，让培训师检查他，反复地训练这个技巧，直到他在加水的时候一下子可以加到八分满为止。‘王品’对于牙签的摆放也有自己的规定，我们要求所有牙签摆放一定要看出是一个五边形，‘王品’的字样朝上，其中的一组牙签要稍稍高于其他牙签，方便客人的使用。这些每天服务组长都会抽查，这是非常细节和标准化的东西，既然‘王品’是做连锁的，就必须要求有这些标准化的东西在。这也是‘王品’生存的法宝。”

● 记住每个“特殊”客人

对于在“王品”就餐但就餐习惯比较特殊的客人，“王品”都会有一个登记和记录。“我们会把客人当做自己的朋友，而不是通常意义上说的‘顾客就是上帝’，在与客人的沟通和观察中，‘王品’的服务员会获得很多关于客人的信息。在‘王品’就发生过这样的事情，在美国的一位顾客，是洛杉矶王品店就餐的老顾客，他不喜欢吃蒜这类食物，后来他出差到上海，竟然惊奇地发现在那里的王品服务员也非常了解他的习惯，并且他在那里感受了和美国一样口味的菜肴和服务。客人觉得这个非常神奇，可对于我们来说会有这样的服务也算是在意料之中的吧。因为来王品就餐的每一位客人，我们都会给他登记一个卡，其中有他的外貌特征、职业爱好、口味特点，尤其是对那些饮食习惯比较特别的客人，可能我们第一次看到他还不会有非常准确的反应，但是只要我们再次见到这位客人，服务员一定会反映出来关于这个客人的一些准确信息，并且这个服务员很快就会把这个客人的信息推广给我们店里的同仁的。”

在北京的西单店有这样的一位王先生，很喜欢一个人来“王品”就餐，除非是同事们的聚会，他一般都会选择一个靠近窗户的位置，他的个人口味是非常喜欢喝“王品”的酸梅汤，而且一定要是冰的。“所以我们一看见他来了，就会为他准备他喜欢的位置，而且原本我们的酸梅汤在套餐里是一小杯的，但对于王先生我们每次都会提前给他准备一大杯端给他，对于王先生的这个习惯，我们餐厅的每位服务员都是知道和了解的。我们觉得能让客人‘感动’，记住他们的习惯应该是其中非常细小的一个环节。我们的服务员每个人都会记住相当多客人的习惯，我们就是要想到客人的前面，在这个方面用心思也是王品一直提倡的。”

● 特色服务“细节中见精神”

“王品的服务原则是‘让顾客感动！’（move to tear），店里有这样的口号——‘让顾客感动到痛哭流涕’。王品最有特色也是非常有意思的一个服务项目叫‘珍藏时光’，像客人的结婚纪念日、生日都会准备一些活动。在顾客的结婚纪念日时，我们会让客人互许心愿、传戒指，让我们的同事一起给他们唱歌，为他们送去祝福，让他们有一种朋友般的感受。这个服务项目其实从最早的王品店就有了，但是会根据每家店的不同进行一部分的调整，比如我们可能选择不同的歌、不同的礼物和祝福。”这些服务项目确实为“王品”带来了人气，但更叫人记住“王品”的是，“在情人节或者圣诞节这样比较重大的节日，我们的 183 个餐位可能有时候就不能完全满足客人的需要了，我们当然会为客人做一个科学的安排，但是还是会有客人在等位，如果是在我们翻台的时候，那肯定也会让客人等 2～3 分钟，我们就会及时让服务员为这些在等的客人进行点餐，这样就会满足客人一个最基本的生理需要，会让他们觉得很快就会吃上了。如果我们估计可能客人要等 10 分钟左右，我们就会为他们准备红茶、红酒或者他们喜欢的饮料。”

资料来源：职业餐饮网 http: //www.canyin168.com/glyy/cygl/cyal/201110/35620.html.

复习与思考

1. 作为餐饮服务人员要具有何种服务素质？
2. 餐饮部在饭店中的地位是什么？
3. 餐饮服务的特点是什么？
4. 作为服务人员如何满足宾客的卫生心理需求？
5. 作为服务人员，你认为怎样控制上菜的速度？
6. 开宴会时客人要求增加人数，原订的厅房太小怎么办？
7. 阐述餐饮服务质量管理的重要意义是什么？
8. 案例题：某公司宴请一位初来大陆的台湾客人，当“盐水虾”这道菜上来时，客人却突然提出要让值班台服务员王小姐为他剥去虾皮，主人忙向客人解释道：“这道菜是自己动手的。”客人却固执地坚持要王小姐剥虾皮。试分析王小姐应该怎样处理？

第4篇　饭店管理心理

专题10

管理心理学的诞生与发展

专题提要

任务一　管理心理学的基本概念

- 管理心理学概述
- 管理心理学的历史背景及其发展
- 管理心理学的应用

任务二　管理心理学的主要研究内容和任务

- 管理心理学的主要研究内容
- 与其他分支或学科的关系
- 管理心理学需要思考的几个问题

引导案例

达纳的纪录

美国达纳公司主要生产螺旋桨叶片和齿轮箱之类的普通产品，这些产品多数是满足汽车和拖拉机行业普通二级市场的需要。该公司是一个拥有 30 亿美元资产的企业，20 世纪 80 年代初期，该公司的雇员人均销售额与全行业企业的平均数相等，到了 20 世纪 80 年代末，在并无大规模资本投入的情况下，公司雇员人均销售额已猛增 3 倍，一跃成为《幸福》按投资总收益排列的 500 家公司中的第 2 位，这对于一个身处如此乏味的行业的大企业来说，的确是一个非凡的纪录。

1983 年，麦斐逊接任公司总经理，他做的第一件事就是废除原来很厚的政策指南，代之而用的是只有一页的宗旨陈述，其大意如下。

（1）面对面的交流是联系员工、保持信任和激发热情的最有效手段，关键是要让员工知道并参与讨论企业的全部经营状况。

（2）向员工提供职业保险。

（3）制订各种对设想、建议和艰苦工作加以鼓励的计划，设立奖励基金。

麦斐逊很快把公司班子从 500 人裁减到 100 人，机构层次也从 11 个减到 5 个，因为这些人有责任学会做厂里的一线工作，麦斐逊说："我的意思是放手让员工们去做。"

达纳公司和惠普公司一样，不搞什么上下班时钟，对此，麦斐逊说："大伙都抱怨说，'没有钟表怎么行呢？'我说，'你该怎么去管 10 个人呢？要是你亲眼看到他们老是迟到，你就去找他们谈谈嘛，何必非要靠钟表才能知道人们是否迟到呢？'"

麦斐逊非常注意面对面的交流，强调同一切人讨论一切问题。他要求各部门的管理人员和本部门的所有成员之间每月举行一次面对面的会议，直接而具体地讨论公司每一项工作的细节情况。

麦斐逊非常注重培训工作，以此来不断地进行自我完善。仅达纳大学，就有数千名达纳雇员在那里学习，他们的课程都是务实的，但同时也强调人的信念，许多课程都由老资格的公司副总经理讲授。

麦斐逊强调说："切忌高高在上、闭目塞听和不察下情的不良作风，这是青春不老的秘方。"一个在通用汽车有着 16 年工龄、最近被解雇的工人说："我猜想解雇我的原因是由于我的活儿质量不好。但是，在这 16 年里，有谁来向我征求过改进质量的意见呢？从来没有过。"这两个人的话形成了鲜明对照。

任务一　管理心理学概述

一、管理心理学的概念

管理心理学（Managerial Phychology），是把心理学的知识应用于分析、说明、指导管理活动中的个体和群体行为的工业心理学分支，是研究管理过程中人们的心理现象、心理过程及其发展规律的科学。

管理心理学以组织中的人作为特定的研究对象，重点在于对共同经营管理目标的人的系统的研究，以提高效率，在一定的成本控制条件下，最大限度地调动人们的积极性和创造性。当今的管理心理学都是以人本思想为前提的。它有助于调动人的积极性，改善组织结构和领导绩效，提高工作生活质量，建立健康文明的人际关系，达到提高管理水平和发展生产的目的。

二、管理心理学的历史背景及其发展

管理心理学是和现代生产力、生产技术相联系的社会化大生产的需要分不开的。由于生产力的飞跃发展和生产关系中劳资矛盾的尖锐化，在资产阶级提出寻求新的管理理论与方法的同时，科学的进步与发展，也为管理心理学这一新的学科理论的形成提供了可能条件。在这个时期，心理学、社会学等学科理论均有了长足发展，相继出现了心理技术理论、群体动力学理论、社会测量理论及需要层次理论等。在 20 世纪初期，社会心理学及社会学等均已发展成为独立学科。上述这些学科理论的形成与发展，为管理心理学奠定了比较充分的理论基础，从而使管理心理学的产生由必需变为可能。

中国古代就有丰富的管理心理学思想。例如，春秋末年军事家孙武在《孙子兵法》一书中就写道："道者，令民与上同意也，故可与之死，可以与之生，而不畏危。"孙武强调领导与下属之间意愿协调一致的重要性，这在今天看来也是十分重要的管理心理学原则。中国古代的管理哲学思想充分反映在关于人性的争论上。荀子认为"今主人性，饥而欲饱，寒而欲暖，劳而欲休，此人之性情也"（《荀子·性恶》）。孟子则认为，"人之善也，如水之下也"。中国古代管理心理学思想已经受到管理心理学家的广泛重视，中国的有关古籍也成了一些国家培养管理人员的必读书目。

19 世纪末，资本主义得到发展，生产规模日益扩大，对企业的管理也更为复杂，劳动组织和合理安排也提到科学研究的日程。这时出现了科学管理的学院，其代表人物是泰勒。泰勒着重研究了工人操作合理化的问题，但他把人看成经济人，忽视了人的社会性。

第一次世界大战对管理心理学的发展起了促进作用，参战各国都力图利用心理学原则来改进管理，提高生产为战争服务。以社会心理学家梅奥为首的一批专家进行了霍桑实验，提出了"社会人"的思想，认为良好的人际关系，有利的社会条件与工作效率有更密切的关系。此外，他们还提出了非正式组织在群体中的作用。

第二次世界大战中工程心理学的发展，强调研究人与机的关系，同时也提出了解决人与人的关系、人与组织的关系等问题。战后，许多学者考虑到有必要建立一门研究人的行为的综合科学，认为可以把人与社会、人与生产中的诸因素统一加以考虑。于是 1949 年在美国芝加哥大学的一次讨论会上，便提出了“行为科学”这一名称。其后美国福特基金会给予了经济上的支持，在许多大学中开展了有关行为科学的研究，并出版了行为科学杂志。由于行为科学这一名称过于宽泛，有人把医学中的行为研究、动物行为研究等也包括在内，不能突出与生产管理有关的工作。所以后来有不少单位与专家采用组织行为学或组织心理学的名称，专指在一定组织内活动的个体和群体行为的研究。在中国则多用管理心理学的名称。

三、管理心理学的应用

饭店服务工作是一个由多个部门统筹合作形成的有机体系，在这个体系中，任何一个环节出现问题都有可能对整体服务效果形成影响。如果将饭店服务活动作为一个整体来对待才有可能实现对优质服务率的准确把握。

1. 员工的自我管理与规划

伴随着经济和社会的发展，当代企业组织所处的外部环境正发生着巨大改变。全球范围内竞争愈加激烈，技术创新突飞猛进，信息流动日益加速。这种持续动荡的环境使企业与员工间雇佣关系的稳定性也相对减弱。由于饭店业员工知识水平的不断提高，普通员工成为了知识的载体，他们一般都经过了长期的学习和培训，具备一定创新能力，拥有了较高的人力资本存量。面对这些变化，如果知识员工能主动担负起自身的职业生涯管理责任，主动选择职业发展道路，这对于知识资源的优化配置、实现自身价值及最终促成企业与员工的共赢意义重大。

饭店管理者应该通过一系列的手段尽早让员工体会到自我意识的存在，激发他们的使命感和责任感从而实现有效的员工自我管理。

2. 服务团队的建设与提升

饭店日常工作中，“班组制”是最基本的团队形式，也是管理心理学应用的“第一战线”。班组是管理中最基础的单元，是最能反映团队意志执行力的元素。一个好班组，会为整个团队的发展带来最积极的一面，反之，则会产生消极影响。因此，要想提高服务团队成员的工作效率，班组建设体系的完善就显得尤为重要。有效的管理应该促进班组之间的良性竞争，通过设立奖励基金调动各服务小组的工作积极性，提升团队整体工作效率。

3. 部门管理之间的协调

饭店的部门间协调尤为重要，而多个平级部门间的“横向沟通”由于之间并没有权属关系而显得有些微妙。通过管理心理学动机、认知及情绪等因素的分析可以得知，通过管理者的个人沟通难以形成部门间的有效融合，较为理想的方式是通过一系列的手段来建立协调的渠道，如通过部门会议、协调会议、员工面谈、备忘录、主题报告、例行的培训等来实现沟通的常态化。

4. 建立完善的制度

目前，我国的经济型连锁酒店已经成为世界酒店业的一朵奇葩，无论从经营业绩还是企业经营的稳定性上都可圈可点，这得益于如家、汉庭、7 天等酒店连锁机构制定了一系列完善有效的管理制度。管理人、财、物，对市场、位置、经营手段的判断都具有相对的可操作性，在此基础上，迅速扩张才成为了可能。

饭店管理制度的完善归根结底是人的制度，是通过对各种人及人群的心理状态进行分析获得的共识，这种共识通过管理学的加工和提炼就成为了一种制度，完善的制度可以保证管理的成效，也可以最大限度地稳定服务队伍，为企业的经营提供保障。

知识链接

过度制度化管理的不良后果

（1）企业管理太死，过于教条，从而使气氛沉闷，员工的冲劲与干劲都不足，影响企业中员工的工作效率。

（2）企业监管力度太严，物极必反，很容易造成员工的厌烦情绪，从而产生抵触情绪。

（3）企业在管理中一味强调制度就是“圣旨”，无法变通，即便一些不是违反原则的员工犯了小错也不能变通和给予其纠正错误的机会。可制度是死的，人却是活的。

（4）员工没有归属感，与企业距离越拉越大，越来越远，员工与企业之间只存在利益关系。实在无法忍受企业制度管理的员工也同样容易跳槽，使企业人才流失。

（5）企业中员工会人人自危，企业也如一潭死水，相互间无人性与真诚可言。

经过实践检验，不论是人性管理还是制度约束，它就像一座天秤上的两个托盘，在企业管理中，都应把它放在一个平稳的尺度与水平上去衡量，同样是相辅相生而不一定要厚此薄彼的。要做到这种境界，企业中没有几个管理专家和能人，没有修炼到一定的功力是无法完成的，还需要企业决策者与管理者不断地去实践与探索，去找出企业管理中“人性管理与制度管理”的那个“黄金交叉点”。

任务二 管理心理学的主要研究内容和任务

一、管理心理学的主要研究内容

具体地讲，管理心理学研究的主要内容有动机管理、认知管理、情绪管理、行为管理和组织管理五个方面，如图10-1所示。

1. 动机管理

动机是其他一切心理活动的起点和前提。在现代管理活动中，如何有效激发员工的动机，充分调动员工的工作积极性、主动性和创造性，成为各类组织提高工作绩效、实现发展目标的关键。

2. 认知管理

认知是人们获得或应用知识的过程，是最基本的心理过程。现代组织管理强调以人为中心，因此要想富有成效地开展管理工作，就必须了解组织情境中人的认知加工过程及其规律，了解得越透彻，越能对症下药，做好管理工作。

3. 情绪管理

随着生活节奏的加快及竞争的日趋激烈，组织及组织中的个人面对的应激事件越来越多，遭遇挫折的概率越来越高，压力越来越大，情绪管理问题在日常的组织管理活动中显得越来越重要。这方面的研究不仅有助于降低饭店员工的压力，提高饭店员工的身心健康水平，而且有助于缓解组织冲突，调动饭店员工的工作积极性，实现饭店的发展目标。

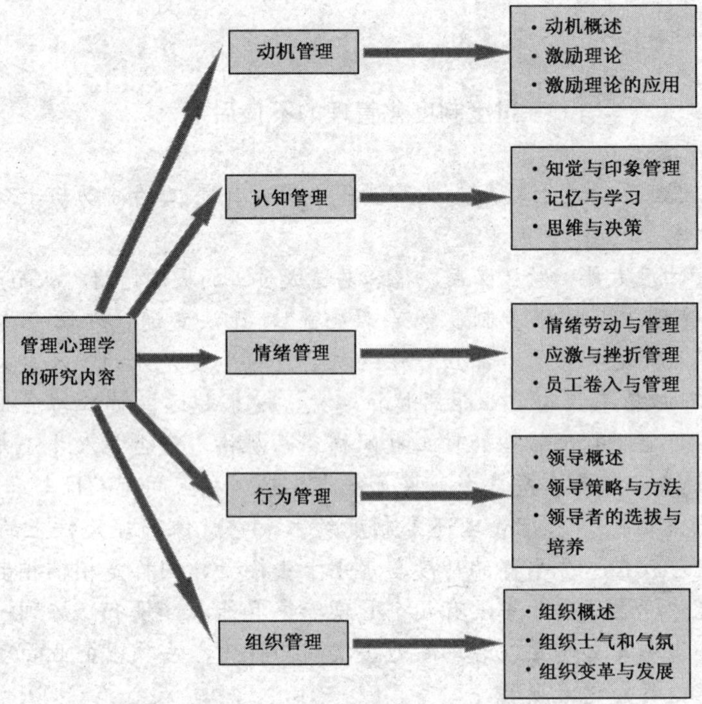

图 10-1 管理心理学的研究内容

4. 行为管理

良好的行为是一切心理管理的最终目标。而组织情境中起主导作用的行为是领导行为。领导是管理工作的主角，不同的领导行为会造成不同的组织心理氛围，给人以不同的心理影响，而这又是影响员工行为表现的最重要的条件。有效的领导行为有助于领导者做出正确决策，实现组织目标及改善领导者与被领导者之间的关系。

5. 组织管理

组织是为了达到一定的目标，由不同结构、不同层次、不同职能的群体组合而成的系统。除了研究个体层面的心理和行为问题之外，管理心理学还需要研究由个体形成的组织的特征及组织层面上的群体心理和行为规律，这对于如何更好地调动组织成员的积极性，充分利用人力、物力、财力，提高组织的效率是十分重要的。

管理心理学主要研究与组织行为有关的人的个体特点，如动机、能力、性向等；人的群体特点，如群体的分类、人与组织的相互作用等；领导行为特点，如领导风格、领导的评估与培训等；组织理论与组织变革，如组织的模型、组织变革与组织开发研究等；工作生活质量研究，着重从改善工作环境，工作丰富化、扩大化方面调动职工的积极性，提高生产率；跨文化管理心理学，比较不同的地区、国家、社会制度，文化背景下管理行为的异同，为国际间的经济交流、合作经营企业提供科学依据。

知识链接

管理心理学的任务

管理心理学的任务有两个，即提高企业的工作效益、劳动生产率和对劳动者进行心理素质的培养、教育。其中主要的任务是掌握管理工作中个体、群体、组织的心理活动规律，从而制定出管理个体、群体、组织的科学管理方针政策和方法，同时极大地促进领导者管理水平和领导艺术的提高，在此基础上提高企业的工作效益和劳动生产率。还有就是吸收、运用各相关学科（包括心理学、社会学、社会心理学、人类学、政治学及其他涉及管理的学科）的理论、方法，探讨组织中个体、群体、组织、领导的心理活动规律，说明如何通过调整人际关系、激励动机、提高领导水平和领导艺术、增强组织凝聚力等手段，来协调“人-人”系统。

二、与其他分支或学科的关系

管理心理学是一门新兴的应用科学，它与心理学的其他分支以及行为科学有着千丝万缕的联系，但又有着根本的区别。

1. 管理心理学与普通心理学

普通心理学是研究人的心理现象发展变化一般规律的科学，它是管理心理学的知识基础，而管理心理学则是普通心理学的一般规律在管理过程中的具体运用，两者具有特殊与一般、分支与主干的关系。

2. 管理心理学与工程心理学

工程心理学又称为工效学，是研究管理过程中的“人-机”系统；而管理心理学则是研究管理过程的“人-人”系统。它们的研究对象不同，但研究的内容都涉及人的心理问题，如人员的选拔与培训，设计适宜人的心理特点的工作环境等，又是相互渗透、相互交叉的。

3. 管理心理学与社会心理学

社会心理学是心理学的一个重要分支，它是研究社会心理现象产生、发展和变化规律的科学，它的研究内容与管理心理学的研究内容密切相关，后者是前者在企业管理领域中的具体化。因此，从管理心理学的产生与发展来看，它是建立在工程心理学和社会心理学的研究基础之上的，是由于两者的影响与渗透而兴起的。

4. 管理心理学与行为科学

行为科学是以包括心理学在内的各种科学为理论基础的一门综合性应用科学，它主要研究人类行为的动机与组织，从而提出有效的管理方法，而管理心理学则是从心理学的角度出发，研究管理过程中个体、群体、组织的心理活动及其规律，因此两者的研究角度不同，出发点不同，学科的划分也不同，但研究的目的相同。

三、管理心理学需要思考的几个问题

如上所述，管理心理学是心理学的一个重要分支，属于应用心理学的范畴。因此，无论在理论研究层面上，还是在管理实践层面上，管理心理学都应该突出心理学的学科特色。

那么，如何做到这一点呢？笔者认为，至少应该解决好以下几个问题。

1. 个体关怀或宏观关心

相对而言，管理学、组织行为学等学科在研究组织管理活动中人的心理与行为规律时，多是从较为宏观的层面上来考虑的。例如，管理学主要从组织层面上来研究，组织行为学主要从外显行为层面来研究等。作为管理学与心理学交叉而成的管理心理学，在探索人的心理与行为规律时应该表现出个体关怀的特征。所谓个体关怀，有两层含义：一是管理心理学应着重从微观层面来选择或理解问题，关心企业管理各个环节上与人有关的具体问题；二是管理心理学应以人为中心来思考和解决问题，对人身上存在的弱点和不足持较为宽容的态度，表现出人性化关怀的倾向。

具体而言，管理心理学的个体关怀特征应表现在以下两个方面。

（1）在理论研究方面，管理心理学应以研究个体心理状态和特点为出发点，对体现心理学特色的课题，如员工激励、工作压力、工作倦怠、心理契约等，要在吸收借鉴心理学中成熟的研究工具和手段的基础上，不断进行深入研究，力图实现理论研究上的创新。

（2）在实践应用方面，管理心理学在理解组织管理活动中涌现出来的各类实际问题时，应有独特的着眼点和分析框架，提出与管理学、组织行为学不同的解决方案，表现出个体关怀的特征。例如，在帮助企业设计薪酬方案时，管理心理学应关注这种方案与各阶层员工心理预期的匹配性，以及它对员工心理产生影响的长效性，而不是笼统地仅从组织行为学或管理学中分配公正这一角度来思考问题。

知识链接

管理心理学的特点和性质

1. 学科性质

（1）人本化——是以人为研究中心的学科，具有明显的以人为本的倾向。

（2）综合性——是一门综合性的科学，它涉及的基础理论知识比较广。

（3）应用性——与组织管理活动密切相关，对提高组织管理的水平起到了积极作用。

2. 学科特点

（1）树立以人为中心的管理理念。

（2）适应新时代对管理的要求。

（3）提高生产效率。

（4）提高决策的科学性。

2. 是什么或为什么

在研究组织管理问题时，管理学和组织行为学比较重视回答“是什么”和“怎么做”的问题。例如，在任何一本《组织行为学》教材中，都可以找到对企业普遍存在问题的描述和对相关应对措施的介绍，甚至还可以找到许多案例和练习性材料，但却缺少对相关原理和措施的深入心理学分析。这样做没有什么不对，但却是不够的。作为研究人的心理与行为规律的管理心理学，应该发挥心理科学得天独厚的优势（关注“为什么”的问题，能够提供实证资料)，不仅要回答“是什么”和“怎么做”的问题，更要弥补组织行为学在回答“为什么”问题方面的不足。让人们既“知其然”，又“知其所以然”。例如，无领导小组讨论、结构性访谈、评价中心法、360 度反馈等都是在企业人员招聘和员工考评方面比较流行的工具或手段。那么，这些工具或手段的理论依据是什么？为什么它们会比传统的方法好？这样做的效果如何？如何测定它们的效果？针对这些问题，管理心理学应该能够做出深层次的探讨，而不应仅仅谈论“是什么”、“怎么做”的问题。

3. 实务或理论

通常在人力资源管理、管理学、管理心理学等学科的培训班上，学员们急切地想要掌握的是实务和操作方面的知识。这种心情可以理解，毕竟实务方面的知识针对性强，似乎也最有用。但实务和理论是不可分割的。没有深厚理论功底支持的实务训练只能是鹦鹉学舌式的学习，这样获得的知识可迁移性和再生性差，任何人都不可能用在某个课堂上获得的实务技巧去应对管理实践中可能出现的各种局面。因此，我们不应该把管理心理学看成一门纯实务的、技术性的学科，而应该认真掌握该学科中的各种管理学与心理学理论，唯有这样，才能更好地做好管理工作。也就是说，每一个管理工作者都不应该试图成为管人的“匠人”或“技师”，而应该试图成为管理的“大师”或“设计师”。从这个意义上说，系统地掌握管理学与心理学理论或许比掌握实务或案例更加重要。

4. 行为或意识

实现对人的科学化管理是管理心理学的中心任务。一般来说，对人进行管理就意味着对人的改变。那么，究竟要改变人身上的哪些东西呢？多数人认为应该改变人的行为，而事实上我们更应该改变人的意识。行为是制度和规章的产物，而且具有高度的可模仿性和易获得性，你只要告诉员工应该做什么、怎样做，他就能够按照你的要求将有关的行为实现。然而，这样的行为是短效的、被动的，有时还会走样和变形，因为它没有员工意识的参与和支撑。举例来说，迎宾人员和出租车司机们都会按照公司的要求使用规范的礼貌性服务用语，但我们常常能够明显地感觉出他们的行为是机械的、不带感情色彩的，并不代表他们的意识。就连鹦鹉或机器人都能模仿出这样的行为。

只有干预和改变员工的意识，才能最终改变人的行为。而在改变员工意识或觉悟水平方面，管理心理学无疑扮演着重要的角色，因为管理心理学是研究组织管理活动中人的心理活动（意识）与行为规律的一门学科，它所提供的知识、原理和方法对于组织管理的柔性化、合理化、有效化、科学化都起着不可替代的作用。管理心理学工作者有责任和义务将管理心理学的方法和手段运用、推广到管理实践中，最终达到干预、提升员工和管理者意识水平的目标。

note 知识链接

何妨借助管理心理学

北京师范大学专攻心理认知学的陈浪告诉记者，企业对员工的身、心两方面安全都负有责任，这方面早已为欧美企业所重视。“在美国，90%左右中等规模以上企业都会聘请专门的心理服务机构，即使员工的心理问题与工作无关，也可随时寻求帮助，而且绝对保密。在欧洲，95%的大公司和85%的中小企业向员工提供心理减压帮助，每年约花费800亿欧元。”

据陈浪了解，我国目前还很少有企业这样做，即使知名企业（如华为）也较少意识到员工心理健康对企业的重要性。因此，在通信、IT 等竞争激烈的行业中，张锐之死几近必然中的偶然。

在企业内部管理中引入管理心理学，这应当是有效防止悲剧重演的当务之急。管理心理学并没有一种适于解决一切问题的通用方法，而是结合企业的管理实际，因时制宜，因地制宜，为问题的解决寻求客观和科学的根据。

中国古代就有丰富的管理心理学思想。如《孙子兵法》中“道者，令民与上同意也，故可与之死，可以与之生，而不畏危”，强调的就是领导与下属之间意愿协调一致的重要性，这在今天看来也是十分重要的管理心理学原则。不过，管理心理学的产生和发展还是源自现代化大生产。从 19 世纪末到第二次世界大战后，全球生产规模的扩大，企业管理的日趋复杂，直接影响管理学界对“人”的看法从“经济人”向“社会人”转变，并且把人与社会、人与生产中诸多因素的联系从整体上加以研究。

“跛脚”的管理不足以支撑高水平生产。改善组织结构和领导绩效，调动人的积极性，这只是管理心理学的功用之一。提高工作和生活质量，建立健康文明的人际关系，这些制度化的“不能为之处”才正是它的强项。

案例分析

微软的股权分配制度

微软诞生于 1975 年，初期形式是合伙人制，公司中所有的股份由比尔·盖茨和保罗·艾伦以 60:40 的比例持有。1978 年，比尔·盖茨的年薪是 1.6 万美元，是公司中最低的工资，这种把自己塑造成“劳模”的伎俩后来为许多软件公司的老板所采用。

直到 1981 年 7 月 1 日，微软才正式注册成为一家正式公司。起初，公司只有少数人拥有公司股票，这些人都是盖茨最亲密的伙伴。许多在公司干了多年的人，对这种股票分配方式怀有不满。

为平息不满，1982 年，公司开始发放年度奖金，并给员工配股。但并非人人都能得到股票，按计划规定，要得到股票需等一年，然后在 4 年之间分 8 等份支付。当时原始股份只有 95 美分，一般新雇用的软件工程师可得 2500 股，来得早的则得到更多些。有了股票，公司取消了加班费，因此反而引起许多员工抱怨。一名员工说，当时他分得的股票，一直是家里人的笑料。不过，到 1992 年初，这些原始股每股已上涨千倍以上，达到 1500 美元。那些保留全部 2500 股的程序员，已拥有了近四百万美元。

公司奖赏员工的方式基本成形，它分为三部分，第一部分是工资，第二部分是公司股票认购权，第三部分是奖金。公司通常不付给员工高薪，也拒绝支付加班费。但是到 20 世纪 90 年代，各类补偿金数目可观，因为股价总在不停地往上涨。其补偿金具体为高达 15%的一年两度的奖金、股票认购权以及工资购买股票时享受的折扣。一名雇员工作 18 个月后，就可获得认股权中 25%的股票，此后每 6 个月可获得其中的 12.5%，10

年内的任何时间兑现全部认购权。每两年还配发新的认购权，雇员还可用不超过 10%的工资以 8.5 折优惠价格购买公司股票。

微软还建立了晋级制度，在技术部门和一般管理部门建立了正规的升迁途径。首先，每个专业里设立："技术级别"，级别用数字表示，起点是本科毕业的新员工为 9 级或 10 级，高至 13、14、15 级。对于程序员，13 级已是非常之高。级别反映员工表现和基本技能，也反映经验阅历。同时级别与报酬直接挂钩，开发人员属于报酬最高的一类，从其他公司跳槽或挖墙脚来的资深开发员可以不时协商工资额，可使工资超过本级别的平均水平，因为开发人员是软件公司的"主角"。

复习与思考

1. 管理心理学与心理学有什么关系？
2. 管理心理学的主要研究内容和任务是什么？
3. 简述管理心理学的历史背景和发展状况。
4. 调查饭店内如何运用管理心理学进行员工管理的？
5. 一个好的管理层才有集体的向心力，以管理心理学的内容去研究饭店高层管理者在做决策时，如何让管理者有充分发展的机会和自主权，并且使集体内的每个人的利益得到保证？

专题11

营销心理管理

专题提要

任务一　营销心理学的诞生
- 营销心理学的研究对象与内容
- 营销心理学的主要特征
- 营销心理学的价值

任务二　营销心理学的研究方法和基本原则
- 营销心理学的研究方法
- 营销心理学的基本原则

任务三　饭店营销心理学
- 什么是饭店营销心理学
- 饭店营销学的发展阶段
- 饭店心理营销八大效应
- 饭店营销心理策略

引导案例

可口可乐的营销策略

美国可口可乐公司自 1886 年问世以来已有一百多年的历史。可口可乐至今在世界各地畅销不衰，一个重要原因是该公司营销策略的成功。公司始终认为：我们的可口可乐中的 99.7%是糖和水，如果不把广告做好，可能就没人喝了。因此，1911 年可口可乐的广告费就高达 100 万美元，1941 年为开发国际市场增至 1 000 万美元，1958 年达到 4 000 万美元，目前每年的广告费超过 1 亿美元。

第二次世界大战以后，公司当时的董事长伍德鲁夫在可口可乐畅销全球时，感到人们“喝上了瘾”，销路不成问题，但关键是如何才能保证供应。如果要公司出人出钱，保证像在美国国内一样，“不分时间、地点”，人人都能喝上可口可乐，那是做不到的。要想投资小、利润高，有人建议把可口可乐的制造权卖给当地人，让他们自己出钱建厂经营。当时跨国企业还处在萌芽阶段，饮料产品转让技术和出卖制造权也没有先例。伍德鲁夫经过精心策划，提出所谓的“当地主义”，即在当地设立公司，所有的员工都用当地人，资金由当地企业自己筹措，可口可乐公司供应浓缩原浆，生产的设备、瓶子、运输和销售均由当地企业自行负责，销售方针、生产技术、人员培训由总公司统一负责。当时公司的董事们纷纷反对和抵制，认为如果与正宗的可口可乐不同，将毁掉公司几十年树立的品牌。伍德鲁夫说：“技术和质量控制完全由我们交给当地人，只要他们掌握了就没有问题。重要的是，我们必须这样办。外国人对美国的崇拜不会一成不变，对美国货也不会永远迷信。他们的爱国之心会逐渐加强，像饮料这样的消费品，如果不借助当地人的力量，很难在海外长期立足。只有搞‘当地主义’，让当地人掌握生产和销售，才能永久立于不败之地。”为此，在开拓国际市场的策划中伍德鲁夫又增加了一条，即所有的广告宣传由总公司统一负责制作。这一点延续至今，世界各地的可口可乐广告、商标，甚至销售可口可乐的红色冰箱都是美国生产的。

可口可乐公司利用了当时人们对美国产品的盲目崇拜心理，没花总公司的一元资本，就开拓了海外市场。并且要设立可口可乐制造企业的外国人，必须先交一笔保证金，这是对可口可乐的质量保证，也是对经营信誉的保证，总公司由此又收了一大笔钱。可口可乐公司靠批发仅占饮料重量的 0.31%的原浆，每年的经营收入高达数十亿美元。

任务一　营销心理学的诞生

营销心理学一词的英文表达是“Marketing Psychology”，也可以翻译成市场经营销售心理学。它是一门以心理学、经济学、社会学和文化人类学为理论基础，专门研究参与市场营销各环节中的人的行为与心理活动规律的科学，目的就是了解这些市场营销活动参与者的心理活动规律，以提高市场营销的绩率。营销心理学虽然被看成应用心理学的分支，但更应当被看成市场营销理论的重要组成部分，是当今成功市场营销活动中必不可少的理论工具。

那么，什么是营销心理呢？营销心理是指市场营销活动中客观现实在营销人员和营销对象头脑中的主观反映。营销活动中的“客观现实”指营销活动中必须而且能够让宾客感知的部分，如你提供什么样的产品（包括观念、产品、劳务），定价多少，在哪里能够买到产品，怎样进行广告宣传，怎样进行人员推销等。不同的人会有不同的反应，有的人可能对你的产品不屑一顾，而有的人可能很感兴趣。这种行为与心理的差异性来源于行为人不同的背景，如消费者自身的社会地位、经济状况、消费需求和购买动机，或者消费者的性别、年龄、偏好等个人因素，也可能来自社会文化背景、政治经济发展状况等外部影响因素。

知识链接

饭店中的营销策略

饭店营销中，市场营销是饭店经营活动的重要组成部分，它始于饭店提供产品和服务之前，研究宾客的需要和促进饭店客源的增长，开发饭店市场的潜力，增进饭店的收益，市场营销涉及满足宾客的需求产品从饭店流通到宾客的一切业务活动，最终使饭店实现其预设的经营目标。

市场营销不仅仅是单一的推销模式，它涉及的面广而深，包含了市场营销的调查，饭店产品的设计、开发和定价，产品推销，产品流通等方面的内容。

饭店的营销关系着饭店的发展和前景，那么如何才能使饭店营销发挥较佳收效呢？这在整个饭店经营中时时要考虑。就我看来，做好市场营销，首先要制定最佳的营销导向，选择较好的目标市场，积极运用和开发各种营销策略，以达到优质营销的最终目的。

一、营销心理学的研究对象与内容

作为心理学和营销学的分支，营销心理学是研究市场营销过程中的人的行为与心理活动规律，以及心理沟通的一门学科。是把个人心理感性差异作为线索去研究和把握市场营销活动中的对象（包括营销者和消费者等）的行为规律的一门科学。

1. 营销心理学研究的对象

（1）消费者心理活动的一般过程。消费者心理活动过程十分复杂，可从大的方面概括为三个阶段，即认识过程、情绪过程和意志过程。

（2）消费需求只是消费者行为的原动力，它引发购买动机并支配购买行为。消费者需求有不同的特点，不同的类型，不同的层次，分析这些问题利于更好地把握消费者的动机与行为。

（3）消费者的购买动机。消费者购买动机的研究始于20世纪初，到20世纪60～70年代形成高潮。

（4）消费者的购买行为。

（5）不同市场的心理特征。

（6）产品心理。

（7）商标心理。

（8）包装心理。

（9）价格心理。

（10）购物心理。

（11）推销心理。

（12）洽谈心理。

（13）广告心理。

（14）公关心理。

（15）营销人员心理。

2. 营销心理学研究的内容

营销心理学主要研究以下几方面的内容。

（1）研究市场营销过程中的宏观与微观心理现象。这方面的研究成果构成整个营销心理学的理论基础。

（2）对消费者的市场消费心理进行宏观与微观分析。这部分研究成果将是进行市场细分与市场定位的主要理论依据。而市场细分与市场定位又是整个市场营销活动的基础。

（3）研究现代市场营销观念与市场营销心理策略等方面的内容。在市场营销活动中，销售方式和手段固然需要，但更重要的还是营销观念的更新和营销策略的确定。

（4）对营销过程进行心理分析。这部分内容主要研究消费者的购买心理与购买决策过程，市场心理预测以及市场行销技巧等。强调实用性和可操作性，如广告策略、人员推销策略等。

（5）研究营销人员的选拔、考核和培训。营销工作是由人来进行的，其营销对象也是活生生的各具特色的人，因此，营销人员的心理素质将直接影响到市场营销活动的成败。

（6）从心理的角度研究市场营销过程中不断涌现出来的一些新事物，如多元文化背景下的营销管理问题，以及超市营销的规律与特点等。

知识链接

营销心理学的一般要素

消费者心理活动的过程，消费者的个性心理，消费者的群体心理，消费者的购买心理，社会文化与消费心理，市场定位与消费者心理，新产品设计、销售与消费者心理，商品命名、商标、包装、品牌与消费者心理，商品广告与消费者心理，商品价格与消费者心理，购物环境与消费者心理，网络营销与消费者心理，营销者心理，营销者与消费者心理互动。

二、营销心理学的主要特征

1. 时代性

营销心理学的形成与发展，是市场经济不断发展和消费者需求变化加快的必然产物，具有较强的时代性。营销心理学在 20 世纪 60 年代形成于美国，并在此后获得巨大发展，与当时及以后的美国及世界经济发展和消费者需求的变化密切相关。经过 20 多年的改革开放，中国市场经济获得快速发展，产品极大丰富，买方市场形成。与此同时，感性消费正在中国部分消费群体中出现，消费者追求个性、时髦。企业营销迫切要求了解宾客的消费心理特征，掌握与消费者沟通的技巧，这种市场现状也是营销心理学在中国获得发展的重要原因。

2. 跨界性

营销心理学既是应用心理学的一个分支，又是市场营销学的一个分支，是在心理学与市场营销学的边沿地带形成的一门交叉学科，是一门介于心理学与营销学之间的边缘性学科。营销心理学既包括了丰富的心理学知识，又包括了丰富的营销知识，但它并不是两者之间的简单相加，而是以两门学科的知识为基础，结合了社会学、经济学、心理学、广告学、美学等学科的理论，形成了自己独立完整的理论体系，构成一门独特的学科。

3. 实用性

营销心理学的特殊使命，就是面对企业在市场营销中出现的实际问题，运用心理学理论与营销学相结合，为企业营销决策提供依据。它从一出现就不是一门纯理论性的学科，具有很强的实用性，对营销活动、购买行为、促销方式具有指导意义和应用价值。

三、营销心理学的价值

营销心理学不仅深入研究宾客的行为与心理规律，而且也研究营销者、竞争者、利益相关者的行为与心理规律，它使企业能够真正做到对各方面都“知己知彼”，明白宾客的真正需求，明白自己某项决策背后的心理规律，明白竞争对手对自己决策的反应，明白企业相关利益团体的配合程度，从而提高决策的科学性、营销的针对性和沟通的成功率。

1. 心理是成功的“基石”

营销活动始于对消费者需求的了解。在感性消费日益成为潮流的市场环境下，如果仅仅根据人口、年龄、职业、收入等因素来研究市场，你甚至无法理解消费者，成功的营销策略更是无从谈起。正如日本著名营销专家小村敏峰所说的：“现在如果我们不用感性来观察分析市场就根本无从理解。”一些企业往往将主要力量投入到如何击败对手上，忽视了对客户购买行为的心理状态的了解，结果商战往往不能成功或事倍功半。中国无锡的一个乡镇制衣厂，因为拥有一个令人倍感亲切的商标名称“红豆”，而在竞争中脱颖而出。所以，香港心理学家顾修全博士认为，“成功营销从心理开始”，即从了解宾客的行为与心理规律开始。

2. 做好营销前的准备

人的心理特征具有相当的稳定性，但同时也具有一定的可塑性。因此，营销者可以在一定的范围内对自己和宾客的行为进行预测和调整。也可以通过改变内在外在的环境实现对行为的调控。例如，有人凭着三寸不烂之舌，便能在瞬间转败为胜。可是，也有不少人游说了老半天，对方还是不为所动。胜败的关键究竟在哪里？首先要自我调整，时时警告自己，要从销售者转换为购买咨询人的角色。其次，要细致入微地观察对方，把握客户的心理要求。如能一举切中对方的要害，眼前的商机便可以手到擒来。

3. 提高营销绩效

营销心理学不仅研究消费者的心理，也研究营销者的心理，针对宾客心理特征来改变营销者的行为方式，从而提高服务的质量和水平。例如，要达到与宾客心灵共鸣的效果，营销者就不应当将自己定位为销售员，以免让宾客一听到销售就产生压迫感。营销者应当将自己定位为购买咨询人员，先取得客户的信任，让客户自觉需要该产品，使他们在愉快的情绪下，主动查询产品的详情，进一步决定购买产品，甚至成为企业或品牌的忠诚者。

任务二　营销心理学的研究方法和基本原则

作为营销心理学的研究，必然会有自己一套较为成熟的研究方法，在研究过程中必须要遵守基本原则。下面我们将对营销心理学的研究方法与原则进行简单阐述。

一、营销心理学的研究方法

1. 实验法

在控制条件下对某种行为或者心理现象进行观察的方法称为实验法。在实验法中，研究者可以积极地使用仪器设备干预被试者的心理活动，人为地创设出某些条件，使得被试者做出某些行为，并且这些行为是可以重复出现的。

研究者在进行实验研究时，必须考虑到三类变量。一是自变量，即实验者控制的刺激条件或实验条件。二是应变量，即反应变量。它是实验者所要测定和研究的行为和心理活动，是实验者要研究的真正对象。三是控制变量，即实验中除自变量和和应变量外的其他可能影响实验结果的变量。为了避免这些变量对实验结果产生影响，需要设法予以控制。总之，采用实验法研究营销参与者的个体行为时，重要目的是在受控制的环境下考察自变量和应变量之间的内在关系。

2. 观察法

观察法就是研究者依靠自己的视、听器官，在自然环境中对人的行为进行有目的、有计划的系统的观察并记录，然后对所做记录进行分析，以期发现心理活动变化和发展规律的方法。

运用观察法时，常常借助现代的视听器材设备，如摄影机、录像机、录音机、闭路电视等。观察又分为纵向观察、横向观察和随机观察。纵向观察，即对选定的对象进行有目的的系统的追踪观察。例如，对某些消费者建立“个人心理档案”的形式，长期地、不间断地积累观察日记和调查资料，分析他们心理发展的情况，从而掌握消费者心理变化的完整过程，从中找出规律性的东西。横向观察，即在同一时间内对同一环境下的一组人员的心理发展水平进行比较观察。随机观察，即在日常生活中利用偶然机会观察。观察法一般用于研究消费者需求与动机、消费行为与态度、购买决策等，广告、商标、包装、橱窗和柜台设计在营销沟通中的效果，商品价格对购买的影响，商店的营销状况和某种新产品是否受消费者的欢迎等方面。

知识链接

消费心理研究

1966 年美国的威尔斯和洛斯克鲁托在超级市场内所进行的消费心理研究，是运用观察法的典型例子。他们在超级市场的谷物食品、糖果和洗衣粉柜台前进行了 600 小时的观察。从宾客进入这些柜台的过道开始，直到离开过道为止，他们观察宾客的各种活动，做了 1 500 条记录。通过对观察记录的分析，研究了宾客的构成、性别及成人和儿童所占的比例；还分析了当几个人在一起时，是谁影响了购买。此外，宾客的其他一些微观的心理活动，诸如对价格的议论，对商标与包装的兴趣都在分析之列。这种观察研究不仅为探查消费心理的一般规律提供了资料，同时也为商店改进经营策略提供了依据。

要运用好观察法，需要有明确的观察目的和较详细的计划，包括确定观察内容、选择恰当的观察策略、制定观察记录表等。如果借用观察人员，还必须对其进行认真培训，使其熟悉所要观察的内容和要求，以便能够保证观察的客观性，并且不致放过有价值但转瞬即逝的事件。在确定观察的时间和地点时，要注意防止可能发生的取样误差。

3. 调查法

调查法是通过晤谈、访问、座谈或问卷等方式获得资料，并加以分析研究。

（1）晤谈法或访问法。通过与被试者晤谈，了解其心理信息，同时观察其在晤谈时的行为反应，以补充和验证所获得的资料，进行描述或者等级记录以供分析研究。晤谈法的效果取决于问题的性质和研究者本身的晤谈技巧。

座谈也是一种调查访问手段。通过座谈可以从较大范围内获取有关资料，以提供分析研究资料。

这种方法的优点是简单易行，便于迅速获取资料；缺点是具有较大的局限性。

要使谈话有效，必须注意三点，即目的明确，问题容易；讲究方式，控制进程；系统、完整、详尽地记录谈话的内容。

（2）问卷法。问卷法是运用内容明确的问卷量表，让被试者根据个人情况自行选择回答，然后通过分析这些回答来研究被试者心理状态的方法。常用的有是非法、选择法和等级排列法三种。问卷法的优点是能够在短时间内取得广泛的材料，且能够对结果进行数量处理；缺点是所得材料较难进行质量分析，难以把所得结论与被试者的实际行为进行比较。

在许多情况下，为了使调查不至于遗漏重要内容，往往事先设计调查表或问卷，列好等级答案，当面或通过邮寄供被调查者填写，然后收集问卷对其内容逐条进行分析、等级记录并进行研究。例如，调查住院病人对护理工作是否满意，哪些满意，哪些不满意，以及其等级程度。问卷调查的质量决定于研究者事先对问题的性质、内容、目的和要求的明确程度，也决定于问卷内容设计的技巧性以及被试的合作程度。例如，问卷中的问题是否反映了所要研究问题的实质，设问的策略是否恰当，对回答的要求是否一致，结果是否便于统计处理，以及内容是否会引起被调查者的顾虑等。

二、营销心理学的基本原则

1. 客观性原则

就是如实反映营销心理发生、发展、变化的规律。这就要求尊重客观实际，按照事物的本来面目去反映事物，不做丝毫的主观臆断。研究营销心理学，首先必须按这一原则办事。我们知道，人的心理是客观事物的主观反映，一切心理活动都是受外界刺激所引起的，并通过一系列的生理变化加以实现，同时在人的各种实践活动中表现出来。研究营销参与者的心理活动，就是要从这些可以观察得到的现象中去研究，客观地、全面地分析特定经济环境下影响营销参与者心理因素的背景，以揭示营销心理的发生、发展、变化规律。

2. 发展性原则

任何事物都是不断发展变化的，作为营销活动反映的营销心理，也处于变化之中。这就要求我们要用发展、变化的眼光去看待营销参与者的心理，善于根据事物演变的可能性，去预测营销心理变化的趋势，或者运用已经被证明了的营销心理规律去推断新的营销心理变化的可能性。

3. 联系性原则

每个人都生活在复杂的自然环境和社会环境中，因而其任何一个心理现象的产生都受到环境的影响和制约，而这种影响和制约在不同时间、不同地点、不同条件下的反映又有所不同。所以，在研究营销参与者的心理现象的原因时，不仅要考虑与之相联系的多方面因素，还要分析引起营销心理现象的原因、条件等。总之，要注意研究社会环境诸因素对营销参与者心理的影响，不能孤立地、片面地看问题。

note 知识链接

营销心理学发展的四个阶段

第一阶段：广告心理学研究期（19世纪末至20世纪初）

这一时期市场的基本特征是：资本主义经济迅速发展，营销需求极度膨胀，市场基本上为求大于供的卖方市场。因此，在企业管理中生产观念占据主导地位，企业经理奉行“能够生产什么，什么廉价卖什么”的经营观念，完全忽视了营销需求研究和其他营销手段的配合。不过后来由于竞争的加剧和劳动生产率的迅速提高，致使某些企业出现了一定程度的产品销路问题。因此迫使一些经济学家和企业经理着手研究产品的销售问题，而其中的重点又是广告术，希望通过有效的广告宣传解决产品的销售问题。1895年美国明尼苏达大学的盖尔首先采用问卷调查法就营销者对广告及其所宣传的商品的态度与看法进行了研究。1901年，美国心理学家斯科特在西北大学建立了一个心理学实验室，开始着手对广告心理学进行实证研究。此后，他陆续发表了19篇文章，论述广告心理学问题，并于1903年把这些论文汇编成《广告理论》一书出版，强调心理学应该而且确实可以在广告科学的发展中发挥重要的作用。他还提出心理学不仅可应用于广告方面，而且还可以应用于各种产业问题的研究上。学术界一般认为，《广告理论》一书的问世标志着广告心理学的诞生，同时它也被看做市场营销心理学的雏形。此后，斯科特又发表了一系列的文章论述在工商业中，应用心理学原理解决动机激励和劳动生产率的提高问题，并于1908年出版了《广告心理学》一书，这在建立系统的广告心理学的道路上又迈出了一大步。同一时期，美国哈佛大学的闵斯特伯格也开展了广告心理学方面的实证研究，对广告的面积、色彩、文字运用和广告编排技巧等因素与广告效果之间的关系进行了系统的实验研究。随后，越来越多的心理学家和市场营销专家开始注意研究心理学知识在市场营销中的应用问题，并出版了世界上第一本以"Marketing"命名的教科书。这一时期的研究重点是广告心理学，这是市场营销心理学的初创期。这一时期市场营销心理学的主要特点是：研究范围比较单一，主要局限于广告心理学的研究；学科自身没有明确的理论原则和体系，也还没有出现现代市场营销的一些基本观念和原则；实践运用上仅限于大学课堂，尚未得到社会和企业的认可。

第二阶段：销售心理学研究期（20世纪20年代至40年代末）

进入20世纪20年代以后，随着垄断的资本主义商品经济的飞速发展和市场竞争的日益加剧，商品销售出现了前所未有的困难。于是，商品推销工作和推销技术受到了人们的特别重视，销售第一次被看做与生产同等重要的环节；"推销观念"成为企业经理的管理理念，信奉"我卖什么人们就会买什么"的营销观念；推销机构和推销人员成为企业最受重视的一个重要部分。这种局面极大地促进了市场营销心理学的分支之一——营销者心理学的发展。美国西北大学的员克伦在其《实用心理学》一书中分两章专门论述了销售心理学问题，指出了解营销者的营销需要是搞好推销工作的核心环节。这一时期的特点是：研究范围有所扩大，但重点是销售心理学的研究，尤其是推销术备受重视；理论上仍然局限于推销观念的范围之内；实践应用范围已扩大到企业界，但主要局限于流通领域，尚未对潜在的市场需求和生产领域进行研究。

第三阶段：消费者心理学研究期（20世纪50年代至80年代初）

这一时期市场营销心理学的研究特别繁荣。由于第二次世界大战后西方各国经济由战时经济转为民用经济，加上科学技术的飞速发展，极大地促进了市场经济的发展。西方各国社会生产力得到了前所未有的提高，买方市场全面形成，市场消费需求变得异常复杂，企业面临着更为严峻的考验，于是形成了"以消费者为中心"的现代市场营销心理学观念，并以此为核心形成了现代市场营销心理学的概念、原则和理论体系。应该指出的是，这段时期出版了大量的市场营销心理学专著，发表的学术论文更是汗牛充栋。此外，专门研究市场营销心理学问题的各类刊物陆续创刊，如《广告研究杂志》、《市场研究杂志》、《消费者研究杂志》、《市场》、《市场调查》等。这一时期的主要特点是：市场营销心理学的研究范围从流通领域向前拓展，进入了生产领域，消费者的消费动机、态度，消费人格和购买习惯等一系列问题都成为市场营销心理学家的研究对象；市场营销心理学因此也由专门指导流通流域中的销售过程的参谋，发展成为参与指导企业经营决策的一门学科；在研究方法上也更强调动态的整体研究，实验法受到了人们的推崇。

第四阶段：整体市场营销心理学研究期（20世纪80年代至今）

进入20世纪80年代以后，随市场竞争更趋激烈、营销环境的不断变化，以往的市场营销观念、理论和方法已逐渐无法适应营销实践的发展变化，由此产生了"大市场营销观念”和“全球市场营销观念”。所谓的“大市场营销观念”，其核心思想是强调企业不仅要适应外部环境，同时还要有意识地利用“经济的、心理的、政治的和公共关系的”等营销手段主动去改变和营造外部经营环境，使之朝着有利于企业的方向发展。所谓的“全球市场营销观念”，其主要观点是强调企业要适应经济全球化的趋势，要求企业从整个世界角度去安排自己的全部营销活动，打破原有的国界概念，抛弃落后的本国企业与外国企业、本国市场与外国市场的概念，按照最优化的原则，把不同国家中的不同企业组织起来，通过适当的分工合作重新配置有限资源，以最低的成本、最优化的市场营销去满足全球市场需求，从而达到大幅度地降低成本、提高整体营销效益的目的。在上述崭新的市场营销观念的指导下，市场营销实践及其相关的理论研究工作都得到了突飞猛进的发展。这一时期市场营销心理学的主要特点是：理论体系日趋成熟，研究方法更加精确和量化，注重因果关系的分析和探讨；多学科综合研究的方针逐渐深入人心，尤其是与社会心理学、跨文化心理学、社会学和人类学的联系越来越密切；研究范围向前延伸到了消费者对产品的潜在需求领域，向后延伸到了消费者对产品的潜在需求领域，向后延伸到了产品的售后服务阶段；研究成果得到了社会的广泛承认，并成为企业进行营销活动的理论依据。

任务三 饭店营销心理学

一、什么是饭店营销心理学

饭店营销学是一门研究饭店在激烈竞争和不断变化的市场环境中如何识别、分析、评价、选择和利用市场机会，如何开发适销对路的产品，探求饭店生产和销售的最佳形式和最合理途径的学科。

顾名思义，饭店营销心理学是一门研究饭店在激烈竞争和不断变化的市场环境中，对宾客心理进行识别、分析、评价、选择和利用，开发适销对路的饭店产品，探求饭店生产和销售的最佳形式和最合理的途径的学科。

二、饭店营销学的发展阶段

1. 第一阶段——数量中心时代

20 世纪 80 年代中国关闭了 30 多年的国门骤然打开，海外游客蜂拥而至，而当时的接待能力明显不足。很多饭店把办公室都改成客房用来接待客人了。那时的饭店，一个城市也只有那么几家。“酒香不怕巷子深”的时代，就是我们所说的数量时代。

2. 第二阶段——产品质量时代

看到投资建饭店有利可图，于是大家争先恐后地建造饭店。一批批饭店拔地而起，原先是排队去饭店，饭店的服务质量或者菜品好坏都不重要，也没人敢挑剔。现在则不同了，饭店越建越多，人们开始有所选择，饭店之间也开始学会竞争了。当时很多的管理者都已意识到“要以质量求生存”，饭店进入质量时代。

3. 第三阶段——企业形象时代

随着人们生活水平的不断提高，人们对饭店的选择也有了观念上的转变，人们去饭店消费，已不仅仅是为了请客或饥饿，而是去享受了。饭店业这时已注意到了硬件大战已不能稳扎稳打，开始注意企业形象，注意自己的饭店品牌等。“宾客永远是上帝”的名言由此产生。

4. 第四阶段——定位时代

现如今的饭店竞争，可谓激烈。什么有形的产品，无形的服务，人们想出更多的措施，以使自己的饭店立于不败之地，饭店进入了营销定位时代。饭店必须通过各种营销策略的开发找到一个定位点，以获取营销上的成功。但是定位失误的例子比比皆是。美国希尔顿大饭店的定位点是“商人一出差，就住希尔顿”，可是美国商人并不买账。正如现如今很多大型饭店的营业额根本比不上经营有道的小饭店。

饭店经过了 4 个营销时代，说明饭店要发展必须适应时代的发展。营销学在如今的饭店管理的地位是如此之重要。饭店营销学不是一门简单的学科，而是高层次的现代饭店经营管理者的必修课程。

三、饭店心理营销八大效应

宾客并不总是依靠价值（产品/服务的价格、质量等因素）来进行选择。很多时候，你的产品本身并不需要作任何变化，却能够深刻地改变宾客选择的结果。以下效应对影响宾客非价值的选择很有帮助。

1. 考虑效应

这是个非常基础的心理效应。当宾客出门选择所居住的饭店时，他的脑海里实际上已经有了一个“考虑的集合”——大概有 4～5 个选择对象，包括店面和品牌。很多营销策略的弊病就在于没有思考如何在一开始就把自己放入宾客的选择集合中。如果你这家饭店不在宾客最先想到的几家范围内，那宾客光顾的机会就很少了。

这个效应对欧美营销界影响很大，也成为大家抢夺市场份额的驱动力之一。如果某个商品在各个区域的销售情况都不好，但只在少数几个区域销售良好，那首先肯定是当地的销售人员或经销商已经通过各种推广活动，把产品“塞”进了宾客的选择集合。

考虑效应不仅仅可以通过重复性的广告达成，也可以靠有效的分销覆盖，有创意的促销，与众不同的宾客定位来达成。例如，达美乐比萨的一个成功案例就是赠送漂亮的冰箱门磁贴，让宾客在厨房做饭时，时常看到达美乐的标志。那么宾客打电话订购比萨时，就会将达美乐直接放入选择集合。

2. 主导效应

如果在宾客面临的选择中，有一个选项明显占主导地位，那么该选项拥有显著吸引力。例如，英国《经济学家》杂志在推广网络版时虽然是免费的，但订阅者依然寥寥无几。因此它在新一轮推广中推出两个选项，即读者单独订阅印刷版为 1 200 元，读者订阅印刷版同时订阅网络版也是 1 200 元。那宾客就想，既然都是 1 200 元，我为什么不要那个项目多的？这一招立刻见效，比当初单纯推广网络版效率要高多了。

3. 妥协效应

当宾客面临难以取合的选择时，他会在心理上感觉做出妥协的项目吸引力最大。这个效应的案例很多，例如专业的餐厅管理者都会准备一些超级贵的红酒，靠它们来刺激那些价格略低但品质似乎差不多的红酒的销量。

当然，这个效应针对那些中高档商品、新特商品销售更有用，对大众日用商品销售的作用就小了。但在饭店的客房销售中，这个效应更为有效。例如，标准间有三种价位，中间的价位一般会销售得最好。

4. 互惠效应

这是一种力量强大的效应。当宾客接受你的小恩小惠和礼物时，即便这是你主动给他的，他也会有一种潜在的想回报你的义务感。饭店里的免费旅游册子、赠送的礼物的发放，除了含有让宾客体验的意思外，也含有恩惠的意思。传统销售人员经常采用这种效应达成销售。但是要注意的是，有两个因素会影响互惠效应的结果：一是你必须为赠送提供一个堂而皇之的理由；二是不要让宾客一开始就觉得礼物是交易的一部分。

5. 社会验证效应

当宾客不知道怎么办时，往往会效仿社会公众的观点。饭店的排行榜就是这方面的突出例证，它们让宾客觉得别人都承认了此饭店，那我购买它的风险就小了。销售人员喜爱采用的证书销售、证言销售都属于这个效应。

6. 默认效应

相对于那些需要主动选择的选项，默认选项更有可能被宾客选中。这是在利用消费者天然的惰性。例如，在某些服务合同中，总有“默认自动续约”条款，即如果宾客不特别注明不再续约，那么本服务及其收费继续生效。

7. 承诺效应

如果你引导宾客事先做出了某种承诺，那么他遵从的可能性极大。例如，优秀的电话直销员会以非常自然、闲适的语气与宾客搭话，对方被搭上一句话，就代表他对直销员做出了一个“愿意沟通”的潜在承诺，便会被引导着不断说下去。

8. 心疼花钱的效应

如果你的营销行为使宾客很快想到需要花费现金来消费，那他消费的可能性就大大降低。因此，你要想方设法降低宾客的“心疼感”，餐饮、康乐的代用卷、小包装商品和信用卡都是对策之一。特别是饭店的餐饮部，在报纸上进行广告时，有时会表明：携本报纸在餐厅消费打折或者抵用现金××元；有时饭店和银行进行合作，携带某银行信用卡在某饭店消费可打折等。宝洁公司在20世纪80年代刚进入中国时，也是靠小包装的海飞丝打开了普通居民消费的市场。

四、饭店营销心理策略

1. 影响现场感受策略

影响宾客的现场感受，愉悦他们的心理感受，即可提高他们对产品的价值判断，并愿意支付更高的价格。销售人员的微笑就是这方面的典型安排之一。

有人曾把一个饭店里的侍应生分成 A、B 两个组，对 B 组进行特殊培训，结果 B 组的小费收入比 A 组高。并不是因为 B 组的服务更好，人长得更漂亮，而是因为他们在结账前后，会仿佛无意地用手触碰宾客一下，这让宾客下意识里生起一种亲切感。宾客一般会误把这种亲切感或愉悦感嫁接到服务水平上，从而愿意为其多付小费。

2. 收益分割策略

对宾客来说，收益分割后的感知价值大于合并后相同收益的价值。例如，你把优惠一次性给宾客，还不如把优惠拆成几份给他，这会让他觉得获得的优惠总值更大。

3. 损失合并策略

损失分割后的感知痛苦大于合并后相同损失的痛苦。例如，销售旅游产品，如果给交通、住宿、吃喝、游玩各定一个价位，会让宾客觉得很贵，若是打包销售，宾客就觉得便宜多了。

4. 混合损失的分割策略

大支出和小收益分开后的感知价值大于合并后的感知价值。在商品销售中常用的“返利”策略就是如此。其实美国税务局也常用这招：让你先缴纳 1 000 美元税金，再返 100 美金的退税，它不会直接扣你 900 美元税。

5. 混合收益的合并策略

大收益和小支出分开后的感知价值小于合并后的感知价值。也就是说，如果你要让宾客得到商品后还要支付点什么费用，效果就非常不好，还不如一开始就把这个费用打入价格。

6. 心理占有策略

宾客一旦拥有商品，就会主动提高其价值。突出例子为商品试用。宾客把试用装拿回家用，一开始肯定会支持自己的选择，反对别人贬低该商品的价值。在饭店，宾客会将饭店的一次性用品带走，甚至有的宾客会将毛巾等用品协同带走，如果发现宾客将客房内或者餐厅内的布草或餐具带走时，应婉转提示宾客，可以以饭店其他的纪念品代替。

7. 稀有策略

如果宾客感觉该商品稀有，供应有限，感知价值就会升高。如限量版销售、定时促销、某特定渠道独家销售都是这方面的例子。

8. “不断改进”的策略

好顺序以及“不断改进”的顺序要比坏顺序创造更大的心理感知价值。迪士尼一般在一天中两个游人离园的高峰前，也就是下午 14 点以前和傍晚 18 点半以前，组织两次大规模的免费欣赏节目。也就是说，把最好的产品和服务放在最后，或至少让宾客感觉此期间你在不断改进，就会大大提升他们对产品和服务价值的评价。实际上，大团圆结局的电影也是这方面的突出例证——电影公司希望宾客提高对该影片的价值判断，并希望吸引更多观众。在营销策略中，同时运用上述多个心理营销的效应，才能产生最大的效果。

案例分析

饭店营销实例两则

1. 隐性号召力

当听到“世界小姐”的入住能给酒店的知名度提升起到多大的作用的问题时，三亚喜来登酒店的投资方北京盈生创新科技有限公司的总经理钱伟荣深深点头：“作用确实很大。”

由于两届世界小姐总决赛的佳丽们均入住于三亚喜来登酒店，其知名度和影响力在三亚市的饭店行业已无饭店能出其右。

不要低估名人对于服务业名气的提升作用，以服务取胜、靠口碑营销的饭店业，名人的力量对于饭店品牌的意义显得举足轻重。

对于中国的潜在高端消费者而言，当饭店的高档设施和细致服务都已相差无几时，也许名人入住是对潜在消费者的最好示范。特别是在一个饭店品牌尚未被人深刻理解的国度来说，知名人物的入住带给饭店的往往是规模化的效仿。

2. 品牌效应接力

位于北京建国门外的国际俱乐部饭店，是北京声名最为显赫的五星级饭店之一。美国总统布什访问北京时就下榻于其中唯一的一间总统套房，而球王乔丹来访时也选择了这个房间。这家酒店的两个大股东是中国外交部和美国喜达屋酒店集团，酒店由后者以他们旗下的高端品牌“圣•瑞吉斯”品牌进行管理。每临美方高层访京，这里和钓鱼台国宾馆都成为中国政府给美方提供的候选住所，而因为美方管理的背景以及“圣•瑞吉斯”品牌号召，美方往往钟情此地。

同样有着美国背景的还有位于上海浦西的波特曼丽嘉酒店，这里是布什来上海参加APEC 会议期间的下榻之地。丽嘉•卡尔顿酒店是美国大型酒店集团万豪酒店集团旗下的一个高档酒店品牌。上海波特曼酒店的总经理狄高志说：“我们的品牌在世界上的影响力使得外国的宾客很自然地做出他们的决定。”在酒店打印出的一份接待过的“名人名单”上，长长的 4 页信纸密密麻麻：布什、王力宏、齐豫……狄高志向记者介绍，丽嘉•卡尔顿在好莱坞和洛杉矶的酒店就有着专门的测算系统，用来计算名人入住对于酒店的入住率的提升作用。

对于那些声名显赫的名人而言，选择酒店的基本前提当然是酒店应该有一个知名的品牌，而在他们进行了选择之后，他们的名气又赋予了酒店新的品牌竞争力。名人效应得以传递给了其他消费者，这种选择和被选择的过程使得品牌的效应接力传播。

复习与思考

1. 简述营销心理学产生的基础。
2. 简述营销心理要遵循的原则。

3. 什么是营销心理学探究中的调查法？

4. 如何理解市场营销在服务中的体现？

5. 在进行销售预测时需要收集哪些信息？这些信息有何作用？

6. 饭店营销心理的效应是什么？饭店营销的心理策略有哪些？

7. 案例题：某饭店开业两年，各部门都走上了轨道，慕名前来的客人日趋增多，名声开始远播。此时饭店决定在新开发区再开一个分店。分店开张一年多，生意清淡，问津者寥寥无几，与总店蒸蒸日上的发展形势形成鲜明对比，面临转向经营的困境。试分析此饭店陷入困境的原因以及我国饭店业发展的趋势。

专题12

人际交往沟通

专题提要

任务一　人际交往与沟通概述

- 人际交往、沟通的概念
- 人际关系影响因素及其规律
- 人际交往行为模式和人际吸引规律
- 人际沟通的必要性与技巧
- 工作团队的沟通技巧

任务二　饭店服务中的人际交往与沟通

- 饭店员工之间的交往
- 与客人之间的交往

引导案例

富兰克林的“底线”

本杰明·富兰克林深受世人的敬仰，这不仅因为他是美国的开国元勋和杰出的科学家、政治家，更因为他一直被后人推崇为人类精神最完美的典范。

一天，富兰克林和年轻的助手一道外出办事，来到办公楼的出口处时，看见前面不远处正走着一位妙龄女郎。

也许是她步履太匆忙，突然脚下一个趔趄，身体失去平衡，一下子就跌坐在地上。富兰克林一眼就认出了她，她是一位平时很注重自己外在形象的职员，总是修饰得大方得体、光彩照人。助手见状，刚要迈开大步，上前去扶她，却被富兰克林一把拉住，并示意他暂时回避。于是，两人很快折回到走廊的拐角处，悄悄地关注着那位女职员的动静。面对助手满脸困惑的神情，富兰克林只轻轻地告诉他：不是不要帮她，但现在还不是时候，再等等看吧。一会儿，那位女职员就站起来，她环顾四周，掸去身上的尘土，很快恢复了常态，若无其事地继续前行。等那位女职员渐行渐远，助手仍有些不解。富兰克林淡淡一笑，反问道：“年轻人，你难道就愿意让人看到自己摔跤时那副倒霉的样子吗？”助手听后，顿时恍然大悟。

行走在人生的旅途上，谁都会有“摔跤”的时候，当初的尴尬、狼狈，暂时的脆弱、痛楚在所难免。这个时候，一个人最需要的是有一个独自抚平创伤、恢复自尊的时间和空间。诚然，这世界需要爱，并因为爱而充满希望。

但当你向对方表达善意、施与关爱的同时，千万别误伤了对方的自尊，哪怕他是你最亲近的人。富兰克林说：“彼此的自尊，是人际交往的底线。”

任务一　人际交往与沟通概述

一、人际交往、沟通的概念

1. 人际交往的概念

人们为了彼此传达思想、交换意见、表达情感和需要等目的，运用语言符号而实现的沟通称为人际交往。它是人类社会存在的基本条件和方式，是人际关系形成和发展的前提。人际关系具体表现在人际交往和人际行为当中。人际交往的主要工具是语言符号，但还要靠表情、姿态、手势等体态语言加以补充。

生活在社会中的每个个体都不是孤立地存在的，必然要进行交往，要相互接触，相互联系，相互作用，相互影响。对于一个人来说，人际交往的本领，就像他所驾驭的生活之舟上的风帆。有了它，就可乘风破浪，顺利驶向人生的彼岸；失去它，就会经历危险，甚至在人生的航程中折戟沉沙，触礁搁浅。人们的事业是否成功，工作是否顺利，生活是否幸福，很大程度上取决于人际交往的好坏。良好的人际环境能催化人们的才智，激发人们的热情，鼓舞人们的信心；而恶劣的人际环境，却能扼杀人们的聪明才智，压抑人们的热情和斗志。

2. 沟通的概念

“沟通是用任何方法，彼此交换信息，即指一个人与另一个人之间用视觉符号、电话、电报、收音机、电视或其他工具为媒介，所从事交换信息的方法。”《大英百科全书》“沟通是文字、文句或消息之交流，思想或意见之交换。”《韦氏大辞典》“沟通是意义的传递和理解。”（斯蒂芬·P·罗宾斯）“沟通是什么人说什么，有什么路线传至什么人，达到什么结果。”（拉氏韦尔）“沟通可视为任何一种程序，借此程序，组织中的一成员，将其所决定意见或前提，传递给其他有关成员。”（西蒙）

一般来讲，沟通就是发送者凭借一定渠道（也称为媒介或通道），将信息发送给既定对象（接受者），并寻求反馈以达到相互理解的过程。具体包含以下意思。

① 沟通是信息的传递。

② 沟通还是信息的理解。

有效沟通并不是沟通双方达成一致的意见，而是准确地理解信息的含义。

知识链接

沟通——让饭店运转起来

沟通是合作的开始，高星级饭店一定是一个沟通良好、协调一致的饭店，没有沟通就没有效率。沟通会带来理解，理解会带来合作；沟通也是一个明确目标、相互激励、协调一致、增强饭店凝聚力的过程；沟通是达到饭店服务默契的重要一环。

我们经常说的默契就是要求饭店员工之间的合作要达到默契。其实，默契是一个非常高的标准和要求，需要在有效沟通的基础上，经过长期磨合才有可能实现。

一个高星级饭店的员工仅有少说多做是不够的，要进行充分的沟通，在沟通的基础上明确各自的任务和职责，然后才能分工协作，才能把大家的力量形成合力，才能实现真正意义上的默契。

二、人际关系影响因素及其规律

1. 影响人际交往的因素

影响人际交往的因素有很多，归纳起来可分为主观因素和客观因素两大类。

（1）主观因素。

① 认识因素。认识上的分歧越大，态度上的相似性就越小，自尊的需要就越发得不到满足，彼此之间就会相互疏远、相互排斥。人际知觉的习惯性错误也往往会影响人际交往，诸如第一印象、晕轮效应、刻板印象、情绪效应等。

② 情感因素。情感是建立人际关系的基础，是联结人际关系的纽带。积极的情感加深了人际吸引，消极情感则是建立良好人际关系的阻碍。淡漠、厌恶、嫉妒等情感特征，都会引起他人的反感，形成相互排斥，严重破坏人际关系。

③ 个性因素。良好的性格会使人建立起广泛而和谐的人际关系，但不良的性格却是进行正常交往的严重阻碍。自私、贪婪、虚伪、骄横、阴险、冷酷、顽固等性格，都属不良性格，是产生人际排斥的主要根源。1968 年，心理学家安德逊研究指出，人际交往中最受欢迎的十项人格特征依次为诚恳、诚实、理解、忠诚、可信、可靠、聪明、关怀、体谅、热情。最不受欢迎的十项人格特征依次为欺诈、稀奇古怪、恶意、残忍、不诚实、不真诚、做作、不可信赖、不诚恳、贪得无厌。

（2）客观因素。

① 社会因素。人际关系是社会关系的反映，它受各种社会条件的制约，阶级对立、行政限制、特殊的风俗习惯、落后的道德规范等都是进行人际交往的障碍。

② 阶层因素。阶层是一种普遍社会现象，每个人都归属于一定的社会阶层。从行政关系来讲，有官民之异；从经济关系来讲，有贫富之分。阶层差距越大，相互交往就越少。

③ 工作分工因素。现代化生产的高度分工与协作，使人们长期局限于特定的社会领域进行独特的工作，个人交往受到很大限制。同时，职业不同，人们相互之间往往缺乏共同的理想和语言，交往自然发生困难。而职业相同，在竞争条件下又会产生对立，这些都构成了人际交往健康发展的阻碍。

④ 年龄因素。人际吸引力一般来说随着年龄差别的扩大而减弱。青年人朝气蓬勃，向往未来，追求时尚；老年人情系往昔，缅怀昨天，青年人与老年人的思想情趣、思维方式和行为方式有较大的差别。这种差别既可能构成两代人之间的隔阂，但也可作为互补的基础，通过事业的共同需求和认识上的兼容，仍然能保证老中青团结奋斗，促成老少之间的忘年之交。

三、人际交往行为模式和人际吸引规律

1. 常见的人际交往行为模式

人际行为是指具有一定关系的个体在交往中所表现出来的相互作用。也就是说，一方的行为总会引起对方相应的行为反应。社会心理学家利瑞通过研究几千份人际关系的报告，概括出八种常见的人际交往行为模式。

（1）帮助、支持、同情等行为会导致对方信任和接纳等反应。

（2）合作、赞同、友谊等行为会导致对方协助和友好等反应。

（3）尊重、赞扬、求助等行为会导致对方劝导和帮助等反应。

（4）管理、指导、教育等行为会导致对方尊敬和顺从等反应。

（5）怯懦、礼貌、服从等行为会导致对方骄傲和控制等反应。

（6）攻击、惩罚、责骂等行为会导致对方仇恨和反抗等反应。

（7）反抗、怀疑、厌倦等行为会导致对方惩罚或拒绝等反应。

（8）夸张、拒绝、自炫等行为会导致对方不信任或自卑等反应。

note 知识链接

如何与领导搞好上下级关系

第一，与领导交往既要密切联系，又要保持一定的心理距离。不要以为他是自己的顶头上司，就可以整天厮守在一起，说起话来口无遮拦，自以为与领导是零距离接触，可以增加彼此的亲近感。这样其实效果并不好。实际上，与领导交往过于积极主动或消极被动都是不足取的。上下级关系实际上是一种工作性质的交往关系，上级对下级的态度，在很大程度上取决于这种交往的工作价值。

第二，与领导交往要保持一定的认知差距。我们常常犯的一个错误，就是把自己的想法强加给领导，以为领导的想法与自己一致，实际情况并不如此。由于领导所处的位置，他考虑问题的角度自然会与下级有所不同，领导更喜欢从第三者的角度看问题，力求看问题公正、客观。因此，你在与领导交往时一定不要自以为是，以为自己所想就是领导所想，这样做只能适得其反。

第三，与领导交往要保持一定的距离，交往既不要过多、也不宜过少，应该把握在双方都感觉恰如其分的范围内。心理学家认为，如果外界对人的感官刺激过强，会使人感到厌倦、疲劳甚至反感；但如果过少，又会使人产生沟通障碍，出现彼此陌生感。与上级交往频率过高，往往会产生这样的结果：一是干扰领导的工作，二是影响领导的休息，三是扭曲了自己人格形象，其结果是引起领导的反感。有事没事总往领导那儿跑，会使人觉得你有意讨好领导，有套近乎之嫌。当然，也不能与领导交往频率过低，因为沟通太少，信息不通畅，容易引起误解。

第四，要不断提高自己的素质，增加与领导的认同感，搭建与领导交流的平台。领导在与下级交往时，总希望下级在考虑问题时站的角度高一些，特别是能够理解、领会领导的意图，同时也要通过交谈，获得一些新的信息或者纠正一些失误的判断。如果你具备这些素质，就可以增加你对领导的吸引力。这样领导与你交流时，才能感觉有价值，从而愿意增加交流。如果出现信息不对称，即“对牛弹琴”的现象，那么领导必然会失去与你交谈的兴趣。

第五，角色交往与非角色交往要适度。角色交往是指下级以被领导者的身份与上级进行交往。这种交往的特点是工作性质的，情感成分很少，原则性较强，而且有相应的规章制度加以制约。非角色交往是指下级以个人身份与上级交往，其特点是工作因素少，感情因素多，交往的密切程度取决于个人的好恶和价值标准，仅以道德规范加以约束。一个人在社会上生活，在不同的场合扮演不同的角色，人际交往其实就是角色交往。你在与领导交往中，应该既有工作角色也有朋友角色，但要把握好分寸，公事就要公办，私事才能私办，公私界线要分明，不能以感情代替原则。如果与领导的非角色关系过于密切，其原则性就会丧失，甚至发展到以感情代替原则的地步。这样做的结果，一旦出现了私心，不但损害了双方的工作形象，而且还降低了领导的威信，在群众中产生不良的影响。

第六，维护上级的举止要适度。作为下级，维护领导的权威和尊严是必要的，这也是下级应尽的职责，还关系到上下级能否建立良好关系。作为领导也的确需要一部分人作为骨干，围绕在自己的周围，贯彻自己的意图。俗话说："一个篱笆三个桩，一个好汉三个帮。"但是特别要注意，这种维护方式应当含蓄和隐蔽一点，千万不要太显山露水、太露骨了。否则会让人感觉你是一个拍马屁的小人。当然，维护领导是有原则的，不能把对领导权威的维护当成对某个人权力的维护，甚至对领导的错误也极力掩盖。这种过分的行为必然会引起群众的不满，遭到群众的反对，还会给事业带来损失。

由此可见，在人际交往中，只有真心喜欢、尊重、信任、帮助他人的人，才能获得他人的喜欢、尊重、信任和帮助。

2. 人际吸引规律

在人际交往的过程中，不同需要、不同个性、不同反应方式的个体具有一定的规律进行相互吸引和选择。根据心理学家的研究和人际交往的经验，其基本规律主要表现在以下几个方面。

（1）互惠律。追求奖赏、幸福，避免惩罚、痛苦是人的本性。如果交往的双方，能够给对方带来收益、酬偿，就能增加相互间的吸引。互惠吸引力主要表现在感情互慰、人格互尊、目标互促、困境互助、过失互谅，此外，还表现在物质上的"礼尚往来"，利益上的"欲取先予"，道义上的"知恩必报"等方面。根据这一规律，要增强自己的人际吸引力，必须在同他人来往时，尽力使自己的付出大于收益，使自己的言行给他人带来愉快和好处。

（2）接近律。如果交往的双方存在着诸多的接近点或相似点，就能够缩小相互之间的距离，彼此相互吸引。例如，"远亲不如近邻"，邻居、老乡、同事、同学等由于生活的空间接近和感情上的亲近，因此容易相互吸引；"酒逢知己千杯少，话不投机半句多"，交往双方志趣相投，性格相似，态度观念一致，价值取向相同，就容易结成知己；"同是天涯沦落人，相逢何必曾相识"，职业、背景、民族、国籍、经历接近的人，就容易找到共同的语言。这一规律给我们的启示是：在与他人初次交往时，应多谈些双方感兴趣的话题，努力寻找双方的接近点和共鸣点，以深化关系，促进交往。

（3）对等律。俗语所说的"敬人者，人恒敬之，爱人者，人恒爱之"的心理机制，指的就是人际交往中的对等律，也就是说，人们都喜欢那些同样喜欢自己的人。在交往中，以热情、信任、尊重的态度对待那些受过挫折、犯过错误的人，会引起他们比常人更强烈的感情共鸣与回报。此外，研究发现，没有渐进过程地喜欢一个人，往往使人感到轻率、唐突；喜欢逐渐增加，使人感到成熟、可靠。根据这一规律，在人际交往中，一要注意对方的心理承受力，使关系建立在充分了解认识的基础上；二是良好关系一旦建立，就要用热情去浇灌，用真诚去培育，用谅解去护理；三是人与人之间的交往要留有渐进发展的余地。

（4）互补律。当双方的个性或需要及满足需要的途径正好成为互补关系时，就会产生强烈的吸引力。如性格外向、直率、主观武断、脾气暴躁的人与性格内向、耐心、脾气随和、思维周密的人配合工作时，由于能够相互取长补短，相得益彰，就易相互吸引，团结合作。

（5）光环律。一个人在能力、特长、品质等某些方面比较突出，这些积极的特征就像光环一样使人产生晕轮效应，感到其一切品质特点都富有魅力，从而愿意与其接近交往。此规律最突出地体现在能力、成就和品质等方面。人们一般都喜欢聪明能干的人，而讨厌愚蠢无知的人。如果一个人品行端庄，待人诚恳、热情，自然会使人产生钦佩感、敬重感和亲切感，从而产生人际吸引力。

（6）强迫律。人们迫于某种需要或利害关系的驱使，不得不与之交往。例如，对自己的顶头上司的人品、才能虽极为不满，但出于个人发展的需要和工作、生活的方便，又不得不设法与其建立、保持一种良好的关系。

四、人际沟通的必要性与技巧

1. 人际沟通的必要性

在工作中，您需要与您的上级、下级、相关部门，尤其是您的客户进行各种不同层次的沟通，如果您发现自己与人交流沟通不当，想一想是否因为自己没能重视沟通？

有了良好的沟通，办起事来就畅行无阻。沟通涉及获取信息或提供信息，或对他人施以影响以理解您的旨意并愿意根据您的愿望行事。

然而，许多问题都是由于沟通不当或缺少沟通而引起的，其结果会不可避免地导致误传或误解。所以，人际沟通要讲究技巧。

2. 人际沟通的技巧

（1）自信的态度。一般经营事业相当成功的人士，他们不随波逐流或唯唯诺诺，有自己的想法与作风，但却很少对别人吼叫、谩骂，甚至连争辩都极为罕见。他们对自己了解得相当清楚，并且肯定自己。他们的共同点是自信，有自信的人常常是最会沟通的人。

（2）体谅他人。这其中包含“体谅对方”与“表达自我”两个方面。所谓体谅，是指设身处地地为别人着想，并且体会对方的感受与需要。在经营“人”的事业过程中，当我们想对他人表示体谅与关心时，唯有我们自己设身处地为对方着想。由于我们的理解与尊重，对方也相对体谅你的立场与好意，因而做出积极而合适的回应。

（3）适当地提示对方。产生矛盾与误会的原因，如果出自对方的健忘，我们的提示正可使对方信守承诺；反之，若是对方有意食言，提示就代表我们并未忘记事情，并且希望对方信守诺言。

（4）有效地直接告诉对方。一位知名的谈判专家分享他成功的谈判经验时说道：“我在各个国际商谈场合中，时常会以‘我觉得’（说出自己的感受）、‘我希望’（说出自己的要求或期望）为开端，结果常会令人极为满意。”其实，这种行为就是直言不讳地告诉对方我们的要求与感受，若能有效地直接告诉你所想要表达的对象，将会有效帮助我们建立良好的人际网络。但要切记“三不谈”：时间不恰当不谈，气氛不恰当不谈，对象不恰当不谈。

（5）善于询问与倾听。询问与倾听的行为，是用来控制自己，让自己不要为了维护权力而侵犯他人。尤其是在对方行为退缩，默不作声或欲言又止的时候，可用询问引出对方真正的想法，了解对方的立场以及对方的需求、愿望、意见与感受，并且运用积极倾听的方式，来诱导对方发表意见，进而对自己产生好感。一位的沟通好手，绝对善于询问以及积极倾听他人的意见与感受。

一个人的成功，20%靠专业知识，40%靠人际关系，另外 40%需要观察力的帮助。因此为了提升我们个人的竞争力，获得成功，就必须不断地运用有效的沟通方式和技巧，随时有效地与“人”接触沟通，只有这样，才有可能使你事业成功。

知识链接

人际“智囊团”

“brain trust”是“智囊团”的意思，其目的就在于增进你的智慧。美国罗斯福总统在位时，曾实行所谓“新经济政策”，而他的经济参谋团就称为“brain trust”，其在国家实行计划经济或战时经济上，占有非常重要的地位。至于平时，我们可以把它当做“私人或者团体的核心顾问”。

人事资料，就是你的“智囊团”。因为通过它可以增进你的智慧，强化你的交涉能力，使你顺利完成人生的使命。

人类的思想，常在不知不觉中转变，所以一个“才力”充足的智囊团，对自己是有很大影响的。不管是什么人，只要从他是否有属于自己的智囊团，就可判断其事业的成功与否。

所以，一个人应该从自己日常的交往中去充实圆满的人际关系，并充分发挥“智囊团”的功能。尤其是一个与人交涉甚多的人，更应该格外注意。这样，当自己有紧急情况发生时，也能从容地派上用场。

五、工作团队的沟通技巧

1. 产生沟通障碍的原因

在日常的沟通行为中，常常因为一些“意外”而使沟通无法实现，甚至会出现相反的效果。这些情况都表明，沟通出现了障碍，有一些因素影响了信息的有效传递。

（1）个人原因。个人原因又有以下几种情况。

① 人们对人对事的态度、观点和信念不同造成沟通的障碍。例如，人们在接受信息时，符合自己利益需要又与自己切身利益有关的内容很容易接受，而对自己不利或可能损害自己利益的则不容易接受。

② 个人的个性特征差异引起沟通的障碍。在组织内部的信息沟通中，个人的性格、气质、态度、情绪、兴趣等差别，都可能引起信息沟通的障碍。

③ 语言表达、交流和理解造成沟通的障碍。同样的词汇对不同的人来说含义是不一样的。在一个组织中，员工常常来自不同的背景，有着不同的说话方式和风格，对同样的事物有着不一样的理解，这些都造成了沟通的障碍。

（2）人际原因。人际原因主要包括沟通双方的相互信任程度和相似程度。

沟通是发送者与接收者之间“给”与“受”的过程。信息传递不是单方面的，而是双方的事情，因此，沟通双方的诚意和相互信任至关重要。在组织沟通中，当面对来源不同的同一信息时，员工最可能相信他们认为的最值得信任的那个来源的信息。上下级之间的猜疑只会增加抵触情绪，减少坦率交谈的机会，也就不可能进行有效的沟通。沟通的准确性与沟通双方间的相似性也有着直接的关系。沟通双方的特征，包括性别、年龄、智力、种族、社会地位、兴趣、价值观、能力等相似性越大，沟通的效果也会越好。

（3）结构原因。信息传递者在组织中的地位、信息传递链、团体规模等结构因素也都影响了有效的沟通。许多研究表明，地位的高低对沟通的方向和频率有很大的影响。例如，人们一般愿意与地位较高的人沟通。地位悬殊越大，信息趋向于从地位高的流向地位低的。信息传递层次越多，它到达目的地的时间也越长，信息失真率则越大，越不利于沟通。另外，组织机构庞大，层次太多，也影响信息沟通的及时性和真实性。

2. 实现有效沟通的四个方面

要实现团队的有效沟通，必须消除上述沟通障碍。在实际工作中，可以通过以下几个方面来努力。

（1）团队领导者的责任。领导者要认识到沟通的重要性，并把这种思想付诸行动。企业的领导者必须真正地认识到与员工进行沟通对实现组织目标十分重要。如果领导者通过自己的言行认可了沟通，这种观念会逐渐渗透到组织的各个环节中去。

（2）团队成员提高沟通的心理水平。团队成员要克服沟通的障碍必须注意以下心理因素的作用。

① 在沟通过程中要认真感知，集中注意力，以便信息准确而又及时地传递和接受，避免信息错传和接受时减少信息的损失。

② 增强记忆的准确性是消除沟通障碍的有效心理措施，记忆准确性水平高的人，传递信息可靠，接受信息也准确。

③ 提高思维能力和水平是提高沟通效果的重要心理因素，高的思维能力和水平对于正确地传递、接受和理解信息，起着重要的作用。

④ 培养稳定的情绪和良好的心理气氛，创造一个相互信任、有利于沟通的小环境，有助于人们真实地传递信息和正确地判断信息，避免因偏激而歪曲信息。

（3）正确地使用语言文字。语言文字运用得是否恰当直接影响沟通的效果。使用语言文字时要简洁、明确，叙事说理要言之有据，条理清楚，富于逻辑性；措辞得当，通俗易懂，不要滥用词藻，不要讲空话、套话。非专业性沟通时，少用专业性术语。可以借助手势语言和表情动作，以增强沟通的生动性和形象性，使对方容易接受。

（4）学会有效地倾听。有效的倾听能增加信息交流双方的信任感，是克服沟通障碍的重要条件。要提高倾听的技能，可以从以下几方面去努力。

① 使用目光接触。

② 展现赞许性的点头和恰当的面部表情。

③ 避免分心的举动或手势。

④ 要提出意见，以显示自己不仅在充分聆听，而且在思考。

⑤ 复述，用自己的话重述对方所说的内容。

⑥ 要有耐心，不要随意插话。

⑦ 不要妄加批评和争论。

⑧ 使听者与说者的角色顺利转换。

任务二　饭店服务中的人际交往与沟通

饭店服务交往是指为了实现服务消费目的，服务人员进行服务、客人接受服务并得到相应心理感受的过程。也是人际交往在饭店业务中的具体表现。

一、饭店员工之间的交往

在日渐竞争激励的时代，作为一个集团团队如何才能在社会上立足，其中最重要的一点是团队的协作，而协作固然离不开团队之间的人际交往和沟通。合作是生产发展和社会发展的需要，分工越细，越要合作。因此，员工是否能够巧妙地协调好同事间的人际关系，是否能够与同事团结合作，同舟共济，融洽工作，是否具备团队协作精神是企业能否获得良好效益的重要因素。

1. 影响人际交往的不良因素

（1）相处距离。在同一办公室、同一场合、同一活动圈内，都容易因经常相遇、接触、沟通、互相帮助而建立起良好的人际关系，即友谊关系。良好人际关系的建立在于交往双方相互吸引产生的相互接纳，发现对方的思想、态度、兴趣、为人处事等有自己喜欢和感兴趣的地方，于是继续交往与沟通，在继续交往与沟通中达到进一步的相知，从而结为知交。

（2）一个人的品格、能力影响着人际关系的建立。人们都羡慕优良、能力出众的人。真诚、坦率、乐于助人、谦虚、谨慎、严于律己、宽以待人的人，对人有吸引力；能力较强的人，容易引起他人的敬佩感，自愿与他建立良好的人际关系。一般来说，人们更倾向于喜欢精明又有小缺点的人，心理学上称此现象为“仰巴脚效应”。意思是指精明的人不经心犯点小错误，不仅不影响他的优点，反而使人觉得他也和常人一样，会犯错误，有平凡的一面，使人感到好接受，产生安全感。

（3）由交往而建立密切的人际关系，重要的条件是交往双方的相互吸引。如果一方对另一方热情、羡慕，而另一方却表现冷漠、蔑视，就不可能建立良好的人际关系。引起交往双方相互吸引的因素是双方的相似与互补。

除了相似与互补能够导致交往双方相互吸引外，仪表也是一个因素。一个相貌举止端庄大方、谈吐优雅不俗的人，给人形成的第一印象总是良好的，这本身就是一种吸引力量，使人愿意与之继续交往，并对其言行多从好的方面设想、解释。这就有助于双方建立良好的人际关系。

（4）人际知觉是指对人与人之间相互关系的认知。它包括一个人对自己与他人之间关系的认知和对他人与他人之间关系的认知。人际知觉所认知的对象是人际关系。人际知觉的良好印象会促进良好人际关系的建立、维持和发展；相反，人际知觉印象的不良，则对良好的人际关系的建立与维持起阻碍破坏作用。

2. 人际交往中的艺术

（1）在人际交往中寻找共同点，求大同。人际关系的建立和改善，必须是建立在关系双方共同的利益与需要的基础上，在人际交往过程中，要清醒地意识到彼此需求的共振是吸引双方的黏合剂。当然，共同永远是一个相对概念，每人的经历、使命和情绪各不相同，不能抱着求全的幻想，要有大将风度，切忌斤斤计较、患得患失。

（2）知己知彼，因势利导。孙子说："知己知彼，百战不殆。"在交际过程中，要充分估计自己与对方在关系中所处的地位，了解对方的目的、要求、长项和弱点，估计自己能在多大程度上影响甚至改变对方的态度，根据对方的情况设计交际方案，行动时便成竹在胸。

不过，计划难以预测变化。现代社会气象万千，变化无常，领导者在交际场上要适应这种节奏，另外面对突发性事件，要稳定自己的情绪，迅速理顺各种关系，调整原定方案，淡化紧张气氛。可以用转移视线的方法，顺水推舟，抓住时机，广交朋友，联谊四方。当己方处于不利地位时，要临危不乱，失意而不失礼。对失败者更要周到，不能势利。

（3）了解心态，把握情感，重在交流。交际是情感的交流，是人的一种心理现象。相互交流是理解的桥梁。直接交往是交流，是建立感情的最有效的形式，即使宿怨较深，通过直接见面交往，也可消除误会，所谓"相逢一笑泯恩仇"。在面对面面俱到的接触中，双方使用口语，没有中介物，可以更直接、方便和集中地表达各自的感情，使相互之间影响力加大。

当然，在员工与员工的人际交往中，也应掌握一些必要的技巧。有礼貌的寒暄，表现出谦恭有礼的态度。与人首次见面，一定要礼貌地寒暄一番，表现出谦恭有礼的态度。随时说声"你好"，或适时招呼"早安"、"午安"、"晚安"等。微笑是一种无声的语言，它显示出一种力量、涵养和暗示。微笑对于树立形象能产生极大的效果。穿着得体，表现个性。对一个人的印象往往来自他的服装。穿着可以直接表现人的个性。为了使衣着一目了然，服装上力求整洁、庄重和协调，使人第一眼就留下美好的印象。记住对方的姓名。无论身处何种场合，当他人将对方介绍给你时，必须马上记住并能叫出对方的姓名，唯有如此才能显示出和他的亲切感。注意倾听，与人交往时，要善于倾听别人的谈话，使对方感觉到你们的尊重与兴趣，否则是很不礼貌的。保持谦恭的态度。随时随地地使用谦恭的语气与人交谈，这在当今社会已成为一条众所公认的不成文的法则。一个言词谦恭的领导者，在待人处事方面，将会得到好处和方便。谈一些任何人都能了解的话题。第一次与宾客或员工之间会面，应以人所共知的话题做开端，这样容易得到对方的共鸣和回响。说话要有分寸，避免使用口头禅。

二、与客人之间的交往

在激烈竞争的饭店市场中，如何赢得宾客青睐，如何获取更大的效益，主要取决于饭店的服务质量对宾客需求的满足。而饭店服务对象类型可谓是包罗万象，那么服务人员在与各类宾客交往过程中都需要注意什么？如何处理好饭店服务工作中最具有价值的人际交往？下面将对饭店员工与客人交往的特点、心理状态、形式、遵循原则进行分析。

1. 饭店员工与客人交往的特点

（1）短暂性。客人在饭店无论是住宿、就餐，还是参加会议、娱乐，停留的时间一般只有几天甚至几个小时，双方交往的时间相对比较短暂，彼此熟悉了解的机会不多。

（2）业务性。饭店员工与客人交往只限于客人需要服务的时间，服务内容也只限于饭店业务范围之内，不应该也不允许发生业务以外的往来。

（3）不对等性。一方面，客人是"上帝"，有接受优质服务的至高无上的权利，而且不可侵犯，其表现是向服务员下达命令，提出要求；另一方面，服务员没有选择客人的权利，必须服从和满足客人的意愿，并提供优质服务。双方交往的这一特点，常常容易使新来的服务员产生自卑或逆反心理，需要管理者耐心引导。

（4）差异性。这是因为客人的年龄、性别、职业、文化修养、个性特点和心理状态存在差异，因此与不同客人交往的模式也存在差异。

2. 与客人交往的心理状态

人们在相互交往中，其心理状态是各不相同的。根据相互作用分析理论的观点，人的心理状态一般可表现为家长型、儿童型、成人型三种类型。心理状态无所谓好坏之分，只是在某种场合下，一种心理状态可能比另一种心理状态更合适，更能被对方所接受。我们在交往中要分析他人的心理状态，同时自己也要用最佳的心理状态与他人交往。

（1）家长型心理状态有命令式和慈爱式两个模式，如表 12-1 所示。

表 12-1 家长型心理状态特征

心理状态类型	模　式	表　现
家长型	命令式	通常表现为统治、支配、责骂、教训以及其他权势式的行为 凭主观印象办事，独断专行，滥用权威
	慈爱式	通常表现为关怀和怜悯的行为

（2）儿童型心理状态以情绪为特征。具有这种心理状态的人像儿童一样服从、任性和容易冲动，行为受感情的支配，往往表现为两种行为模式，如表 12-2 所示。

表 12-2 儿童型心理状态特征

心理状态类型	模　式	表　现
儿童型	服从式	通常表现为顺从、依赖、无主见、遇事退缩等行为
	自然式	通常表现为感情用事、任性、喜怒无常等自然流露的情绪状态

（3）成人型心理状态以理智为特征。这类人像电子计算机处理数据一样，从过去存储的经验中，估计各种可能性，然后做出决策，在与人交往中往往采取一种平等的商量问题的态度。其行为表现多为待人接物冷静，慎思明辨，尊重别人，表现出有理智的行为，讲话的口气常是“我个人的想法是……”，“我们一起来……”。成人型心理状态通常表现出八种行为模式，即询问式、回答式、提议式、赞同式、反对式、道歉式、总结式和破坏式，如图 12-1 所示。

八种行为模式：
- 询问式
- 回答式
- 提议式
- 赞同式
- 反对式
- 道歉式
- 总结式
- 破坏式

图 12-1 八种行为模式

3. 与客人交往的形式

在饭店服务工作中，饭店员工与客人的交往行为可以表现为不同的形式，归纳起来，主要有平行性交往与交叉性交往两种。

（1）平行性交往。这是一种符合正常人际关系在自然状态下的反应。这种交往是平行的，双方都以对方所期待的心理状态做出反应，交往双方的行为符合对方的心理需求，相互作用是呼应的，所以交往双方情绪愉快，关系融洽，交往能顺利地进行下去。平行性交往是在服务中应当提倡的。平行性交往主要有三种形式，如表12-3所示。

表12-3　平行性交往

交往类型	客人的行为方式	服务人员的行为方式	举　例
成人型对成人型交往	成人型的提议式和道歉式	成人型的赞同式和道歉式	一位就餐的客人对服务员说："小姐，请再拿一瓶啤酒。"服务员答道："请稍等，马上就来。"
家长型对儿童型交往	家长型的命令式	儿童型的服从式	一位就餐的客人对服务员叫道："再拿一瓶啤酒来!"服务员答道："好!"
儿童型对家长型交往	儿童型的自然式	家长型的慈爱式	一位客人用餐完毕付款时，发现自己的钱包不见了，便叫道："唉呀！我的钱包怎么不见了？"服务员见状忙上前安慰道："先生，别着急，我来帮您找找吧!"

（2）交叉性交往。这种交往是指相互作用的心理状态是交叉的，双方做出的反应与对方期待的心理状态不符，即双方的行为不符合对方的心理需求。交往发生了困难，或发生了中断，或彼此间发生了冲突，交往双方情绪不愉快，出现关系紧张。交叉性交往是在服务中应当避免的。交叉性交往主要包括四种形式，如表12-4所示。

表12-4　交叉性交往

交往类型	客人的行为方式	服务人员的行为方式	举　例
成人型与家长型交叉	成人型的道歉式和提议式	家长型的命令式	一位客人说："小姐，请再给我拿一瓶啤酒吧!"服务员回答道："你自己去吧台拿!"
家长型与家长型交叉	家长型的命令式	家长型的命令式	客人对服务员叫道："怎么等这么长时间?赶快上菜。"服务员不耐烦地答道："我怎么知道?自己去问厨师。"
成人型与儿童型交叉	成人型的道歉式和提议式	儿童型的自然式	一位穿着朴素的客人到餐厅就餐，他对服务员说："请把这瓶酒退掉，给我换一瓶贵一点儿的，好吗?"服务员以轻蔑的口气说："你能付得起钱吗!"
儿童型与儿童型交叉	儿童型的自然式	儿童型的自然式	一位客人急于赶火车，时间紧迫，但要的饭菜不能及时送来，十分焦急地说："来不及了，请快点儿上饭呀!"服务员则不紧不慢地说："急什么!"

4. 与客人交往的原则

通过两个表格对饭店员工与客人交往的形式的分析。从中不难发现，人际交往中起主导作用的是二者中的一种心理状态。如果宾客能以成人型心理状态来控制和调节自己，会使得服务人员逐步进入成人型心理状态，从而保持人际互动关系的持续进行。相反，如果宾客是以儿童型心理状态来控制和调节自己，也会使得服务人员逐步进入成人型心理状态。在与宾客的交往中，服务人员要以成人型心理状态要求自己。

（1）保持平行性交往的原则。要使得宾客能感受到饭店员工的热情和周到，服务人员必须在日常工作中努力为宾客提供周到服务，同时努力使自己的心理状态与客人的心理状态相呼应，宾客才能与服务人员保持良好的平行性交往。所以在日常工作中，需要细心观察客人的言行举止，通过各种途径来分析判断客人的心理状态以及心理需求。

（2）注意引导对方成人型交往的原则。在服务过程中，常常会遇到家长型命令式行为，在这种状态下，宾客会表现出责骂、支配、专断作风的行为，通常这种情况下服务人员很难接受，并且会觉得自尊心受到伤害。这时服务人员要抛开客人的影响，采取注意引导对方进入成人型道歉式或提议式的行为状态。如果客人正处于儿童的心理状态，采取自然式的行为，服务员应与其保持平行性交往，满足心理需求，然后引导进入成人型交往。

（3）尊重与理解的原则。进入饭店的宾客，受到应有的尊重，其心理就会得到最基本的满足，因此也会对饭店以及工作人员产生好感。在交往的过程中，双方会很容易形成和谐、友好的交往气氛。

（4）热情与礼貌的原则。服务员热情、礼貌，客人就会从内心感到温暖、愉快、满意，从而会对饭店产生二次消费的想法。同时也对饭店服务人员产生信任，这是双方交往取得成功的重要手段。“礼貌待人是交往的名片”就是由此而来。

（5）满足需要与寻求方便的原则。因为宾客有了需要才进入饭店进行消费的，饭店的一切设施设备，都是为了满足宾客的需要和方便客人而制定的。如客人在生理和心理上、物质和精神上得到充分的满足，在交往的过程中才能创造更好的情境条件。

（6）诚信与宽容的原则。在与人交往的过程中，一个人的诚信度是与人交往的最基本的条件，诚信不仅是个人品德的基石，也体现了饭店的信誉度。宽容是一个人最大的美德，宾客在某些情况下会产生一些错误，而服务人员应该以宽大的胸怀包容。因此诚信、宽容是服务交往取得满意结果的基础，也是服务员应该具备的特殊心理品质。

（7）高效与主动的原则。宾客在饭店消费的过程中，希望自己得到的服务是高效与主动的，使客人对服务员产生一种精明、业务素质高的印象，促进彼此之间交往的顺利进行。

（8）无区别对待原则。在饭店服务过程中，不能以一个人的地位与身份，或外表与穿着等来看待宾客。所谓“宾客至上”，就是无论哪个宾客来到饭店消费都应该为其服务。

（9）个性差异性的原则。客人个性的差异要求服务员根据宾客的不同个性差异采取不同交往方式。例如，挑剔型的客人，服务员应该多听取宾客的意见，避其锋芒，解释应该婉转；多疑型宾客，服务人员需要态度诚恳、耐心，使宾客对其产生信任。

（10）举止得当与仪容仪表得体的原则。客人对于服务人员的第一印象十分重要，同时也决定了宾客与之交往时的深度。对于仪态端庄、着装大方、谈吐优雅、举止得当的服务人员，宾客会感觉服务人员的素质标准高，容易产生好感，有利于双方的交往。反之，宾客对于服务人员的第一印象大打折扣，那么双方的交往不会很深入，也会使宾客对饭店的形象大跌眼镜，从而不能产生二次消费的欲望。

5. 常见的人际交往心理障碍

由于个性缺陷，缺乏人际交往的经验，以往交往中的挫折以及受错误的思想观念影响等原因，造成了人际交往中的不适应，交往变得困难，不愿交往，甚至不敢交往，这就属于人际交往中的心理障碍。

常见的人际交往心理障碍主要有以下几种。

（1）自负。只关心个人的需要，强调自己的感受，在人际交往中表现为目中无人。与同伴相聚，不高兴时会不分场合地乱发脾气，高兴时则海阔天空、手舞足蹈讲个痛快，全然不考虑别人的情绪和别人的态度。另外，在对自己与别人的关系上，过高地估计了彼此的亲密度，讲一些不该讲的话。这种过于亲昵的行为，反而会使人产生心理防范而与之疏远。

（2）忌妒。忌妒者总是用望远镜观察一切。在望远镜中，小物体变大，矮个子变成巨人，疑点变成事实。忌妒是对与自己有联系的，而且强过自己的人的一种不服、不悦、失落、仇视，甚至带有某种破坏性的危险情感，是通过把自己与他人进行对比，而产生的一种消极心态。当看到与自己有某种联系的人取得了比自己优越的地位或成绩，便产生一种忌妒心理；当对方面临或陷入灾难时，就隔岸观火，幸灾乐祸，甚至借助造谣、中伤、刁难、穿小鞋等手段贬低他人，安慰自己。正如黑格尔所说："有忌妒心的人自己不能完成伟大事业，便尽量去低估他人的伟大，贬低他人的伟大性使之与他本人相齐。"

（3）多疑。这是人际交往中的一种不好的心理品质，可以说是友谊之树的蚀虫。它能使你陷入迷惘，混淆敌友，乱人心智，从而破坏人的事业。具有多疑心理的人，往往先在主观上设定他人对自己不满，然后在生活中寻找证据。带着以邻为壑的心理，必然把无中生有的事实强加于人，甚至把别人的善意曲解为恶意。这是一种狭隘的、片面的、缺乏根据的盲目想象。

（4）自卑。美国心理学家的研究表明，儿童时期如果各项活动取得成绩而得到教师、家长及同伴的认可、支持和赞许，便会增强他们的自信心、求知欲，内心获得一种快乐和满足，就会养成一种勤奋好学的良好习惯。相反，他们会产生一种受挫感和自卑感。个体自卑感的形成主要是社会环境长期影响的结果。

自卑的浅层感受是别人看不起自己，而深层的理解是自己看不起自己，即缺乏自信。

（5）干涉。心理学研究发现，人人需要一个不受侵犯的生活空间；同样，人人都需要有一个自我的心理空间。再亲密的朋友，也有个人的内心隐秘，有一个不愿向他人袒露的内心世界。有的人在相处中，偏偏喜欢询问、打听，传播他人的私事，这种人热衷于探听别人的情况，并不一定有什么实际目的，仅仅是以刺探别人隐私而沾沾自喜的低层次的心理满足而已。

（6）羞怯。羞怯心理是绝大多数人都会有的一种心理。具有这种心理的人，往往在交际场所或大庭广众之下，羞于启齿或害怕见人。由于过分的焦虑和不必要的担心，使得人们在言语上支支吾吾，行动上手足失措。长此以往，会不利于同他人正常交往。

（7）敌视。这是交际中比较严重的一种心理障碍。这种人总是以仇视的目光对待别人。这种心理或许来自童年时期受家庭环境等因素影响使他产生别人仇视我，我仇视一切人的心理。对不如自己的人以不宽容表示敌视；对比自己厉害的人用敢怒不敢言的方式表示敌视；对处境与己类似的人则用攻击、中伤的方式表示敌视。使周围的人随时有遭受其伤害的危险，而不愿与之往来。

在人际交往中，总会不可避免地遇到一些交际上的困难，作为饭店服务人员无论是和同事还是和宾客，交往过程中要去克服这种心理障碍。一是要找出交往困难的原因，分析原因找出办法。二是要使自己的性情变得开朗、豁达，保持正确的交往心态。三是要主动与人交往，在交往的过程中，把握一定的交往原则、方法和技巧。如出现更为严重的心理障碍，则要及时寻求心理咨询，接受心理治疗。

知识链接

职场礼仪之接电话小技巧

当你给他人打电话时，你应调整好自己的思路。那么，当你的电话铃响起之时，你应该尽快集中自己的精力，暂时放下手头正在做的事情，以便你的大脑能够清晰地处理电话带来的信息或商务。当然，上述过程应该迅即完成，如果你让电话铃响得时间过长，对方会挂断电话，你便会失去得到信息或生意的机会。以下几点是在接电话时可以参考和借鉴的技巧。

1. 随时记录

在手边放有纸和铅笔，随时记下你所听到的信息。如果你没做好准备，而不得不请求对方重复，这样会使对方感到你心不在焉，没有认真听他说话。

2. 自报家门

一拿起电话就应清晰说出自己的全名，有时有必要说出自己所在单位的名称。同样，一旦对方说出其姓名，你可以在谈话中不时地称呼对方的姓名。

3. 转入正题

当你接听电话时，不要“哼哼哈哈”地拖延时间，而应立即做出反应。一个好的开场白可能是：“您需要我做什么？”当你觉出对方有意拖延时间时，你应立即说：“真不巧！我正要参加一个会议，不得不在 5 分钟后赶到会场。”这样说会防止你们谈论不必要的琐事，加速商务谈话的进展。

4. 避免将电话转给他人

自己接的电话尽量自己处理，只有在万不得已的情况下才能转给他人。这时，你应该向对方解释一下原因，并请求对方原谅。例如，你可以说：“布朗先生会处理好这件事的，请他和您通话好吗？”在你做出这种决定之前，应当确定对方愿意你将电话转给他人。例如，你可以说：“对于这件事，我们很快会派人跟您联系的。”

5. 避免电话中止时间过长

如果你在接电话时不得不中止电话而查阅一些资料，应当动作迅速。你还可以有礼貌地向对方说：“您是稍候片刻，还是过一会儿我再给您打过去？”

让对方等候时，你可以按下等候键。如果你的电话没有等候键，就把话筒轻轻地放在桌子上。如果查阅资料的时间超过你所预料的时间，你可以每隔一会儿拿起电话向对方说明你的进展。例如，你可以说：“约翰先生，我已经快替您找完了，请您再稍候片刻。”当你查找完毕，重新拿起电话时，可以说：“对不起，让您久等了”，以引起对方的注意。

对于接电话的人来讲，当需要查阅资料而有礼貌地请对方稍等片刻，这是可以令对方接受的。如果有人在你正在通话时打进电话，你可以选择合适的词语让与你通话的人稍候。然后拿起另一部电话说：“你能否稍等？我正在接听一个电话。”如果打来电话的人只是有一些小事，便可以当即回绝，然后迅即转向第一个电话，而这个人也会意识到你很忙而加速你们的讨论。

案例分析

两种不同的说法

一位爱挑剔的潘先生对饭店的服务很不满意，老是觉得这也不好、那也不好，喜欢指挥来指挥去，弄得服务员团团转。这不，他刚入住金海饭店，又对服务员小王提出了颇有难度的要求：“每次我按铃叫你的时候，你要在 30 秒内赶到我房间来；在收拾房间时，那些东西的排放要严格按照我的要求去做。否则，我跟你们经理说你服务不周到。”服务员小王意识到了此宾客的挑剔性特强，于是他小心翼翼地点了点头。

在开始的几次，服务员都能按照其要求去做。但是，凡事都难免有意外。一次，当服务员接到其按铃时，即匆忙乘电梯前往，但电梯中途突然出故障，等到达潘先生房间时已经超过 5 分钟。这下子潘先生可就有借口发作了。服务员一进门，不等他开口解释，潘先生就指着小王的鼻子骂开了：“你怎么搞的，我在这里等了老半天你都没上来，你们不是说‘宾客就是上帝’吗？这算什么态度！”

“我……”

“我什么我！你还有理由争辩？跟我到你们经理那儿理论去！”

“对不起，我刚才……”

“做错了就是做错了，要敢于承担！”

服务员小王也是个有脾气的人，忍耐度终于到了极限，跟潘先生横眉相对起来：

“我什么态度，你又是什么态度！你也不看一下你自己，成天只会指挥别人，你很了不起呀？！”

潘先生铁青着脸，眼看着一场激烈的口角就要爆发。这时，服务员大李刚好路过，听到争吵声，连忙走过来，把小王拉到一旁，及时制止了争吵。他了解了事情的经过后，用很抱歉的语气对潘先生说：“潘先生，很对不起，我们服务员冲撞了您，希望您能够大人不记小人过，多多原谅。”

“哼！”

“不过，我想您可能有些误会了。”大李接着说。

“什么误会，事实就摆在眼前，没得说！”潘先生依然没消气。

“请您先冷静一下，别激动，听我把话说完。刚才我们的电梯的确发生了些小故障，致使小王不能及时赶来，我想这个情况他也不想发生。但没办法，这是意外，我想谁都不能料到自己会被困在电梯里。而且，从前几次他的服务看来，他是尽职尽责的，只不过他的脾气冲了点，希望您能够理解。”

说完，扯了扯小王的衣服。

小王红着脸诚恳地说：“潘先生，我刚才的确是冲动了点，但您根本不让我有说话的机会啊。”

终于，潘先生舒缓了紧皱的眉头，脸色也渐渐好转：

“真的是那样吗？那我真的要自我检讨一下了。”

末了，他还对小王道歉：“我没想到事情是这样的，我错怪了你，希望你能原谅我。”从而使事情最终得到圆满解决。

案例中的情况主要是由于宾客对服务知觉的歪曲性引起了误会。因此，服务语言技巧的使用对服务能否被宾客准确地认识就显得非常重要。语言沟通的技巧也非常重要，一个意思用不同的语言和语气表达出来的效果就会不同，宾客的知觉、个性不同，应使用相对应的语言，才能让宾客准确地理解，服务才能收到好的效果。

了解知觉的歪曲性，善用语言沟通技巧。案例中的服务员小王开始不了解宾客的个性特征，潘先生是一位爱挑剔的宾客，对饭店的服务容易产生不满意感，对服务员也提出了颇有难度的要求。但是，由于有意外，当服务员接到其按铃赶来时，却因电梯中途突然出故障，结果没能按时赶到，于是，潘先生发脾气了。遇到这种情况服务员应该语气温和，缓和矛盾，而服务员小王的做法却是还没解释清楚就与宾客争吵起来。这种做法不仅不能平息矛盾，反而更使潘先生产生并加大了知觉的歪曲，于是潘先生发了脾气。

服务员大李的做法比较好，当他了解到宾客的个性和小王遭遇的情况后，知道不同的语言会起到不同的作用。大李及时制止了争吵，并用很抱歉的语气对潘先生说明和解释小王迟到的原因，让潘先生缓和了情绪，明白了小王也尽了力，向小王表示了歉意。

从这个案例可以看出：饭店应加强对员工进行语言沟通技巧的培训，帮助员工总结对出现的情况应该用什么方法、什么语气来妥善地表达自己的意思，以免引起对方的误会。

复习与思考

1. 人际交往和沟通的定义是什么？
2. 人际交往和沟通的客观因素和主观因素各是什么？
3. 在饭店中，员工与宾客交往时应注意什么事项？
4. 常见的人际交往的心理障碍有哪些？如何去克服交往障碍？
5. 在北京残奥会期间，作为志愿者你怎样为各种有生理残缺的运动员服务？
6. 案例题：某餐厅晚间开餐生意火爆，小王忙得手脚不停，直到闭餐时间，才稍有空闲。这时，小王看到一位先生与一位小姐正坐在那儿聊天，盘子里的菜已没有多少了，小王以为客人不吃了，便想撤去盘子，为客人提供更好的谈话环境。于是小王说：“如果您不吃了，我可以把盘子拿掉吗？”谁知客人一听非常生气，以为要赶他们走。小王连声道歉，客人才消气，不久离开了餐厅。试分析服务员应掌握哪些语言技巧？

专题13

饭店员工激励

专题提要

任务一　激励的基本概述

- 激励的基本概念
- 激励的基本原则
- 激励的作用
- 激励的类型
- 有关激励的几个理论

任务二　激励理论的实践应用

- 提供良好的工作环境
- 建立积极的工作氛围

引导案例

参与激励法

沃尔玛是全球最大的私人雇主，在中期经营中就指出了“员工第二，领导第三；门户开发：让员工参与管理；离了职，还是宾客”的口号。这一口号具体化为三个互相补充的计划，即利润分享计划、员工购股计划和损耗奖励计划。1971 年，沃尔玛开始实施第一个计划，保证每个在沃尔玛公司工作了一年以上以及每年至少工作 1 000 个小时的员工都有资格分享公司利润。沃尔玛运用一个与利润增长相关的公式，把每个够格的员工的工资按一定百分比放入这个计划，员工离开公司时可以取走这个份额的现金或相应的股票。沃尔玛还让员工通过工资扣除的方式，以低于市值 15%的价格购买股票。现在，沃尔玛已有 80%以上的员工借助这两个计划拥有了沃尔玛公司的股票。另外，沃尔玛还对有效控制损耗的分店进行奖励，使得沃尔玛的损耗率降至零售业平均水平的一半，沃尔玛认为员工们了解其业务的进展情况，是让他们最大限度地干好其本职工作的重要途径，它使员工产生责任感和参与感，意识到自己的工作对公司的重要性，觉得自己得到了公司的尊重和信任，因此，努力争取更好的成绩。

在现代饭店管理中常见的形式有参与设计、利润分享、职工大会等。通过参与可以提高员工的认同感、责任感和成就感，进而推进饭店所期望的组织目标。

管理是门艺术，员工激励是艺术中的艺术。员工是企业的灵魂，设计有效的员工激励机制，提高员工的工作积极性，使其在不同的企业文化、不同的组织结构、变化的企业环境中发挥其最大潜能。

任务一 激励的基本概述

一、激励的基本概念

所谓激励，就是组织通过设计适当的外部奖酬形式和工作环境，以一定的行为规范和惩罚性措施，借助信息沟通来激发、引导、保持和规范组织成员的行为，以有效地实现组织及其成员个人目标的系统活动。这一定义包含以下几方面的内容。

（1）激励的出发点是满足组织成员的各种需要，即通过系统地设计适当的外部奖酬形式和工作环境，来满足企业员工的外在性需要和内在性需要。

（2）科学的激励工作需要奖励和惩罚并举，既要对员工表现出来的符合企业期望的行为进行奖励，又要对不符合企业期望的行为进行惩罚。

（3）激励贯穿于企业员工工作的全过程，包括对员工个人需要的了解、个性的把握、行为过程的控制和行为结果的评价等。因此，激励工作需要耐心。赫兹伯格说，如何激励员工：锲而不舍。

（4）信息沟通贯穿于激励工作的始末，从对激励制度的宣传、企业员工个人的了解，到对员工行为过程的控制和对员工行为结果的评价等，都依赖于一定的信息沟通。企业组织中信息沟通是否通畅，是否及时、准确、全面，直接影响着激励制度的运用效果和激励工作的成本。

（5）激励的最终目的是在实现组织预期目标的同时，也能让组织成员实现其个人目标，即达到组织目标和员工个人目标在客观上的统一。

二、激励的基本原则

1. 目标结合原则

在激励机制中，设置目标是一个关键环节。目标设置必须同时体现组织目标和员工需要的要求。

2. 物质激励和精神激励相结合的原则

物质激励是基础，精神激励是根本。在两者结合的基础上，逐步过渡到以精神激励为主。

3. 引导性原则

外激励措施只有转化为被激励者的自觉意愿，才能取得激励效果。因此，引导性原则是激励过程的内在要求。

4. 合理性原则

激励的合理性原则包括两层含义：其一，激励的措施要适度。要根据所实现目标本身的价值大小确定适当的激励量；其二，奖惩要公平。

5. 明确性原则

激励的明确性原则包括三层含义。其一，明确。激励的目的是需要做什么和必须怎么做。其二，公开。特别是分配奖金等大量员工关注的问题时，更为重要。其三，直观。实施物质奖励和精神奖励时都需要直观地表达它们的指标，总结和授予奖励和惩罚的方式。直观性与激励影响的心理效应成正比。

6. 时效性原则

要把握激励的时机，“雪中送炭”和“雨后送伞”的效果是不一样的。激励越及时，越有利于将人们的激情推向高潮，使其创造力连续有效地发挥出来。

7. 正激励与负激励相结合的原则

所谓正激励，就是对员工的符合组织目标的期望行为进行奖励。所谓负激励，就是对员工违背组织目的的非期望行为进行惩罚。正、负激励都是必要而有效的，不仅作用于当事人，而且会间接地影响周围其他人。

8. 按需激励原则

激励的起点是满足员工的需要，但员工的需要因人而异、因时而异，并且只有满足最迫切需要（主导需要）的措施，其效价才高，其激励强度才大。因此，领导者必须深入地进行调查研究，不断了解员工需要层次和需要结构的变化趋势，有针对性地采取激励措施，才能收到实效。

三、激励的作用

对一个企业来说，科学的激励制度至少具有以下几个方面的作用。

（1）吸引优秀的人才到企业来。在发达国家的许多企业中，特别是那些竞争力强、实力雄厚的企业，通过各种优惠政策、丰厚的福利待遇、快捷的晋升途径来吸引企业需要的人才。

（2）开发员工的潜在能力，促进在职员工充分发挥其才能和智慧。

知识链接

员工激励

美国哈佛大学的威廉·詹姆斯（W. James）教授在对员工激励的研究中发现，按时计酬的分配制度仅能让员工发挥20%～30%的能力，如果受到充分激励的话，员工的能力可以发挥出80%～90%，两种情况之间60%的差距就是有效激励的结果。管理学家的研究表明，员工的工作绩效是员工能力和受激励程度的函数，即绩效=F（能力×激励）。如果把激励制度对员工创造性、革新精神和主动提高自身素质的意愿的影响考虑进去的话，激励对工作绩效的影响就更大了。

（3）留住优秀人才。德鲁克（P.Druker）认为，每一个组织都需要三个方面的绩效，即直接的成果、价值的实现和未来的人力发展。缺少任何一方面的绩效，组织注定非垮不可。因此，每一位管理者都必须在这三个方面均有贡献。在三方面的贡献中，对“未来的人力发展”的贡献就来自激励工作。

（4）造就良性的竞争环境。科学的激励制度包含有一种竞争精神，它的运行能够创造出一种良性的竞争环境，进而形成良性的竞争机制。在具有竞争性的环境中，组织成员就会收到环境的压力，这种压力将转变为员工努力工作的动力。正如麦格雷戈（Douglas M.Mc Gregor）所说的：“个人与个人之间的竞争，才是激励的主要来源之一。”在这里，员工工作的动力和积极性成了激励工作的间接结果。

四、激励的类型

不同的激励类型对行为过程会产生程度不同的影响，所以激励类型的选择是做好激励工作的一项先决条件。

1. 物质激励与精神激励

虽然二者的目标是一致的，但是它们的作用对象却是不同的。前者作用于人的生理方面，是对人物质需要的满足，后者作用于人的心理方面，是对人精神需要的满足。随着人们物质生活水平的不断提高，人们对精神与情感的需求越来越迫切。例如，期望得到爱、尊重、认可、赞美和理解等。

2. 正激励与负激励

所谓正激励，就是当一个人的行为符合组织的需要时，通过奖赏的方式来鼓励这种行为，以达到持续和发扬这种行为的目的。所谓负激励，就是当一个人的行为不符合组织的需要时，通过制裁的方式来抑制这种行为，以达到减少或消除这种行为的目的。

正激励与负激励作为激励的两种不同类型，目的都是要对人的行为进行强化，不同之处在于二者的取向相反。正激励起正强化的作用，是对行为的肯定；负激励起负强化的作用，是对行为的否定。

3. 内激励与外激励

所谓内激励，是指由内酬引发的、源自于工作人员内心的激励；所谓外激励，是指由外酬引发的、与工作任务本身无直接关系的激励。

（1）内酬是指工作任务本身的刺激，即在工作进行过程中所获得的满足感，它与工作任务是同步的。追求成长、锻炼自己、获得认可、自我实现、乐在其中等，内酬所引发的内激励，会产生一种持久性的作用。

（2）外酬是指工作任务完成之后或在工作场所以外所获得的满足感，它与工作任务不是同步的。如果一项又脏又累、谁都不愿干的工作有一个人干了，那可能是因为完成这项任务，将会得到一定的外酬——奖金及其他额外补贴，一旦外酬消失，他的积极性可能就不存在了。所以，由外酬引发的外激励是难以持久的。

note 知识链接

激励员工的方法和艺术

● **职务激励法**

一个德才兼备、会管理、善用人、能够开辟一个部门新局面的可造就之才，就应把握实际需要，扬长避短，及时地提拔重用，以免打击了“千里马”的积极性。作为一名单位的领导就是要有识才的慧眼，千万不能因领导者自身的私利，而对身边的人才“视而不见”、“置之不理”。压制和埋没人才只能使企业蒙受损失。对于在实践检验中确属“真金”者，要及时地给任务压担子，引入竞争和激励机制，形成“优秀干部有成就感，平庸干部有压力感，不称职干部有危机感”的良性循环。

● **知识激励法**

随着知识经济的扑面而来，当今世界的日趋信息化、数字化、网络化，知识更新速度的不断加快，干部队伍中存在的知识结构不合理和知识老化现象也日益突出。要树立“终身教育”的思想，对单位一般员工可采取自学和加强职业培训的力度；对各类人才也可以进行脱产学习、参观考察，进高等院校深造等激励措施，作为一个新世纪的人才也应掌握必要的外语和计算机知识，能够应用互联网获得各类信息（本单位也应建立高效率的信息情报网络），各级各类人才只有在“专”和“博”上下工夫，不断提高自己的思想品德素质、科学文化素质、社会活动素质、审美素质和身心素质，使自己能够成为“T”型或“A”型人才。知识激励是人才管理的一个重要原则。

● **情感激励法**

情感是影响人们行为最直接的因素之一，任何人都有渴求各种情感的需求。按照心理学上的解释，人的情感可分为利它主义情感、好胜情感、享乐主义情感等类型，这就要求领导多关心群众的生活，敢于勇于说真话、动真情、办实事，在满足人们物质需要的同时，要关心员工的精神生活和心理健康。提高一般员工和各类人才的情绪控制力和心理调节力，以建立正常、良好、健康的人际关系；以营造出一种相互信任、相互关心、相互体谅、相互支持、互敬互爱、团结融洽的同志氛围、朋友氛围、家庭氛围；以切实提高人们的生活能力，培养人们的合作精神，增强对本单位的归属感。

● **目标激励法**

目标是组织对个体的一种心理引力。所谓目标激励，就是确定适当的目标，诱发人的动机和行为，达到调动人的积极性的目的。目标作为一种诱因，具有引发、导向和激励的作用。一个人只有不断启发对高目标的追求，也才能激发其奋发向上的内在动力。

在目标激励的过程中，要正确处理大目标与小目标，个体目标与组织目标、群众目标，理想与现实，原则性与灵活性的关系。在目标考核和评价上，要按照德、能、勤、绩标准对人才进行全面综合考察，定性、定量、定级，做到“刚性”规范，奖罚分明。

● **荣誉激励法**

从人的动机看，人人都具有自我肯定、光荣、争取荣誉的需要。对于一些工作表现比较突出，具有代表性的先进人物，给予必要的精神奖励，都是很好的精神激励方法。对各级各类人才来说，激励还要以精神激励为主，因为这可以体现人对尊重的需要。在荣誉激励中还要注重对集体的鼓励，以培养大家的集体荣誉感和团队精神。

● **行为激励法**

人的情感总受行动的支配，而人的激励又将反过来支配人的行动。我们所说的行为激励就是以目标对象富有情感的行为来激励他人，从而达到调动人的积极性的目的。我们常讲榜样的力量是无穷的，就是某种典型人物的行为，能够激发人们的情感，引发人们的“内省”与共鸣，从而起到强烈的示范作用，就像一面旗帜，引导人们的行动。

● **薪酬激励的艺术**

设计适合员工需要的福利项目。完善的福利系统对吸引和保留员工非常重要，它也是公司人力资源系统是否健全的一个重要标志。福利项目设计得好，不仅能给员工带来方便，解除后顾之忧，增加对公司的忠诚，而且可以节省在个人所得税上的支出，同时提高了公司的社会声望。

五、有关激励的几个理论

激励理论的基本思路，是针对人的需要来采取相应的管理措施，以激发动机、鼓励行为，形成动力。因为人的工作绩效不仅取决于能力，还取决于受激励的程度，通常用数学公式表示为：

工作绩效＝F（能力×激励）

因此，行为科学中的激励理论和人的需要理论是紧密结合在一起的。

1. 马斯洛的需求层次理论

著名心理学家马斯洛把人的需要由低到高分为五个层次，即生理需要、安全需要、社交和归属需要、尊重需要和自我实现需要。并认为人的需要有轻重层次之分，在特定时刻，人的一切需要如果都未得到满足，那么满足最主要的需要就比满足其他需要更迫切，只有排在前面的那些属于低级的需要得到满足，才能产生更高一级的需要。

当一种需要得到满足后，另一种更高层次的需要就会占据主导地位。从激励的角度看，没有一种需要会得到完全满足，但只要其得到部分的满足，个体就会转向追求其他方面的需要了。按照马斯洛的观点，如果希望激励某人，就必须了解此人目前所处的需要层次，然后着重满足这一层次或在此层次之上的需要。例如，一个饥肠辘辘的人，他更渴望你给他几个馒头或面包，而不是你赞赏他长得如何英俊潇洒或如何出类拔萃。

2. 双因素理论

激励因素－保健因素理论是美国的行为科学家弗雷德里克。赫茨伯格（Fredrick Herzberg）提出来的，又称为双因素理论，双因素理论是他最主要的成就。

20 世纪 50 年代末期，赫茨伯格和他的助手们在美国匹兹堡地区对 200 名工程师、会计师进行了调查访问。结果他发现，使职工感到满意的都是属于工作本身或工作内容方面的；使职工感到不满的，都是属于工作环境或工作关系方面的。他把前者叫做激励因素，后者叫做保健因素。

保健因素包括公司政策、管理措施、监督、人际关系、物质工作条件、工资、福利等。当这些因素恶化到人们认为可以接受的水平以下时，就会产生对工作的不满意。但是，当人们认为这些因素很好时，它只是消除了不满意，并不会导致积极的态度，这就形成了某种既不是满意、又不是不满意的中性状态。

那些能带来积极态度、满意和激励作用的因素就叫做“激励因素”，这是那些能满足个人自我实现需要的因素，包括成就、赏识、挑战性的工作和增加的工作责任，以及成长和发展的机会。如果这些因素具备了，就能对人们产生更大的激励。从这个意义出发，赫茨伯格认为传统的激励假设，如工资刺激、人际关系的改善、提供良好的工作条件等，都不会产生更大的激励，它们能消除不满意，防止产生问题，但这些传统的“激励因素”即使达到最佳程度，也不会产生更大的激励。

根据赫茨伯格的研究发现，经理人应该认识到保健因素是必需的，不过它一旦使不满意中和以后，就不能产生更积极的效果。只有“激励因素”才能使人们有更好的工作成绩。

双因素理论告诉我们，满足不同需要所引起的激励深度和效果是不一样的。物质需求的满足是必要的，没有它会导致不满，但是即使获得满足，它的作用往往是很有限的，不能持久的。要调动人的积极性，不仅要注意物质利益和工作条件等外部因素，更重要的是要注意工作的安排，量才使用，注意个人成长与能力提升等，注意对人进行精神鼓励，给予表扬和认可，注意给人以成长、发展、晋升的机会。随着人们物质"小康"问题的解决，人们对精神"小康"的需求也越来越迫切。

3. 期望理论

美国心理学家弗鲁姆于 1964 年提出了期望理论。该理论认为，激发的力量来自效价与期望值的乘积，即：

激励的效用＝期望值×效价

也就是说，推动人们去实现目标的力量，是两个变量的乘积，如果其中有一个变量为零，激励的效用就等于零。效价是企业和团队的目标达到后，对个人有什么好处或价值，及其价值大小的主观估计。期望值是达到企业目标的可能性大小，以及企业目标达到后兑现个人要求可能性大小的主观估计。这两种估计在实践过程中会不断修正和变化，发生所谓"感情调整"。例如，我认为我有能力完成这项任务，完成任务后我估计老板肯定会兑现他给我晋升工资的诺言，而增加工资正是我的最大期望，所以我工作的积极性肯定很高；反之，任何一个变量的变化，都会影响到工作的积极性。管理者的任务就是要使这种调整有利于达到最大的激发力量。因此，期望理论是过程型激励理论。

任务二　激励理论的实践应用

一、提供良好的工作环境

1. 提供一个诱人的工作环境

员工的工作环境不仅包括物质环境和工作条件，还包括其他员工、工作时间、工资水平、福利待遇以及公司的政策和行政管理，可以把这些看做保健因素或者维持因素。

正如赫茨伯格指出的那样，这些工作因素起不到激励作用。但它们中的任何一样都可导致不满情绪，并破坏激励作用，这样就会干扰生产，增加员工的流失率。因此，管理者有必要把能导致不满的因素尽可能多地清除掉。在管理者的控制范围之内，可以提供良好的物质工作条件，如运作状况良好、令人满意的设备，足够的暖气、冷气和照明，舒适的员工休息室，足够的停车位等。管理者可以注意使工作时间和安排尽量满足员工的需求。如果管理者有权决定的话，最好做到使工资和福利待遇不低于或者高于竞争对手。这样，员工就不会被更优厚的条件吸引走。

如果公司的政策和行政管理比较死板，监控度高，管理者对其不能做出什么改变的话，就只能在合理的限度内展开工作，维护员工在权力范围内按自己的方式做事。我们假定的前提是公司的管理理念不是基于恐惧和惩罚之上的，否则连管理者自己也不会在那儿干下去。

2. 提供一个安全的工作环境

在饭店业的运行过程中，从放满水的洗碗池里的刀具一直到客房清洁员用于清洁饭店房间的化学制剂，都可能危害到人身安全。割伤、摔倒、火灾、触电都是可能并且确实在发生的事故。管理者要尽其所能为员工提供一个安全、保险的工作场所。

知识链接

EA 公司出台职工工作环境改善计划

2004 年，EA 传出“虐待”员工的传闻，大批员工联合起诉 EA 工作时间太长，工作量太大，因此引起了大批媒体的高度关注。这起事件被披露之后引起了轩然大波，《洛杉矶时报》、《纽约时报》以及《华盛顿邮报》等主流媒体纷纷对 EA 进行调查，将 EA 的工作环境公诸于众，而投资者和金融界也对此极为关注。目前 EA 方面已经意识到事态的严重性，并且开始准备出台相应措施。

不久一封来自 EA 内部的邮件泄露到网上，这封邮件是 EA 人力资源部高级副总裁 Rusty Rueff 发给 EA 全体职员的，经过媒体求证，该邮件中的内容确属实情。在邮件中，Rueff 承认 EA 对职员的要求相当高，“虽然我并不喜欢人们对我们公司以及我们的产业的种种说法，但必须承认的是，在这起事件背后有这样一个事实：工作越来越难做了，任务越来越复杂，完成这些任务需要的时间更多了，现在已经成为一种负担。我们目前并没有想出该如何充分提高效率，减少开发过程中碰到的阻碍。确实有我们需要改进的地方。”

Rueff 的电子邮件中表示，目前该公司正在出台解决工作时间太长的问题，“我们已经开始提出‘开发效率提升项目’，希望提高效率。正如我们之前对产前预备阶段的调整一样，我们现在已经设计了一个‘产品开发图’，这将会使游戏开发方向更加统一，减少开发后期的修改工作。明年开始我们将会推行这些改革计划。”Rueff 同时指出，该公司正在对一些工作种类进行重新分级，从下个财年开始不少工作都会被列入支付加班工资的种类范畴。

一些知情人士认为，EA 这次是故意泄露电子邮件内容，目的是向公众表明 EA 改善职员工作条件的决心。国际游戏开发者协会（IGDA）的项目主持人 Jason Della Rocca 表示：“EA 的反应如果属实的话确实值得嘉奖。虽然很多人关心的是加班工资，真正重要的是提高开发效率的计划以及对初期策划的注重。正如 IGDA 指出，生活质量因素在业内是一个基础性问题，只有解决这一根本问题，才能真正改变目前的状况。整个产业都将从这个项目中受益匪浅。”

3. 人适其职

如果管理者了解自己的员工，将有助于搞清楚什么工作适合什么样的员工。有较高安全需求的员工适合从事常规性的工作。一旦他们掌握了规律，他们就能把工作做好，从而给他们带来满足感和安全感。如果让他们做接待员的工作，则结果将是一团糟。安排喜欢与人打交道的员工去做幕后的常规工作，则结果可能也是一团糟。

许多厨师乐于为别人准备好吃的东西。即使他们必须按照标准化的菜谱来做，也可以从下列事情中得到满足感：准确地判断出牛排是否刚好半生不熟；煎出完美的鸡蛋；摆出漂亮的自助餐拼盘。许多酒吧招待乐于展示他们高超的斟酒技巧。这些人的工作适合他们。

一个人对自己工作的自豪感可以成为强大的激励因素。把被客人弄得乱七八糟的房间收拾得井井有条、一尘不染，迎接下一位客人的到来，能给有的员工带来极大的成就感。他们就很适合干这份工作。

找合适的人来做适合的工作。一位年龄较大的督导，在工作中经常制造麻烦。他无法管理自己的员工，并且总是干涉别人的工作，结果总是把事情搅乱。最后，他的经理让他去管洗衣房。那儿由他全权负责，但却没有人要督导。现在，他找到了自己擅长的事，一件既重要又能为人赏识的事，并且他属于那儿。他雷厉风行，效率极高，还极大地降低了成本。

4. 使工作有趣且富有挑战性

当工作中的某些东西是员工感兴趣的，并且能激起他们把工作做好的愿望时，员工就能做出最出色的表现。喜欢自己从事的工作的员工会自觉自愿地努力工作。不喜欢自己的工作的员工则拖拖拉拉，只盼着下班，能少干活就少干，只求保住工作，因此常被上司看做懒汉。

工作中不同的方面可以激励不同的人。与宾客打交道的工作可以激发起某些员工的兴趣。热情待客、为宾客提供上乘的服务、令宾客愉快、开心；通过协助解决宾客的问题使他们由怒气冲冲变为回头客。这一切都能使这一类员工感到兴奋。有一些员工则不愿与宾客打交道，他们喜欢没有人让自己烦心的、惬意的常规性工作。他们可以发挥自己一丝不苟的精神和技能，整理好杂乱的文件，让一切井井有条。一些员工喜欢那种随时有新问题出现要他们解决的工作；另一些人则讨厌出现问题，他们喜欢的是运用自己的专门技术，生产出令自己自豪的产品。

所有这些员工的共同之处在于他们的工作内容既能激励他们又能满足他们。上升到理论的高度，也就是说，工作满足了他们较高层次的需求，即那些与自尊、自我实现相关的需求，具体地说，员工努力工作是因为工作使员工有机会取得成绩、担负责任、得到成长和晋升、做自己真心喜欢做的事情。

作为管理者，有两点可以用于激励员工。一点是给合适的人安排合适的工作；另一点是充实员工的工作，在其中包含了更多的激励因素。管理者可以从让员工在工作中担负更多的责任做起，放松控制，不再监督员工的一举一动。只要他们能遵循工作要求的关键标准和程序，就放手让他们尝试用自己的方式达到工作目的。

在此基础上，可以尝试以其他方式把工作内容扩展，可以把自己的一部分工作授权，可以调整待充实的工作，以增加员工的权力和责任，可以分派新的、具有挑战性的任务，可以安排特殊的，要求员工有一定想象力，并且能培养他们技能的任务。

另一个已在许多行业中尝试过的办法是不要用流水线的方式把工作分成细微的、不断重复的部分，而是让一名员工或是一组员工对整个单元的工作或是整件产品，包括质量控制负起责任来。

任何旨在扩展工作内容的努力在一开始都会导致生产力下降，因为员工正在适应新的责任和其他改变。因此，在初始阶段，员工需要上司的个别辅导和大力支持。同时，在引入变动时要循序渐进，并且一定要经过仔细地规划，这是至关重要的。如果一下子给员工太多的责任和自由，一部分员工会因经验不足或工作涉及一些不保险的方面而感到无法应付。因此，在这样的情况下，管理者对每一名员工的关注程度再次成为一个关键要素。

二、建立积极的工作氛围

积极的工作氛围是一种使置身于其中的员工能够并且愿意更有效地工作的氛围。他们能够在工作中做出自己的最佳表现，发挥最大的自身潜力。创造积极的工作氛围的方法之一是满足员工的期望与需求。

为了能够建立起积极的工作氛围，除了上面讲过的为员工提供一个良好的工作环境之外，管理者还需要特别关注两个方面，即每一名员工和管理者自己。

note 知识链接

建立积极的工作氛围的40种方法

1. 书写一份有效的远景构想陈述。
2. 订立指导原则。
3. 把你的远景构想和指导原则制度化。
4. 每天都友好地跟员工打招呼并努力了解他们。
5. 积极倾听员工的心声。
6. 在适当的时候对员工给予帮助。
7. 不要经常在员工身旁转悠。
8. 公平、一视同仁地对待员工。
9. 不要对一名员工谈论另一名员工的工作表现。
10. 向员工通报情况。
11. 让员工参与管理。
12. 如果可行的话，为员工提供一些咨询和保健活动。
13. 使用最新的、准确的工作细则。
14. 指导新员工。
15. 培训员工如何做好本职工作。
16. 对员工进行个别指导。
17. 每年至少对员工进行一次正式的评估。
18. 制定纠正错误的指导原则，并传达给员工。
19. 用两步走的过程来处理不利于生产的行为。
20. 预防不利于生产的行为。
21. 奖励你的员工。
22. 遵循员工奖励的指导原则。
23. 员工好的表现应得到回报。
24. 为员工制订利润分成或所得分成的计划。
25. 帮助员工看到他们的工作成果。
26. 尽可能多地让你的员工做出他们自己的决定。
27. 交叉培训员工并轮换他们的岗位。
28. 建立事业阶梯，使职工得以内部晋升。
29. 不给员工安排特殊的任务。
30. 为员工提供个人和事业发展的机会。
31. 坦诚。
32. 能够胜任你所领导的工作。

33. 管理好你的时间。

34. 让员工看到你。

35. 做良好的角色榜样。

36. 建立有竞争力并且公平的工资档次。

37. 提供适合你的员工的、有竞争力的福利待遇。

38. 提供合理的工作时间安排。

39. 提供一个舒适、安全、干净的工作环境。

40. 享受你的生活。

1. 关注每一名员工

（1）了解每一名员工。了解员工的最佳方式是观察他们。他们如何进行工作？他们对上司、对同事是毫无拘束还是很僵硬？他们在倾听和说话时有何种表情？注意他们的手势和面部表情。什么能使他们愉快？什么会令他们沉默？尤其注意他们在闲聊中谈到的有关他们自己的事。这对管理者来说可能是一种全新的方式，但是观察人的确非常有趣，而且管理者很快就会变得善于发现线索。如揭示员工的需求、欲望、不满和抱负的线索，还有沮丧、干劲、成就、能力和表现，以及他们的表现能否达到工作要求，或者他们是否具备工作中不要求的能力。但最主要的还是员工的需求、欲望和能打动他们的东西，因为这些激励因素能够带来令管理者和员工都满意的上乘表现。

（2）满足员工的安全需求。发现有着高度安全需求的员工相对而言要容易一些。他们的表情、行为都显示出焦虑、犹豫不决、小心翼翼。他们可能属于那种事无巨细都要向上司请示的员工，或者他们害怕得甚至不敢问。恐惧与焦虑属于反激励因素。它们会减弱员工的动力。但安全需求得不到满足时，员工根本不可能干好工作。如果发现有人有安全需求，而管理者帮助他满足了这一需求的话，就使他顺利上升到了另一个更高的激励层次。

要满足员工的这一类需求，可以告诉他们要做什么，怎么做，并详细地告诉他们具体的要求，还要对他们进行培训。所有这些做法都可以提供一个令人安心的工作框架，从而使他们避开工作中的不确定因素。这样可以减少他们的失误，并且鼓舞起他们的干劲，树立起他们的自信心。

管理者应该经常评估员工的工作，对做得对的事情，要给予表扬，尤其要表扬任何形式的进步，利用员工的进步来树立起他们的自信心，让他们明白，你期望他们好好干。管理者对员工的信任会给他们信心，可能最终激发起他们的自我激励机制与雄心抱负。对初级需求的满足能使这些高层次的需求得以显露。

（3）满足员工的社交需求。按照马斯洛的需要层次论，每个人都有社交需求，管理者也许不认为这类需求能在工作场所得到满足，但情况通常并非如此。对许多人而言，工作能够满足他们与他人相处、被他人接受和归属的需求。

管理者可以用下列方法使员工在工作中感到舒适，即对他们进行培训、个别指导，告诉他们所处的位置，经常评估他们的工作，开诚布公的沟通也有助于培养归属感。向员工通告与之有关的变动能使员工感到自己是正在进行的事业中的一部分，而如果谁被管理者遗漏在外的话，就会感到自己无足轻重。管理者还可以请员工参加与工作有关的讨论，欢迎他们提出看法，抒发感情，对此及时做出回应。

管理者需要建立起团队精神，这有助于培养归属感。群体和群体中的交往是工作场所的正常组成部分。通常，由于兴趣的差异，或者有时是出于竞争，这些群体会分化为小团体。你不应该阻止群体或小团体的形成。而应通过接纳、引导使小团体成为团队的有机组成部分，形成良好的竞争、创优工作氛围。

（4）培养员工。保持积极的工作氛围的另一种方法是帮助员工在工作中取得进步并发挥他们的潜力。这可能是管理者工作中最关键的事情之一。作为管理者，你的责任就是要尽自己所能使手下员工的技术和能力得到充分的发挥，你的目标应该是你所有的员工都和你一样出色，因为这样可以使工作变得更容易，可以使你的上司更器重你，并且也有益于员工的成长。

对那些极具潜力的员工，管理者应该做的还不应只限于上述方面。管理者应该尽量培养他们的技能，运用他们的才干，向他们征询对工作的看法，以考察他们，让他们担负责任，在力所能及的范围内为他们敞开向前进的大门。

培养员工也有利于士气，它能给员工一种向前进的感觉，从而避免员工失去新鲜感或者原地踏步、停滞不前。同时，让员工感觉到管理者在帮助他们前进也有利于他们接受管理者的领导地位。

知识链接

士气

士气是一种与工作的完成有关的团队精神面貌。它的表现形式覆盖的范围很广：从热忱、自信、欢快、奉献，一直到泄气、悲观、冷漠和抑郁。它由团队中每个人对工作的态度构成；这种态度会迅速地从一个人传给另一个人，直到团队中的所有人都持有相同的想法。它可能会随着时间发生变化。当它很高昂的时候你能看得到；当它低落的时候你能察觉出来；如果处于中间水平的话，没人会谈及它。

当员工对工作不满意时，他们在工作时感觉就不会好。他们会感到筋疲力尽，很容易生病，而且一请假就是很多天。最终他们将放弃这份工作，因为为了它把自己弄得那么疲惫，那么不愉快很不值。在一个许多员工只是“干着看”，并且没有归属感的行业里，上述几种感觉和行为是很有感染力的。因此，士气成了一个大问题。旷工、劣质的工作、很高的员工流失率不仅增加了生产中的问题，同时也会浪费资金。

高昂的士气则具有相反的效果，它是一个企业中最好的现象。拿破仑宣称，他在战场上的胜利有75%得归功于军队高昂的士气。

2. 营造积极的工作氛围

积极的工作氛围的关键掌握在管理者手里。这不仅取决于他采取了什么步骤，或是他做了什么，以激发员工的积极性，关键还在于管理者自己处理工作和职责的方式和他们自己在工作中的表现。如果他们自己的工作积极性很高，对工作充满热情，他们的员工就很可能也有工作积极性。如果他们对自己和员工的期望都很高，如果他们对自己和员工都很有信心，一般来说，他们的员工会达到他们的期望。这就是由管理者的感染、期望和榜样激励的积极性。

（1）以身作则。不论管理者意识到与否，管理者都在为员工树立一种榜样，员工会模仿管理者所做的一切。这一现象称为角色榜样（Role Model）。如果管理者期望员工有最佳的工作表现，管理者就必须在工作中做出自己的最佳表现。如果管理者付出100%的时间和精力，很可能员工会付出1 000%。但如果他们看到管理者只付出了75%，他们就会只付出25%～50%的努力。所以，如果管理者想让员工做好每一天的工作，首先要自己做好每一天的工作。这有时被称为以身作则式的管理。

作为饭店管理者，应该把眼光放得高一些，对员工要抱有最好的期望。如果饭店管理者期望员工做到最好，并且采用了积极的方式，那他们通常会做到最好。如果饭店管理者让员工知道管理者相信他们，对他们的工作能力有信心，也就是说，管理者给他们鼓劲儿，他们会赋予自己的表现以管理者所期望的价值，他们会为自己的工作和成绩感到自豪。相反，如果饭店管理者突然让他们改进工作，既无事先提醒，又以一种批评的态度，暗示着他们懒散且不能胜任工作的话，他们可能会憎恶管理者的批评并且抵制管理者的要求。

（2）建立气氛。积极的工作氛围要求有一种坦诚的气氛。坦诚是员工对上级的期望之一。这意味着当管理者和员工谈论起他们的表现、潜力、成绩以及过失的时候，一定要坦诚。

作为管理者，不能言行不一。最令员工疑惑的莫过于管理者说的是冠冕堂皇，做的却大相径庭。应该做到言行一致，办事公平，开诚布公，光明磊落。坦诚的气氛能促进忠诚感的形成。如果管理者对所属饭店忠心耿耿，并且对员工坦诚相见、处事公平、开诚布公的话，他们就很可能对管理者和公司都忠心耿耿。

（3）提供绩效目标。按照期望理论和目标设置理论，保证员工清楚地了解自己要实现的目标是非常重要的。正如目标设定理论所提到的：如果可能，确定具体的、明确的、有挑战性的目标。此外，如果这些目标并不是由系统自身或者上级管理层确定的，那么试着让员工参与进来。他们对自己参与设立的目标可能会更加负责任。

（4）提高绩效的努力。管理者应把自己看做教练，任务就是支持团队成员。不仅要在精神上帮助他们，比如建立自信或者给予鼓励；还要在物质方面帮助他们，比如提供资源，满足他们的需要，或者对他们进行额外的培训等。不仅要让自己成为他们最好的拉拉队队长，还要成为他们的服务者，为他们提供的帮助。

（5）提供及时的绩效反馈。绩效反馈是员工坚持努力的动力。尽管工作本身也会给予反馈，但是管理者对于工作进展的认可也是非常重要的。许多员工说他们知道工作进行得很好，因为他们没有接收到来自管理者的任何反馈。管理者必须像给予不利的绩效以反馈一样给予有利的绩效以反馈。请注意这里讨论的反馈并不是指每个员工都要进行的半年或者一年的正式的回顾，而是每天的、日常的反馈。

（6）奖励员工的绩效。不吝惜给予员工奖励，并且确保奖励不落空。通过能控制的奖励系统强化员工的出色行为。例如，提拔、表扬和认可或者获得更有挑战性的工作机会。要创造性地进行奖励，记住不同的个体对于奖励的评价不同。

不同形式的奖励，可以成为非常有效的激励因素，前提是它们要能够激发起员工的需求和欲望，或者与员工的工作目的相关联。对于同等的表现，管理者一定要给予同等价值的奖励。

这些启发激励机制的方法始自“胡萝卜原则”，即许诺对好的表现奖励胡萝卜。当员工需要或想要得到这种奖励时，出于对奖励的期望，他们就会努力工作。如果他们不想要胡萝卜这个方法就不生效。一旦获得了奖励，这一循环就要重新开始，欲望必须由对奖励的期望激起。正如赫茨伯格指出的那样，没有期望，就不会取得成绩，而工作表现又会滑回到没有奖励时的水平，除非员工能从自身取得的成绩中获得满足感。

然而，奖励毫无疑问是很有用的激励因素。许多工作既单调乏味，重复性又强，不可能给员工带来能令其满足的成就感，因此奖励可能是管理者能用来激励员工的唯一办法。

奖励的整个机制，包括物质性和精神性的，在运用时都必须谨慎，不仅要达到最大的激励效果，而且要保证让员工觉得公平。获得奖励所要求的工作表现必须仔细说明，并且这一目标应在所有人的能力范围之内。员工必须提前知道奖励的内容，并且认为奖励是公平的，否则奖励所引发的不满情绪将大于它所起的激励作用。

既然员工的需求与欲望各不相同，那要怎样才能使奖励成为有效的激励因素呢？家庭困难的员工可能会为了金钱的奖励或是多加班的机会而非常努力地工作。有些员工可能会为了多有一天带薪假期而努力工作。还有些员工愿意做任何事情，以在停车场靠门的位置得到一个他专用的停车位，并且上面还要醒目地写上他的名字。这些奖励很适合用做员工竞赛的奖品，而获胜者可以在它们当中挑选一样。

事实上，任何奖励都可以不仅仅是“胡萝卜”，它可以是对员工的成绩、价值及其对于公司的价值的认可，它能建立起自豪感、自尊心，它也可以是一个目标。员工一旦获得了某种奖励，并从中得到了满足感的话，他们很可能想要再次赢得它。这样，你就通过员工对这个自身目标的追求，激发起了他们的内在动力。而这个就是工作中的成功激励的一个缩影——在同一过程中同时实现个人的和公司的目标。

知识链接

激励不能靠钱买

如果企业想要员工不遗余力地工作，多给钱就能解决问题吗？

事实证明，钱并不能解决所有的问题。研究认为，挖掘员工的内在动力，即每个员工内心的把工作做好的欲望。能够激起员工内在动力的因素有很多，如让员工在自己的工作中有发言权，管理层要尊重员工。最重要的是，还要有份好工作。引用赫兹伯格的话说：“你要人们努力工作，就得给他们一个好工作做。”

你的公司提供了很好的健康计划、退休计划和每年四周的休假，但员工仍未展现出一流业绩。你应该知道，优厚的薪酬，有薪假期，甚至加薪都不具有激励作用。它们只能用来留住员工，却不带有任何激励因素。

各大公司提供很好的福利往往是为了吸引并留住优秀员工。随便考察一家公司，都会发现一个员工对公司的价值越大，所享受的福利待遇就越好。

现在你该相信，只靠为员工提供更多假期和福利，并不能达到你想要的激励效果。假设你的公司让员工周末免费用公司的车，甚至每周五下午为员工提供免费点心。所有这一切会为公司带来高度激励的员工吗？遗憾的是，不能。上述种种可称是提高员工士气的法宝，以便让员工对自己任职的公司产生良好感觉。但提高士气并不能增强激励，因为它们没有与员工业绩直接挂钩。

员工都有自我激励的本能。你要做的就是利用他们的这一本能去激励他们，甚至不需花费分文。要激励员工，一是去除公司中阻碍员工自我激励能力的负面因素；二是在企业中开发真正的激励因素，引导所有员工受激励。

员工自我激励能力基于这样一个事实，即每个人都对归属感、成就感及驾驭工作的权力感充满渴望。每个人都希望自己能够自主，希望自己的能力得以施展，希望自己受到人们认可，希望自己的工作富有意义。优厚薪酬只能用来留住员工，却不带有任何激励因素。

案例分析

索尼公司的内部招聘制度

有一天晚上，索尼董事长盛田昭夫按照惯例走进职工餐厅与职工一起就餐、聊天。他多年来一直保持着这个习惯，以培养员工的合作意识和与他们的良好关系。这天，盛田昭夫忽然发现一位年轻职工郁郁寡欢，满腹心事，闷头吃饭，谁也不理。于是，盛田昭夫就主动坐在这名员工对面，与他攀谈。几杯酒下肚之后，这个员工终于开口了：“我毕业于东京大学，原本有一份待遇十分优厚的工作。进入索尼之前，对索尼公司崇拜得发狂。当时，我认为我进入索尼，是我一生的最佳选择。但是，现在才发现，我不是在为索尼工作，而是为科长干活。坦率地说，我这位科长是个无能之辈，更可悲的是，我所有的行动与建议都得科长批准。我自己的一些小发明与改进，科长不仅不支持，还挖苦我癞蛤蟆想吃天鹅肉，有野心。对我来说，这名科长就是索尼。我十分泄气，心灰意冷。这就是索尼？这就是我的索尼？我居然要放弃了那份优厚的工作来到这种地方！”这番话令盛田昭夫十分震惊，他想，类似的问题在公司内部员工中恐怕不少，管理者应该关心他们的苦恼，了解他们的处境，不能堵塞他们的上进之路，于是产生了改革人事管理制度的想法。之后，索尼公司开始每周出版一次内部小报，刊登公司各部门的“求人广告”，员工可以自由而秘密地前去应聘，他们的上司无权阻止。另外，索尼原则上每隔两年就让员工调换一次工作，特别是对于那些精力旺盛，干劲十足的人才，不是让他们被动地等待工作，而是主动地给他们施展才能的机会。在索尼公司实行内部招聘制度以后，有能力的人才大多能找到自己较中意的岗位，而且人力资源部门可以发现那些“流出”人才的上司所存在的问题。

优先从内部提拔要求组织建立一个良好的制度与规划。通过一定的方式将空缺职位信息传达给本组织内所有部门的所有人员。信息包括职位名称、所属部门、薪资等级、该职位上司姓名、工作场所、工作内容的简单描述、资格要求以及对候选人选拔的方法、技能评定的方法。组织内的人才还可向人力资源管理部门咨询，询问该职位以后的发展机会。

复习与思考

1. 激励的基本概念是什么？

2. 激励的基本原则是什么？

3. 如何为员工提供一个良好的工作环境？

4. 借鉴饭店的激励制度，指出其中的不足之处？

5. 假设你是某星级饭店的管理层人员，你会如何培养员工的创新意识？并且在员工的创新被认可的时候你如何对员工进行激励？你是否认为只有“钱”才能激发员工的工作热情？

专题14

饭店员工劳动心理管理

专题提要

任务一　工作压力
- 压力概述
- 压力的来源
- 压力的个体差异
- 压力的行为反应
- 压力的心理反应

任务二　疲劳
- 人与职业环境
- 疲劳的含义与分类
- 疲劳时的状态
- 疲劳的生物学意义及产生疲劳的因素

任务三　缓解工作压力和疲劳的策略
- 压力应对策略
- 疲劳的消除

引导案例

EAP 员工援助计划

员工心理健康是关乎企业生存与发展的大事。美国每年有约 100 万员工由于心理压力而缺勤，每一个员工的缺勤会造成 668 美元的损失，40%的人“跳槽”或转行是由于心理压力所致，更换一个雇员要 1 000～30 000 美元，75%的员工会在工作时间考虑个人问题。超负荷的压力不仅仅损害个体，而且严重破坏了组织的健康。

著名管理顾问尼尔森提出：“未来企业经营的重要趋势之一，是企业经营管理者不再像过去那样扮演权威角色，而是要设法以更有效的方法，间接引发员工潜力，创造企业最高效益。”20 世纪 20 年代开始兴起的员工援助计划（Employee Assistant Plan，EAP），从根本上把心理健康从个体层面拓展到组织和社会的层面。EAP 员工援助计划是一项为工作场所中个人、组织提供咨询服务的工作，它能够帮助管理者了解员工的心理健康状况、职业发展和关心的问题，并提出一系列辅导措施来帮助员工解决这些问题。随后，在组织行为学研究领域，出现了组织健康（Organizational Health）的新概念，学者们认为，一个组织、社区和社会，如同人体健康一样，也有好坏之分。其衡量标准是：能正常运作，注重内部发展能力的提升，有效、充分地应对环境变化，合理地变革与和谐发展（Matthew Miles & Fairman）。

EAP 由美国人发明，最初用于解决员工酗酒、吸毒和不良药物影响带来的心理障碍。新创企业在机构设置、薪酬方案等诸多方面都处于“试水”阶段，此时用 EAP 来调整所有人的心态、生态、形态和状态，堪称万全之策。EAP 是由企业为员工设置的一套系统的、长期的福利与支持项目。它通过专业人员对组织的诊断、建议和对员工及其家属亲人的专业指导、培训和咨询，帮助员工解决自我及其家庭成员的各种心理和行为问题，从而提高员工在企业中的工作绩效。

完整的 EAP 可以分成三个部分：一是针对造成问题的外部压力源本身去处理，即减少或消除不适当的管理和环境因素；二是处理压力所造成的反应，即情绪、行为及生理等方面症状的缓解和疏导；三是改变个体自身的弱点，即改变不合理的信念、行为模式和生活方式等。如今，EAP 已经发展成一种综合性的服务，其内容包括压力管理、职业心理健康、裁员心理危机、灾难性事件、职业生涯发展、健康生活方式、法律纠纷、理财问题、饮食习惯、减肥等各个方面。解决这些问题的核心目的在于使员工在纷繁复杂的个人问题中得到解脱，减轻员工的压力，增进其心理健康。

截至 2004 年，世界财富 500 强中有 80%以上的企业建立了 EAP 项目。日本企业在应用 EAP 时创造了一种被称为“爱抚”管理的模式。一些企业设置了放松室、发泄室、茶室等，来缓解员工的紧张情绪；或者制订员工健康修改计划和增进健康的方案，帮助员工克服身心疾病，提高健康程度。还有的是设置一系列课程进行例行健康检查，进行心理卫生的自律训练、性格分析和心理检查等。

EAP 是解决企业员工心理和个人问题的有效途径，它将帮助企业发现和解决问题，降低成本，增强组织有效性，对企业具有重要的价值。中国企业现在还没有普遍形成一种以人为本的企业准则，许多企业（本文来自博锐邓正红专栏）还是依赖资源和劳动力的劳动密集型企业。但是，随着全球经济一体化进程的加速和企业生存环境高度不确定性变化，国内企业如果不注重人文关怀，不注重员工的个人心理问题，就很可能被残酷的竞争淘汰。

中国有着独特的文化传统和社会、经济现实。在中国，员工酗酒、吸毒、滥用药物、艾滋病、性骚扰等问题并不特别突出。就目前国内企业整体状况来看，员工个人的压力、情绪以及心理健康状况不容乐观，对个人和企业都有较大的负面影响，企业如果忽视这些问题，将对其发展不利。因此，对于中国企业来说，EAP 需要解决的个人问题主要应是压力、情绪和心理问题。而且，压力和情绪管理事实上已成为当今和未来企业管理中最紧迫的课题之一。

由于目前国内企业和社会的观念尚不够先进，大多数企业还没有足够地认识到心理问题的重要性，加之国内 EAP 发展时间太短，只有不到十年时间，而完整意义上的 EAP 刚刚起步，研究和实践的积累不足，人才的储备也很欠缺。尽管现在社会上有不少压力、心理等方面的培训，但是心理学专业的培训师、咨询师并不多，这必然会影响到培训整体水平。而真正研究过 EAP、做过 EAP、懂得 EAP 的人就更少了。所以，EAP 的中国之路将面临一个艰难的过程。

任务一 工作压力

一、压力概述

日本人创造了一个词，叫做过劳死，意思是因工作过度劳累引起心脏病发作或中风而暴死。在日本，一天工作 16 小时的人并不罕见。专家估计，每年因工作过度劳累而死亡的日本人有 10 000 人。

1983 年至 1993 年间，美国 12 个邮政业务领域发生了 12 起枪击事件，有 34 人丧生，20 人受伤。据说在所有的事件中，工作压力是其中一个重要的原因。邮政服务行业的工会领导人列举了邮政员工的各种压力，如在机器上以每秒一封信的速度分捡信件，根据主管人员确定的速度发送信件，应付独断专行的上司等。

在北美，大部分大公司正在裁员，没有被解雇的员工则被要求承担起更重的工作量，结果就导致了员工紧张感的增加。

对美国 600 名工人进行的一项抽样调查发现，46%的员工认为他们的工作是高度紧张的；34%的员工认为他们的工作压力太大以致于他们想辞职。

当企业裁员和进行重组时，经理人员经历着商业史上最为严厉的考验。给经理们带来压力感的还不只是变革的快节奏，真正使他们感到压力的是现在生意场上发生的事情会对他们的日常生活产生影响。生产和销售指数在不断地攀升，但除此之外的其他事情却似乎正在下滑，如企业运作费用预算、旅行津贴、花销账目、工资增长、晋升机会等。最令经理人员痛苦的是经理人员原来是为了构建组织，增强企业势力而服务的，现在却要他们拆自己的墙角。本来需要增加人员，壮大企业的力量，而现在却恰恰相反，他们正不得不面临裁员的选择。

在饭店和餐饮业，越来越多的管理者、职员以及员工正承受着心力交瘁的痛苦。尽管这不是一个医学上的准确定义，心力交瘁有其可辨别的症状，它是长期经受压力的结果。美国的一位精神病专家唐纳德·E·罗森（Donald E. Rosen）说："这些受害者往往对人冷漠，感到空虚。对原来的自己很满意的事情也不再有什么满意感了。他们对自己所做的工作的价值充满了疑问。"每天，他们都讨厌去上班。这种现象不仅仅发生在某个早上，所有的早上都会发生这种现象。

压力是一种动态情境，在这种情境中，个体要面对与自己所期望的目标相关的机会、限制及要求，并且这种动态情境所产生的结果被认为是重要而又不确定的。

一般来说，压力总是与各种限制（Constraints）和要求（Demands）相联系的。前者会阻碍一个人去做自己想做的事，而后者则会使自己丧失所渴望得到的事物。因此，当你在学校参加考试或在工作岗位上参加全年工作绩效评估时，你会感到有压力。因为你要面对各种机会、限制和要求。好的绩效评定结果可能导致晋升、更大的责任、更高的报酬；相反，如果绩效较差，则可能使你失去提升的机会，很差的绩效结果还可能导致自己被解雇。

潜在压力变成现实压力的两个必备条件是：一是活动结果具有不确定性；二是这个结果很重要。另外还要具备的条件是个人不能确定机会能否被抓住，限制因素能否被排除，损失能否被避免。当这几项条件都具备后，压力才会产生。也就是说，对于自己的成功与失败无法确定的人压力感最强，而认为自己败局已定的人压力感最小，但同时还必须考虑结果的重要程度。如果认为输赢都无所谓，就不会产生压力感。很显然，如果保住职位或得到提拔对你来说无足轻重，你就没有理由为要经受绩效评估而感到压力。

二、压力的来源

哪些因素会导致压力感的生产？它会给员工个人带来何种后果？为什么在同样的条件下，有人压力感很强，有人却很弱？我们现在来对三种类型的潜在压力，即环境的、组织的和个人的逐个分析。

1. 环境因素

环境的不确定性不仅会影响组织结构的设计，它也会影响组织员工的压力水平。

商业周期的变化会造成经济状况的不确定性。经济紧缩时，人们会为自己的安全保障而倍感压力。20 世纪 30 年代经济大萧条时期，美国的自杀率达到顶峰绝非偶然。较小的经济衰退同样也会导致压力水平的上升。与经济的下滑相伴随的，往往是劳动力减少、临时解雇人数增多、薪水下调、工作时间缩短等后果。

政治的不确定性会给工人带来较大压力。即使是在像美国和加拿大这样的国家里，政治变革或政治威胁也总是会诱发压力感。

新技术革新使一个员工的技术和经验在很短时间内过时。因此，技术的不确定性，是引发压力感的第三类环境因素。计算机、自动化、机器人及其他形式的技术创新会威胁到许多人，使他们产生压力感。

2. 组织因素

组织内有许多因素能引起压力感。例如，所做的不是自愿做的事或在有限的时间内完成工作、工作负担过重、同事令人讨厌、老板难以相处等，都会给员工带来压力。

我们从任务、角色、人际关系、组织结构、组织领导作风、组织生命周期这几个方面，对组织因素进行分类。

（1）任务。任务要求是指一些与个人所从事的工作有关的因素，包括个人工作的设计（自主性、任务的丰富性、自动化程度）、工作条件、体力消耗程度等。自动生产线速度过快时，会给员工带来压力；个人工作与他人的工作之间相互依赖性越强，个人越可能产生压力，但是工作自主性能减轻工作压力。如果工作环境的温度、噪声、污染及其他条件有危险或不受欢迎，会使员工焦虑感增强。如果让员工在一个干扰较多的透明空间或在一个过于拥挤的房间工作，员工焦虑感也会增强。

（2）角色。角色要求是指个人在组织中扮演的特定角色给他带来的压力。角色冲突会带来一些难以协调而且又难以实现的个人预期；员工被要求去做很多事，又得不到足够的时间，他就会产生角色过度负荷感；角色预期不清楚，员工不知道他该做些什么时，就会产生角色模糊感。

（3）人际关系。人际关系要求是指由于其他员工的缘故而带来的压力。如果个人缺乏同事的社会支持，与同事关系紧张，就会使员工产生相当的压力感，而对于那些社交需要较高的员工来说，这种情况尤为普遍。在组织外部，一个人常常能够停止和不喜欢的人来往。当人们在一起工作的时候，这种选择常常是做不到的。此外，人际关系不相容的压力能够在组织中蔓延。换句话说，人际关系不相容不仅本身正在产生压力，而且能够通过影响工作绩效造成进一步的压力。下属同上级个性不和，可能会使上级给下属做出不好的绩效评定，加大下属的压力。另外，下属可能花费很多时间抱怨领导或者试图“加强防御”，使其实际工作受到损害。显然，组织成员和其他同事、上级及下属的人际关系问题能够从车间一直扩展到管理阶层。

（4）组织结构。组织结构所界定的是组织层次分化的水平、组织规章制度的效力、决策在哪里进行等。如果组织规章制度过多，员工缺乏参与决策的机会，员工在工作中就会因此而受到影响。这就是组织结构变量可能成为压力源的例子。

（5）组织领导作风。组织领导作风是指组织高层管理人员的管理风格。有些公司首席执行官的管理风格会导致一种以员工的紧张、恐惧和焦虑为特征的组织文化，他们会使员工在短期内产生幻觉式压力。他们对员工的控制过度严格，并经常解雇达不一到要求的员工。

（6）组织生命周期。组织的运行是周期性的，要经过初创、成长、成熟、最终衰退这 4 个阶段所组成的生命周期。这个过程会给员工带来许多不同的问题和压力。尤其在初创和衰退阶段，更加压力重重。初创阶段的主要特点是新鲜的东西很多，不确定性很强。而衰退阶段一般伴随着生产规模的缩小、解雇员工和另一种不确定性。在成熟阶段，组织的不确定性处于最低点，员工的压力感一般也处于最低水平。

3. 个体因素

上述两类压力来源，在性质上均属于外在因素。除此之外，属于个人内在心理上的困难，也是形成压力的重要原因。在压力的心理因素方面。挫折与冲突是其中最重要的两项，也是压力的两种基本形式。

（1）挫折。所谓挫折（Frustration），在心理学上指个体动机性行为遇到障碍或干扰，致使个体动机不能获得满足的情绪状态。对个体行为发生阻碍作用的，可能是人，可能是物，也可能是社会环境或自然环境。个体在挫折情境下会产生烦恼、困惑、焦虑、愤怒等各种负面情绪所交织而成的心理感受，这种复杂的心理感受，称为挫折感。障碍或干扰是刺激，挫折感是反应。心理学家们所要研究的，也就是在挫折情境之下，分析个体因情景对其行为阻碍而产生的挫折感。

在组织环境中，产生挫折感的因素有以下四点。

① 拖延。甚至在目标实际达到的时候，许多人由于拖延感到挫折。

② 缺乏。个人常常缺乏实现他们的目标所必不可少的物力资源、人力资源和人际资源。

③ 丧失。有时，组织成员们丧失了一种技能或资源，使他们在试图实现一个重要的目标方面遇到挫折。许多管理者由于一名非常重要的助手或秘书辞职而遭受严重挫折。

④ 失败。组织提供了大量取得成功的机会，但是，它也提供了失败的机会。除了拖延、缺乏和丧失之外，组织成员常常在实现目标的尝试方面遭受挫折。

（2）冲突。冲突（Confict）一词是心理冲突（Mental Confict）的简称。冲突是一种因个体同时具有两个动机但无法兼而获得满足所产生的心理困境。饭店业是多元文化构成的行业，这种多元文化和行业价值观的不同常引起冲突。不同年龄段和不同价值观也会导致冲突。

在现代社会中，动机的冲突是构成压力的主要原因之一。尽管个人的欲望及生活环境相同，所遇到的冲突内容也各有差异，但由于现代社会环境的共同特征，人们所面临的心理冲突也有共同的特征，具体表现在以下几个方面。

① 竞争与合作的冲突。现代社会里，无论是求学、就职、择偶、事业或其他社会活动，人人都必须进行激烈的竞争才能取得成功。然而，人们从小所受到的教育又要求大家协力合作、谦让、牺牲。因此，构成内心竞争与合作间的冲突。

② 理想与现实的冲突。现代社会的人都有一定的理想和抱负，尤其是青年人，如升学、就职、配偶的选择等。一方面，由于自我估计不足，理想和抱负超出了个人的实际水平，致使理想和抱负不能实现，而产生挫折感；另一方面，一个人的理想抱负往往受到现实的限制，个人往往无能为力，同样会产生压力感。

③ 满足欲望与抑制欲望的冲突。由于社会的发达，社会上刺激欲望的物质越来越多，人们对物质生活和精神生活的欲望也不断增强，但另一方面由于经济上或由于传统道德上的理由，必须抑制这些无穷的欲望。

4. 其他因素

员工每周工作时间一般是 40～50 小时。员工在每周其他 120 多个小时的非工作时间内的经历及所碰到的各种问题也不免影响到员工的工作。因此在考虑工作压力时，除了个体心理因素之外，同时应考虑到员工的个人生活因素。一般来说，这些因素主要有家庭问题、经济问题、个性特点等几个方面。

调查表明，人们把家庭和人际关系的地位看得很重。婚姻困境，某种亲密关系的破裂，以及管教孩子中的麻烦事，这些都是人际关系方面出现问题的例子。这些问题会给员工带来压力感，而且使员工在工作时间也对此耿耿于怀。

因开支过大而出现的经济问题也会给员工带来压力感，并使他们工作时分心。不管收入高低，有些人就是不善于理财，或者他们的开支欲望总是超出他们挣钱的能力。

最近在三个不同组织中进行的研究发现，员工在工作开始前所呈现出的压力症状，与工作 9 个月后的压力症状差异不大。研究者因此而得出结论，认为有些人天生喜欢注意现实中的负面因素。如果真是这样，那么影响工作压力的一个重要个人因素就是个人的基本性向。也就是说，工作时所呈现的压力症状可能源自员工的个性特点。

考察个体压力因素时，往往会忽略这样一个事实，即压力具有可相加性，压力是逐步积累和加强的。每一个新的持续性的压力因素都会增强个体的压力水平。单个压力因素本身可能无足轻重，但如果加在业已很高的压力水平上，它就可能成为“压倒骆驼的最后一根稻草”。如果要评估一个员工所承受的压力总量，就必须综合考虑他所经受的机会压力、限制性压力和要求性压力。

三、压力的个体差异

有些人在压力重重的环境中生机勃勃，而有些人则萎靡不振，是什么因素致使人们处理压力的能力有差异呢？哪些个体差异变量调节着潜在压力因素与实际压力感之间的关系呢？我们发现至少有 5 个因素是与此相关的中介变量，即个体认知、工作经验、社会支持、控制点观念和敌意感。

1. 个体认知

员工的反应是基于他们对现实的认识，而不是基于现实本身。因此，个人认识是潜在压力环境与员工反应之间的一个中介变量。公司裁员时，有的员工害怕自己失去工作，而有的员工却认为这是脱离公司，从而开展自己事业的一个机会。与此相似，同样的工作环境，有的员工认为它富有挑战性，能够使人的工作效率提高；而有的员工却认为它的危险性太大，要求太高。因此，环境、组织、个人因素中潜在压力的产生并不取决于客观条件本身，而取决于员工对这些因素的认识。

2. 工作经验

有人说，经验是一位很好的老师，但同时它也是一种很好的减压器。回想一下你的第一次约会或你进大学的头几天，对于多数人而言，这类情景的全新性和不确定性会带给其压力感。但当人们有了经验以后，这种压力感就消失或大大减小。这种规律似乎对工作也适用，也就是说，工作经验与工作压力大致呈反比关系。至于原因，大致有两种观点：第一种是选择性退缩。压力感较重的人更可能会自动流动。因此，在组织中工作时间长的员工是那些抗压素质较高的人，或对于他们所在组织的压力抵抗能力更强的人。第二种观点是随着时间的推移，人们最终会产生一种抗压力机制。因为这要花费一定的时间，所以组织中的资深成员适应能力更强，压力感也较轻。

3. 社会支持

越来越多的证据表明，社会支持也就是与同事或上级主管的融洽关系能够消减压力带来的影响。把社会支持作为中介变量的理论基础是社会支持可以减轻由于高度紧张工作所带来的负面影响的压力。

对于那些遇到同事不提供帮助，甚至对其抱有敌意等情况的员工而言，他们缺乏工作中的社会支持。如果员工更多地参与家庭生活、朋友交往以及社区活动，他们也能更多地拥有社会支持（对社交需要强烈的员工更是如此），这样也会使工作压力相对减轻。

4. 控制点观念

控制点是一种个性特征。具有内控观念的人认为，自己可以控制自己的命运。而具有外控观念的人则认为，自己的命运由外部力量主宰。有事实证明，持内控观念的人与持外控观念的人相比，前者更容易认为他们的工作压力较轻。

当内控者和外控者面对相似的情境时，内控者更倾向于认为自己可以对行为后果产生较大影响。因此，他们采取行动以控制事态的发展。外控者则更多地倾向于消极防守，他们不是采取行动来减轻压力，而是屈服于压力的存在。因此，处于紧张气氛中的外控者不仅易产生无助感，也易产生压力感。

5. 敌意感

20 世纪 70 年代至 80 年代大部分时间中，对 A 型性格的研究十分盛行。事实上，在整个 20 世纪 80 年代中，它是最常用的与压力感有关的中介变量。

A 型性格的主要特点是：总是有一种时间紧迫感和过分的竞争驱动力。一个具有 A 型性格的人总是积极地投入到长期的、不停的斗争中，以越来越少的时间，获得越来越多的成绩，而且如果需要，就与别人的反对意见对着干。

同时，如果一个人是工作狂，缺乏耐心，竞争心较强，这并不意味着他必然易患心脏病，或受到其他压力负面因素的影响。相反，那些易怒、对事物持有敌意感、对别人总是持怀疑态度的人，才更容易患心脏病，受到压力负面因素影响的可能性也较大。

知识链接

法国统计数字显示：自杀频发　职场压力勿轻视

在法国上演的一出《别拿压力开玩笑》的话剧，讲述的是新晋升的部门主管爱莲娜的故事。她因工作压力过大，常常整夜无法入眠，陷入身心交瘁的境地。该话剧生动地反映了法国职场的现状。尽管法国实行的是每周35小时工作制，每年还有37天的假期，但仍有许多法国人抱怨职场竞争过于激烈。因压力过大导致的自杀事件频繁发生，已成为法国普遍关注的社会问题。

法国经济社会理事会最新的统计数字显示，法国每年发生300～400起与工作压力直接相关的自杀事件，而且，自杀者的年龄跨度越来越大，其中面临事业家庭双重压力的40～45岁成年人的自杀比例最高。尤其值得注意的是，在一些大型知名企业中，如法国电力公司和雷诺汽车公司，员工自杀事件也不断增多，并已波及公务员阶层，图尔市警察局一年发生了3起自杀事件，国家林业局3年内发生了11起。

在诸多因素中，经济环境恶化和就业压力加大是造成自杀事件频发的重要因素。2007年法国经济增长率仅为1.9%，据法国政府预测，今年的经济增长率将徘徊在2%～2.5%之间。随着欧元的持续升值，法国的出口额不断下降，贸易逆差达到了创纪录的390多亿欧元，连续四年居高不下。法国实行35小时工作制的初衷，是想通过减少工作时间鼓励企业扩大就业，但这一措施同时也带来了负面影响：由于薪资不变，工时却减少了，企业的劳动力成本相应提高，国际竞争力下降。因此，一些企业被迫裁员，还有一些企业干脆把工厂迁到劳动力成本低的国家。此外，为减少财政赤字和公共开支，政府试图采取削减公务员数量等措施，这都使法国的就业形势雪上加霜。

这一日趋严重的社会问题已引起法国政府的高度重视。萨科齐总统表示，希望年内能取消35小时工作制，为企业松绑。司法部门已开始立法保护被雇佣人员，以减少岗位竞争所带来的工作环境压力。此外，不少法国企业也为应对员工频繁自杀采取了一些措施，法国电力公司成立了“倾听与理解委员会”，派出公司风险评估部和人力资源部经理，到自杀事件多发的核电站等工作现场，了解员工的心理状况。雷诺公司也公布了一项行动计划，将管理重心由项目转向人员。不过，“病来如山倒，病去如抽丝”，法国政府和企业实施的这些措施要想见成效，恐怕还需些时日。

四、压力的行为反应

对压力的行为反应是指受到压力的个人在克服压力的意图方面进行的公开活动，包括问题解决、退缩和运用添加物。

1. 问题解决

问题解决是对压力的最典型的反应。一般来说，问题解决以消除压力因素或减少它的影响为目标，它并不以在短期内使个人感觉稍好为目的。问题解决是注重现实的，如果不能有效消除压力因素，则会表现出灵活性和及时运用反馈。因此，如果一种尝试性的问题解决方案不能生效，那么，人们会试验另一种方法。对压力做出问题解决反应的大多数事例是不显著的，因为一般来说，问题解决是一种较平常的、可见的、明显的方法。

（1）分配。一名任务繁重的管理者通过把某些任务分配给有能力的下属，以减轻产生压力的工作负担。

（2）时间管理。一名感到时间紧张的经理制定了一张日常时间表，规定他的下属事先申请正式谈话的时间，并且指示他的秘书有限制地筛选电话。

（3）搞清问题。一名因为同非工程师的上级沟通效果差、体验到压力的专业工程师下决心同这名上级坐在一起，找出关于某项计划中的一致点。

（4）请求帮助。一名担心公司完成订货有困难的推销员，请求生产经理现实地估计一下可能的交货日期。

（5）另外选择。一名感到工作单调而产生压力的车工，申请调到一个工资一样但比较感兴趣的岗位上工作。

这些反应在减少压力方面是否有效取决于环境。一般来说，问题解决显然不仅对个人有利，而且对组织也有利。

2. 退缩

避开压力因素是对压力的最基本的反应之一。在组织中，这种反应往往采取缺勤和离职的方式。与对压力的问题解决反应相比较，缺勤没有直接对抗压力因素。确切地说，缺勤者仅仅试图短时间地减轻压力因素引起的忧虑。当他返回到工作中时，压力仍然存在。从这一点来看，不管对个人还是对组织来说，缺勤都是一种不好的压力反应。当一个人仅仅为了躲避压力，一时冲动辞去一个有压力的工作时，这种离职反应对个人和组织都无益处。但是，一个人经过慎重考虑，为了谋求另一个压力比较小的工作而辞职，这种情况可能要好一些。这实际上是一种问题解决的反应。从长远的观点来看，它既有利于个人又有利于组织。到目前为止还不能确定有多少缺勤离职是由于压力产生的退缩。但是，某些证据表明，容易产生压力的操作工作更可能造成缺勤。另外，上述讨论的某些压力因素（沉重的工作负担、角色模棱两可和降格使用的可能性）和缺勤、辞职有一定联系。

3. 运用添加物

对个人和组织来说，吸烟、喝酒和服药是在压力之下做出的最不令人满意的行为反应。这些活动不能消除压力，它们严重影响雇员的体力和智力，使之难以完成他们的工作。新闻发言人和广告管理人担任的边界角色职务的压力是造成他们酗酒的原因。这种压力反应的事例很多。实验证明，烟瘾和酗酒与工作中的压力有联系。

知识链接

压力的生理反应

工作中的压力对人有害吗？显然，这个问题对组织很重要，对在工作中感受到过分压力的个人来说更重要。对压力的生理反应的大多数研究集中于心脑血管系统，特别集中于可能引起心脏病发作的各种危险因素方面。例如，有证据表明，工作压力与心电图不规则、高血压、高胆固醇和脉搏快有联系。无论如何，在比较各种职业中不同的压力因素和各种危险因素的发生率方面，大多数研究实质上是一种相关研究。但相关原因并不能揭露出主要原因。很有可能，有高度心脏病危险的人选择从事某种特定职业。在这种情况下，特定职业似乎确实增加有害生理反应，但是，主要原因在于它们把有危险病症的候选人吸引了过来。

有一项对压力的生理反应的研究是令人感兴趣的，因为它进一步证实了一种直观的看法，空中运输管理人员承受较高的工作压力，因而对身体健康有不利影响。空中运输管理人员的血压较高、糖尿病和胃溃疡患病率较高。空中运输管理工作是否吸引有危险病症的人——研究表明，在管理人员当中，在运输较频繁的航空站工作的，高血压和胃溃疡的发生更为普遍。这使我们认识到，产生压力的工作要求确实造成有害的生理反应。

五、压力的心理反应

压力能导致不满意。与工作有关的压力能导致工作不满意感，工作不满意实际上是压力感的“最简单、最明显的心理影响后果”。但压力感的心理症状还有其他表现形式，如紧张、焦虑、易怒、情绪低落等。

有关事实表明，当工作对于个人的要求很多，而且又相互冲突，或者任职者的工作责任、权限及内容不明确时，员工的压力感和不满意感都将增强。与此相似，对工作的速度越是缺乏控制能力，压力感和不满意感就越强。虽然这种关系还有待于进一步研究，但有关事实表明，如果一个人的工作内容单调，重要性、自主性低，工作反馈机制不健全，工作统一性差，任职者的压力感就会增强，工作满意感就会下降，对工作的投入程度也会降低。

对压力的心理反应主要指情感和思想过程，而不是指公开活动，尽管这些反应常常在个人的言行中表现出来。对压力的最普通的心理反应是防御机制（Defense Mechanism）的作用。防御机制是减少压力引起的忧虑的心理意向。需要注意，根据定义，防御机制只是减少忧虑，而不是实际对抗或处理压力因素，防御机制的运用通常是自动的和无意识的；个人一般没有意识到自己的防御机制在起作用。但是，在某些情况下，个人可能会注意到这种机制或者有意识地运用它。

（1）文饰。文饰指把一个人的行动归因于社会认可的理由和动机，使这些行动至少对本人来说，似乎是合理的和明智的。所谓“酸葡萄心理”，即是这种防御形式。例如，当知道自己不能被提升为主管后，一名男护士十分恼怒，大发牢骚，他可能宣称护士长歧视男人，证明他的愤怒是合理的。

（2）投射。投射指把自己不合需要的思想和动机归因于其他人，使他们具有肯定性质。例如，一名向政府官员行贿而处于心理矛盾中的推销管理人员可能推想，那名官员是腐败堕落的人。有的心理学家认为被害妄想是存在于自己内心的攻击动机的一种投射。

（3）转移。转移指把愤怒的感情发泄到一个“安全”对象上而不可能再遭受惩罚。例如，一名因为做工粗劣而受到工长严厉批评的建筑工人回到家中，狠摔自己家中的家具。

（4）反向。反向指以一种与个人真实感觉相反的方式表现自己的意向，而不冒使自己的真正立场遭到否定反应的危险。例如，群体中一名地位不高的成员在一个重要问题上按多数人的意志投票，而不表明他的真正立场，以免使自己遭受攻击。

（5）补偿。补偿指在某一领域中运用自己的技能弥补在另一领域中的失败。例如，一名不能出研究成果的大学教师可能决心成为一名杰出的中学教师。

（6）抑制。抑制指防止自觉意识到可能发生的威胁，以便回避压力因素。例如，觉得工作机械但是又不得不去，因而感到压力的装配线工人忘记给闹钟上弦，结果睡过了头不能去上班。

任务二　疲劳

一、人与职业环境

劳动心理学是研究人在劳动过程中，伴随活动与人际协作而产生的生理心理变化的规律，它的根本任务就是使劳动人道主义化和提高劳动效率。劳动的人道主义化是指过度疲劳和职业病的预防、生产性伤残和个性职业性变形的预防等内容，为劳动者的全面发展创造条件，充分发挥劳动者的才智。

心理学用自己的方法，解决劳动人道主义化的任务。例如，职业的心理学选择，改进职业培训与考核。根据劳动者的心理特点，采取使社会环境和身体环境合理化等实际措施，可以实现对不同个性特征的人合理安排和使用，使劳动者在劳动中维持最佳状态。

劳动心理学的一个主要的研究课题就是人与职业之间的协调关系，也就是研究“劳动主体—职业环境”系统中的动力平衡问题。而人和劳动对象及工作（职业环境）之间的协调问题，又是调动个性潜力和个体发展的最主要条件。

在“人—职业环境”系统中，职业环境是指劳动对象、劳动工具、职业任务、自然环境和社会环境等。人、物、环境是现代企业管理的三要素，人与物、人与环境、人与人构成这三要素的三种关系。人是居于主导地位的。研究人的劳动心理，对激励人的积极性，提高工作效率和经济效益有重大的意义。

二、疲劳的含义与分类

所谓疲劳，是指人在劳动和活动过程中，由于能量消耗而引起的肌体的生理变化。也就是在连续劳动一段时间以后，劳动者自感不适和劳累，从而使劳动机能减退的现象。疲劳也是人的肌体为了免遭损坏而产生的一种自然的保护反应。

一般来说，可以将疲劳分为生理疲劳和心理疲劳两种。

1. 生理疲劳

工作疲劳表现在生理方面称为生理疲劳。由于人们所从事工作的性质不同，生理疲劳又可以分为体力疲劳和脑力疲劳。

（1）体力疲劳。体力疲劳是指由于肌肉持久重复地收缩，能量减弱，因而工作能力降低以至消失的现象。体力疲劳产生的原因是肌肉关节过度活动，体内新陈代谢的废物——二氧化碳和乳酸在血液中积聚并造成人体力衰竭的结果。人的肌肉不可能在这些化学物质积聚的情况下，继续有效地活动。

（2）脑力疲劳。脑力疲劳是指用脑过度，大脑神经活动处于抑制状态的现象。人的大脑是一个复杂而精密的组织，它既有巨大的工作潜力，也容易受到损伤。例如，看书时眼肌收缩，头和颈以及身体其他部位也有相应的反应。竭力集中思考时，往往紧握钢笔、搔头皮或皱眉头，这些毫不相干的动作也引起肌肉紧张。实验证明，人们在进行心算时，肌肉的活动量将随着题目难度的增加而增加。这说明肌肉的紧张程度与持续注意有关。注意力越集中，肌肉越紧张，消耗的能量也越大。在脑力疲劳的情况下，许多在不疲劳时能够解决的问题，这时却不能解决。

知识链接

人脑

一般成人的大脑重量约 1 400g，只占全身重量的 2%，却整个浸沐在血液之中，拥有心脏流出血液的 20%。人在从事紧张脑力工作时，耗血量更大。如果大脑供血中止 15 秒钟以上，人会立即神智昏迷；中止 4 分钟以上，大部分的脑细胞将受到破坏而无法恢复。人们在进行脑力劳动时，肌肉同样有所反应，那些细微的变化与体力劳动属于同一类型。

因而，体力疲劳和脑力疲劳是相互影响、紧密相关的。极度体力疲劳不但降低直接参与工作的运动器官的效率，而且首先影响到大脑活动的工作效率。例如，大量的手工操作，不但使人手臂痉挛，而且使人昏昏欲睡。这说明极度体力疲劳使脑力活动的能力减弱或消失。同样，极度的脑力疲劳也会造成精神不集中、神志混乱、全身疲倦无力，从而影响一个人的感知速度和动作的准确性。

2. 心理疲劳

心理疲劳是一个较难把握的概念。一般是指人体肌肉工作强度不大，但由于神经系统紧张程度过高或长时间从事单调、令人厌烦的工作而引起的疲劳。它表现为感觉体力不支、注意力不集中、思维迟缓、情绪低落，并往往伴有工作效率低、错误率上升等现象。心理疲劳的持续发展，将导致头痛、眩晕、心血管和呼吸系统功能紊乱、食欲下降、消化不良以及失眠等。因此，了解心理疲劳的产生及发展过程，进而消除或推迟心理疲劳的产生，在工作中是有实际意义的。

三、疲劳时的状态

随疲劳而出现的是作业量的减低。疲劳是一系列复杂纷繁现象的综合体。疲劳的完整内涵不仅仅由生理的，而且还由心理的、劳动环境的，以及社会的因素所决定。

心理学家注意研究疲劳，正是把疲劳看成特殊的、独特感受的心理状态，认为疲劳是多种感受的体验。

（1）无力感。甚至当劳动效率还没有下降的时候，员工已经感到劳动能力有所下降，这就是疲劳反应。劳动能力下降表现为特殊的、难忍的紧张造成的难受感觉和缺乏信心，员工感觉到无法按照规定的要求继续工作下去。

（2）注意的失调。注意是最容易疲劳的心理机能之一。在疲劳情况下，注意力容易分散，变得少动，或者相反，变得杂乱好动，游移不定。

（3）感觉方面的失调。在疲劳的影响下，参与活动的感觉器官就会发生功能紊乱。如果一个人不间歇地长时间读书，那么他会觉得眼前的字行“开始变得模糊不清”；听音乐时间过长，高度紧张，会丧失对曲调的感知能力；手工操作时间过长，会导致触觉和动觉敏感性的减弱。

（4）动觉方面的紊乱。表现为动作节律失调，动作滞缓或者忙乱，动作不准确、不协调，动作控制程度降低。

（5）记忆和思维故障。与工作相关的领域都会直接出现这些故障。在过度疲劳的情况下，员工可能忘记技术规程，把自己的工作环境弄得杂乱无章。与此同时，对与工作无关的东西却熟记不忘。脑力劳动造成的疲劳，尤其有损于思维过程。然而在体力劳动造成疲劳的情况下，员工也经常抱怨自己理解能力降低和头脑不够清醒。

（6）意志衰退。疲劳状况下，人的决心、耐性和自我控制能力减退，缺乏坚持不懈的精神。

（7）睡意。过度疲劳能够引起睡意，这种情况下睡意是保护性抑制的反应。人工作得疲惫不堪，睡眠的要求变得强烈，以致任何姿势下（如坐着）都能入睡。

上面介绍了疲劳的心理学表现，它们随疲劳的强度而改变。轻度疲劳状态下，人的心理无明显变化，只是警告人们必须采取措施，预防劳动能力的降低。人过度疲劳时，劳动能力将急剧降低，劳动效率也就随之下降，因而过度疲劳是有害的。

疲劳可以分成不同阶段。疲劳的第一个阶段，倦怠感相对轻微，劳动效率并没有降低或者稍有降低。可是不能认为，如果疲劳感——主观感受尚未造成劳动效率的下降，那么它就是毫无意义的。一个人进行着繁重的工作，主观上觉得自己精力还很充沛的时候，疲劳感往往已经产生。浓厚的工作兴趣、工作的特殊刺激、意志的冲动构成了自我感觉精力充沛的原因。人处于这种抗疲劳状态时，在一些情况下他确实战胜了疲劳，同时没有降低劳动效率。而在另一些情况下，这种抗疲劳状态能够造成过度疲劳的独特形式的迸发，这种迸发对人的劳动能力起着强烈的破坏作用。

疲劳的第二个阶段，劳动效率的下降已经为人所察觉，并且下降趋势愈演愈烈。不过这一下降只涉及工作的质量，而不是工作的数量。

倦怠感强烈并以过度疲劳的形式出现是第三阶段的特点。工作曲线或是急剧下跌，或是“忽高忽低”，后者表明人正在力图维持作业的规定进度。在第三阶段中，工作进度可能加快，但不能稳定下来。最终动作发生紊乱，人感到一种病态而无法继续工作。

四、疲劳的生物学意义及产生疲劳的因素

生理疲劳是一种保护性反应，是由于刺激量超过大脑所能承受的程度时而引起的超限抑制。人们在持续的强刺激下，因为能量消耗太多，使大脑细胞受到破坏。因此而产生的保护性抑制，使大脑神经细胞的活动和肌肉收缩被迫减慢直至停止工作，以便减少人体的能量消耗，保证营养物质的储存和氧代谢的正常状况，而有利于调节心、肺和神经系统的功能，为新的工作储备力量。生理疲劳是赢得充沛精力、保证未来工作效率的必然阶段。诚然，服务员在餐厅里紧张地干了一天活，会觉得肌肉紧张，四肢软弱无力，腰酸背痛。但是只要睡一觉或好好休息一下，使身体有机会把积蓄的二氧化碳和乳酸等废物排泄出去，积蓄起一定的营养物质和氧以供应血液，肌肉便会重新获得正常的工作能力，并且感到呼吸通畅、舒适、精神振作。

1. 产生疲劳因素的主要理论

关于产生疲劳的因素，心理学家们有着不同的见解。但归纳起来，主要有如下四种理论。

（1）疲劳物质积累论。该理论认为疲劳是由劳动中人体内废物质过多引起的。如正常人血液中的葡萄糖占 0.1%，而体力劳动后下降到 0.07%左右，大部分氧化而成为乳酸，乳酸积累过多就会产生疲劳。

（2）能量消耗论。该理论认为人们在劳动中消耗过多的能量就会产生疲劳。

（3）物理化学变化协调论。该理论认为疲劳是人体内物质的分解与合成过程产生不协调所致。

（4）中枢神经论。该理论认为疲劳是中枢神经失调引起的。

相比较而言，最后一种理论更受重视。

2. 产生生理疲劳的主要因素分析

劳动心理学的研究表明，产生生理疲劳的主要因素是紧张而持续的作业。具体可以从下面几点来分析。

（1）作业强度和持续时间。作业强度是决定疲劳出现早迟以及疲劳积累程度的主要因素。作业强度越大，疲劳出现越早；持续时间越长，疲劳积累的程度越高。

（2）作业速度。过于快的作业速度，很容易产生疲劳。只有采取“经济速度”，才能减少疲劳和提高效率。

（3）作业环境。恶劣的环境会加速作业者疲劳。温度、湿度、照明、噪声、灰尘、震动等处理不好都会引起疲劳。

此外，肌肉的不合理活动也会产生疲劳。像全面的肌肉劳动，局部肌肉的长时间劳动，以及静态的肌肉劳动等，也都容易产生疲劳。

（4）工作时间。研究表明，人的工作效率在一天的 24 小时中，有一定的周期性。一个人在夜里的工作效率大大不如白天，所以夜班作业比白天作业疲劳产生得快，大约作业时间为白天的 80%就会疲劳。

知识链接

工作三阶段

第一阶段：开工渐进阶段

员工开始操作，一般需要 10 分钟左右的时间来适应工作条件。这是因为员工由其他活动转入操作活动时，需要意志的努力，使自己的心理（如注意、记忆、思维等）集中于工作。因而员工通常应提前 10 分钟到班熟悉工作情况，做好心理适应。

在适应了工作条件之后，由于工作开始时，情绪饱满，精力充沛，因此动作越来越熟练，效率越来越高。工作效率上升的状态，可以持续到 11:00 左右。这个达到最高产量前的时期，称为开工渐进阶段。

第二阶段：疲劳发作时出现的工作能力下降

随着疲劳的增加，工作能力从最高点开始下降，意志紧张的强度发生波动。在意志减弱的时候，工作效率下降；在意志增强的时候，工作效率上升。同时，随着疲劳的发展，注意分散的次数增多。操作者在工作中“出乱子”，往往是由于注意力分散的结果。因此，培养兴趣、增强意志、减少疲劳是加强注意、防止事故、保持最优工作效率的先决条件。

第三阶段：预知工作时间行将结束时的完工突进

坚强的意志和良好的情绪，在一定的范围内能克服疲劳的不利影响，从而在最后阶段使工作效率再度提高。这就像精疲力竭的长跑运动员，看到终点在即的时候，就会动员全身的力量，奋力冲向终点。

每个阶段的时间长短由许多因素来决定，因此难以定出一个到处适用的数值。这里有个体因素的影响，也有作业难易程度和作业特点的影响等。

此外，在一项对饭店员工所进行的工作是否符合他们的精神需要和体力可能的研究中发现，在认为这项工作是有趣的人中，大约 80%的人都认为他们体力上能够胜任；在认为此项工作完全不符合自己兴趣的人中，大约占 70%的人认为这项工作是他们力不从心的。

3. 心理疲劳产生的主要因素

心理疲劳的产生，主要与消极情绪、单调感及厌烦感等因素有关。

（1）消极情绪。在饭店各部门里有时难免碰到这样一些员工，他们总感到全身疲乏，精神萎靡不振，休息后也难以恢复，或稍一活动就出虚汗，感到疲惫不堪，这种现象称为病态疲劳。它是一种既有生理因素也有心理疲劳的表现。如果不是病后虚弱的话，它说明体内潜伏着某种失调，或即将爆发某种疾病。

然而有些人什么病也查不出来，却仍是无精打采，注意力不集中，情绪消沉，或狂躁，或抑郁。这可能是由于工作、学习、生活不顺心；可能是受到他人打击和遭遇某种不幸，因而心烦意乱；也可能是由于一种需求得到了满足，失去了对行为的激励；或者是合理的需求得不到满足，产生了郁闷消极的情绪。消极情绪对人的行动有减力的作用，有消极情绪的人，工作缺乏动力，对工作表现冷漠甚至厌烦，遇到困难也不能自觉地以坚强的意志来克服。忧虑郁闷的情绪，使人的能力和技能不可能很好地发挥。悲伤、恐惧、委屈、痛苦、不满、嫉妒等消极情绪使人失去心理上的平衡，因而动作软弱无力，姿态反常，面色苍白，心率、呼吸频率加快，甚至肌肉颤抖。在这种状态下工作，工作效率必然降低，甚至出现别别扭扭、摔摔打打、拿东西撒气、甩手不干等抵制工作的现象。生理疲劳经过睡眠休息易于消除，恢复工作能力，而要消除心理疲劳就不那么容易。可见心理疲劳对工效的影响比生理疲劳更大。要消除员工的心理疲劳，就需要加强思想工作，增强员工的工作兴趣，满足员工的合理需求，使员工从消极的思想情绪转变为积极的思想情绪。

（2）单调感和厌烦感。在现代旅游企业里由于分工过细，因而使员工感到单调、乏味、厌倦。随着工作时间的增加，这种感觉会越来越严重。从事持续单调操作的员工，大多数在上午上班后一小时和下午上班后半小时就开始进入心理疲劳状态，工作效率逐步下降。而这两个时间段正是员工的一天工作中体力最佳的时间。这说明，持续单调操作给员工心理上造成的疲劳和对工效的影响，远远先于和大于生理疲劳所带来的影响。一般来说，员工做单调的工作比做变化多、兴趣大的工作能量消耗多。

任务三　缓解工作压力和疲劳的策略

一、压力应对策略

1. 压力与工作绩效

关于压力与工作绩效二者关系方面的研究很多。人们研究最广泛的是二者的倒 U 型关系模型。

倒 U 模型的理论基础是：压力感低于中等水平时，它有助于刺激肌体，增强肌体的反应能力。这些时候，个体的工作会做得更好、更快，并且个体也更具有工作热情。对个体施加过大压力，对员工提出过多要求和限制时，会使员工绩效降低。

尽管倒 U 模型理论很热门并且很有吸引力，但实证支持并不多。从这个角度说，管理人员不要认为这个模型可以准确地描述压力与工作绩效之间的关系。

2. 减少压力的策略

从组织角度讲，员工压力感低于中等水平时，管理者们可能并不在意。因为，我们前面已指出过，低于中等水平的压力感有助于员工提高绩效。但如果压力感水平过高，或者即使压力水平较低，但持续时间过长，都会使员工绩效降低。因此也需要管理人员采取行动。

尽管一定的压力感有助于员工提高绩效，但他们自己并不这样看。从员工个人角度来讲，即使压力感水平很低，也是令人不快的。因此，工作压力感多大才好？管理人员和员工个人的观点是有所不同的。管理人员认为“对肾上腺良好运转起积极推动作用”的压力感，在员工看来，就过分沉重了。在讨论员工个人和组织在应对压力问题的方法时，应记住这一点。

（1）员工个人减少压力的策略。员工个人通过承担责任能够减轻自己的压力感。有效的个人策略包括实行时间管理，增强体育锻炼，进行放松训练，扩大社会支持网络。

① 实行时间管理。很多人不善于管理自己的时间。如果他们能够恰当地安排好时间，那么他们在既定的每天或每星期的某时间段内所必须完成的任务就不至于落空。井然有序的员工就像井然有序的学生一样，与无序者相比，在相同的时间段内，能够完成无序者 2 倍或 3 倍的任务。因此，理解并学会应用基本的时间管理原则有助于员工更好地应付工作要求带来的压力感。大家所熟悉的时间管理原则有列出每天要完成的事情，根据重要程度和紧急程度来对事情进行排序，根据优先顺序进行日程安排，了解自己的日常活动周期状况，在自己最清醒、最有效率的时间段内完成工作中最重要的部分。

② 增强体育锻炼。一般认为，锻炼身体可以减少压力，并且可以抵消某些压力的有害的生理影响。保健专家们推荐了以下非竞技性的活动，来作为对付较高水平压力感的方法。例如，增氧健身法、散步、慢跑、游泳、骑自行车等，这些形式的生理锻炼有助于增强心脏功能，降低心率，使人从工作压力中解脱出来，并提供了员工用来发泄不满的渠道。

③ 进行放松训练。通过各种放松技巧，如自我调节、催眠、生物反馈等方法，员工自己可以减轻紧张感。进行放松活动的目标是达到深呼吸状态，员工从中可以体会到自己身体彻底放松了，在某种程度上脱离了周围环境，也没有了身体的紧张感。每天进行 15～20 分钟的深呼吸练习有助于减轻紧张感，使人感到平和。尤其重要的是，达到较深的放松状态

后，心跳、血压及其他生理状况也会有所改善。

④ 建立社会人际网。压力感过强时，与朋友、家人、同事聊天提供了一个排遣压力的途径。因此，扩大自己的社交网络是减轻压力的一种手段。这样，在你有问题时，就会有人来倾听你的心声，并帮助你对问题进行客观的分析。研究还表明，社会支持有助于调节压力感与精神崩溃之间的关系。也就是说，较多的人际交往能够降低因工作压力过大而累垮的可能性。

（2）组织减少员工压力的策略。几种导致工作压力感的因素，尤其是任务要求和角色要求及组织结构，是由管理人员控制的。这样，就可以对它们进行调整和改变。管理人员可以用来减轻员工压力感的方法有加强人事甄选和工作安排，设置具体可行的目标，工作再设计，提高员工的参与程度，加强与员工作正式的组织沟通，设立公司身心健康项目等。

① 组织招聘。我们知道，某些工作比其他工作更容易使人产生压力感。但同时，不同的员工对于同一压力情境的反应也是不同的。组织在招聘一个人之前应明确地向他说明未来工作的性质。招聘人员有时出于热情，倾向于掩饰工作的消极方面，包括引起压力的可能性。如实说明工作情况将允许那些感到不能应付压力的人知难而退，或使新加盟者在事先有所准备的情况下开始工作。尽管这种方法已经表明有利于提高工作满意度和减少离职，但是，还需进一步研究它们对压力的影响。这种方法也可使晋升或内部调动的候选人了解在新工作中可能存在的压力因素。

② 设置具体可行的目标。基于大量的研究，可以得出结论：员工的目标比较具体又富有挑战性，而且能及时得到有关情况反馈时，他们会做得更好。利用目标设定可以减轻工作压力，增强员工的工作动机。如果目标比较具体，而员工又认为目标可以达到时，这就有助于他们明确自己的绩效预期。另外，如果工作中反馈及时，这就有助于降低员工实际工作绩效的不确定性。这样，能够相应地减轻员工的受挫感、角色模糊感和压力感。

③ 工作再设计。重新设计工作可以给员工带来更多的责任、更有意义的工作、更大的自主性、更强的反馈，这样就有助于减轻员工的压力感。因此这些因素可以使员工对工作活动有更强的控制力，并降低员工对他人的依赖性。但我们在讨论工作设计时已指出，并非所有的员工都愿意使自己的工作内容更丰富。那么对于那些成就需要较低的员工而言，进行工作设计时，应使他们承担较轻的工作责任，同时还应增加具体化的工作。如果员工更乐意做例行性和结构化的工作，那么降低工作技能的多样化要求，就能相应地降低工作中的不确定性和压力水平。

④ 提高员工的参与程度。角色压力存在范围较广。因为员工对于工作目标、工作预期、上级对自己如何评价这类问题可能会有种不确定感。这些方面的决策能直接影响员工的工作绩效，因此如果管理人员让员工参与这方面的决策，就能够增强员工的控制感，帮助员工减轻角色压力。从这个角度说，管理人员应提高员工参与决策的水平。

⑤ 加强与员工正式的组织沟通。强化与员工正式的组织沟通，有助于减轻角色的模糊性和角色冲突，从而减少不确定性。尽管在压力感—员工反应这对关系中，员工个人认知是一个很重要的中介变量，但管理人员可以运用有效的沟通作为改变员工个人认知的手段。记住，员工所划分的各种任务要求、威胁、机会，都仅仅是他们对现实的一种诠释。

⑥ 设立公司身心健康项目。我们最后一个建议是为员工提供组织支持的身心健康方案（Wellness Programs）。这些项目应从改善员工的身心状况着眼。例如，组织一般都提供各种活

动以帮助员工戒烟、控制饮食量、减肥、改善饮食状况、培养良好的锻炼习惯。实施这种福利举措的理论假设是员工应该对自己的身心健康负责，组织只是提供他们达到目的的手段。

二、疲劳的消除

尽管生理性疲劳具有防护性作用，但人在疲劳过程中会出现注意力涣散，操作速度变慢，动作的协调性和灵活性降低，误差及损耗增多，事故频率升高等现象。这些现象无疑会降低员工的工作效率。因此，有必要对消除疲劳的措施进行探讨。

一般来说，消除疲劳常用的措施有以下几项。

1. 合理安排休息

人疲劳后必须休息。但是，应科学地安排休息。具体地说，如何根据工作和疲劳的情况确定休息时间的长短、休息的频率以及什么时候开始休息，不是一件简单的事。工作与休息的合理安排对于提高工作效率、保证操作者健康至关重要。

如何确定合理的休息时间长度，这一问题曾引起许多研究者的兴趣。这里介绍一个较有代表性的研究。研究者以工作活动过程中平均能量消耗的限度作为确定休息时间长短的依据，认为如果指定特定的能耗值为平均能耗的上限，那么，它意味着一旦某一特殊活动的能耗超出了这一上限就必须进行休息，以补偿超额的能耗。与这一观点相对应，研究者还提出了估算任何给定工作活动所需总休息时间的公式：

$$R=\frac{T(K-S)}{K-6.3}$$

式中 R——所需要的总休息时间；

T——总活动时间；

K——活动中的平均能耗率；

S——指定的平均活动能耗上限值；

6.3——休息时的近似能耗值。

这样，如果我们以16.8千焦/分为平均活动能耗的上限，那么活动1小时（60分钟）所需要的总休息时间应为：

$$R=\frac{60\times(K-16.8)}{K-6.3}$$

对于休息与活动时间的配置，一般应根据疲劳积累规律和活动状况（强度和环境条件）加以考虑。在活动初始阶段，操作者的工作能力逐渐上升，这时一般不需要进行休息。不适当的休息反而会延迟操作者达到最大工作能力状况的时间。在进入最大工作能力阶段后，操作者的疲劳逐渐积累，这时应开始安排休息。安排休息的原则应为“先少后多”，即起先少休息几次，休息时间也可较短，以后慢慢增多。如果没有安排足够的休息致使工作过程提早进入下一阶段，即工作能力下降阶段，这时即使给予很多休息也往往无法使操作者完全恢复到最大工作能力。操作活动强度大，环境条件差，操作者的疲劳积累较快，这种场合下应在活动的较早阶段就开始安排休息以缓和疲劳的积累。

2. 提供足够的睡眠

提供足够的睡眠是消除疲劳，恢复操作者工作能力的最重要方法之一。通过睡眠，可以将操作者在一天中消耗的能量物质重新储备起来，将积累的代谢产物清除掉，只要不是过度疲劳，通过足量的睡眠，操作者完全可以恢复到活动前的状态。

3. 合理设计工作环境

在工作环境的设计上，除了消除温度、噪声、粉尘等因素的不利影响外，工作台、工作座椅的合理设计对消除疲劳也是十分重要的。工作台过高或过低、工作座椅设计不合理，往往会造成操作者在一种不舒适的姿势下工作，从而引起局部肌肉疲劳。例如，操作时如果工作座椅的高度过低，则操作者的双腿将处于一种持续紧张的状态而引起疲劳。此外，让操作者在工作过程中变换姿势，使工作负荷由不同肌肉轮流承担，也是一种减轻疲劳的有效方法。

4. 变换工作类型

不同类型的活动对操作者施加压力的形式是不同的。有些操作活动需由双手来承担，而另一些活动则可能需由身体其他部位来承担；有些活动是纯体力的操作活动，而另一些活动则可能是纯智力、心理的活动。所以合理地安排操作者工作轮换，或者将各种类型的活动混合起来并交替进行，可使操作者肌体的不同部位（或机构）得到必要的休息。

5. 工作内容丰富化

使工作丰富化是用以减少单调感、厌烦感，调动员工积极性的重要方法。它可以使工作成为员工本身的一种享受和需要，从而具有内在的激励作用。

工作丰富化就是尽可能地使员工的劳动丰富多彩，其要点是在工作中增加更有兴趣和更有挑战性的内容。在计划和控制工作中，给予员工更多的自主权，通过工作发展个人的成就感和创造力。实行工作丰富化之后，能消除工作设计上的错误，员工能够马上了解到自己的工作成果，感到工作是一种学习提高的机会。这样，工作中的单调感和厌烦感便会减少。

6. 自我心理训练

自我心理训练，也称为自我心理调节，就是运用思维、情绪等心理因素的作用，对自己进行良好的心理暗示，使大脑产生美好的想象，抑制大脑的紧张状况，从而有利于消除疲劳，强身健体，提高工效。

自我心理训练的主要方法是闭目养神，脑子里思想意识集中，想象自己认为是最美好的事物，想着想着就会面带笑容，产生美好愉快的体验；或者以意领气，采用自我调节呼吸的方法，吸气时默念“静”，呼气时默念“松”，以这种“静”、“松”的意念来缓慢地调节呼吸。经过几次练习之后可使头脑冷静，全身放松，全身的血液循环和呼吸系统的功能得到改善。运用自我心理训练入静之后，大脑的兴奋自然地转入抑制，便可入睡，从而使人得到休息。

note 知识链接

心理压力测试

对下列各题做出“是”或“否”的回答。

1. 因为发生了某些没有预料的事，你感到心烦。

2. 你感觉到你不能控制你生活中的重要事情。

3. 你常常感到紧张和压力。

4. 你常常不能成功地应付生活中有威胁性的争吵。

5. 你觉得不能成功地应付生活中所发生的重要变化。

6. 你对把握你的个人问题没有信心。

7. 你感到事情不是按你的意愿发展。

8. 你发现你不能应付你必须去做的所有事情。

9. 你不能控制生活中的一切烦恼。

10. 你觉得你所有方面都是失败的。

11. 因为事情都是发生在你能控制的范围之外，你会因此而烦恼。

12. 你发现你自己常在考虑自己必须完成的那些事情。

13. 你不能控制消磨时间的方式。

14. 你感觉积累了大量困难不能克服。

15. 朋友同学的生日，免不了花钱，你往往不想在这类场合出现以免花钱。

16. 若你刚买的鞋穿了一天就裂口了，你会气愤、痛苦地抱怨。

17. 你由于某件小事跟好朋友生气，大家互不相让，结果你会一个人生闷气，想忘掉这件事，可就是忘不掉。

18. 当父母因为学习责备你而使你感到压力很大时，你不会和他们争吵，一个人压抑情感。

19. 你的一个非常要好的朋友，因某些原因转学了，你很难过，不想面对现实。

评分规则：“是”为1分，“否”为0分。各题得分相加，统计总分。

0～6分：你能够应付生活中的许多事情，但有时也会有些烦恼，这是正常的。

7～14分：你有轻度的心理压力，虽然常会体验到不必要的烦恼，但你基本能处理生活中的问题。你应学会调节自己的心情，保持轻松愉快的心境。

14～20分：你已经在承受巨大的心理压力，你不能处理生活中的许多问题，因此使你紧张、不安，影响到你的学习、生活、身心健康。你应尽快改变这种情况，否则将使你学习生活不能正常进行。

7. 饭店工作环境研究

饭店员工的活动始终离不开特定的环境。员工在有利于身心健康和劳动操作的环境中，工作效率和服务质量就可能提高；而在不适宜的环境中工作或学习，不仅不能提高工效，有时甚至会影响健康和安全。因此，创造一个良好的工作环境，将有助于保障员工的身心健康，提高工作效率和服务质量。

（1）照明。人反应外界刺激的五种感觉（视觉、听觉、嗅觉、味觉、肤觉）中，以视觉最为敏感。人的眼睛无论看什么东西，看远或看近，都需要适宜的光线。

光有两种，即天然光与人工光。天然光就是阳光。建筑学上利用天然光的技术叫做“采光”，是通过门窗解决白天室内利用阳光的问题。人工光主要是指由电光源发出的光，用在夜间或白天弥补天然光之不足。利用人工光的技术叫做“照明”。在饭店，采光和照明往往同时使用，光线太强或太弱都不利于眼睛看清目的物。照明强度过高不仅会降低可见度，而且会加剧眼肌的紧张和疲劳，从而影响员工的工作效率和服务质量。

（2）噪声。在生活中既有和谐的音乐，也有机器的轰鸣、吱吱嘎嘎的摩擦声。乐声使人心旷神怡，精神振奋；噪声令人心烦意乱，忐忑不安。而绝对无声的环境又使人孤寂难熬，甚至失去理智。这说明声音过强或过弱都影响人的听觉，使肌体产生不良反应。

心理学上把人们不需要的声音视为噪声。例如，你在专心看书时，隔壁放起了音乐，虽然音响设备很高级，曲子也很优美，但此时你并不希望它出现，这时它对你来说就是噪声。但当你心情愉快地置身于大自然时，潺潺流水声听起来是那样的悦耳。所以一个声音是否是噪声，是与人的主观因素相联系的。噪声已被公认为是一种看不见的“空气污染”，它影响了人们的正常生活，成了重大的公害之一。国际标准化组织（ISO）将噪声污染列为环境污染的首位。噪声的评价和控制问题已受到人们的普遍关注。

噪声是一种使人感到烦躁、不舒服或者有害于听觉的声音。它对人具有各种程度的危害，轻则干扰听觉，降低语言的清晰度；重则损害听觉，包括立即受损——大于 150dB 的噪声，听力损失——永远不能恢复，听力疲劳——暂时的听力衰退。此外，还可能影响睡眠，造成失眠与神经衰弱，影响人的新陈代谢，使消化器官退化与血管硬化等。在工作中，噪声使人容易烦恼与疲劳，降低劳动效率，噪声还能干扰信号，容易引起事故。因此，劳动心理学要研究劳动环境的噪声问题。

① 噪声允许值范围。我国著名声学家马大猷教授总结了国内外现有各类噪声的危害和标准，提出了以下建议。

- 为了保护人们的听力和身体健康，噪声的允许值在 75～90dB。
- 为保障交谈和通信联络，环境噪声的允许值在 45～60dB。
- 在睡眠时间，环境噪声建议在 35～60dB。

ISO 在 1971 年提出了听力保护和环境噪声标准。

- 听力保护标准。ISO 在 1971 年提出的 8 小时噪声暴露的听力保护标准为连续等效 A 声级 85～90dB。若时间减半，则允许声级提高 3 dB。
- 环境噪声标准。1971 年 ISO 提出的环境噪声标准是：住宅区室外噪声标准为 35～45dB。不同时间和不同地区和室内应按与之相应的规定进行修正。室内噪声一般根据窗户条件由户外噪声标准导出。声源性质不同也须进行修正，一般含有纯音峰值的噪声或脉冲噪声应减少 5dB。

② 控制噪声的措施。要达到上述标准，必须对噪声进行控制，一般可以从下列三个方面采取措施。

- 降低声源的噪声辐射。防护噪声对员工危害的最根本的方法是解决噪声来源。如对噪声大的设备进行修理和改造，甚至停止使用，或者限制使用时间；或者加用消声器，使机器所辐射的噪声在一定范围内很快地衰减；或者将机器封闭或遮蔽，限制噪声大量向外辐射；或者给机器加上防振措施，以减少由振动发出的噪声。
- 控制噪声的传播途径。如在机器的布置上使得噪声不直接向工作人员辐射；或者让声源尽可能离员工远一点，使噪声衰减；用吸声材料吸收辐射而来的噪声。
- 对噪声接受者采取防护措施。如适当调换工作时间或轮流工作，或者使用耳塞等。

③ 功能音乐。许多人都喜欢在做家务或简单的操作时放音乐，有的人甚至在从事较复杂的脑力劳动时也喜欢边工作边放音乐。音乐往往可使人精神振奋、心情愉快，从而对枯燥的

工作不感到厌烦。音乐在许多情形下能促进人的工作效绩，我们称这时的音乐为功能音乐。

音乐为何能提高人的工作效率？心理学研究表明，人不可以生活在绝对安静的环境中，否则会导致各种神经症甚至精神病。如果剥夺任何感觉，人会处于昏睡中。

许多研究者就噪声对工效的影响进行了实验与理论探讨，提出了一些理论解释，其中的唤醒模型也许能解释功能音乐的作用。此模型认为，低噪声对工作绩效有利，是因为唤醒水平恰当，高噪声导致过度唤醒，所以对绩效有不利影响。唤醒与绩效之间存在着倒 U 模型关系。事实上，此模型指出的“漏斗形注意”也部分地解释了音乐对简单操作的促进作用。因为这时有利于人把注意力集中在作业上而忽视其他无关信息。

根据音乐对人的心理功能的作用和影响，饭店的一些工作场所可以播放欢快活泼、轻盈流畅、优雅柔和的轻音乐，使员工感到轻松愉快、舒适安逸。但播放时间不宜太长，时间过长也是产生噪声的一个因素。一般来说，每首曲子播完之后有一段间歇时间为宜。

（3）色彩。不同波长的可见光作用于人类视觉系统，可产生各种不同的颜色感觉。不同的颜色对人的心理和生理起着不同的刺激作用。

一些亮度高而鲜艳的暖色，如红、橙、黄等颜色，给人以热烈、辉煌、兴奋的感觉，同时也容易引起人的疲劳。红色会增加人眼的压力，在红色的长期作用下，人的听力几乎成倍地下降，鲜红色的墙壁，会使人心跳加速。

一些亮度低而柔和的冷色，如青、绿、蓝等颜色，给人以清爽娴静的感觉，使人感到轻松愉快。绿色会降低人眼的压力，能提高人的听力，还能增强人的肌肉活动能力。这些因一种感觉而引起另一种感觉的心理现象称为联觉。一般来说，人对不同的颜色会产生不同的联觉。

红色——兴奋、温暖、富丽。

橙色——温暖、华美、动人。

黄色——愉快、幻想、诱惑。

绿色——安静、寒冷、快乐、安慰。

蓝色——寒冷、高尚、尊严、体面。

紫色——镇定、哀悼、神秘。

淡调——快活、年轻、活泼、柔弱。

暗调——沉着、端庄、安息。

对员工的工作环境，如果能巧妙地发挥色彩的积极作用，使周围环境的墙壁、走道、地板、设备、工作台，甚至工作服装等，都配以恰当的、受人欢迎的色彩，就可以创造一个符合心理要求的色彩环境，提高工作效率。一些重要设备应该用鲜明的色彩加以突出，以便于识别。还可以把相同的设备涂成一种颜色，以区别于另外的一些设备。

在饭店安全方面，颜色也有其特殊的作用。信号装置、危险部位都可以应用专门的色彩，以引起人们的注意。

（4）温度与湿度。人体总是要保持一个稳定的温度，一般是 37℃。这个温度稍有变化就会使人感到不舒服，降低工作效率，甚至产生病理变化。人体通过食物的消化，持续地产生热量，又将多余热量不断地向周围散发，以保持体内的稳定温度。人体是靠对流、辐射、传导、蒸发四种方式散发热量的。

为了保证饭店员工有良好的环境温度条件，需在饭店建筑设计时充分考虑这个问题。在建筑设计中处理好门、窗、天窗的设置，考虑到房间的日照、阳光的辐射，以及空气调节设备来创造合适的温度和湿度条件。

知识链接

中国水上健儿看电视听音乐舒缓压力“备战”奥运

对于平日训练紧张的中国水上健儿来说，电影和电视剧可以说已经是很陌生的事物。然而，在距离北京奥运会即将开幕之时，看韩剧、武侠片竟然成了队员们晚上休息的活动之一。

国家体育总局水上运动管理中心主任韦迪认为，舒缓运动员压力，帮助他们放松身心也是备战奥运会的重中之重。

韦迪在谈及中国水上军团奥运赛前准备时说，尽管中国水上的赛艇、皮划艇静水和激流回旋项目近几年有了长足发展，在北京奥运会上也将会有不少看点，但队员用什么样的心态去参与和面对奥运会，仍然是一件非常重要的事，甚至直接影响到比赛成绩。他建议运动员要把奥运会作为世界锦标赛或其他赛事一样去比赛，用一种平常心，发挥出自己正常水平。他说，运动员应该在每个环节上集中精力，更多关注过程，而不是结果。比如准备活动时关注什么，下水时关注什么。

国家体育总局针对运动员赛前的减压也进行了充分准备，发放各种音乐光盘，帮助队员放松和缓解压力。记者了解到，为给队员减压，中国赛艇队在训练基地的板报上，删去了以往常有的赛艇内容，更多地关注起国内国外的政治问题，而教练员也有意识地加强与队员们闲谈式的交流。

案例分析

餐厅员工少了，怎么办

某星级饭店餐饮部王经理几天内连着收到了客人对宴会的多起投诉信。投诉的内容包括对服务员的服务态度和程序、菜肴的质量，以及宴会厅的一些基础设施。王经理立刻找来宴会厅主管了解情况。原来宴会厅人员定员人数不多，而这几天接连都是高标准的宴会，要求比较高，服务员和厨师高速运转，却仍然很难达到客人要求的标准。而工作人员由于负担太重，时间又较紧迫，都感到工作压力太重，产生了消极情绪而导致服务质量下降。王经理马上采取补救措施，临时增加人手，他对宴会厅的工作人员不但没有批评，而且给予奖励。这样，调动了宴会厅工作人员的积极性，服务质量也上去了。

饭店业工作时间长，工作量大，社会地位不高，而工作质量要求高。这些都会给饭店员工带来压力。适当的工作压力可给员工以激励，调动他们的工作热情和积极性；而超常的压力会给员工带来苦恼，使他们产生消极情绪。本例中某星级饭店餐饮部宴会厅发生问题属后者。王经理的处理方法无疑是正确的。加派人手，减轻原来工作人员的工作压力，并给予一定奖励，重新调动了员工的工作热情，保证了宴会的服务质量。

了解工作压力的性质，分析其来源和后果，找出调节或补救的方法，从而激发员工的工作热情，调动其积极性，是每一个饭店管理者必须掌握的环节。

复习与思考

1. 简述压力和疲劳的定义。
2. 压力的来源因素有哪些？
3. 压力的心理、生理、行为的表现是什么？
4. 作为服务人员如何缓解工作的压力和疲劳呢？
5. 在学习过程中，你是如何缓解学习压力和疲劳的？
6. 案例题：某地四星级饭店由于黄金假期的来到，本来每人每天只做 12 房，现在每人平均 20 房，并且时不时地要加班。本来人手不够的客房部最近员工开始怨天尤人，工作效率下降，投诉率也跟着“水涨船高”。于是管理层马上做出相应的对策，从其他部门调配人手，并且允诺在工资中做出相应的补贴，员工的心理才得到相应的平复。试问，在本案例中员工的怨天尤人和工作效率下降的根本原因是什么？管理层采取的措施是针对员工的什么心理？在饭店采取的措施中还有哪些不足之处？

专题15

饭店企业售后服务心理

专题提要

任务一　宾客投诉心理

- 宾客投诉原因分析
- 宾客投诉心理分析
- 宾客投诉的处理

任务二　售后服务心理

- 售后服务
- 售后服务的方法

引导案例

117家奥运官方接待饭店服务实现“零投诉”

2008年8月8日到20日，北京117家官方接待饭店的签约客房占到总客房数的70%左右，每日接待客人的数量保持在3.2万人左右。到目前为止，饭店接待服务实现了“零投诉”。

据北京市旅游局副局长、新闻发言人熊玉梅21日在“北京旅游景点服务接待情况新闻发布会”上介绍，北京市旅游接待秩序井然。星级饭店从8月7日开始进入接待高峰，五星级饭店的出租率保持在81%左右；四星级饭店出租率稳步上升，已经达到60%；三星级饭店的出租率接近50%，逐日上升幅度明显。

8月8日到20日，北京地区164个主要旅游景区累计接待480万人次。故宫博物院、颐和园、天坛、八达岭长城等21个主要旅游景区共接待了20多个国家的贵宾近1000人次。贵宾们对北京世界文化遗产以及人文自然风光赞叹不已，对各旅游景区的接待工作非常满意。

为方便奥运会运动员等游览，北京市旅游局专门选派国旅总社进入运动员村提供服务。国旅总社在运动员村一共设立了32条路线，其中包括北京半日游路线6条、一日游路线3条、多日游路线19条和4个晚间娱乐活动。

任务一　宾客投诉心理

一、宾客投诉原因分析

1. 宾客投诉原因

投诉是指客人将他们主观上认为由于饭店服务工作上的差错而引起的烦恼、麻烦、不满或者自己的利益受到了损害等情况向服务人员提出或向有关部门反映的一种行为。要认识到宾客投诉其实是我们的财富，一个没有宾客投诉的饭店只能说明宾客对该饭店已经失望，宾客投诉其实是在为我们出谋划策，帮我们改正工作的不足，找出宾客投诉的原因，处理好宾客投诉，饭店才会更有竞争力。处理宾客投诉需要技巧，但最重要的是要找到宾客投诉的原因，只有找到宾客投诉的原因，才能处理好宾客投诉。宾客投诉的原因是多种多样的，有饭店员工接待中的主观原因，也有客观方面的原因。

宾客投诉是宾客对饭店提供的设施、设备、项目，以及员工的服务等各方面表示不满而提出的批评、抱怨或申诉。其表现途径有电话、书面和当面投诉。

（1）客观原因。

① 产品或设备质量原因引起的投诉。饭店产品的生产及其使用不能满足宾客的要求而导致投诉。比如说，空调不能制冷，食品的卫生状况不良而造成宾客身体不适，床上用品有污垢，等等。

② 服务不及时而引起的投诉。例如，宾客叫餐而没能及时送到客房，或者房间内的灯坏了而没有及时得到维修，等等。

③ 价格原因引起的投诉。宾客支付饭店的费用，与其自身的期望相比，所得到的利益与感觉相比，与产品或服务的实际使用价值相比，与其以往的经验相比，宾客觉得不是很值得，那么他就要对价格的不公平、不合理而投诉。

④ 产品或服务的过度宣传而引起的投诉。饭店宣传手册或广告中对有关饭店产品，以及服务的描述与实际不符，以及预订部所做出的承诺不能兑现等都会引起宾客的投诉。

⑤“人”的原因所引起的投诉。一方面，宾客可能会因为不满饭店服务人员的服务质量或水平而产生投诉；另一方面宾客之间的不良的相互影响，也会引起投诉。

（2）主观原因。

① 不热情、不主动。有的服务员不主动与客人打招呼，甚至客人多次打招呼也没反应。有的服务员看人行事，不一视同仁，引起客人的反感。要使客人有“宾至如归”的感觉，服务人员一定要做到热情周到、积极主动。

② 语言欠修养、举止不文明。有的服务员对客人态度生硬，言语无礼，顶撞客人，甚至在与客人有不同意见或发生争执时挖苦、辱骂客人。在客人休息时，大声喧哗、高声谈笑、打电话，或进行设施维修等，影响客人的休息，甚至不尊重客人的风俗习惯、无根据地乱怀疑客人等。这些不文明的举止，是客人无法接受的，很容易引起客人的厌烦。

③ 工作不主动、不认真。忘记或搞错了客人交代办理的事情。例如，客人要代订机票、拍电报、订餐等，服务员忘记办理，客房服务员应叫早的客人没有叫等，误了客人的事情，都容易引起客人反感而导致投诉。行李员搬运行李时，弄坏客人的行李，或遗失客人的行李。清洁卫生工作马虎，食品、用具不洁，卫生打扫不彻底，卫生间地面有积水，马桶有

黄迹，浴缸没冲洗干净，房间有蚊虫鼠害，餐厅供应食品不洁，菜点变质或不熟，服务员不注意操作卫生等，都会引起宾客的抱怨和投诉。

2. 投诉的升级

当宾客对饭店的产品或服务感到不满的时候，他通常会首先向为其进行服务的服务员提出投诉，如果得不到解决，他会将他的不满或抱怨发泄到高级别的部门经理甚至是总经理，以期得到满意的答复。如果这样仍然不能消除他的不满，宾客往往会有三种选择：一是不再采取任何举动，但决定以后会选择别的饭店入住；二是会直接选择另外一家饭店入住；三是将其投诉行为升级为法律程序，去寻求法律的帮助。因此，饭店的管理人员必须要了解的是如果饭店的服务或管理人员没能够很好地处理宾客的一次投诉，那么后果很可能不仅仅是在失去那位特定宾客的忠诚，而是失去一个团体的信誉和声望。愤怒的宾客会将他所经历的不愉快讲给他的家人、朋友或同事，从而使其投诉本身的行为和因为投诉的不良后果在人群中蔓延和扩散。

二、宾客投诉心理分析

1. 客人投诉的一般心理表现

（1）求得尊重心理。尊重是人的基本需要之一。客人在采取了投诉行动之后，都希望别人认为他们的投诉是对的，是有道理的。他们希望得到理解、尊重，希望有关人员、有关部门重视他们的意见，向他们表示歉意，并立即采取相应措施。

（2）合理宣泄心理。人在遇到挫折后，经常会采取宣泄的防卫措施，排解心理压力，保持心理平衡。饭店客人在碰到令他们烦恼的事情，或者被讽刺挖苦甚至被辱骂之后，心中充满了怨气、怒火和不满，他们要利用投诉的机会宣泄出来，以维持心理的平衡。

（3）获得补偿心理。客人在受到了一定的损失而向饭店服务人员或有关部门投诉时，希望能弥补他们的损失，这是普遍的心理。例如，食物不洁或不熟，希望换一碟；丢失的物品希望得到赔偿；弄脏的衣物希望能免费洗干净等。

（4）安全需求心理。安全需要也是人的基本需要之一。客人在饭店就餐、住宿期间，如果饮食不卫生，私人财产、人身安全得不到保障，自然要进行投诉。

（5）自我表现心理。少数客人投诉的内容是谈看法、提建议，其目的是表现自己见多识广，有丰富的饭店消费经验，这是一种自我意识的表现。

2. 影响宾客进行投诉的原因

尽管宾客在饭店的消费过程中受到了不公平待遇或者产生了不满，但不是所有的宾客都能够或者说是愿意向饭店投诉的，影响其进行投诉的因素有这样几点。

（1）投诉行为本身的成本太大，从而使宾客产生了不值得去投诉的心理。投诉行为本身的成本包括两方面：一方面，投诉要耗费一定的财力和时间，比如说可能要打几通电话，写一封陈词强烈、要求合理的投诉信，或者消耗一定的时间来等待投诉处理结果，等等；另一方面，投诉给投诉者本身也带来了一定的心理和精神负担，特别是他们当不得不再次面对给他们造成伤害的服务或管理人员时，或者采取司法手段解决时，他们的精神负担都会加重。

（2）宾客本身缺乏必要的常识，或者其他的原因导致他们不知道应该向谁投诉，或者是应该怎样去投诉。经过调查，21%日本饭店的宾客不知道应该如何或向谁去抱怨和投诉自己所遭受到的不公正待遇以及不满。

（3）宾客本身认为即使投诉也不会得到圆满的答复。令人吃惊的是，在 2000 年，对中国地区饭店业的调查结果表明，有 40%～60%的中国宾客对自己的投诉所能带来的满意结果持怀疑态度。

三、宾客投诉的处理

1. 投诉的处理流程

（1）认真倾听宾客的投诉意见，真诚接受宾客批评。

（2）巧妙运用道歉技巧，平息宾客对饭店的不满情绪。

（3）谨慎提问，明确宾客不满的根源。

（4）根据得到的信息，迅速提出解决问题的方法，当问题得到及时圆满的解决，挽回宾客对饭店的信任。

（5）投诉处理过后，主动与宾客取得联系，并再次表示歉意，获取宾客的好感。

（6）及时对宾客的投诉进行详尽记录，及时总结经验教训。

2. 处理投诉时应注意的问题

（1）要站在宾客的角度上，切实为宾客着想，尽可能地为宾客提供选择的机会。

（2）诚恳地向宾客承诺，并履行自己做出的承诺。

（3）在允许的职责范围内，适当地给宾客一些补偿，使宾客心理上得到平衡。

3. 处理投诉的技巧

化解宾客投诉的基本技巧有：真正了解宾客投诉的原因，妥善使用“非常抱歉”等话语，善于把握宾客的真正意图以及记录，归纳宾客投诉的基本信息。

（1）真正了解宾客投诉的原因。化解宾客投诉需要了解宾客不满的真正原因，然后有针对性地采取解决的办法，然而了解投诉原因并不是一件简单的工作，处理人员除了需要掌握倾听的技巧外，还要善于从宾客表情和反应中把握宾客的心理，了解宾客的真实意图。

所谓宾客的反应，就是当业务人员与宾客交谈时，对方脸上产生的表情变化或者态度、说话方式的变化。

就表情而言，如眼神犀利、眉头紧锁、额头出汗、嘴唇颤抖、脸部肌肉僵硬等，这些表现都说明宾客在提出投诉时情绪已变得很激动。在语言上，他们通常会不由自主地提高音量、语意不清、说话速度加快，而且有时会反复重复他们的不满。这些说明宾客处在精神极度兴奋之中。就宾客身体语言而言，如果身体不自觉地晃动，两手紧紧抓住衣角或其他物品，则表明宾客心中不安及精神紧张；有时宾客的两手会做出挥舞等激烈的动作，这是宾客急于发泄情绪，希望引起对方高度重视的不自觉的身体表现。

（2）妥善使用道歉性话语。在处理宾客投诉时，首先要冷静地聆听宾客的委屈，整体把握其不满的真正原因，然后一定要妥善而且诚恳地使用“非常抱歉”等道歉性话语以平息宾客的不满情绪，引导宾客平静地把他们的不满表达出来。

表达歉意时态度要真诚，而且必须是建立在凝神倾听了解的基础上。如果道歉与宾客的投诉根本就不在一回事上，那么这样的道歉不但无助于平息宾客的愤怒情绪，反而会使宾客认为是在敷衍而变得更加不满。

（3）善于把握宾客的真正意图。只有切实了解宾客的真实意图，才可能使解决的方法对症下药，最终化解宾客的投诉。但是，宾客在反映问题的时候，常常不愿意明白地表达自己心中的真实想法。这种表现有时是因为宾客为面子所为，有时是过于激动的情绪而导致的。

因此，处理人员在处理宾客投诉时，要善于抓住宾客表达中的“弦外之音、言外之意”，掌握宾客的真实意图，应该掌握以下两种技巧。

① 注意宾客反复重复的话。宾客或许出于某种原因试图掩饰自己的真实想法，但却又常常会在谈话中不自觉地表露出来。这种表露常常表现为反复重复某些话语。

值得注意的是，宾客的真实想法有时并非其反复重复话语的表面含义，而是其相关乃至相反的含义。

② 注意宾客的建议和反问。留意宾客投诉的一些细节，有助于把握宾客的真实想法。宾客的希望常会在他们建议和反问的语句中自觉或不自觉地表现出来。

（4）记录归纳宾客投诉的基本信息。处理宾客投诉，其要点是弄清事件的来龙去脉，并仔细地记录宾客投诉的基本情况，以便找出责任人或总结经验教训记录、归纳宾客投诉基本信息更是一项基本的工作。因为饭店通常是借助这些信息来进行思考、确定处理的方法。如果这些报告不够真实和详细，可能会给饭店的判断带来困难，甚至发生误导作用。

记录投诉信息可依据企业的“投诉处理卡”，逐项进行填写。在记录中不可忽略以下要点。

① 发生了什么事件？

② 事件是何时发生的？

③ 有关的饭店商品是什么？价格多少？设计如何？

④ 宾客真正不满的原因何在？

⑤ 宾客希望以何种方式解决？

⑥ 宾客是否通情达理？

⑦ 该宾客是否为饭店的老顾客？

知识链接

×××饭店投诉日志

××年×月　　　　　　　　　　编号：××

投诉人	姓名	性别	客源地	入住时间	房间号	联系电话
投诉内容	□服务质量	□设施设备	□安全	□其他		
投诉要求						
处理过程	受理人姓名		受理时间		处理完时间	

续表

处理结果		
	客人对处理结果的满意度： □很满意　□满意　□一般　□不满意	
饭店负责人签署意见： 签　名： 年　月　日		

备注：

1. 根据创建全国文明城市宾馆饭店检查标准及星级饭店管理要求，我局制定了《投诉日志》基本格式，饭店可根据自身管理需要增加内容；

2.《投诉日志》装帧精美，统一编号，填写内容完整，无缺页；

3.《投诉日志》扉页内容：饭店投诉受理和处理的程序；

4.《投诉日志》仅作为受理及处理投诉专用记录。

任务二　售后服务心理

饭店企业的售后服务对防止宾客购买后的抱怨和投诉、保持老宾客与开发新宾客来说至关重要。

一、售后服务

饭店企业的售后服务是指客人离开饭店之后，仍同宾客保持经常性的联系，由饭店企业向宾客继续提供的一系列服务。如果没有做好售后服务工作，往往会使许多老宾客转向其他饭店企业，从而影响本企业的销售业绩。调查表明，老宾客不再光临某家饭店企业的主要原因有以下几种。

（1）经朋友建议，转而购买其他饭店企业的产品或服务。

（2）其他饭店企业的产品价格更便宜，服务更好。

（3）宾客投诉没有得到处理或没有得到令人满意的处理。

（4）饭店企业缺乏售后服务，使宾客觉得他是否继续购买该饭店企业的产品或服务，对自己或对该企业都无所谓。

因上述最后一个原因而不再光顾某家饭店企业的宾客最多，约占统计数字的2/3。

二、售后服务的方法

由于售后服务对饭店企业经营的重要性，西方的饭店企业都十分重视售后服务以争取每一个宾客。近年来，我国的一些饭店企业已开始重视售后服务。在工作中总结了十分宝贵的经验。以下是两种常用的，也是主要的售后服务方法。

1. 在客人结束或离开饭店时，主动登门访问

客人离境或离店时主动登门访问，可以使宾客感到该饭店企业非常关心他们而产生对该饭店企业的好感，饭店企业也可以从他们那里了解到此次行程的目的是否已达到，以及饭店企业的工作情况。饭店企业还可以及时掌握宾客对该企业的观感及住店期间遇到的麻烦事，以及他们的抱怨和可能提出的投诉。这样就能争取主动，早做工作，妥善处理。饭店企业主动同宾客打招呼，不仅可以使有怨言或打算投诉的客人消气，而且通过友好地意见交换和善后处理，还可以从感情上接近客人。

2. 向返回的宾客寄送意见征询单

饭店企业不可能登门拜访每一位宾客，但可以在宾客返回后给他们邮寄意见征询单。这样可以了解管理与服务存在的缺点和宾客的需要，以便改进经营管理和服务。

意见征询单的条目应简要明了，可以采用让客人打分的方法，并附上回寄信封。这能提高意见征询单的回寄率。

除了以上两点以外，还可以采用向宾客写亲笔信、寄明信片、发生日和节日贺信贺卡等方法进行售后服务工作。

案例分析

“叫醒”服务没被叫醒　客人误船状告饭店

徐州市民胡先生打算从连云港乘班轮前往韩国，但当晚与好友喝了不少酒，深夜回到宾馆，为确保及时登轮，特意预定了宾馆“叫醒”服务。谁知第二天醒来已近中午，错过了当天班轮，胡先生只好再买下一班船票。深感误事的他与宾馆交涉无果，以未尽“叫醒”义务为由将宾馆告上法庭。连云港市连云区法院查明事实后认为，“叫醒”服务应以将客人彻底叫醒为目的，而不是打两次电话就算完事。经法官调解，日前宾馆一次性赔偿胡先生2 000元。

案件起因是因为客人预定了“叫醒”服务却没被叫醒，错过班轮。

2012年11月初，徐州的胡先生乘车赶到了连云港，准备乘坐班轮前往韩国。当晚，胡先生和几名好友聚餐喝了不少酒，直到深夜才结束。为了确保准时登轮，胡先生选了一家距连云港客运站较近的宾馆住宿，而且在住进宾馆后，特意向总台服务员预定第二天早晨的“叫醒”服务，服务员当时也答应下来。谁知，胡先生第二天一觉醒来时已临近中午，自然错过了当天的班轮，只好买了下一班船票。

胡先生好不懊恼，不仅误了事以及船票作废，还要多花延期的住宿费，当天找到宾馆要求赔偿相关损失。不过，宾馆经理并不买账，他告诉胡先生，值班服务员向他入住的房间打了两次呼叫电话，还去敲了门。但是，当时胡先生自己睡得太深而没被叫醒。因此，只同意向胡先生道歉，并免去了当天的住宿费。

眼见谈不拢，胡先生以未尽“叫醒”义务为由将宾馆告到连云港市连云区法院，要求宾馆赔偿因没履行“叫醒”服务给自己造成的经济损失。

连云区法院速裁庭法官及时介入，在查明事实的基础上，以诉前调解的方式主持双方进行调解。但宾馆坚持认为，对需要叫醒的顾客由值班服务员打电话呼叫，就算完成

"叫醒"服务，这是行业惯例，宾馆通常都是这样履行这一合同义务的，还没发生过没被"叫醒"而造成损失的情况。当天服务员打过电话又敲过门，胡先生没被叫醒是因为他睡得太深，是他自己的责任。

胡先生认为，宾馆承担的"叫醒"服务，应当是把睡着的客人彻底叫醒才算完成义务，不仅是要去"叫"，关键是要"叫醒"，没有"叫醒"就没有完成"叫醒"服务的合同义务，造成损失就必须给予赔偿。

承办法官认为，胡先生和宾馆对住宿服务合同中，宾馆负有"叫醒"义务并无异议，争议焦点在于，宾馆是否正确履行了"叫醒"服务的合同义务。

虽然双方对"叫醒"服务的约定并不很明确具体，但宾馆一直是按自己制定的、以给顾客打电话呼叫的方法来完成"叫醒"服务的，从没考虑到像胡先生这样特殊的情况，也没履行好"叫醒"胡先生服务的合同义务，因此给胡先生造成损失，显然是有责任的。

既然称之为"叫醒"服务，当然是以彻底叫醒客人为目的。法官表示，根据合同法的相关规定，由于宾馆履行"叫醒"服务的合同义务不符合约定——没有叫醒胡先生，依法应承担违约赔偿责任。但胡先生在打电话"叫醒"的情况下都没醒来，自己也有一定责任。

由此，法官提出了宾馆承担大部分赔偿责任，胡先生应承担一部分责任的调解方案，得到双方认可。日前，在法官主持下胡先生与宾馆达成协议，由宾馆一次性赔偿胡先生各项损失2000元。

"叫醒"服务，从字面上理解，正如胡先生和法官都提到的，宾馆不仅要"叫"，而且要把客人"叫醒"。醒是一种很明确的状态，相对于睡着而言。你要叫了，但客人没醒，还睡着，那状态没变，就没达到目的。宾馆未尽义务就显而易见了。

事实上，日常宾馆酒店有可能没有"叫醒"服务，而差不多的服务项目更多的是以"叫早"服务这个名称出现。百度百科上，就有相关的解释：酒店为了方便客人，一般均设有"叫早"服务或"叫醒"服务（Early Call或Morning Call），如果你想早晨有人叫醒你，你就可以打电话告诉总机你准备几点起床，到时房间的电话就会准时把你叫醒。

资料来源：扬子晚报 发布日期：2012-12-01.

复习与思考

1. 如何以宾客的态度来看待宾客的投诉？
2. 从主观和客观方面来简述宾客投诉的原因。
3. 如何处理好宾客的投诉？
4. 饭店售后服务与其他行业的售后服务有何不同？其方法是什么？
5. 案例题：某天下午，某三星级饭店一位女客急匆匆地从客梯出来，直奔大堂口的玻璃旋转门，她一边走，一边还在整理自己的背包。感应旋转门缓缓移动，突然，"砰"的一声，那位客人撞到了厚厚的玻璃上。大堂副理小王赶紧上前查看情况。女客人怒气冲冲地说撞疼了头，丝袜也被剐破了，要求小王给一个说法。请问如果你是大堂副理应该如何处理？

附　录　A

卡特尔 16 种人格因素问卷（16PF）

本测验有许多关于个人兴趣与态度的题目，每个人对这些题目会有不同的回答，这些回答无对错之分。请凭直觉反应选择适合自己的答案，不要迟疑不决，尽量不选中性答案。请先写下您的姓名（　）、性别（　）、出生日期（　）、职业（　）、文化程度（　）。请您回答下列问题，将答案（可写①或②或③）写在题目后的（　）内。

1．我很明了本测验的说明。（　）
①是的　②不一定　③不是的

2．我对本测验的每一个问题，都能做到诚实地回答。（　）
①是的　②不一定　③不是的

3．如果我有机会的话，我愿意（　）。
①到一个繁华的城市旅行　②介于①③之间　③游览清净的山区

4．我有能力应付各种困难。（　）
①是的　②不一定　③不是的

5．即便是关在铁笼里的猛兽，见了也会使我惴惴不安。（　）
①是的　②不一定　③不是的

6．我总是不敢大胆批评别人的言行。（　）
①是的　②有时如此　③不是的

7．我的思想似乎（　）。
①比较先进　②一般　③比较保守

8．我不擅长说笑话、讲趣事。（　）
①是的　②介于①③之间　③不是的

9．当我见到亲友或邻居争吵时，我总是（　）。
①任其自己解决　②介于①③之间　③予以劝解

10．在群众集会中，我（　）。
① 谈吐自如　②介于①③之间　③保持沉默

11．我愿做一个（　）。
①建筑工程师　②不确定　③社会科学教授

12．阅读时，我喜欢选读（　）。
①自然科学书籍　②不确定　③政治理论书籍

13．我认为很多人都有些心理不正常，只是他们不愿意承认。（　）
①是的　②介于①③之间　③不是的

14．我希望我的爱人擅长交际，无须具有文艺才能。（　）
①是的　②不一定　③不是的

15. 对于性情急躁爱发脾气的人，我仍能以礼相待。（ ）
①是的　②介于①③之间　③不是的
16. 受人侍奉时我常常局促不安。（ ）
①是的　②介于①③之间　③不是的
17. 在从事体力或脑力劳动后，我总是需要比别人有更多的休息时间才能保持工作效率。（ ）
①是的　②介于①③之间　③不是的
18. 半夜醒来，我常常因为种种惴惴不安而不能入睡。（ ）
①常常如此　②有时如此　③极少如此
19. 事情进行得不顺利时，我常常急得涕泪皆下。（ ）
①从不如此　②有时如此　③常常如此
20. 我认为只要双方同意就可以离婚，不要受传统观念的束缚。（ ）
①是的　②介于①③之间　③不是的
21. 我对人或物的兴趣都很容易改变。（ ）
①是的　②介于①③之间　③不是的
22. 在工作中我愿意（ ）。
①和别人合作　②不确定　③自己单独进行
23. 我常常会无故地自言自语。（ ）
①常常如此　②偶然如此　③从不如此
24. 无论是工作、饮食或外出游览，我总是（ ）。
①匆匆忙忙、不能尽兴　②介于①③之间　③从容不迫
25. 有时我怀疑别人是否对我的言行真正有兴趣。（ ）
①是的　②介于①③之间　③不是的
26. 如果我在工厂里工作，我愿做（ ）。
①技术科的工作　②介于①③之间　③宣传科的工作
27. 在阅读时我愿意阅读（ ）。
①有关太空旅行的书籍　②不太确定　③有关家庭教育的书籍
28. 本题后面列出的三个单词，哪个与其他两个单词不类同？（ ）
①狗　②石头　③牛
29. 如果我能到一个新的环境，我要（ ）。
①把生活安排得和从前不一样　②不确定　③和从前相仿
30. 在一生中，我总觉得我能达到预期的目标。（ ）
①是的　②不一定　③不是的
31. 当我说谎时，总觉得内心羞愧，不敢正视对方。（ ）
①是的　②不一定　③不是的
32. 假如我手里拿着装有子弹的手枪，我必须把子弹拿出来才能安心。（ ）
①是的　②介于①③之间　③不是的
33. 多数人认为我是一个说话有趣的人。（ ）
①是的　②不一定　③不是的
34. 如果人们知道我内心的成见，他们会大吃一惊。（ ）
①是的　②不一定　③不是的

35．在公共场合，如果我突然成为大家注意的中心，我会感到局促不安。（　）
①是的　②介于①③之间　③不是的
36．我喜欢规模庞大的晚会或集会。（　）
①是的　②介于①③之间　③不是的
37．在学科中，我喜欢（　）。
①音乐　②不一定　③手工劳动
38．我常常怀疑那些出乎意料的，对我过于友善的人的诚实动机。（　）
①是的　②介于①③之间　③不是的
39．我愿意把生活安排得像一个（　）。
①艺术家　②不确定　③会计师
40．我认为目前所需要的是（　）。
①多出现一些改造世界观的思想家　②不确定　②脚踏实地的实干家
41．有时候我觉得需要剧烈的体力劳动。（　）
①是的　②介于①③之间　③不是的
42．我愿意跟有教养的人来往，而不愿意同粗鲁的人交往。（　）
①是的　②介于①③之间　③不是的
43．在处理一些必须凭借智慧的事物中，我的亲人的确（　）。
①比一般人差　②普通　③超人一等
44．当领导召见时，我（　）。
①觉得可以趁机提出建议　②介于①③之间　③总怀疑自己做错了事
45．如果待遇优厚，我愿意做护理工作。（　）
①是的　②介于①③之间　③不是的
46．读报时，我喜欢读（　）。
①当前世界上的基本问题　②介于①③之间　③地方新闻
47．在接受困难任务时，我总是（　）。
①有独立完成的信心　②不确定　③希望有别人的帮助和指导
48．在游览时我宁愿观看一个画家的写生，也不愿听人家的辩论。（　）
①是的　②不一定　③不是的
49．我的神经脆弱，稍有点刺激就会使我战栗。（　）
①时常如此　②有时如此　③从不如此
50．早晨起来我常常感到疲乏不堪。（　）
①是的　②介于①③之间　③不是的
51．如果待遇相同，我愿做（　）。
①森林管理员　②不一定　③中小学教师
52．每逢年节或亲友结婚时，我（　）。
①喜欢赠送礼品　②不太确定　③不愿相互送礼
53．本题后面列举的三个数字中，哪个数字与其他两个不类同。（　）
①5　②2　③7
54．猫和鱼就像牛和（　）。
①牛奶　②牧草　③盐

55．我在小学时敬佩的老师，到现在仍然值得我敬佩。（ ）

①是的 ②不一定 ③不是的

56．我觉得我确实有一些别人所不及的优良品质。（ ）

①是的 ②不一定 ③不是的

57．根据我的能力，即使让我做一些平凡的工作，我也会安心的。（ ）

①是的 ②不太确定 ③不是的

58．我喜欢看电影或参加其他娱乐活动。（ ）

①比一般人多 ②和一般人相同 ③比一般人少

59．我喜欢需要精密技术的工作。（ ）

①是的 ②介于①③之间 ③不是的

60．在有威望有地位的人面前 ，我总是较为局促、谨慎。（ ）

①是的 ②介于①③之间 ③不是的

61．对于我来说，在大众面前演讲或表演，是一件难事。（ ）

①是的 ②介于①③之间 ③不是的

62．我愿意（ ）。

①指挥几个人工作 ②不确定 ③和同志们一起工作

63．即使我做了一件让人笑话的事，我也能坦然处之。（ ）

①是的 ②介于①③之间 ③不是的

64．我认为没有人会幸灾乐祸希望我遇到困难。（ ）

①是的 ②不确定 ③不是的

65．一个人应该（ ）。

①考虑人生的真正意义 ②不确定 ③踏踏实实地工作和学习

66．我喜欢去处理被别人弄得一塌糊涂的工作。（ ）

①是的 ②介于①③之间 ③不是的

67．当我非常高兴时，总有种“好景不长”的感觉。（ ）

①是的 ②介于①③之间 ③不是的

68．在一般困难的情境中，我总能保持乐观。（ ）

①是的 ②不一定 ③不是的

69．迁居是一件极不愉快的事。（ ）

①是的 ②介于①③之间 ③不是的

70．在年轻的时候，当我和父母的意见不同时，我（ ）。

①保留自己的意见 ②介于①③之间 ③不接受父母的意见

71．我希望把我的家庭建设得（ ）。

①有其自身的活动和娱乐 ②介于①③之间 ③成为邻里交往活动的一部分

72．我解决问题时多借助于（ ）。

①个人独立思考 ②介于①③之间 ③和别人互相讨论

73．在需要当机立断时，我总是（ ）。

①镇静地利用理智 ②介于①③之间 ③常常紧张兴奋

74．最近在一两件事情上，我觉得我是无辜受累的。（ ）

①是的 ②介于①③之间 ③不是的

75. 我善于控制我的表情。（ ）

①是的　②介于①③之间　③不是的

76. 如果待遇相同，我愿做一个（ ）。

①文学研究工作者　②不确定　③旅行社经理

77. “惊讶”与“新奇”犹如“惧怕”与（ ）。

①勇敢　②焦虑　③恐怖

78. 本题后面列出的三个分数，哪一个数与其他两个不类同。（ ）

① 3/7　② 3/9　③3/11

79. 不知为什么，有些人总是回避或冷淡我。（ ）

①是的　②不一定　③不是的

80. 我虽然善意待人，但常常得不到好报。（ ）

①是的　②不一定　③不是的

81. 我不喜欢争强好胜的人。（ ）

①是的　②不一定　③不是的

82. 和一般人相比，我的朋友的确太少了。（ ）

①是的　②介于①③之间　③不是的

83. 不在万不得已的情况下，我总是回避参加应酬性的活动。（ ）

①是的　②不一定　③不是的

84. 我认为对领导逢迎得当，比工作表现更重要。（ ）

①是的　②介于①③之间　③不是的

85. 参加竞赛时，我总是重在竞赛的活动，而不计较其成败。（ ）

①总是如此　②一般如此　③偶然如此

86. 按照我个人的意愿，我希望做的工作是（ ）。

①有固定而可靠的工资收入　②介于①③之间　③工资高低应随我的工作表现随时调整

87. 我愿意阅读（ ）。

①军事与政治的实事记载　②不一定　③富有情感和幻想的作品

88. 我认为有许多人之所以不敢犯罪，其主要原因是惧怕惩罚。（ ）

①是的　②介于①③之间　③不是的

89. 我的父母从来不严格要求我事事顺从。（ ）

①是的　②不一定　③不是的

90. “百折不挠、再接再厉”的精神似乎被人们所忽略。（ ）

①是的　②不一定　③不是的

91. 当有人对我发火时，我总是（ ）。

①设法使他镇静下来　②不太确定　③也会发起火来

92. 我希望（ ）。

①人们都要友好相处　②不一定　③进行斗争

93. 无论是在极高的房屋上还是在极深的隧道中，我很少感到胆怯不安。（ ）

①是的　②介于①③之间　③不是的

94. 只要没有过错，不管别人怎么说，我总能心安理得。（ ）

①是的　②不一定　③不是的

95. 我认为凡是无法用理智来解决的问题，有时就不得不靠权力处理。（ ）
①是的 ②介于①③之间 ③不是的

96. 我在年轻的时候和异性交往（ ）。
①较多 ②介于①③之间 ③较别人少

97. 我在社团活动中，是一个活跃分子。（ ）
①是的 ②介于①③之间 ③不是的

98. 在人声嘈杂中，我仍然能不受干扰，专心工作。（ ）
①是的 ②介于①③之间 ③不是的

99. 在某些心境下，我常常因为困惑陷入空想而将工作搁置下来。（ ）
①是的 ②介于①③之间 ③不是的

100. 我很少用难堪的语言去刺伤别人的感情。（ ）
①是的 ②不太确定 ③不是的

101. 如果让我选择我宁愿做（ ）。
①列车员 ②不确定 ③描图员

102. “理不胜词”的意思是（ ）。
①理不如词 ②理多而词少 ③词藻华丽而理不足

103. “铁锹”与“挖掘”犹如“刀子”与（ ）。
①琢磨 ②切割 ③铲除

104. 我在大街上，常常避开我所不愿意打招呼的人。（ ）
①极少如此 ②偶然如此 ③有时如此

105. 当我聚精会神地听音乐时，假使有人在旁边高谈阔论（ ）。
①我仍然专心听音乐 ②介于①③之间 ③不能专心而感到愤怒

106. 在课堂上如果我的意见与老师的不同，我常常（ ）。
①保持沉默 ②不一定 ③当场表明立场

107. 我单独与异性谈话时，总显得不自然。（ ）
①是的 ②介于①③之间 ③不是的

108. 我在待人接物方面，的确不太成功。（ ）
①是的 ②不完全是这样 ③不是的

109. 每当做一个困难工作时，我总是（ ）。
①预先做好准备 ②介于①③之间 ③相信到时候总会有办法解决的

110. 在我结交的朋友中，男女各占一半。（ ）
①是的 ②介于①③之间 ③不是的

111. 我在结交朋友方面（ ）。
①结识很多人 ②不一定 ③维持几个深交的朋友

112. 我愿意做一个社会科学家，而不愿意做一个机械工程师。（ ）
①是的 ②不确定 ③不是的

113. 如果我发现了别人的缺点，我会不顾一切地提出指责。（ ）
①是的 ②介于①③之间 ③不是的

114. 我善于设法影响和我一起工作的同事，使他们能协助我实现我所计划的目标。（ ）
①是的 ②介于①③之间 ③不是的

115. 我喜欢做戏剧、音乐、歌舞、新闻采访等工作。（ ）
①是的 ②不一定 ③不是的
116. 当人们表扬我的时候，我总觉得羞愧窘促。（ ）
①是的 ②介于①③之间 ③不是的
117. 我认为一个国家最需要解决的问题是（ ）。
①政治问题 ②不太确定 ③道德问题
118. 有时我会无故产生一种面临大祸的恐惧。（ ）
①是的 ②有时如此 ③不是的
119. 我在童年时害怕黑暗的次数（ ）。
①极多 ②不太多 ③几乎没有
120. 在闲暇的时候，我喜欢：（ ）。
①看一些历史性的探险电影 ②不一定 ③读一本科学性的幻想小说
121. 当人们批评我古怪不正常时，我（ ）。
①非常气恼 ②有些动气 ③无所谓
122. 到一个新城市里去找地址，我（ ）。
①找人问路 ②介于①③之间 ③参考市区地图
123. 当朋友声明他要在家休息时，我总是设法怂恿他同我一起到外面去游览。（ ）
①是的 ②不一定 ③不是的
124. 在就寝时我常常（ ）。
①不易入睡 ②介于①③之间 ③极易入睡
125. 有人烦扰我时，我（ ）。
①能不露声色 ②介于①③之间 ③总要说给别人听，以泄气愤
126. 如果待遇相同，我愿做一个（ ）。
①律师 ②不确定 ③航海员
127. “时间变成了永恒”这是比喻（ ）。
①时间过得很快 ②忘了时间 ③光阴一去不复返
128. 本题后面列的哪一项应接在X0000XX000XXX的后面？（ ）
① X0X0 ② 00X ③0XX
129. 我不论到什么地方，都能清楚地辨别方向。（ ）
①是的 ②介于①③之间 ③不是的
130. 我热爱所学的专业和从事的工作。（ ）
①是的 ②介于①③之间 ③不是的
131. 如果我急于想借朋友的东西，而朋友又不在家时，我认为不告而取也没有关系。（ ）
①是的 ②介于①③之间 ③不是的
132. 我喜欢向朋友讲述一些我个人有趣的经历。（ ）
①是的 ②介于①③之间 ③不是的
133. 我宁愿做一个（ ）。
①演员 ②不确定 ③建筑师
134. 业余时间，我总是做好安排，不使时间浪费。（ ）
①是的 ②介于①③之间 ③不是的

135．在和别人交往中，我总是无缘无故地产生一种自卑感。（ ）

①是的 ②介于①③之间 ③不是的

136．和不熟识的人交谈对我来说（ ）。

①毫无困难 ②介于①③之间 ③是一件难事

137．我所喜欢的音乐是（ ）。

①轻松活泼的 ②介于①③之间 ③富于感情的

138．我爱想入非非。（ ）

①是的 ②不一定 ③不是的

139．我认为未来20年的世界局势定将好转。（ ）

①是的 ②不一定 ③不是的

140．在童年时，我喜欢阅读（ ）。

①神话幻想故事 ②不确定 ③战争故事

141．我向来都对机械、汽车等产生兴趣。（ ）

①是的 ②介于①③之间 ③不是的

142．即使让我做一个缓刑释放的罪犯的管理人，我也会把工作搞得较好。（ ）

①是的 ②介于①③之间 ③不是的

143．我仅仅被认为是一个能够苦干而稍有成就的人而已。（ ）

①是的 ②介于①③之间 ③不是的

144．就是在不顺利的情况下，我仍能保持精神振奋。（ ）

①是的 ②介于①③之间 ③不是的

145．我认为节制生育是解决经济与和平问题的重要条件。（ ）

①是的 ②不太确定 ③不是的

146．在工作中我喜欢独自筹划，不愿受别人干涉。（ ）

①是的 ②介于①③之间 ③不是的

147．尽管有的同事和我意见不和，但我仍能跟他团结。（ ）

①是的 ②不一定 ③不是的

148．我在工作和学习上，总是设法使自己不粗心大意、忽略细节。（ ）

①是的 ②介于①③之间 ③不是的

149．在和别人争辩或险遭事故后，我常常表现出震颤、精疲力竭、不能安心工作。（ ）

①是的 ②介于①③之间 ③不是的

150．未经医生诊断，我是从不乱吃药的。（ ）

①是的 ②介于①③之间 ③不是的

151．根据我个人的兴趣，我愿参加（ ）。

①摄影组活动 ②不确定 ③文娱队活动

152．“星火”与“燎原”犹如“姑息”与（ ）。

①同情 ②养奸 ③纵容

153．“钟表”与“时间”犹如“裁缝”与（ ）。

①服装 ②剪刀 ③布料

154．生动的梦境，常常干扰我的睡眠。（ ）

①经常如此 ②偶然如此 ②从不如此

155．我爱打抱不平。（ ）

①是的　②介于①③之间　③不是的

156．如果我要到一个新城市，我要（ ）。

①到处闲逛　②不确定　③避免到不安全的地方去

157．我爱穿朴素的衣服，不愿穿华丽的服装。（ ）

①是的　②不太确定　③不是的

158．我认为安静的娱乐远远胜于热闹的宴会。（ ）

①是的　②不太确定　③不是的

159．我明知自己有缺点，但不愿意接受别人的批评。（ ）

①偶然如此　②极少如此　③从不如此

160．我总是把“是非善恶”作为处理问题的原则。（ ）

①是的　②介于①③之间　③不是的

161．当我工作时，我不喜欢有许多人在旁观看。（ ）

①是的　②介于①③之间　③不是的

162．我认为侮辱那些有错误但有文化教养的人，如医生、教师等是不应该的。（ ）

①是的　②介于①③之间　③不是的

163．在各种课程中，我喜欢（ ）。

①语文　②不确定　③数学

164．那些自以为是、道貌岸然的人使我生气。（ ）

①是的　②介于①③之间　③不是的

165．和循规蹈矩的人交谈，我觉得（ ）。

①很有兴趣、并有所得　②介于①③之间　③他们的思想简单，使我厌烦

166．我喜欢（ ）。

①有几个有时对我很苛求但富有感情的朋友　②介于①③之间　③不受别人的干涉

167．如果征求我的意见，我赞同（ ）。

①根绝精神病患者及智能低下的人的生育　②不确定　③杀人犯判处死刑

168．有时我会无缘无故地感到沮丧痛苦。（ ）

①是的　②介于①③之间　③不是的

169．当和立场相反的人辩论时，我主张（ ）。

①尽量找出基本概念的差异　②不一定　③彼此让步

170．我一向是重感情，不重理智，因此我的观点常常动摇不定。（ ）

①是的　②不致如此　③不是的

171．我的学习多赖于（ ）。

①阅读书刊　②介于①③之间　③参加集体讨论

172．我宁愿选择一个工资较高的工作，不在乎是否有保障，不愿做工资低的固定工作。（ ）

①是的　②不太确定　③不是的

173．在参加讨论时，我总是能把握住自己的立场。（ ）

①经常如此　②一般如此　③必要时才能如此

174．我常常被一些无所谓的小事所烦扰。（ ）

①是的　②介于①③之间　③不是的

175．我宁愿住在嘈杂的闹市区，而不愿住在僻静的郊区。（ ）

①是的 ②不太确定 ③不是的

176．下列工作如果让我挑选的话，我愿做（ ）。

①少先队辅导员 ②不太确定 ③修表工作

177．一人____事，众人受累。（ ）

①偾 ②愤 ③喷

178．望子成龙的家长往往____苗助长。（ ）

①揠 ②堰 ③偃

179．气候的变化并不影响我的情绪。（ ）

①是的 ②介于①③之间 ③不是的

180．因为我对一切问题都有一些见解，所以大家都认为我是一个有头脑的人。（ ）

①是的 ②介于①③之间 ③不是的

181．我讲话的声音（ ）。

①宏亮 ②介于①③之间 ③低沉

182．一般人都认为我是一个活跃热情的人。（ ）

①是的 ②介于①③之间 ③不是的

183．我喜欢做出差机会较多的工作。（ ）

①是的 ②介于①③之间 ③不是的

184．我做事严格，力求把事情办得尽善尽美。（ ）

①是的 ②介于①③之间 ③不是的

185．在取回或归还借的东西时，我总是检查，看是否保持原样。（ ）

①是的 ②介于①③之间 ③不是的

186．我通常总是精力充沛，忙碌多事。（ ）

①是的 ②不一定 ③不是的

187．我确信我没有遗漏或不经心回答上面的任何问题。（ ）

①是的 ②不确定 ③不是的

对 16PF 测验的解释

一、16PF 简介

卡特尔 16 种个性因素测验是由美国心理学家（R.B.Cattell）用因素分析的方法编制的。他认为人的个性是由许多特性所构成的，由于各种特性在一个身上的不同组合，构成了一个不同于他人的独特个性。他把人的个性分为“表面特性”和“根源特质”。所谓表面特性，是指一个人经常发生的、可以从外部观察到的行为；而根源特质则是制约着表面特性的潜在基础。卡特尔从许多表面的行为中抽取了 16 种“根源特质”，称为 16 种个性因素。然后他又据此编制了专门的量表来测量这 16 种特质。卡特尔 16 种个性因素测验具有较好的信度和效度，因而在全世界应用范围很广。我国是 20 世纪 80 年代开始引进此种测验的。

二、16 种根源特质的含义

卡特尔 16 种人格测试的 16 种根源特质以及特征如下。

1．乐群性 A

测量人是喜欢和人打交道还是喜欢和具体的事情打交道。

2．智慧性 B

测量思维的敏捷性。

3．稳定性 C

即情绪的稳定性。

4．恃强性 E

测量支配性。

5．兴奋性 F

即情绪的兴奋性，情绪活动的感染力。

6．有恒性 G

测量做事是否认真，是否希望尽善尽美。

7．敢为性 H

是否敢于冒险，或者顾忌是否多。

8．敏感性 I

做事情的时候是容易受感情支配还是受理智支配。

9．怀疑性 L

是容易相信别人，还是容易怀疑别人。

10．幻想性 M

是按照现实的条件考虑问题还是从本身动机或当时的兴趣来考虑问题。

11．世故性 N

是全面周到地处理问题还是天真、直率地考虑问题。

12．忧虑性 O

测量忧虑的程度。

13．实验性 Q_1

是遵守传统观念和行为标准还是积极尝试新的思想和行为。

14．独立性 Q_2

是独立还是容易受别人的影响。

15．自律性 Q_3

是否能够约束自己的感情和行为。

16．紧张性 Q_4

是情绪紧张的还是心平气和的。

三、各二元人格因素的含义

16PF 还能根据实验统计结果所得的公式推算出以下集中二元人格因素的含义：内向与外向型、怯懦与果断型、适应与焦虑型、感情用事与安详机警型、心理健康因素、专业成就因素、创造力因素、环境适应因素。

1．四种次级因素

（1）适应与焦虑型。

高分特征：焦虑性高、易激动、易出现不满意感。高度焦虑不但会减低工作效率，而且会影响身体健康。易患神经症。

低分特征：焦虑性低，通常感觉心满意足，能做到所期望的和认为有重要意义的事。生活适应顺利。但极端低分者，可能对困难的工作缺乏毅力。

（2）内向与外向型。

高分特征：外向、开朗、善交际、不受拘束，不计小节。

低分特征：内向，趋于胆小、自足，和别人交往中拘谨而不自然。

个性的内向与外向没有好坏之分，则应根据具体工作要求而定，内向者较专心，能从事较精确的工作。外向者则善于从事社会交往方面的工作。

（3）感情用事与安详机警型。

高分特征：安详机警、富于事业心、果断、刚毅、进取，但也易贸然行事，不顾后果。有时过分现实，忽视生活情趣。

低分特征：感情用事，情感丰富，含蓄、敏感，性格温和，讲究生活艺术。情绪多困扰不安，通常感觉挫折气馁。

（4）怯懦与果断型。

高分特征：果断、独立，有气魄，锋芒毕露，有攻击性、有创造性。通常主动寻求可以施展所长的机会和环境，以充分表现自己的独创能力。

低分特征：怯懦，顺从，优柔寡断，易受人驱使而被动，依赖，迎合迁就他人。

2．心理健康者个性因素

心理健康状态是一切工作和学习的基础。以此方法计算出来的心理健康标准分在 4～40 分之间，平均分为 22 分。一般不足 12 分者占人数分配的 10%，这种人一般情绪显著不稳定。担任艰巨工作的人要求有较高的心理健康标准分。

3．专业有成就者的个性因素

专业有成就者的个性因素得分在 10～100 分之间，平均分为 55 分。60 分约等于标准分 7，63 分以上者约等于标准分 8、9、10。总分在 67 分以上者，一般应有其成就。

4．创造性强者的个性因素

其标准分越高，则创造能力越强。

5．在新环境中有成长能力的个性因素

总分在 4～40 分之间，平均分为 22 分。不足 17 分者占人数分配的 10%，成功的可能性很小。27 分以上者则成功的希望较大。

四、记分方法

1．一元人格因素的记分规则

16 种人格因素测试共有 187 道题，每种人格因素由 10～13 道题组成。各题的记分方法有三种：第一，对应于①、②、③答案分别计 2、1、0 分；第二，对应于①、②、③分别计 0、1、2 分；第三，有些题目，只有选定了特定的答案才计 1 分，否则计 0 分。各个人格因素涉及的题目的记分的和就是相应人格因素的原始得分。研究表明，人群总体在各个人格因素的原始得分符合正态分布。依据此规律，可以把原始分从低到高依次转化为标准分 1 到标准分 10。

2．二元人格因素的记分规则

二元人格因素的得分是从相应的一元人格因素的标准分推断而来。例如，可以根据情绪的稳定性，情绪的兴奋性、忧虑性、紧张性推断出心理健康分数。

五、评语的来源

1．一元人格因素评语的来源

由于一元人格因素的标准分是从 1 到 10，所以每种人格因素的评语分成五等级（每两分是一个等级），总共可以生成516种不同的评语。

2．二元人格因素评语的来源

1、2、3、4、7 可以转换为标准分数，则像一元人格因素一样分别生成五等级的评语；5、6、8 不能转换为标准分数，则生成三等级评语，而且采取加大中间等级评语分数范围的方式，使得到极端评语的人数尽可能降低（例如，除非某人的心理健康分数太高或太低，大多数人都得到心理健康程度中等的评语，但其实心理健康分数为30分的人和心理健康分数为13分的人有很大区别）。